Cnoc an Fhómhair

MICHEÁL Ó CIOSÁIN

AN SAGART
1988

1

An chéad chló 1988

ISBN 1 870684 05 2 crua
ISBN 1 870684 06 0 bog

An Cinnire Laighneach a chlóbhuail.

CLÁR AN LEABHAIR

Cuid a hAon

PRÉAMHACHA

Cuid a Dó

BRÚ, BASCADH AGUS GANNTAR

Cuid a Trí

TEACHT I SEILBH A GCODA

CLÁR NA bPICTIÚR

MAPAÍ

NODA

AIF:	*The Annals of Inisfallen* in eagar ag Seán Mac Airt, BÁC 1951.
ARÉ:	*Annála Ríoghachta Éireann* in eagar ag J. O'Donovan, BÁC 1848-1851.
Barrington's Kerry:	T. J. Barrington, *Discovering Kerry.*
COB:	Coláiste na hOllscoile, BÁC 4.
DÓB:	An Canónach D. Ó Brosnacháin, S.P.
Fiants:	*Reports of the Deputy Keeper of the Public Records of Ireland, BÁC*, iml. 7-22.
HO:	*Home Office Records in PRO na Breataine.*
ICSSC:	*Iris Chumann Staire is Seanchais Chiarraí.*
JCHAS:	*Journal of the Cork Historical and Archaeological Society.*
JRSAI:	*Journal of the Royal Society of Antiquaries of Ireland.*
MAH 1:	Mary Agnes Hickson, *Selections of Old Kerry Records*, Londain 1872.
MAH 2:	Mary Agnes Hickson, *Selections of Old Kerry Records*, 2nd series, Londain 1874.
Mis Ir Ann:	*Miscellaneous Irish Annals*, in eagar ag S. Ó hInnse, BÁC 1947.
Ó Tuathaigh:	Gearóid Ó Tuathaigh, *The Massacre at Smerwick 1580*, Baile an Fheirtéaraigh 1980.
PP:	*Páipéirí Parlaiminte* i dTeach na bhFeisirí, Londain.
PRO na Br.:	*Public Record Office* na Breataine.
PRO TÉ:	Public Record Office Thuaisceart Éireann.
PS Éir.:	Calendar of State Papers – *Ireland.*
P St. Éir.:	Oifig na bPáipéirí Stáit i gCaisleán Átha Cliath.
SOC:	*State of the Country* i gCaisleán Átha Cliath.
Smith's Kerry:	Charles Smith, *The Ancient and Present State of the County of Kerry*, BÁC 1756.
SP:	*State Papers* in *PRO* na Breataine.
TP Éir.:	Oifig na dTaifead Poiblí sna Ceithre Chúirt.

NUACHTÁIN

CWH:	*Chute's Western Herald*
WH:	*Western Herald*
KE:	*The Kerry Examiner*
KEP:	*The Kerry Evening Post*
KS:	*The Kerry Sentinel*
TC:	*The Tralee Chronicle*
TM:	*The Tralee Mercury*
LC:	*The Limerick Chronicle*
LG:	*The Limerick Gazette*
CJ:	*The Clare Journal*
DEP:	*The Dublin Evening Post*
FJ:	*The Freeman's Journal*
Times:	*The Times* Londain

FOCAL FÁILTE

Tá suas le daichead bliain tugtha ag an Athair Micheál Ó Ciosáin mar shagart i bparóiste Bhaile an Fheirtéaraigh. Níl amhras ann ná gurb é an Spiorad Naomh a sheol ansin é an chéad lá agus nár cheadaigh d'easpag ná do Phápa é bhogadh as ó shin.

Ní hamháin gur chaith an tAthair Micheál díograis agus dúthracht lena a chúram sagartachta, rinne sé staidéar grinn ar Ghaoluinn Chorca Dhuibhne ó bhéal agus ó pheann; chuir sé spéis agus chothaigh sé suim i ngach gné d'oidhreacht shaibhir na dúiche sin. Tá cuid dá thoradh san le fáil sa leabhar *Céad Bliain* a chuir sé in eagar blianta éigin ó shin. Má tá Gaeltacht Chorca Dhuibhne beo bríomhar ag saothrú a hoidhreachta inniu, tá cuid mhaith dá bhuíochas san ag dul don Athair Micheál.

Is minic adúrt féin le mic léinn óga: "Muna mbeidh tú dílis do na daoine ar díobh tú agus don áit arb as duit, beidh tú suarach mar dhuine." An dílseacht bhunúsach san a thug ar an Athair Ó Ciosáin sciuird lae a thabhairt ar An Leabharlann Náisiúnta ó am go chéile agus, nuair a bhíodh an dara lá le spáráil aige, dul sall go dtí an British Museum. Tá na turasanna taighde san agus go leor turasanna taighde eile á ndéanamh aige le blianta fada. Tá toradh an taighde san curtha ar fáil aige anois sa leabhar Cnoc an Fhómhair.

Tréaslaím leis an Athair Micheál a shaothar. Muna mbeadh gur spéis leis agus gur chaith sé éirim agus allas le stair agus le traidisiúin a dhúiche dúchais i dTuaisceart Chiarraí, taobh le habhainn na Sionainne, ní dóigh liom go ndéanfadh sé an éacht atá déanta aige do phobal Chorca Dhuibhne. Tá ceacht le foghlaim ón méid sin.

Fáiltím roimh *Cnoc an Fhómhair*. Tá súil agam go mbeidh léamh go fairsing air; súil fós go spreagfaidh sé daoine eile, i gCiarraí agus lasmuigh de, chun taighde a dhéanamh ar stair logánta a ndúiche féin agus toradh an taighde san a chur ar fáil, mar ní bhíonn aithne againn orainn féin go dtí go mbíonn aithne againn ar ár mbunadh agus greim againn ar ár bpréamhacha.

†DIARMAID
Easpag Chiarraí

7

BUÍOCHAS

Ba mhaith liom mo bhuíochas a ghabháil leis na daoine seo a leanas: An tAthair Pádraig Ó Fiannachta; Pádraig de Brún; Tom Dunne; Seán Ó Lúing; Donncha Ó Conchúir; Antje Dingels a chlóscríobh gach focal den iarracht; an tAthair Robert Forde; Kenneth Nicholls; Roibeard Buinneán; Dónall Ó Ciosáin; an Dr. Noel Kissane; agus ba mhian liom mar an gcéanna buíochas a ghabháil le foirne na n-institiúidí seo a leanas: An Leabharlann Náisiúnta; Leabharlann Chontae Chiarraí; Acadamh Ríoga na hÉireann; Oifig na Státpháipéar, Caisleán Átha Cliath; Oifig na dTaifead Poiblí, na Ceithre Chúirt; Coláiste na Tríonóide; PRO na Breataine agus Thuaisceart Éireann; Leabharlann na Breataine; Leabharlann na Nuachtán, Colindale, Londain; Clárlann na nGníomhas, Sráid Henrietta; Coimisiún na Talún, Plás Ely; Roinn Bhéaloideas Éireann, An Coláiste Ollscoile, Baile Átha Cliath.

RÉAMHRÁ

Tá plé sa leabhar seo ar stair agus ar chás phobal tuaithe in iarthar Oireacht Uí Chonchubhair.

Is é atá i gceist le Cnoc an Fhómhair ná an dúiche sin ina bhfuil abhainn na Sionainne agus paróiste Bhéal Átha Longfoirt mar theorainn thuaidh uirthi agus an Fharraige Mhór mar theorainn thiar uirthi agus abhainn an Chasáin agus abhainn na Gáille mar theorainn theas uirthi agus paróiste Mhaigh Mheáin mar theorainn thoir uirthi.

An cnoc, Cnoc an Fhómhair, a thugann ainm don leabhar tá sé ag éirí in airde os cionn na dúiche ar fad. Bhí nósmhaireacht áirithe ag roinnt le Cnoc an Fhómhair leis na cianta cairbreacha agus lé ar leith ag muintir na dúiche leis lá dá raibh.

Ní cás a rá go raibh daoine ag tarraingt ar an dúiche sin ó na laethanta is luatha a bhfuil lua orthu agus tá an scéal amhlaidh inniu féin. I ré na staire bhí ciníocha éagsúla a bhfuil ainm againn do chuid acu, agus iad á fhéachaint lena chéile ar son cheannas na dúiche ar fad nó gur éirigh le Ciarraighe an ceannas a ghabháil orthu go léir sa deireadh agus blianta na maitheasa á gcur in áirithe acu dóibh féin. Ón lá sin amach bheadh Uí Chonchubhair Chiarraighe i réim sa dúiche, agus iad go dlúth i bpáirt leis an Eoghanacht agus le hUí Bhriain ina ndiaidh. Sa saol úd bhí stair agus cás na muintire i gCnoc an Fhómhair fite fuaite le stair agus la cás Uí Chonchubhair. I bhfad na haimsire bhain na Normannaigh an dúiche amach agus as sin amach bhí stair agus cás mhuintir Chnoc an Fhómhair ceangailte le stair Chlann Mhuiris i Leic Snámha agus le stair Uí Chonchubhair, agus le stair agus le cás na nGearaltach, iarlaí Dheasmhumhan, ón mbliain 1329 amach.

Bhí muintir Chnoc an Fhómhair ag tacú go láidir leis na Gearaltaigh in Éirí Amach na nGearaltach agus dhíol siad as. Bhí siad i gCionn tSáile le hÓ Néill agus le hÓ Dónaill agus bhí thiar orthu arís dá bharr; ach bhain Cromail an bonn ar fad uathu agus óna saol agus ón uair sin amach bhí scáil na díchuimhne agus na dearóile ag leathadh thar an dúiche ar fad agus go ceann céad caoga éigin bliain is beag fianaise atá ar fáil go raibh muintir dhílis na dúiche in aon chor ann. Sna blianta sin ba le daoine a bhí tagtha thar sáile anall ó Shasana an dúiche ar fad. Ní raibh de stair ag an dúiche an tráth úd ach a stair-sean. Ach ón gceathrú dhéanach den 18ú céad bhí sé soiléir go raibh daoine den seanstoc, na seanphlandaí, ann i gcónaí agus iad i láthair na babhtála i ngach sórt saoil nó gur éirigh le cuid acu ar deireadh seilbh a fháil arís ar an talamh ar a raibh a muintir le sinsearacht.

A scéal siúd atá sa leabhar seo agus tá súil againn go spreagfaidh an iarracht seo daoine chun friotal a chur ar sheanchuimhne na muintire.

Toisc nach mhair aon phobal riamh ann féin tá lua ar dhaoine eile, ar imeachtaí eile, ar ghluaiseachtaí eile, sa mhéid go raibh baint acu le saol na dúiche nó sa mhéid go raibh tionchar acu ar chás na muintire.

Ba é an Canónach Oirmhinneach Donnchadh Ó Brosnacháin, arbh ó Dhubháth ó dhúchas dó, a sholáthraigh roinnt mhaith dá bhfuil sna chéad chaibidlí. Bhí spéis dhiamhair aigesean ar feadh a shaoil ar fad i stair agus i seanchas na tíre, go háirithe i stair agus i seanchas thuaisceart Chiarraí, agus é de shíor ag spíonadh na nAnnála agus foinsí eile eolais.

Rinneadh cóiriú áirithe ar théacsanna cianaosta ar mhaithe le soléiteacht. Maidir le sleachtanna as saothair daoine eile, uaireanta aistríodh iad go Gaeilge, uaireanta ní dhearnadh.

Bhíomar i gcónaí ag iarraidh féachaint chuige go bhfeicfí imeachtaí Chnoc an Fhómhair mar chuid dá raibh ar siúl sa tír i gcoitinne nó ar a laghad in áiteanna eile sa tír.

Úsáidtear an focal "Ciarraighe" mar shlua-ainm i gcónaí agus é ag tagairt do na daoine ceannasacha a thug a n-ainm don bharúntacht ar fad.

Ní fada a bhí an taighde don leabhar seo ar bun nuair a d'aimsíomar tuairiscí leis an *Home Office*, go háirithe *HO 100*. Tá na tuairiscí atá tugtha ansin an-spéisiúil go deo toisc go bhfaighidh tú ann, minic go maith, tuairimí na *gentry*; agus ní raibh aon leisce orthusan a dtuairimí a nochtadh do lucht údaráis aon uair a bhraith siad go raibh a gcóras féin i mbaol ag a mbíodh ar siúl acu-san nár aontaigh leo. Uaireanta freisin gheobhaidh tú i *HO 100* an dearcadh oifigiúil, tuairim an rialtais féin gceist a bhí ag dó na geirbe ag daoine an uair úd. Ach is an-annamh go deo a gheobhaidh tú cuntas sna tuairiscí sin, ná in aon áit eile, ar chás na muintire dúchais. Ní miste a rá nach raibh teanga labhartha acu sa saol úd, agus nach bhfuil cuntas ar fáil inniu ar a bhfulaingt agus ar a bpianpháis ach gur féidir tuairim éigin a fháil – más go neamhdhíreach féin é – ó na cuntais a chuir na *gentry* ar fáil.

Toisc a spéisiúla atá na tuairiscí sin agus toisc an eolais a thugtar ar chás na muintire, tá rian na dtuairiscí sin le feiceáil go láidir sa téacs.

Ar mhaithe le lucht léite na hiarrachta seo i gCnoc an Fhómhair féin cinneadh cloí, a bheag nó a mhór, le foclóireacht agus leis an ngraiméar sin atá chomh fite fuaite sin ina chéile inniu gur deacair do dhuine an córas sin a ionramháil de réir aon arm aigne eile. Tá daoine sa dúiche a tógadh le córas eile ach tá an fhoclóireacht agus an graiméar a ghabh leis an gcóras sin agus gan fáil orthu níos mó, de ghnáth, go háirithe leabhar graiméir. Bhí aird againn i gcónaí ar Ghaolainn Chorca Dhuibhne; tá a rian sin ar an téacs. Agus tá dóchas againn go bhfuil daoine i gCnoc an Fhómhair a d'fhoghlaim a gcuid Gaeilge fadó, ag teacht chun réitigh leis an bhfoclóireacht nua, agus leis an ngraiméar sin atá ina dhlúth agus ina inneach aici, agus go mbeidh siad ábalta ar an gcuntas seo a léamh, más ea féin, go mbeidh orthu, ar uaire, feidhm a bhaint as graiméar agus as foclóir.

CUID A HAON

Préamhacha

1 NA CHÉAD DAOINE

1.1 An Fhianaise Sheandálaíochta

Maidir leis na chéad daoine riamh a tháinig go Cnoc an Fhómhair táimid gan tuairisc, agus beimid mar sin nó go n-aimseofar a rianta ar chuma éigin. Dá mbeadh fianaise sheandálaíochta ar fáil dúinn bheadh léas éigin scaoilte isteach i ndíchuimhne na gcianta agus eolas áirithe faighte againn, dá réir, faoi na daoine sin. Ach is beag fianaise sheandálaíochta atá ar fáil dúinn toisc gan aon tochailt puinn seandálaíochta a bheith déanta sa dúiche.

Sna haoiseanna atá caite bhí toscaí áirithe aigeanta ag cabhrú le buanú a raibh de fhianaise ann faoi na chéad daoine sin. Ar na toscaí sin bhí iargúltacht na dúiche agus a dheacracht a bhí sé an dúiche a shroicheadh cheal bóithre. Na portaigh a bhí go fairsing ar fud na dúiche, go háirithe cois na n-aibhneacha agus ar bharr na gcnoc, rinne siad a raibh fúthu agus iontu a chosaint agus a bhuanú. Ba mhór an chabhair freisin an urraim a bhí ag daoine do iarsmaí na sean. Tháinig an aigne sin ag daoine idir iad agus aon chur isteach a dhéanamh ar na seaniarsmaí. Ach ar an taobh eile den scéal bhí an mianach atá sa chré ag teacht trasna ar bhuanú na n-iarsmaí sin. Ní fada a sheasaíonn iarsmaí áirithe in ithir a bhfuil mianach géar inti.[1]

Inniu tá an deabhóid agus an urraim a bhíodh ag daoine i leith iarsmaí na sean ag leá go tapaidh nó ag géilleadh do mhian na ndaoine chun talamh a mhíntíriú agus tá an-chuid den fhianaise sheandálaíochta ag imeacht roimh neart agus mheáchan an ollscartaire agus faoi innealra nua-aoiseach eile.

Ach mar sin féin tá fianaise áirithe sheandálaíochta againn a deir go raibh daoine sa dúiche timpeall 4,500 bliain R.Ch., tráth a raibh formhór na ndaoine i dtaobh le seilg chun maireachtála agus gan eolas ar fheirmeoireacht ach ag tosú ar leathadh sa saol.[2]

Dealraíonn sé gur thar muir a tháinig na chéad daoine chun na dúiche agus gur lonnaigh siad cois cósta toisc an t-iascach a bheith go maith sa chomharsanacht an uair sin féin. Ní thángthas ar aon cheann dá dtógálacha sa dúiche go fóill. B'fhéidir go bhfuil a rúin á gcoimeád i gcónaí ag na portaigh nó ag na dumhcha, nó acu araon.

Ach ní hionann sin agus a rá nach bhfuil iarsmaí ar bith againn ón luathshaol sa dúiche, mar fuarthas an-chuid lámhdhéantúsán, roinnt ionad tine agus carn bruscair i mBaile Uí Fhiaich agus i mBaile an Bhuinneánaigh.[3] Is léir ó na hiarsmaí sin go raibh pobal maith láidir ag triall ar an dúiche sin sa ré réamhstairiúil agus go raibh daoine ag tarraingt ar an áit sin i gcónaí tar éis dá céad áitritheoirí bheith sa chré leis na cianta. I ndeireadh na dtríochaidí agus i dtosach na ndaicheadaí den chéad seo fuair G. S. *Stackpoole* dhá bhiorán agus dhá phíosa airgid a raibh tábhacht ar leith ag baint leo: "léiriú suntasach ar an mbaint a bhí ag an dúiche le cultúr Ré an Iarainn, agus ar chaidreamh na dúiche le saol na Róimhe, caidreamh níos mó ná mar a bheadh súil ag duine leis i ndúiche a bhí chomh fada sin ó dheas".[4]

Sa chomharsanacht sin freisin fuarthas seacht gcinn déag de uaigheanna daoine, agus creatlacha fear agus ban iontu ach gur deacair dáta a lua leosan freisin.[5] Bhí fulacht fia mar áis chócaireachta ar an láthair sin ag na daoine sin cois cósta agus sruthán uisce ag sní leis trí lár na duimhche chun farraige. Bhí an fulacht fia in úsáid go luath sa Chré-Umhaois agus ón am sin go dtí an Mheánaois. Luaitear na dátaí 1700 R.Ch. agus 1200 A.D. le dhá fhulacht fia dá leithéid a ndearnadh taighde eolaíoch orthu.[6]

Tá iarsmaí eile thall is abhus ar fud na dúiche, e.g. na galláin, ceithre cinn acu, i mBiaille agus b'fhéidir oiread agus dhá cheann eile ina luí ar an talamh agus ceann eile i nGallán agus gan galláin dá leithéidí le fáil in aon áit níos cóngaraí ná Corca Dhuibhne. Tá siad ansin ina seasamh láimh leis an aill agus le béal na Sionainne agus ag féachaint uathu soir ar Chnoc an Fhómhair. Tá iarsmaí suntasacha eile i nGuth Ard, na huaimheanna atá ansin ar chliathán cnoic: ach tá fios fátha a scéil sin le foilsiú don saol fós.[7]

Tá roinnt láithreacha cónaithe suntasacha le feiceáil i gcónaí sa dúiche agus is iad sin na dúnta cois cósta, .i. na dúnta binne, *the promontary forts*.[8] Bhí a leithéid á dtógáil i Ré an Iarainn agus tá sraith díobh ar an gcósta idir Biaille agus Baile an Bhuinneánaigh agus b'fhéidir rianta de cheann eile. Is iad: Lios an Dúinín, Oileán Diarmada (Leaba Dhiarmada, Leic Béibhinn, Brú Mór, Caisleán an Dúna, Dún na Stuaice (*Stack Fort*), na Púicíní, agus dhá dhún i mBaile an Bhuinneánaigh féin.[9] Ní haon ionadh go raibh na dúnta sin chomh coitianta sin sa dúiche nuair a chuimhníonn tú ar iomadúlacht na reanna tíre agus ar na tránna fairsinge a shíneann ó Bhaile an Bhuinneánaigh go Biaille.

Is é is dóichí gur dhaoine a tháinig ar muir a thóg na dúnta sin. Nuair a bhuail na daoine sin port ag teacht i dtír dóibh ón bhfarraige lonnaigh siad cois cósta agus chuir siad chuige chun freastal a dhéanamh ar a gcéad riachtanas, bia; agus bhí bia le fáil go flúirseach san fharraige taobh leo agus sna haibhneacha ina gcomharsanacht. Ba é a gcéad riachtanas eile ansin ná cosaint éigin a sholáthar dóibh féin in aghaidh na síne agus in aghaidh ionsaí namhad. Ba é an cor sin a thug orthu na dúnta a thógáil, gach aon cheann acu tógtha ar rinn tíre a shíneann amach san fharraige. Láithreacha aigeanta cosanta ab ea na reanna tíre sin. Ba mhór an chabhair Dé iad do mharaithe a bhí cortha ó bheith ag broic le gaoth agus farraige ina mbáid bheaga. Chun cosaint a dhéanamh ar aon cheann acu ní raibh le déanamh ach claí cloch is cré a thógáil ar thaobh na talún. Níos déanaí nuair a d'éirigh leis na daoine sin bun a chur orthu féin agus leathadh amach ar fud na dúiche ba mhaith ann iad na dúnta sin, d'fhéadfadh daoine teitheadh isteach iontu agus a gcuid stoic a bhailiú ansin isteach nuair a thiocfadh an tóir. Bhí na dúnta chomh hoiriúnach sin dá gcúram gur mhinic a tharla sé gur tógadh caisleáin ar na láithreacha sin, ar na reanna tíre sin: thóg Clann Mhuiris caisleán i ndún Bhaile an Bhuinneánaigh agus bhí caisleán taibhseach freisin i Leic Béibhinn.

Tá láithreacha cónaithe eile freisin a bhí ag muintir na háite na cianta ó

14

shin le feiceáil go fada fairsing ar fud na dúiche go fóill, cé go bhfuil a n-uimhir á laghdú go tapaidh inniu ag an ollscartaire, na liosanna is é sin. Bhí scata lios cois cósta sa bhliain 1841 agus bhí a leithéidí céanna le fáil go flúirseach ar fud na dúiche go léir, ar na hísleáin, sna háiteanna ina raibh an talamh go maith an uair úd. Bhí na liosanna sin á dtógáil sa Chré-Umhaois ó 400 A.D. agus go dtí teacht na Normannach agus go dtí an Mheánaois féin; ach más fíor an teoiric go raibh col ag Normannaigh le liosanna – go mb'fhearr leo féin, faoin tuath, bailte beaga máinéaracha – mar ionaid chónaithe dóibh féin, ní cás a rá go raibh formhór mór na liosanna sin cois cósta tógtha faoi theacht na Normannach.

Tithe feirme den chuid is mó a bhí sna liosanna agus feirmeoireacht mheasctha á cleachtadh iontu, go mór mór tógáil stoic.

1.2 An Fhianaise Liteartha

Ní féidir linn ainm a chur ar na daoine a bhí lonnaithe cois cósta na cianta cairbreacha ó shin ach is féidir linn ainmneacha a lua le roinnt daoine a raibh cónaí orthu sa dúiche timpeall na bliana 150 A.D. A bhuíochas do *Ptolemy* – ó Chathair Alastair san Éigipt – as roinnt de na hainmneacha sin a bheith againn. Is amhlaidh a chuir sé siúd léarscáil den tír ar fad le chéile timpeall na bliana 150 A.D. "An áit is iargúlta ar domhan atá ar eolas na sean", an cur síos atá aige ar an tír. Bhí a chuid eolais bunaithe ar na cuntais a fuair sé ó mhairnéalaigh agus ó lucht trádála a raibh aithne acu ar chalafoirt na tíre agus ar na daoine a mhair ina gcomharsanacht. Luaigh *Ptolemy* pobal a bhí mór láidir an uair úd, .i. Uí Fheallabhair. Bhí siad le fáil an uair úd feadh an chósta ó Bhaile na hEaglaise, Eaglais na Lainne go dtí Baile Uí Thaidhg agus go Cill Luraigh agus as sin go dtí iardheisceart chontae Luimnigh agus go dtí teorainn chontae Chorcaí an lae inniu.[10] Bhí siad fágtha ansin cois cósta ag na hÉrainn, talamh maith acu toisc b'fhéidir gan dóthain de na hÉrainn a bheith ann. Bhí na hÉrainn sásta glacadh leis an gcóiriú sin fad is a bhí Uí Fheallabhair sásta cíos a dhíol leo. Choimeád na hÉrainn lár an chontae dóibh féin. Ní beag de chomhartha ar thábhacht Uí Fheallabhair,[11] lá dá raibh, gur tugadh Luachair Fheallabhair ar an dúiche sin ar fad ar ar tugadh Ciarraí Luachra ina dhiaidh sin.[12]

Má bhí an ceannas géillte ag Uí Fheallabhair do dhream níos treise ná iad féin faoi aimsir *Ptolemy* bhí lá ann nuair a bhí an cine ar díobh iad féin ina chine ceannasach sa taobh sin de dhúiche, agus sa Chré-Umhaois ba iad a sinsir an cine ceannasach sa tír ar fad agus sa Bhreatain chomh maith. Is iad a thug an ealaín chun na tíre, an ealaín sin a bhí chun an-cháil go deo a thuilleamh ar scáth na Críostaíochta, agus atá ina cuid dearscnaitheach den dúchas riamh ó shin. Is iad chomh maith a bhunaigh nós na leacacha cuimhneacháin agus an nósmhaireacht a bhain leo.

Cuid shuntasach de Uí Fheallabhair ab ea Ciarraighe fiú in aimsir *Ptolemy* agus iad le fáil thall is abhus i dtuaisceart Chiarraí, e.g. Uí Fhearba, Uí Fhlannáin, Uí Thorna, Uí Luchta. Bhí daoine muinteartha leo

.i. Corca Oíche agus Corbraighe in iardheisceart chontae Luimnigh agus as sin go teorainn chontae Chorcaí agus a ndóthain le déanamh acu ag iarraidh a ngreim a choimeád.[13] Bhí craobhacha eile de Chiarraighe le fáil i Maigh Eo, i Ros Comáin, sa Ghaillimh agus i dtuaisceart Thiobraid Árann. Aon dream amháin , aon chine amháin ó dhúchas ab ea na daoine sin go léir agus bhí lucht ginealach á éileamh riamh gur de shliocht Mhéibhe agus Fhearghasa mhic Róigh ab ea iad uile. Buíonta scáinte ar fud na dúiche a bhí iontu faoi aimsir *Ptolemy* agus an ceannas a bhí tráth ag a sinsir bainte díobh.

Dream ceannasach eile de Chiarraighe i gCnoc an Fhómhair tráth ab ea Uí Aimrid. Bhí tailte acu timpeall na Cille Móire agus i gcomharsanacht Bhaile an Bhuinneánaigh agus Bhiaille agus Ráth Tuaidh. Bhí siad freisin sa Chlár, agus aisteach go leor bhí Cill Mhór ina ndúiche sinseartha ansin chomh maith. Ina dhiaidh sin, in aimsir na Normannach, tugadh tailte leo i gCiarraí do Mhac Uileagóid agus thit na tailte sin ina dhiaidh sin le Clann Mhuiris nuair a chuaigh an bhanoidhre, Eibhlín Nic Uileagóid, mar bhean mhic go Leic Snámha.[14]

Bhí eolas ag *Ptolemy* faoi abhainn na Sionainne agus dúirt sé go raibh cónaí ar na *Gangani* i dTuamhumhain. Rinne údar eile, .i. *Orosius*, sa chúigiú céad, na *Luceni* a shuíomh taobh le hUí Fheallabhair san iardheisceart. Deir Donncha Ó Corráin linn go raibh na *Luceni* agus na *Gangani* le fáil ar dhá thaobh na Sionainne. D'fhágfadh sin go bhfuil sinsearacht an-fhada ar fad laistiar den chaidreamh a bhí riamh idir muintir Oireacht Uí Chonchubhair agus muintir an Chláir, iad sall is anall thar Sionainn go coitianta, ní cás a rá.

Bhí sleachta eile fós le fáil thall is abhus ar fud na dúiche, mar shampla Uí Luchta a thug a n-ainm de Dhrom Ó Lucht. Ba dhíobh sin Fionán Cam, naomh. Bhí Uí Mhíorua, a thug a n-ainm do Chill Ó Míorua, ar thaobh an chnoic, Cinéal Séadna i gcomharsanacht Chill Chonla agus sleachta eile fós atá imithe gan tásc ná tuairisc.

Níor chás iarsmaí na ndaoine go léir a bhí tagtha chun na dúiche in aoiseanna difriúla roimhe sin a thabhairt ar na daoine sin trí chéile. Bhí siad fágtha ansin, ar a mbuille, cois cósta, ar chliatháin na gcnoc, cois na Gáille agus an Chasáin, mar bhí a gcabhair ag teastáil ón gcine ceannasach, na Gaeil, chun an ithir a shaothrú agus chun cúraimí saotharacha eile a dhéanamh.

Ba dheacair a rá go baileach cathain a bhí aon dream díobh sin in ard a réime sa dúiche agus bheadh sé chomh deacair céanna dúiche dhílis aon dreama díobh a rianú ag aon am áirithe, mar bheadh a réimeas ag méadú agus ag cúngú ag toscaí éagsúla. Ní gá a rá go raibh iomaíocht ar siúl i gcónaí idir na dreamanna éagsúla, gach dream díobh ag brú rompu ag iarraidh an ceannas a ghabháil dóibh féin. De na daoine sin ar fad ba iad Ciarraighe is mó a bhí chun a rian a fhágáil ar an dúiche i bhfad na haimsire.

Más ea féin go raibh na daoine éagsúla sin go léir in iomaíocht lena chéile, aon amháin ab ea a bhformhór ar fad de bharr a ndílseacht don dia Lugh, mar bhí maíomh á dhéanamh riamh ag Ciarraighe, Corca Oíche, Corca Modhruadh, Corca Laighde, Orbraighe, agus ag daoine eile nárbh iad, go raibh a sinsearacht ceangailte le Lugh Lámhfhada.[15]

Agus oiread sin daoine sa dúiche ar aon aigne maidir lena ndílseacht dá ndia Lugh níorbh aon ábhar iontais é gur bhain Cnoc an Fhómhair áit ar leith amach i saol na muintire, mar is ar an gcnoc sin a dhéantaí féile mhór an fhómhair, i.e. féile na Lúnasa, a chomóradh le sinsearacht.

Níor chás iarsma de nósmhaireacht na chéad daoine sin a thabhairt ar ar bhain le Cnoc an Fhómhair. Is cosúil gur bhain an leacht a bhí ar bharr an chnoic leis an nósmhaireacht sin agus Tobar Fel ar chliathán an chnoic mar an gcéanna. B'fhéidir freisin gurbh as an nósmhaireacht chéanna sin a d'fhás Rásaí Bhaile Uí Fhiaich a bhíodh ar siúl i lár an tsamhraidh. B'fhéidir freisin gurbh í an tsinsearacht chéanna atá laistiar de lá mór Bhaile an Bhuinneánaigh, an 15ú Lúnasa agus de Aonach Bhiaille ar 21 Meán Fómhair.

D'fhág na chéad daoine a rian freisin ar na logainmneacha. Is iad na chéad daoine, ní foláir, a thug ainm do chnoic agus d'aibhneacha agus do gnéithe aigeanta eile na dúiche.

2 ÉIRÍ UÍ CHONCHUBHAIR

Ní luann *Ptolemy* na Gaeil ina chuntas uile. Faoin am a raibh sé sin ag scríobh bhí na Gaeil imithe faoin tír isteach ag gabháil seilbhe ar an gcuid is fearr den talamh. Ní raibh cuntas ag *Ptolemy* ach ar na daoine a bhuail leis na mairnéalaigh agus leis na trádálaithe a thug cuntas dó. Ach ar aon nós is beag fianaise atá ar fáil go raibh aon bhaint puinn ag na Gaeil le tuaisceart Chiarraí. Ach bhí údarás éigin acu sa dúiche mar bhí siad i dteideal cíos a bhailiú ó na daoine ansiúd; ach le himeacht aimsire bhí an-leisce ar dhaoine dá leithéidí an cíos sin a íoc agus bhí sé ag éirí níos deacra in aghaidh na bliana ag lucht a bhailithe – i Luimneach abair – an cíos a thobhach ó dhaoine a bhí i bhfad ar shiúl i gCiarraí.

Tháinig uair na cinniúna don chur i gcoinne údaráis agus cíosa timpeall na bliana 400 A.D. Bhí na Gaeil faoin tráth sin i gceannas na Mumhan le fada agus san am sin ar fad níor bhog siad as an dúiche ina raibh siad lonnaithe. Ach faoin am seo bhí daoine ag iarraidh údarás na nGael a chaitheamh díobh anuas. Thuig na Gaeil go raibh sé in am dóibh a n-údarás a chur i bhfeidhm ar na daoine a bhí ag éirí amach ina gcoinne. Leis an aigne sin ghabh siad seilbh ar Chaiseal agus ar dhúichí eile sa Mhumhain in aimsir an rí, Corc, timpeall na bliana 400. Ba í an aigne chéanna sin a thug iad go Ciarraí, agus lonnaigh siad i gcomharsanacht Loch Léin. Tugadh Eoghanacht Loch Léin orthu agus Eoghanacht Uí Dhonnchú ina dhiaidh sin. Dhá ainm don dream ceannann céanna a bhí sa dá ainm sin, ainm amháin in aois amháin agus ainm eile in aois eile. Chuir a dteacht go

Ciarraí tús le cantáil agus le himreas a mhair ar feadh i bhfad; mar chun slí a dhéanamh dóibh féin agus dá lucht tacaíochta bhrúigh siad amach na daoine a fuair siad rompu sa chomharsanacht sin agus ansin bhí ar na daoine díshealbhaithe sin fearann eile a sholáthar dóibh féin in áit éigin eile. Bhí sé de pholasaí ag an Eoghanacht daoine a bhunú taobh leo féin ar an tuiscint go mbeadh na daoine sin ina gcomhghuaillithe acu féin ina n-iarrachtaí agus iad ag broic leis na hÉrainn, daoine a bhí sa dúiche leis na cianta agus a bhí cumhachtach go maith i gcónaí. Theastaigh cabhair ó na Gaeil chun iadsan a chloí agus chun rud a dhéanamh ar a mian thug na Gaeil buíonta de Chiarraighe ón nGaillimh agus ó áiteanna eile cois cósta i gConnachta agus thug siad mar an gcéanna buíonta d'Árainn ó Chontae Thiobraid Árann an lae inniu agus bhunaigh iad – idir Chiarraighe[1] agus Árainn[2] – i lár Chiarraí agus i gcomharsanacht Loch Léin. Rinne an Eoghanacht, na Gaeil, tacú le daoine ar nós Uí Fhearba agus Uí Thorna agus neartaigh iad dá réir. Bhí craobh eile de Chiarraighe, Ciarraighe Cuirce, láimh le Droichead na Bandan, mar thaca ag buíon eile den Eoghanacht.

De bharr na hionramhála sin fuair Ciarraighe an chuid is fearr den talamh dóibh féin. Bhí toradh ar an gcor sin, toradh nach raibh súil ag an Eoghanacht leis, mar i ndiaidh a chéile thosaigh an mian chun neamhspleáchais ag borradh sna Ciarraighe nó go raibh siad níos cumhachtaí ná a máistrí i ndeireadh na dála. Bhí an dearmad déanta ag an Eoghanacht nuair a thug siad an talamh ab fhearr sa chontae dóibh mar dhíolaíocht as a gcúnamh agus as a ndílseacht. Murach go raibh Ciarraighe láidir go maith, ní foláir, an uair sin féin, ní dócha go bhféadfadh siad margadh chomh maith leis sin a dhéanamh.

Chabhraigh na toscaí áirithe sin le Ciarraighe agus rinne siad an deis a sholáthraigh na Gaeil dóibh a fhriotháil chun iad féin a chur chun cinn.[3] Faoi theacht na Críostaíochta bhí seilbh ag Ciarraighe ar thailte maithe i dtuaisceart Chiarraí agus i lár Chiarraí agus faoin am ar éirigh leo an cheannasaíocht a bhaint amach, timpeall na bliana 700 A.D., bhí seilbh acu ar an gcuid ab fhearr de Chiarraí, Triúcha an Aicme an lae inniu. Uí Mhuireadhaigh a thabharfaí ar ball ar na Ciarraighe a bhí lonnaithe sa dúiche sin.[4]

Ba iad Uí Chonchubhair – i bpearsa Fhlainn Feorna – a bhain ceannas amach i measc Chiarraighe. Ba é Flann Feorna a chuir tús le réim Uí Chonchubhair agus b'fhada an réim í: míle bliain geall leis de. Cailleadh Flann Feorna sa bhliain 741, ach is uaidh a shíolraigh Uí Chonchubhair cheannasacha ar fad agus ríthe uile Chiarraighe lasmuigh de cheathrar a bhfuil sé deacair a sinsearacht a dhéanamh amach.[5] Ba é Conchubhar a maraíodh sa bhliain 1067 an chéad duine a raibh an sloinne Ó Conchubhair air. Ba é sin an chéad Chonchubhrach. Thug na Conchubhraigh Uí Chonchubhair Chiarraighe orthu féin agus Ó Conchubhair Chiarraighe ar a gceannaire.

Is as dúiche Uí Fhearba i gcomharsanacht Ard Fhearta, a tháinig ríthe

Chiarraighe ar dtús. Ach ina dhiaidh sin is i dtuaisceart Chiarraí – sa dúiche sin ar a dtugtar Oireacht Uí Chonchubhair inniu – a bhí a ríshliocht agus is ansin is mó a bhí lua orthu, go háirithe, ón 12ú céad amach.

Nuair a bhí Ciarraighe ag bailiú nirt bhí dream mór tábhachtach istigh leo agus ba iad sin Alltraighe, agus a ríocht ag síneadh ó Mhaigh Oirthir – mar a raibh Faolán Alltraighe ina easpag lá dá raibh – go Cill Chonla agus ó Bhiaille go Ceann Beara in Uí Fhearba agus b'fhéidir lá chomh fada le Corca Dhuibhne an lae inniu.

Bhí dhá ríshliocht ar Alltraighe; ceann acu, Clann Chonaire, a d'fhág a n-ainm ar Bhaile Uí Chonaire. Bhí gaol ag Clann Chonaire le Corca Laighde. Ba é an gaol sin, is dócha a thug Eiltín ó chomharsanacht Chionn tSáile go Lios Eiltín. Bheadh sé i measc a dhaoine muinteartha ansin, éileamh agus nós a bhí coitianta go maith an uair sin. Ba iad Uí Néidhe (*Neville*) an ríshliocht eile a bhí ar Alltraighe. Tá an sloinne sin le fáil i gcónaí in Oireacht Uí Chonchubhair.

Faoin 8ú céad bhí an ceannas á ghéilleadh ag Alltraighe do Chiarraighe agus ní cás a rá gurbh iad Alltraighe is mó a bhí thíos le héirí Chiarraighe. Tá a fhios againn gur chuaigh cuid de Chlann Chonaire thar Sionainn sall ag deireadh an 7ú céad nó ag tosach an 8ú céad agus gur lonnaigh siad i gCorca Bhaiscinn, sa chuid de a shíneann síos chomh fada le Ceann Léime agus thug lucht ginealach áit dóibh i measc ríshleachta Chorca Bhaiscinn cé gur bhain siad ó dhúchas le hAlltraighe. Bhí siad láidir go maith, ní foláir, agus cuma na buaine orthu. Ba é an cúngú a bhí á dhéanamh orthu ag Uí Fhearba agus ag géaga eile de Chiarraighe a thug orthu aistriú as a n-athartha. Bhí Ciarraighe ag druidim le neamhspleáchas an uair úd, iad ag treabhadh ar cheannas na dúiche go léir ó Thrá Lí go Sionainn.

Ach níorbh aon tiargálaithe iad na daoine sin a d'imigh, mar fadó riamh roimhe sin bhí dream eile de Alltraighe imithe thar Sionainn sall ag lorg ionaid dóibh féin. Chuir siad sin fúthu i gCorca Modhruadh agus bhí aithne ar a ríocht mar Corca Modhruadh Allta .i. Corca Modhruadh Alltraighe, agus bhí orthu cíos a dhíol le rí Chaisil. Ach ní fada a sheas siad an fód mar bhí Corca Modhruadh rómhaith dóibh go luath.

In aimsir na naomh thug Alltraighe a gcion féin de naoimh don Eaglais. Ba de Alltraighe Chiarraí Luachra Bréanann agus Eirc; agus máthair Sheanáin dar leis an seanchuimhne. Mhíneodh sinsearacht sin Sheanáin an bhuannacht ar leith a bhí aige agus ag a mhainistir ón séú céad amach ar mhuintir Oireacht Uí Chonchubhair. Bheadh Seanán i measc a dhaoine muinteartha ansin agus lé ar leith acu leis, uime sin, de réir nósmhaireacht na haimsire; agus tá seanchuimhne dhocht go maith ann gur bhunaigh Seanán mainistir i gCill Chonla, i gcríoch Uí Shéadna. Bhí talamh ag Uí Shéadna timpeall na háite ina bhfuil Cill Chonla inniu. Cuid de ríocht Alltraighe ab ea an dúiche sin, lá dá raibh, an chuid di is cóngaraí do Chorca Bhaiscinn.

Nuair a thosaigh Ciarraighe ag teacht go barr a maitheasa bhí siad ag éirí mífhoighneach leis an bhforlámhas a bhí ag an Eoghanacht orthu. Nuair a bhí Maol Dúin ina rí ar an Eoghanacht nó go luath tar éis a bháis sa bhliain 786 A.D. bhí Ciarraighe agus daoine eile nárbh iad ag cur chuige chun bheith réidh leis an smacht a bhí ag Eoghanacht Loch Léin orthu. B'fhearr leo an uair úd a dtacaíocht a thabhairt do Eoghanacht Chaisil. Bheadh de bhuntáiste leis an gcóiriú sin go mbeadh siad níos sia ó láthair an údaráis. San iarracht sin acu bhain siad úsáid as cuntas faoi sheanad naomh, mar dhea, ón 6ú céad. Sa chuntas sin acu bhí fáistine a bhí curtha i leith Bhréanainn Bhiorra agus Bhréanainn Chluain Fearta. Bhí Bréanann Chluain Fearta tógtha chucu féin ag Ciarraighe óna mhuintir dhúchais, Alltraighe, agus éarlamh Chiarraighe déanta de faoin tráth sin. De réir na fáistine sin ní bheadh aon bhuannacht ag rí ó Iarmhumhain ar Chiarraighe ó aimsir an rí, Maol Dúin.[6] Dealraíonn sé gur cuireadh an cuntas bréagach sin le chéile chun bonn maith a sholáthar dá n-iarracht chun bheith scartha le húdarás Eoghanacht Loch Léin agus chun a dtacaíocht a chur ar fáil do Eoghanacht Chaisil. Agus dealraíonn sé gur éirigh leis an iarracht sin mar ón tráth sin amach bhí deireadh leis an smacht a bhí ag Eoghanacht Loch Léin ar mhuintir Iarmhumhan. Ní luaitear ríthe Eoghanacht Loch Léin mar ríthe Iarmhumhan a thuilleadh sna hannála. Agus tar éis na bliana 838 níorbh fhiú Eoghanacht Loch Léin go luafaí bás a gcuid ríthe a thuilleadh agus san am céanna bhí lua rialta ar Chiarraighe a bhí istigh leo.[7] Ní léir conas a bhí ag Eoghanacht Loch Léin nuair a fuair Maol Dúin bás sa bhliain 786 A.D. ach dealraíonn sé gur thug Ciarraighe, sa bhliain 791, an bás don té a tháinig i gcomharbacht air. Agus an té a tháinig i gcomharbacht air sin arís, Aodh, is dóigh gur mharaigh Ciarraighe é sin freisin sa bhliain 803 A.D.[8]

3. NA LOCHLANNAIGH

Nuair a thosaigh na Lochlannaigh ag baint cósta na hÉireann amach bhí Ciarraighe láidir neamhspleách go maith agus dá bhrí sin níor ghoill na Lochlannaigh rómhór ar shaol na dúiche i dtuaisceart Chiarraí. Thug siad ruathar faoi thuaisceart Chiarraí ar ndóigh; sheol siad an Casán aníos níos minice ná aon uair amháin. Tá lua ar ruathar a rinneadh sa bhliain 845 A.D. agus ar cheann eile sa bhliain 857 A.D. Is mar chosaint orthu a tógadh cloigtheach Ráth Tuaidh. D'fhéadfadh baint a bheith ag an tógáil sin le scrios na láithreacha eaglasta a bhí sa Chill Mhór cois an Chasáin agus deirtear linn go raibh seacht gcinn de shéipéal ansiúd lá dá raibh. Tá sé curtha ar na Lochlannaigh gurbh iad a scrios an láthair sin.

Is dá n-iomadúlacht is mó a thóg daoine ceann agus ba ábhar iontais agus alltachta iad na sluaite móra go ceann i bhfad. Tháinig cabhlach díobh i dtír i dtuaisceart Chiarraí agus "níor fág siad uaimh gan póirseáil, agus scrios siad gach ní idir Luimneach agus Corcaigh".[9] Ba mháistrí iad ar an ruathar ruthaig, iad tagtha aniar aduaidh ar dhaoine ar mire luais, an ruathar curtha i gcrích acu go tapaidh agus iad glanta leo chomh tapaidh céanna. Bhí sé do-dhéanta nach mór ag daoine cois cósta iad féin a chosaint ar dhaoine a bhí ann as chomh tapaidh sin. Ach mar sin féin bhíothas ag tabhairt fúthu go minic, agus minic go maith bhí an rath ar an iarracht, go háirithe nuair a thosaigh na Lochlannaigh ag cur fúthu in áiteanna ar leith. Ón lá sin amach ní bheadh siad chomh soghluaiste; d'fhéadfaí teacht orthu agus buille a bhualadh orthu faoi mar a dhéanfaí ar aon mhionrí. Tá lua ar ruathar a rinne siad sa bhliain 866 A.D., nuair a thug rí Chiarraighe, Conghal mac mhic Lachtna cath do Lochlannaigh. Bhí Eoghanacht Loch Léin agus Uí Chonaill Ghabhra i bpáirt le rí Chiarraighe sa chath sin "ag Dún Mhaín in iarthar Mhumhan":

> Sa bhliain 866 thug Ciarraighe faoi na Lochlannaigh agus tar éis dóibh guí chuig Bréanann ansin ar bhruach na mara bhí an Coimdhe féin ag cabhrú le Gaeil, óir bhí an mhuir ag bá na Lochlannach agus Ciarraighe á marú. Conghal féin, rí Chiarraighe agus é ina sheanduine, a rug an bua sa chath sin. Thug ábhar beag de na Lochlannaigh na cosa leo ón gcath sin agus iad lomnocht, gonta, agus ba mhór an t-ór agus an t-airgead a d'fhág siad ina ndiaidh agus an-chuid ban caomh.[10]

Is fiú a thabhairt faoi deara gurbh é rí Chiarraighe a bhí i gceannas nuair a rug sé féin agus a chomhghuaillithe bua ar na Lochlannaigh ag Dún Mhaín. Comhartha ab ea é sin ar an gcumhacht a bhí bainte amach ag Ciarraighe faoin tráth sin agus ar conas mar a bhí Eoghanacht Loch Léin thíos le héirí sin Chiarraighe.

Sa bhliain 873 A.D. tháinig *Barith*, Lochlannach, le mórchabhlach ó Bhaile Átha Cliath chun tabhairt faoi Chiarraighe ach buadh air sin freisin agus rinneadh ár trom ar a mhuintir.[11]

Bhí Ciarraighe in ard a réime agus i mbláth a maitheasa ag tosach an 10ú céad agus ag cabhrú le Cormac Ó Cuileannáin, rí-easpag Mumhan, nuair a bhí iarracht á dhéanamh aige ar cheannas na tíre ar fad a bhaint amach dó féin. Buadh go tubaisteach air i gCath Bhealach Mughna láimh le Leithghlinn an Droichid, Contae Cheatharlach, sa bhliain 903 A.D.; maraíodh é féin agus Maol Gorm, rí Chiarraighe, agus Fógartach, tiarna Chiarraighe Chuirce.[12] Ní raibh sé i ndán do ríshliocht na hEoghanachta bheith sa mhaith chéanna i gCaiseal riamh ina dhiaidh sin.

Dealraíonn sé gur de bharr an lagú sin a rinneadh ar Eoghanacht Chaisil agus ar Chiarraighe trí dhíomua Bhealach Mughna a d'éirigh leis na Lochlannaigh iad féin a bhunú i Luimneach sa bhliain 920 A.D. agus is dócha gurbh í an uair chéanna a thóg siad longfort i mBéal Átha Longfoirt. Bhí láthair eile acu in Inis Cathaigh.

Ach má baineadh stop as Eoghanacht Chaisil sa bhliain 903 A.D. ní raibh deireadh go fóill lena réimeas, mar nuair a tháinig duine eile de Eoghanacht Chaisil, Ceallachán, i réimeas sa bhliain 920 A.D. ní fada a thóg sé uaidh a thuiscint go gcaithfeadh sé a údarás a chur i bhfeidhm ar Chiarraighe. Ní raibh sé chun glacadh leis an neamhspleáchas a bhí bainte amach ag Ciarraighe agus thug sé ruathar fúthu ina ndúiche féin. Cé go ndearna sé Conchubhar rí Chiarraighe a ghabháil bhí sé i ndán do Chiarraighe a neamhspleáchas ar ríthe Chaisil a chosaint go ceann i bhfad eile.[13]

Ach bhí an clabhsúr buailte le réimeas Chaisil, áfach, mar bhí Dál gCais faoina gceannairí, Brian agus Mathúin, ag tabhairt fógra uathu go mbeidís féin feasta i láthair na babhtála ní amháin sa Mhumhain ach sa tír ar fad. Chuir éirí sin Dhál gCais agus titim sin Eoghanacht Chaisil iachall ar Chiarraighe a ndílse agus a ngéillsine a athmheas agus faighimid iad sa bhliain 1014 ag tacú go hiomlán le Brian agus lean an tacaíocht sin go ceann i bhfad.

Ní cás a rá go raibh Ciarraighe i bpáirt leis an Eoghanacht fad is a mhair a gceannas, iad uaireanta ag tacú leo i gcath, uaireanta eile agus iad go míshuaimhneach faoina bhforlámhas.

Sa bhliain 964 rinne Dál gCais, agus Mathúin agus a dheartháir Brian i gceannas orthu, Caiseal Mumhan a ghabháil gan oiread agus buille a bhualadh. Ní raibh an Eoghanacht in ann a n-athartha a chosaint agus thit sí le Mathúin. A bhuíochas don chor sin, bhí Mathúin ina rí ar chúige Mumhan. Thuig an Eoghanacht agus na Lochlannaigh an baol a bheadh ann dóibh féin dá n-éireodh le Mathúin bheith ina ardrí agus rinne siad iarracht ar é a shárú ag Sulchóid i gcontae Thiobraid Árann sa bhliain 967, ach bhí fuar acu mar bhuaigh Mathúin agus Brian orthu. Theith na Lochlannaigh leo as láthair an chatha agus leanadh sa tóir orthu gur bhain siad cathair Luimnigh amach. Rinneadh gabháil agus scrios ar an gcathair.

Ní raibh Luimneach riamh ina dhiaidh sin sa mhaith chéanna mar dhún cosanta ag na Lochlannaigh agus chúlaigh siad go dtí na hoileáin sa tSionainn, go háirithe Inis Cathaigh. B'fhurasta dóibh go fóill na láithreacha sin cois na Sionainne a chosaint mar bhí siad an-tréan ar muir agus in Inbhear na Sionainne.

Nuair a tugadh an bás do Mhathúin tháinig Brian i gcomharbacht air agus bheartaigh sé láithreach na Lochlannaigh i Luimneach agus in Inbhear na Sionainne a chloí. Chuir sé faoi chois iad, mharaigh a gceannaire *Ivar* agus rinne na hoileáin ar fad in Inbhear na Sionainne a ghabháil. Chun tabhairt faoina leithéid bhí gá aige le cabhlach agus is spéisiúil an rud é go raibh cabhlach ag a mhuintir agus ag a shinsir ar an abhainn agus ar na locha. Sheol sé an tSionainn anuas ag glanadh roimhe agus ag gabháil seilbhe ar a láithreacha.

Chabhraigh Mac Beatha, rí Chiarraighe, le Brian i gCath Chluain Tarbh agus maraíodh sa chath é agus is iontuigthe go raibh muintir Chiarraighe páirteach lena gceannaire sa chath sin.[14] Mhair duine amháin eile acu i sean-chuimhne na muintire .i. Baoithín a bhí ag maireachtáil ina dhíthreabhach i nGort na bPoll i mBiaille. Nuair a bhí Brian ag cnuasach a chuid nirt don chath cinniúnach sin leis na Lochlannaigh, chuir Baoithín éadach an díthreabhaigh de agus throid sé i dteannta a mhuintire i gCath Chluain Tarbh mar ar maraíodh é agus mórán eile ó Chnoc an Fhómhair agus ó Oireacht Uí Chonchubhair i gcoitinne.

4. RÉ NA RÍTHE GO bhFREASABHRA

Tar éis chath Chluain Tarbh bhí saol suaite, an-ainrialta i ndán do Uí Chonchubhair agus do na daoine a bhí ag tacú leo. Toisc go raibh siad i bpáirt le Dál gCais agus le hUí Bhriain i gcónaí bhí siad sáite ina n-imeachtaí sin. Bhí sé i ndán do Uí Bhriain an ardríghe a chailleadh i rith an 12ú céad le ríthe Chonnacht. Bhí duine de ríthe Chonnacht, Toirealach Ó Conchubhair, le tamall ag treabhadh ar cheannas na tíre uile; agus é ag cur chuige sin theastaigh uaidh Uí Bhriain a lagú agus uime sin rinne sé an Mhumhain a roinnt agus Tuamhumhain, a raibh tuaisceart Chiarraí mar chuid di, a thabhairt do Uí Bhriain agus Deasmhumhain a thabhairt do na Cárthaigh agus cheap sé Tadhg Mac Cárthaigh ina chéad rí ar Dheasmhumhain. Ní maith a réitigh an socrú sin le hUí Bhriain agus le hUí Chonchubhair agus le maithe eile Chiarraighe. D'fhéadfaí a rá go ndearna an cóiriú sin an riach ar Chiarraighe. Bheadh na Cárthaigh istigh leo feasta agus iad ag cantáil orthu agus ag treabhadh ar cheannas na Mumhan ar fad. Bheadh Uí Shúilleabháin agus Uí Dhonnchú istigh leo roimh dheireadh an 12ú céad agus chuirfeadh a dteachtsan dlús leis an achrann agus leis an trangaláil a bhí ina chuid den saol an uair sin.

Ní beag de chomhartha ar shuaiteacht an tsaoil i dtuaisceart Chiarraí sna blianta sin an líon de ríthe Chiarraighe ar tugadh anbhás dóibh. Tá ceithre ríthe déag de Chiarraighe luaite in *Annála Inis Faithleann* (AIF) idir 1014 agus 1141 agus ní bhfuair ach seachtar acu sin bás le hadhairt. B'ionann b'fhéidir agus breith bháis do dhuine sa saol úd a cheapadh ina cheannaire ar a mhuintir. Bhí sin fíor go speisialta maidir le ríthe Chiarraighe sna blianta sin.

Cuireadh go tréan in aghaidh iarrachtaí na gCárthach cun a bhforlámhas a leathadh. Nuair a tháinig Cormac Mac Cárthaigh i gcomharbacht ar a dheartháir Tadhg mar rí ar Dheasmhumhain, rinne sé Cú Luachra Ó Con-chubhair, rí Chiarraighe a dhíbirt, agus sa bhliain 1138 thug Diarmaid Súgach Ó Conchubhair, rí Chiarraighe, an bás do Chormac féin.

Dealraíonn sé gurbh é Diarmaid Súgach an fear ab fhuinniúla a sheas amach i gcoinne na gCárthach. Fear ab ea é a raibh fuinneamh thar na bearta ann agus é seiftiúil ina theannta sin. Thóg sé loingeas in Eas Daoi sa bhliain 1146 agus ceithre bliana ina dhiaidh sin thug sé an loingeas sin ar rothanna ó Eas Daoi go Loch Léin,[15] thug ruathar faoi Inis Faithleann agus bhunaigh a cheanncheathrú ann. Le cabhair na mBrianach scrios sé ríocht uile na gCárthach nach mór. Bhí ar na Cárthaigh, ina gcruachás, achainí a chur chuig Toirealach Ó Conchubhair, rí Chonnacht á iarraidh air teacht i gcabhair orthu. An bhliain ina dhiaidh sin rinne an Conchubhrach rud ar an achainí sin agus ghluais sé féin ó dheas mar aon le Diarmaid Mac Murchú rí Laighean agus maithe móra Éireann chun tacú leis na Cárthaigh agus bhris siad Cath Mhóin Mhóir ar Uí Bhriain; ceann de cathanna móra fuilteacha an 12ú céad ab ea an cath sin. Chuir an cath sin deireadh go deo le cumhacht na mBrianach.

Bhí Diarmaid Súgach sa chath sin, é ag tacú le hUí Bhriain agus d'fhág sé sin freisin, ní foláir, mórán dá chuid fear sínte ar pháirc an áir. Thug sé féin na cosa leis "tríd an gceo" agus chuir sé scéala faoin gcath chuig a mhuintir in Inis Faithleann. Nuair a chuala siad sin faoin díomua "léim siad chun a long", ach b'éigean dóibh iad a fhágáil ina ndiaidh ar an taobh thuaidh de Loch Léin agus bhain siad féin tuaisceart Chiarraí amach.[16]

Tar éis an chatha chuaigh na Cárthaigh go tuaisceart Chiarraí ag scriosadh rompu agus ag leagadh tithe agus dúnta; chuardaigh siad a áiteanna daingne agus a choillte agus thug siad leo braighdeanaigh ó Ó Conchubhair.[17] An bhliain ina dhiaidh sin tháinig Uí Bhriain go tuaisceart Chiarraí ag cabhrú le hÓ Conchubhair i gcoinne na gCárthach, ach thiomáin na Cárthaigh Uí Bhriain agus Diarmaid Súgach amach as an dúiche.[18] Cailleadh Diarmaid Súgach, rí Chiarraighe, sa bhlian 1154 "tar éis dó mórán de thrioblóidí an tsaoil a fhulaingt".[19]

5. NA NORMANNAIGH

5.1 Teacht agus Éirí na Normannach

Bhí Uí Chonchubhair láidir go maith ag tosach an 11ú céad agus iad tar éis a réimeas a shíneadh ó Thriúcha an Aicme go Sionainn, "ón Tráigh (Trá Lí) go Sionuinn sruithghil". Agus ón lá ar éirigh leo é sin a dhéanamh bhí stair na dúiche sin agus cás na muintire ceangailte go dlúth le stair agus le cás na gConchubhrach. Bhí oibleagáidí áirithe ar mhuintir na dúiche i leith Uí Chonchubhair, rí Chiarraighe, agus bhí dualgas an cheannais air sin i leith a mhuintire dílse.

Ach más ea féin go raibh siad ceannasach acmhainneach ag tosach na haoise, bhí a dtrioblóidí féin acu sula raibh leath den chéad sin istigh. Bhí nós na sloinnte ag teacht faoi réim an uair úd agus nuair a ghlac Conchubhar ó Uí Chonchubhair leis an nós sin tugadh Uí Chonchubhair ar chraobh amháin de Chiarraighe; agus, timpeall an ama chéanna, tugadh Uí Mhuireadhaigh ar Chiarraighe Thriúcha an Aicme. Faoin am sin bhí Cárthaigh agus Uí Bhriain á fhéachaint lena chéile do cheannas na Mumhan trí chéile agus bhí Uí Chonchubhair ag taobhú le hUí Bhriain agus Uí Mhuireadhaigh ag tacú leis na Cárthaigh, leis an Eoghanacht, a bhí chomh cóngarach sin dóibh. D'fhág an cor sin an dá ríshliocht de Chiarraighe sáite i muineál a chéile, agus, san iomaíocht eatarthu faoin gceannas, rinneadh sléacht uafásach i dtreo gur dhíothaigh Uí Chonchubhair ríshliocht Uí Mhuireadhaigh agus chuir a muintir féin isteach ina n-ionad.

Tá lua sna hannála ar an iomaíocht mharfach idir dhá roinn Chiarraighe,

24

e.g. faoin mbliain 1033 deir *Annála Inis Faithleann* linn: "Conchubhar de Uí Mhuireadhaigh, rí Chiarraighe, mharaigh a dhaoine muinteartha féin é i bhfeall." Is dóigh gurbh iad muintir a uncail a mharaigh é; cuid den iomaíocht ar son an cheannais ab ea an marú sin. Deir *Annála Ríoghachta Éireann* linn faoin mbliain 1055: "Cionnfhaola de Uí Mhuireadhaigh, tiarna an dara roinn de Chiarraighe, maraíodh é agus slua mór ina theannta ag Mac mic Uí Chonchubhair de Uí Chonchubhair Chiarraighe." Ní raibh an cneasú déanta idir an dá ríshliocht faoin mbliain 1095 nuair a mharaigh a dhaoine muinteartha féin Ó Conchubhair, rí Chiarraighe.[1] Sa bhliain 1130, i dtearmann Inis Cathaigh, maraíodh go fealltach Mac Craith Ó Conchubhair mac rí Chiarraighe.[2] Is cosúil go raibh baint ag an mbás sin freisin leis an iomaíocht ar son an cheannais ag dhá roinn Chiarraighe. Ní raibh fíoch na hiomaíochta sin ar son an cheannais tráite fós fiú faoin mbliain 1445 nuair a mharaigh Mathúin Ó Conchubhair a dhuine muinteartha féin Conchubhar Ó Conchubhair, mac le hÓ Conchubhair Chiarraighe, agus iad araon i mbád ag dul go hInis Cathaigh.[3]

Nós coitianta go maith ab ea an iomaíocht sin idir gaolta ar son an cheannais ach rinne sí an-chiotaí do Chiarraighe tráth a raibh a ndóthain mhór le déanamh acu agus iad gafa in uaillmhian na mBrianach, na gCárthach agus na gConchubhrach, ríthe Chonnacht. Bhí stad bainte astu ag Móin Mhór agus blianta na maitheasa imithe uathu de bharr an lagú a bhí déanta orthu ag a ndaoine muinteartha féin. Agus de bharr na hiomaíochta ar fad, a bhí ar siúl ag príomhshleachta na Mumhan, ba bheag an iontaoibh a bhí ag aon dream acu as an dream eile; de bharr na cogaíochta a lean an tsíoriomaíocht sin bhí taithí chráite ag Uí Chonchubhair agus ag daoine eile nárbh iad ar chogaíocht agus iad féin agus an Mhumhain i gcoitinne lag go maith agus in ísle brí. De bharr na dtoscaí sin ní raibh Uí Chonchubhair ná Uí Bhriain in aon an-riocht chun cothrom a bhaint de na Normannaigh a bhí um an taca sin i mbéal an dorais acu. Uime sin bhí ar chumas na Normannach cos istigh a fháil i dtuaisceart Chiarraí gan dua, mar bhí Uí Chonchubhair sásta fanacht socair agus bhí cead a gcinn dá réir ag na Normannaigh; agus cé go raibh ar na Normannaigh dianchogaíocht a dhéanamh ar son gach acra dár bhain siad amach in áiteanna eile ní raibh a leithéid i gceist i dtuaisceart Chiarraí.[4]

Uime sin ní fada a thóg sé ó na Normannaigh iad féin a bhunú sa dúiche. Tháinig muintir Uileagóid isteach cois Gáille de bharr a gceangail le Normannach cumhachtach eile – *William de Burgo*[5] – agus bheadh Liam Mac Uileagóid ag neadú isteach i dtalamh dhílis na gConchubhrach feasta. Roimh dheireadh an 13ú céad bhí muintir Uileagóid i dtaobh le banoidhre agus nuair a phós sí sin Muiris Mac Muiris i Leic Snámha thug sí léi mar spré a teideal chuig na tailte fairsinge a bhí faighte ag a muintir in Oireacht Uí Chonchubhair agus sa tslí sin fuair Clann Mhuiris greim ar leathantas cois Gáille, i mBiaille, i mBaile an Bhuinneánaigh agus i Lios Tuathail.[6]

Bhí tailte eile bainte amach roimhe sin ag Clann Mhuiris ach le teacht

25

Eibhlín Nic Uileagóid agus a spré bhí siad istigh go láidir i dtalamh sinsear-tha na gConchubhrach agus taispeánann clár cíosa ó am éigin roimh 1280 cé chomh láidir agus a bhí siad.[7] Cuntas atá ann ar an gcíos a bhí ag dul do Mhac Muiris i Leic Snámha as na bailte seo a leanas: Doire Chathail i gCill Chonla, Baile an Bhuinneánaigh i gCill Eithne, Baile Uí Lochráin, Úrlaí, Leaca Chróinín agus Baile an Ghabhann i Lios Eiltín; agus Baile Uí Dhonnchú, Doire, Cnoicíneach agus Drom Iarainn i nGáille. Is é is dóichí gurbh iad sin na bailte a thit le Mac Muiris nuair a phós sé Eibhlín Nic Uileagóid.[8]

Agus na Normannaigh istigh go láidir i dtuaisceart Chiarraí bhí ar a gcumas teanntú a dhéanamh i ndiaidh a chéile ar Uí Chonchubhair agus iad á mbrú ó thuaidh acu lastuaidh de abhainn na Féile agus iad á mbrú soir i dTriúcha an Aicme; agus bheadh sin á dhéanamh go dtí go mbeadh Uí Chonchubhair i dtaobh leis an dúiche sin idir abhainn na Féile agus Abhainn na Sionainne. D'fhág siad a n-ainm ar an dúiche sin cois na Sion-ainne agus uime sin tá Oireacht Uí Chonchubhair mar ainm ar an mbarún-tacht.

Nuair a bhí cos i dtalamh faighte ag Clann Mhuiris i dtuaisceart Chiarraí chuir siad chuige ag tógáil caisleán chun a dteideal chuig na tailte a bhí tite leo a dhaingniú agus a bhuanú. Thóg siad caisleán i mBaile an Bhuinne-ánaigh; is é is dóichí go raibh caisleán tógtha i mBiaille le tamall ag muintir Uileagóid: tógadh caisleán eile i Leic Béibhinn agus ina dteannta sin, i bhfad na haimsire, bhí caisleáin ag Clann Mhuiris i Leic Snámha, i Lios Tuathail, i nGort an Aird, i mBaile Mhic an Chaim agus i mBaile an Gharrdha.

Thóg na Conchubhraigh caisleáin freisin chun iad féin agus a gcuid a chosaint. Bhí ciasleáin acu in Eas Daoi, i dTairbeart agus ar Oileán na Carr-aige. Is sa chaisleán sin ar Oileán na Carraige a caitheadh go fial le Giolla na Naomh Ó hUidhrín gur scríobh sé mar bhuíochas:

Rí Ciarroighe ós Clannaibh Céir,
Ó Conchabhair cóir dhói-séin,
céile cláir an mhiodhfhuinn mhir,
ón Tráigh go Sionuinn sruithghil.[9]

Bhraith Uí Chonchubhair nach raibh sé chomh furasta sin an caisleán ar Oileán na Carraige a chosaint agus uime sin chinn siad caisleán a thógáil i gCarraig an Phoill, "an caisleán is áille agus is treise in Iarmhumhain".

Ba ansin a bhí a gceanncheathrú acu feasta ach ansin féin níor shlán dá dteideal ná dá ngréim ar a dtailte sinseartha. Bheadh Clann Mhuiris ag brú rompu de shíor ar taobh na farraige, iad ag leathadh amach as a ndúnta agus as a gcaisleáin, i Leic Béibhinn, i mBaile an Bhuinneánaigh agus i mBiaille, i dtreo is gur bheag a bhí fágtha ag Ó Conchubhair sa dúiche sin tar éis Éirí Amach na nGearaltach. Bhí Clann Uileagóid i ndúiche Gháille

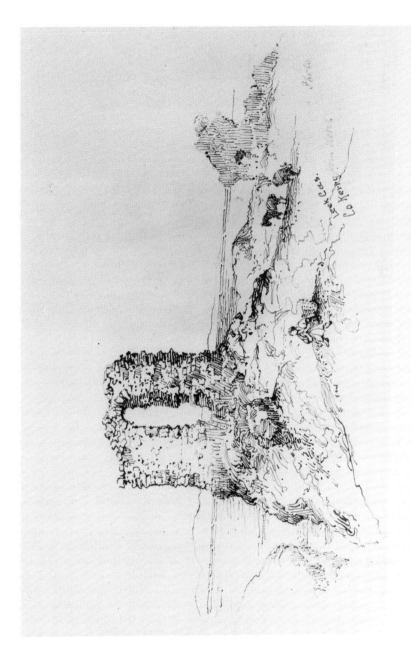

CAISLEÁN NA LEICE

agus iad go láidir ann, agus i bhfad na haimsire bheadh na Gearaltaigh agus iad istigh go láidir i saol na dúiche. Bhí ar Ó Conchubhair féin cíos a dhíol leis an iarla in aghaidh na bliana agus bhí air chomh maith an áirithe sin fear a sholáthar dó in aimsir chogaidh. Agus Clann Mhuiris, dá chumhachtaí iad, bhí orthu sin freisin géilleadh don iarla agus cíos a dhíol leis. Ina theannta sin ar fad bhí muintir Bhuinneáin préamhaithe ag na Gearaltaigh lastuaidh de abhainn an Chasáin chun go mbeadh siad ina lucht tacaíochta acu féin agus iad ag broic le Clann Mhuiris. Bheadh muintir Buinneáin sa chóiriú sin ina nding idir Clann Mhuiris i Leic Snámha agus a ndaoine muinteartha i mBaile an Bhuinneánaigh agus i mBiaille. Agus bhí sé i ndán do Mhuintir Bhuinneáin bheith buan sa dúiche nó gur treascradh na Gearaltaigh féin.

5.2 Buanú na Normannach

Saolaíodh ceathrar mac do Mhuiris Mac Muiris agus d'Eibhlín Nic Uileagóid. Ba iad sin Nioclás, Piaras, Roibeard agus Pádraigín. Ba é Nioclás a tháinig i gcomharbacht ar a athair. Sibéal ab ainm don dara bean. Bhí muirear ar an lanúin sin freisin cé nach bhfuil lua ach ar aon duine amháin díobh .i. Gearóid. Mhair Muiris nó go raibh sé an-chríonna. Tamall roimh a bhás in 1306 bhí clann na dara mná ag déanamh tinnis dó agus shocraigh sé riar a gcáis a sholáthar dóibh agus leis an intinn sin d'fhág sé Biaille le huacht ag Gearóid. Ach ní raibh Nioclás, an mac ba shine le hEibhlín, sásta leis an socrú sin.

Nuair a bhí Muiris, mac do Thomás, ar leaba a bháis i gCill Flainn ar an gCéadaoin roimh Dhomhnach Cásca bhí sé ar aigne aige an chlann mhac ab óige a bhí aige, sé sin an chlann a bhí aige le Sibéal, an dara bean, a chur i seilbh na talún a bhí bainte amach aige féin, agus uime sin d'ordaigh sé go bhfaigheadh Gearóid a mhac an talamh a bhí aige i mBiaille. Agus chun go mbeadh fios aige ar thoiliú Niocláis, mac leis agus a oidhre, chuir sé ab *Kyrie Eleison* agus bráthair Mionúr – bhí siad sin ina theannta agus é lag breoite – go dtí Nioclás a bhí i gCill Flainn an uair úd, chun a thoiliú leis an mbronntanas a fháil i scríbhinn agus faoi bhrí na mionn. Chuaigh an bheirt acu chuig Nioclás agus a fhios acu nach mbeadh aon ró-fhonn air é sin a dhéanamh. Dúirt siad le Nioclás gur iarr a athair air toiliú le talamh Leic Snámha agus talamh Chúil Cliath a thabhairt do Ghearóid. Bhí Nioclás lánsásta leis an gcóiriú sin agus dúirt sé go dtabharfadh sé a thoiliú i scríbhinn agus faoi bhrí na mionn; ach ní raibh aon chuntas aige an uair sin gurbh é toil a athar go bhfaigheadh Gearóid talamh Bhiaille chomh maith.

Tháinig an t-ab agus an bráthair ar ais go dtí Muiris agus dúirt leis go raibh Nioclás sásta gach aon rud a d'iarr a athair air a dhéanamh. Nuair a chuir Muiris fios ar Nioclás chun na geallúintí a chomhlíonadh, ghlaoigh cara le Nioclás i leataobh air, roimh dhul isteach dó i seomra a athar, agus dúirt leis gur theastaigh óna athair a chead sínithe a bheith aige mar go raibh sé chun talamh Bhiaille a thabhairt do Ghearóid chomh maith agus cuireadh i gcuimhne dó mura dtoileodh sé leis an gcóiriú a bhí beartaithe go dtabharfadh a athair Muiris a mhallacht dó.

Tháinig eagla ar Nioclás agus d'iarr comhairle a leasa ar a chara. Dúradh leis dul isteach sa seomra go dtí Muiris agus a rá leis go raibh sé sásta gach rud a d'iarr an t-ab agus an bráthair air a dhéanamh, agus a rá go dtógfadh sé mionn ar na focail sin de réir toil a athar. Chuaigh sé isteach sa seomra agus rinne sé de réir mar a moladh dó, thug sé an mionn agus chuir sé séala gan mhoill ar an scríbhinn ina raibh sé ráite go raibh sé ag toiliú le Biaille a thabhairt do Ghearóid.

Agus sin déanta thug Muiris an dá fheirm do Ghearóid agus rinne an dá aturnae, *Thomas Hubert* a bhí i láthair agus *Stephen Underwode* an báille a bhí ar Bhiaille, Gearóid a chur i seilbh mar shaorshealbhóir agus thug dó eochracha cófraí áirithe i Leic Snámha mar a raibh cáipéisí agus scríbhinní a dhearbhaigh cearta Mhuiris chuig Biaille. Dúradh leis na scríbhinní a thabhairt leis agus tugadh dó an airnéis inaistrithe a bhí sa teach i mBiaille ní amháin chun go mbeadh siad aige ach chomh maith chun a theideal chun Biaille a bhuanú.

Tháinig Gearóid gan aon mhoill – agus *Thomas Hubert* fairis – go Leic Snámha agus thóg as gach cairt agus scríbhinn a bhí ann a chruthódh buannacht Mhuiris ar thalamh Bhiaille.

San am céanna chuir Nioclás a dheartháir Piaras go Biaille chun Gearóid a chosc ar sheilbh a ghabháil ann. D'imigh seisean chomh tapaidh agus ab fhéidir leis. Ar shroicheadh an tí dó ghlaoigh sé ar Stiofán an báille agus d'ordaigh dó gan aon rud a dhéanamh i dtaobh na scríbhinne a thiocfadh chuige ó Mhuiris chun Gearóid a chur i seilbh Bhiaille agus dúirt leis gurbh shin é ordú Nioclás. Thuig Stiofán go ndéanfadh an gníomh sin an-díobháil dó féin dá dtagadh feabhas ar shláinte Mhuiris ach ar an taobh eile de dá bhfaigheadh Muiris bás níor theastaigh uaidh fearg Nioclás a tharraingt air féin dá gcomhlíonfadh sé ordú Mhuiris. Mar sin d'fhan Stiofán sa chaisleán in éineacht le Piaras amhail is dá gcuirfí iachall air.

Agus ar an gceathrú lá tar éis do Ghearóid agus do Thomás Cill Flainn a fhágáil thaínig siad araon go Biaille agus isteach leo gan cosc mar nach raibh claí ná geata ann. Tar éis dóibh tuirling dá gcapaill chuir siad i stábla iad mar aon le capall Dháibhí éigin a bhí ina dteannta.

Agus láithreach bonn dúirt Tomás: "Táim do do chur i saorsheilbh an tí, a Ghearóid, de réir phribhléid na scríbhinne." Tamall ina dhiaidh sin pholl Gearóid an stáca coirce a bhí ann agus chaith coirce go dtí na capaill. D'fhág Gearóid Dáithí lena lánchead sa siléar mar bhí doras an tsiléir oscailte agus chuaigh sé féin amach go dtí stábla na gcapall arís.

29

Nuair a chuala Piaras a d'fhan sa chaisleán leis an mbáille Stiofán go raibh Dáithí sa siléar, chuaigh sé féin isteach ann agus d'ordaigh do Dhaithí imeacht. D'imigh Dáithí amach láithreach agus chuaigh ar ais go Gearóid sa stábla. Thug siad beirt dhá lá i measc na gcapall. Ar an tríú lá thug tionónta a chéachta do Ghearóid chun treabhadh a dhéanamh ar an talamh d'fhonn a sheilbh a choimeád. Nuair a chonaic Piaras an treabhadh chuir sé stop leis agus gearr sé an chuing agus oiriúintí eile an chéachta.

Bhí Muiris ag maireachtáil leis. Cailleadh é ar an gceathrú lá agus tháinig Nioclás chun seilbh a thógáil ar an teach ar fad ach bhí Gearóid bailithe leis sular tháinig sé.

Nuair a fiafraíodh cén fhad a bhí Gearóid sa teach roimh bhás Mhuiris dúradh cúig lá agus trí lá tar éis a bháis. Nuair a fiafraíodh ar thóg Gearóid aon airnéis as an teach nó ó na tionóntaí nó aon riachtanas eile roimh bhás Mhuiris nó ina dhiaidh dúirt sé nach ndearna sé ach an coirce a thug sé do na capaill.[10]

Ba le máthair Niocláis Biaille sular phós sí. Dealraíonn sé gur éirigh le Nioclás Gearóid a choimeád amach as a oidhreacht mar d'fhan Biaille ag sliocht na chéad mhná go ceann ceithre chéad bliain ina dhiaidh sin.[11]

Bhí Nioclás i láthair ag fleá Nollag in Áth Dara sa bhliain 1306 nuair a rinne a dhuine muinteartha, Seán mac Thomáis, Barún Ó bhFaile, ridire de, as cabhair a thug Nioclás dó chun éirí amach i measc Gael a chur faoi chois.[12] Bhí Seán mac Thomáis ina chéad iarla Chill Dara ina dhiaidh sin.

Ba é Piaras[13] an dara mac a bhí ag Muiris agus ag Eibhlín. Is ón bPiaras sin a shíolraigh Clann Phiarais i dtuaisceart Chiarraí. Bhí triúr mac ag Nioclás. Ba iad sin Muiris, Liam agus Seán. Aon iníon amháin, *Aveline* (Eibhlín), a bhí aige. Gabhadh Muiris ag a dhuine muinteartha Muiris, céad iarla Dheasmhumhan sa bhliain 1339 agus daoradh chun báis é agus tugadh bás ocrais dó in Oileán Ciarraí. Bhí sé pósta dealraíonn sé le hOnóra Ní Chonchubhair, iníon le hÓ Conchubhair Chiarraighe. Rinneadh Liam,[14] an dara mac, a dhalladh ar ordú ón iarla céanna toisc gur mharaigh sé Diarmaid Mac Cárthaigh, rí Dheasmhumhan sa bhliain 1325. Crochadh agus tarraingíodh nó dícheannadh a chuid fear. Ach ní raibh, dáiríre, sa choir a cuireadh ina leith ach iarraim cúis, mar bhí seanfhala riamh idir na Gearaltaigh agus na Cárthaigh. Ansin tar éis dó an bás a thabhairt do Mhuiris agus tar éis dó Liam a dhalladh phós an t-iarla a ndeirfiúr *Aveline*.

Tháinig an tríú mac, Seán, i gcomharbacht ar a athair. Bhí sé sin ina bheatha sa bhliain 1376 ach ní fios cathain a cailleadh é. Bhí mac aige sin, mac mídhlisteanach dar le daoine áirithe. Risteard ab ainm don mhac sin agus chuir sé faoi i Leic Béibhinn i gCill Chonla timpeall na bliana 1400 agus thóg sé caisleán ann. Is uaidhsean a shíolraigh Clann Riocaird. Clann Riocaird freisin a tugadh ar a dtailte. Thug siad Gearaltaigh orthu féin, níos déanaí, agus thaobhaigh siad leis na Gearaltaigh.

Bhí buíon eile de Chlann Mhuiris lonnaithe i Maigh Bile ach is beag lua atá orthu sin.

Nuair a d'éirigh le Clann Mhuiris iad féin a bhunú i Leic Snámha ní raibh aon deacracht acu agus iad ag síneadh a bhforlámhais ar fud na dúiche. Ní léir gur chuir siad as puinn do na daoine a bhí rompu sa dúiche ach d'fhéach siad chuige go cúramach go mbeadh muintir na háite ann i gcónaí chun aoireacht a dhéanamh ar a stoc agus chun an ithir a shaothrú faoi mar ba nós dóibh faoina dtaoisigh dhúchais féin.

Ní le neart airm mar sin a shín Clann Mhuiris a bhforlámhas i dtuaisceart Chiarraí ach le déileáil chaoin chneasta leis na seanáitritheoirí. Toisc gan iad féin a bheith rófhlúirseach ar fad thuig Clann Mhuiris go luath go mbeadh orthu "cothrom na Féinne" a thabhairt do gach éinne agus níor chuaigh sin amú ar mhuintir thuaisceart Chiarraí agus i ndiaidh a chéile bhí snaidhmeanna cairdis á nascadh a sheas go maith le Clann Mhuiris. Phós siad Brianaigh Thuamhumhan, Cárthaigh Dheasmhumhan, Conchubhraigh Chiarraighe, Nic Mhathúnaigh Thuamhumhan, craobh de na Brianaigh. Bhí naoi dtiarna dhéag díobh i Leic Snámha idir 1250 agus 1660 agus phós dosaen acu sin mná de dhúchas Éireannach. Phós seisear eile acu Gearaltaigh, Róistigh, Condúnaigh; níor phós ach aon duine amháin acu Sasanach mná agus cailleadh í sin gan sliocht fireann. Bhí sé mar pholasaí ag na Gearaltaigh freisin tráth mná ón áit a phósadh. Chuir ceann áirithe de phóstaí cunláisteacha na nGearaltach cor cinniúnach i saol na gConchubhrach, ríthe Chiarraighe. Nuair a phós Seán Mac Gearailt, Seán Challainne, Úna Ní Chonchubhair, iníon le hÓ Conchubhair Chiarraighe, shíolraigh Ridire an Ghleanna, Ridire Chiarraí agus an Ridire Fionn ón bpósadh sin. Bhí tuiscint ar leith riamh ag an triúr sin do iarla Dheasmhumhan. Sheas siadsan go dílis i gcónaí leis an iarla; agus istigh leo sin uile agus le Clann Mhuiris bhí Ó Conchubhair Chiarraighe agus ba mhinic é sin in earraid le Clann Mhuiris agus le Ridire an Ghleanna ach mar sin féin d'éirigh leis a ghreim a choiméad – agus é istigh eatarthu – feadh blianta uile an cheannais ag Gearaltaigh, nó mar a dúirt Sir Nicholas Browne mar gheall air sa bhliain 1579: *"By reason of his woods and bogs he was wont to hold his own in spite of them both."* Agus choiméad sé a ghreim nó gur thit an córas Gaelach ar fad.

Leis an bhfuadar nimhe a bhí faoi na Gearaltaigh, agus Normannaigh eile nárbh iad, agus iad ag iarraidh seilbh a fháil ar Chiarraí ar fad bhí baol ann go n-éireodh sin leo ach ar uair na cinniúna chuir na Cárthaigh, faoi cheannas Fhinín, stop leo. Rinne na Gaeil dearmad ar an seanfhala a bhí acu lena chéile, chuir siad le chéile agus thug siad faoi na Normannaigh i gCallainn láimh le Ceann Mara sa bhliain 1261 agus bhris cath orthu.[15] Thit an-chuid de na ceannairí Normannacha sa chath sin. Ceann de chathanna tábhachtacha na tíre ar fad ab ea an cath sin agus an cath ba thábhachtaí riamh i stair Chiarraí. De bharr an chatha sin chaill na Normannaigh, níor mhiste a rá, a raibh de thalamh gafa acu laisteas de abhainn na Mainge agus

31

bheadh abhainn na Mainge ina teorainn ar feadh trí chéad bliain idir na Normannaigh lastuaidh den abhainn sin agus na Gaeil laisteas don abhainn. Bheadh na Cárthaigh i mbarr a maitheasa agus a gcumhachta go ceann trí chéad bliain eile nuair a tháinig sé de chor sa saol go raibh na Cárthaigh ag tacú le Gearaltaigh Dheasmhumhan in aghaidh na banríona.

Bhí contae déanta de thuaisceart Chiarraí faoin mbliain 1233 agus údarás an rí á leathadh ann faoi mar a bhí á dhéanamh sna contaethe eile. Bhí sé i ndán do mhuintir thuaisceart Chiarraí taithí céad bliain a bheith acu ar riarachán agus ar rialú an rí. Sa bhliain 1329 rinneadh cuid de iarlacht Dheasmhumhan de thuaisceart Chiarraí agus fuair an t-iarla cumhacht Phalaitíneach ar an gcontae. Chuir sé chuige ag bunú a riaracháin féin sa dúiche, ag ceapadh a chuid feidhmeannach féin, ag glacadh na gcumhachtaí ar fad nach mór a bhí ag an rí roimhe sin chuige féin agus ag cur deireadh leis an gcóras a bhí bunaithe ag an rí.

A bhuíochas don chor sin ní raibh údarás ná dlínse ar bith ag reacht an rí i dtuaisceart Chiarraí go ceann dá chéad caoga bliain eile. B'ionann iarla Dheasmhumhan agus rí Chiarraí i gcúrsaí an tsaoil. Ba gheall le rí é i measc a mhuintire agus thug an-chuid acu ómós dó agus ghlac leis go fonnmhar mar ionadaí a mhuintire.

Ach bhí Clann Mhuiris freisin tar éis éirí an-chumhachtach faoin am gur bunaíodh iarlacht Dheasmhumhan sa bhliain 1329; bhí a ndóthain mhór le déanamh ag iarlaí Dheasmhumhan chun forlámhas éigin a chur i bhfeidhm ar a dhaoine muinteartha, Clann Mhuiris, agus is iomaí lá a sheasódh ceannasaíocht Chlann Mhuiris ina ndúiche féin.

Go dtí sin bhí teannas áirithe i saol na dúiche i dtuaisceart Chiarraí nuair a bhí a mhuintir roinnte ina ndílseacht idir lucht leanúna Chlann Mhuiris agus lucht leanúna Uí Chonchubhair Chiarraighe. Ach nuair a d'éirigh le hiarla Dheasmhumhan smacht áirithe a chur i bhfeidhm ar an dá mhór-shliocht sin, Clann Mhuiris agus Uí Chonchubhair Chiarraighe, bhí iarla Dheasmhumhan istigh go láidir i saol thuaisceart Chiarraí agus buannacht aige ar mhuintir Chlann Mhuiris agus ar Uí Chonchubhair Chiarraighe.

Chuir an t-ordú sin as go mór do Chlann Mhuiris agus mhúscail agus chothaigh an t-éileamh cíosa a lean é teannas idir Clann Mhuiris agus iarlaí Dheasmhumhan. Ba dheacair sa saol úd an cneasú a dhéanamh eatarthu mar bhí an dá dhream an-láidir, an-uaibhreach. Bhí aigne agus meon an dá dhream i leith an chíosa agus i leith a chéile curtha síos go giorraisc: an t-éileamh: "Cuir chugam mo chíos nó . . ." agus an freagra: "Níl aon chíos ag dul uaim chugatsa agus dá mbeadh . . ."

Bhí toradh tubaisteach cinniúnach ar éileamh cíosa a rinneadh sa bhliain 1568 nuair a bhí Gearóid Iarla ina phríosúnach i dTúr Londain agus a dhuine muinteartha, an fear cáiliúil sin Séamas mac Muiris Mac Gearailt i bhfeighil ghnóthaí an iarla.[16] D'éiligh Séamas mac Muiris an cíos ar Thomás Mac Muiris, tiarna Chiarraí. Cuireadh suas don éileamh faoi mar a rinneadh riamh. Thiomsaigh Séamas a chuid fórsaí, Gearaltaigh,

Giobúnaigh, Síthigh agus daoine eile nárbh iad i gcontae Luimnigh, agus thug faoi thuaisceart Chiarraí mar ar éiligh siad cabhair ar Chonchúr Bacach Ó Conchubhair i gCarraig an Phoill, ar Shéamas Mac Gearailt i Leic Béibhinn agus ar Liam Óg Buinneán. Chaith siadsan an t-éileamh sin a fhreagairt; ní bheadh sé de mhisneach acu an t-eiteachas a thabhairt do fheidhmeannach iarla Dheasmhumhan. Chaith siad dul i dteannta Shéamais mhic Mhuiris Mhic Ghearailt agus a chuid fórsaí go Leic Snámha mar ar buaileadh cath fuilteach idir an dá dhream. Bhí Máilligh agus Suibhnigh i Leic Snámha an lá úd ar cuairt; bhí Seán na Seolta Ó Máille agus criú loinge fada tar éis seoladh an Casán aníos – cairde ab ea iad le lucht cabhlaigh Mhic Mhuiris. Gallóglaigh ab ea na Suibhnigh, Éamann Mac Suibhne agus a bhuíon bheag. Sheas an dá dhream – timpeall leath-chéad fear ar fad – le Mac Muiris agus briseadh an cath ar Ghearaltaigh agus maraíodh Ó Conchubhair Chiarraighe agus a dheartháir Brian agus Séamas Mac Gearailt ó Leic Béibhinn agus lucht tacaíochta ar gach taobh, Conchubhraigh, Gearaltaigh, daoine de mhuintir Bhuinneáin agus de Chlann Mhuiris.

6. ÉIRÍ AMACH NA nGEARALTACH

6.1 An tÉirí Amach

I bhfad na haimsire bhain tiarnaí Normannacha, agus Clann Mhuiris ina measc, áit ar leith amach dóibh féin i saol na tíre agus na muintire. I ndiaidh a chéile ghlac siad le nósanna na tíre agus iad ag tabhairt a gcúil leis an dúchas inar oileadh iad, ionas gur bheag an difear a bhí idir iad, sa deireadh, agus tiarnaí Gael. Bhí an teanga Ghaeilge ag an dá dhream, iad araon ag déanamh pátrúnachta ar bhaird is breithiúna, a bhfórsaí cosanta féin ag an dá dhream, iad ag pósadh a chéile agus ag cur a gclann ar altramas chun a chéile. Bhí an t-éileamh céanna ar neamhspleáchas ag an dá dhream. Bhí a ríochtaí féin bunaithe ag Gearaltaigh Chill Dara agus ag Gearaltaigh na Mumhan agus ba gheall le ríthe iad ina ndúichí féin, iad ag rialú ina n-ainm féin, gan spleáchas do rí Shasana. Bhí lé an phobail leo.

Ach faoin tráth sin, tosach an 16ú céad, bhí athrú aigne ag teacht ar ríthe san Eoraip. Bhí gluaiseacht ar bun acu chun rialtais lárnacha a bhunú agus chun deireadh a chur le neamhspleáchas agus le cumhacht na dtiarnaí. Bhí Anraí VIII, rí Shasana, ag teacht go hiomlán leis an aigne sin i leith na dtiarnaí agus níor thaitin sé leis-sean go mbeadh oiread sin neamhspleáchais agus cumhachta ag tiarnaí Gael is Gall agus chuir sé chuige chun an scéal a leigheas. Ach ba dheacair baint leis na tiarnaí agus iad te teolaí sábháilte ina gcaisleáin. Agus sna hiarrachtaí a bheadh ar bun ag Anraí an scéal a shocrú ar a thoil féin ba mhór an chabhair do fionnachtain phúdar gunna mar chuir sin ar a chumas tuargain a dhéanamh ar chaisleáin agus iad a leagadh go talamh. D'éirigh leis Gearaltaigh Chill Dara a chur dá gcois sa bhliain 1535 agus dhá bhliain ina dhiaidh sin thug sé an bás do Thomás an tSíoda agus dá chúigear uncailí. Bhí an bóthar réidh dó uime sin chun rud a dhéanamh ar a mhian agus rinne sé an deis sin a fhriotháil le fonn chun dlí Shasana agus córas rialacháin Shasana a leathadh sa tír; rinne sé deimhin de gur Sasanaigh amháin a bheadh ag feidhmiú an chórais sin; ón am sin amach bheadh Fear Ionaid an rí in Éirinn ina Shasanach agus bheadh arm Sasanach i gcónaí sa tír.[1]

Go dtí sin is beag an toradh a bhí ar dhlí Shasana, ar chóras rialacháin Shasana lasmuigh den Pháil agus de chúpla áit éigin eile sa tír. Bheadh an rí ar a dhícheall feasta ag iarraidh feabhas a chur ar an scéal sin, ach mar sin féin d'imeodh leathchéad bliain eile thart sula bhféadfadh an choróin a toil sna cúrsaí seo a chur i gcrích agus sula bhféadfaí dlí Shasana a shíneadh ar fud na Mumhan; agus ní tharlódh sin nó go mbeadh Gearaltaigh Dheasmhumhan treascartha.

Sa bhliain 1558 ceapadh Gearóid Mac Gearailt ina iarla Dheasmhumhan agus chuir sé tús le ré cinniúnach i saol a mhuintire agus i saol na Mumhan trí chéile. Bhí fairsinge tailte, cumhachta agus saibhris aige, "níos mó díobh ná mar a bhí ag éinne riamh b'fhéidir, sa saol, agus bhí ar a laghad fiche teach mór agus caisleán aige, áiteanna cónaithe a dhiongbhála do phrionsa". Ach faoin tráth sin bhí súile santacha á gcaitheamh ar an saibhreas agus ar chumhacht sin na nGearaltach ag daoine mór le rá i Sasana, agus dar leo bhí rud maith á shantú acu agus rud arbh fhiú comhrac ar a shon; agus nuair a tháinig roinnt de na daoine sin, de na foghlaithe talún sin, ar an láthair agus é mar aidhm acu an Mhumhain go léir, ó Chorcaigh go Sionainn, a ghabháil chucu féin le faobhar claímh, thuig na Gearaltaigh agus daoine eile dá leithéidí an baol a bhí i gceist – in éileamh na bhfoghlaithe talún sin – dá gceannas agus dá gcearta agus d'éirigh siad amach i gcoinne an dreama a shantaigh a gcuid. Bhí Gearóid Iarla thall i Londain faoin tráth sin, é féin agus iarla Urmhumhan toisc gur éirigh eatarthu arís agus gur thug cath dá chéile. Bhí fala acu lena chéile le fada. Coimeádadh i Londain iad gan cead acu filleadh abhaile.

Toisc Gearóid Iarla bheith as baile ceapadh Séamas mac Muiris Mac Gearailt i gceannas ar an Éirí Amach. Col ceathar leis an Iarla ab ea é agus fear cróga agus saighdiúir cumasach a bhí ann. Rinne sé ceist chreidimh den Éirí Amach agus d'iarr ar thaoisigh Chaitliceacha na tíre tacú leis ar son a gceart agus a gcreidimh. Ceapadh an foghlaí *Sir Humphrey Gilbert* ina cheannaire ar fhórsaí na corónach sa Mhumhain agus tugadh ordú dó an Mhumhain a cheansú agus faoi dheireadh na bliana 1569 bhí sé ag cur síos ar na modhanna a d'úsáid sé chuige sin agus ar an dea-thoradh a bhí orthu:

I slew all those from time to time that did belong to, feed, accompany or maintain any outlaws or traitors: and after my first summoning any castle or fort if they would not presently yield it, I would not afterwards take it of their gift but won it perforce, how many lives so ever it cost, putting man, woman and child of them to the sword.

34

BAILE AN BHUINNEÁNAIGH

D'úsáid sé na modhanna sin le fuinneamh fraochmhar agus dá bharr sin bhí sé in ann gabháil trí dhúichí fairsinge Chiarraí agus Luimnigh agus gan ar chumas daoine cur ina choinne ach ar éigean. Tugadh faoi thall is abhus agus fuair muintir Chiarraí chomh maith le daoine eile sa Mhumhain, blaiseadh de mhodhanna cogaidh a bheadh coitianta feasta.

Bhí slite eile ar bun ag banríon Eilís na linne chun cúngú a dhéanamh ar an nGearaltach. Ceapadh *Perrott* ina Uachtarán ar an Mhumhain sa bhliain 1571 agus tugadh a arm féin dó agus meitheal chun comhairle a chur air agus é mar chúram air dlí Shasana a leathadh ar fud na Mumhan.

In ainneoin a fheabhas a d'éirigh le *Gilbert* ag gabháil caisleán agus ag díothú daoine ní raibh na daoine curtha faoi chois. Ba dheacair sin mar bhí siad tosaithe ar fheidhm a bhaint as gnéithe aigeanta na tíre ina gcogaíocht. Ba mhór an áis dóibh portaigh agus coillte. Agus bhí i gCiarraí an uair sin coillte go tiubh ó Bhiaille go Faing ar feadh phort na Sionainne agus ó Lios Tuathail go Trá Lí agus as sin go Bréanann, agus in abhanntrach na Mainge ar fad chomh fada le hOileán Ciarraí. Ina theannta sin bhí portaigh go fairsing ar fud na dúiche go léir. Is beag a d'fhéadfadh fórsaí an rí, faoina n-armáil throm, a dhéanamh le daoine a bhí ábalta gabháil go coséadrom trí na portaigh. Is beag bóthar a bhí sa dúiche an uair úd agus b'fhurasta a raibh de chasáin inti a dhúnadh. Uaireanta ní raibh le déanamh ach crann a leagadh trasna an chasáin.

Ba mhór an ciotaí na cúrsaí sin d'fhórsaí na banríona agus bhí sé á thuiscint acu i ndiaidh a chéile go mbeadh orthu slite eile a úsáid chun Mac Muiris a chloí. Uime sin chuir siad chuige chun é a scaradh ó na daoine a bhí páirteach leis san Éirí Amach. Leis an intinn sin scaoileadh iarla Urmhumhan abhaile ó Londain agus d'éirigh leis a dheartháireacha a scaradh ó Mhac Muiris. Chuir an beart sin cor cinniúnach san Éirí Amach, agus rinne lagú dá réir ar Mhac Muiris agus i ndiaidh a chéile tháinig taoisigh eile a bhí i bpáirt leis chun réitigh le feidhmeannaigh na banríona. Agus cé go raibh fórsaí an Éirí Amach níos iomadúla ná a naimhde is annamh a bhí siad in ann an fód a sheasamh in aghaidh arm na banríona a raibh gunnaí móra acu.

Ina theannta sin bhí modhanna fíochmhara *Gilbert* ag dul i bhfeidhm ar dhaoine de réir a chéile. Ní fada mar sin a sheas an tÉirí Amach. Ghéill Séamas mac Muiris Mac Gearailt i mí Feabhra na bliana 1572 agus é sínte ar urlár an tséipéil i gCill Mhocheallóg agus rinn claímh an uachtaráin, Perrott, dírithe ar a chroí agus amhlaidh sin tugadh dó pardún na banríona.[2]

Níor ghoill an díomua sin rómhór ar Shéamas mac Muiris Mac Gearailt ná níor mhaolaigh sé ar a dhíograis, mar ní fada go raibh sé i láthair na babhtála arís agus é sa soláthar ar fud na hEorpa ag lorg cabhrach, é ag taisteal ó phríomhchathair go chéile ag tathant ar rialtóirí Caitliceacha cabhair airm a sheoladh go hÉirinn. D'éist siad leis ach b'shin a raibh. Faoi dheireadh bhain sé an Róimh amach agus gheall an pápa Gréagóir go gcabhródh sé leis. Sa bhliain 1578 d'fhág sé chéad saighdiúir an Róimh le teacht go hÉirinn; *Thomas Stukeley* i gceannas orthu agus roinnt mhaith airgid aige a fuair sé ón bpápa; ach nuair a shroich an loingeas *Lisbon* na Portaingéile luigh *Stukeley* le rí na Portaingéile agus d'imigh ina theannta chun tabhairt faoi na Múraigh san Aifric thuaidh.[3] Ba mhór an lagú an cor sin do Mhac Muiris ach, sa deireadh, thug Pilib II na Spáinne cead dó arm neamhoifigiúil a chruinniú sa Spáinn. D'éirigh leis timpeall ochtó Spáinn-each, roinnt Iodálach agus roinnt deoraithe ó Éirinn a earcú agus 17 Meitheamh 1579 d'fhág an fórsa beag sin *Santander* na Spáinne le teacht go hÉirinn. In éineacht le Mac Muiris bhí an Dochtúir *Nicholas Sanders*, leagáid an pápa. Shroich siad cósta Chorca Dhuibhne agus tháinig i dtír, sa deireadh, ag Dún an Óir i gCuan Ard na Caithne. D'ardaigh Mac Muiris bratach an phápa agus ghlaoigh ar cheannairí Caitliceacha seasamh a dhéanamh ar son a gcreidimh. Bhí bun curtha aige leis an mbeartaíocht sin ar Éirí Amach na nGearaltach. Ach ní raibh an t-ádh leis. Chinn sé ar dhul isteach faoin tír chun na tiarnaí a spreagadh, ach níor éirigh leis an iarracht. Tháinig na Búrcaigh, gaolta lena bhean chéile, ina choinne ag Béal Átha an Bhóithrín in aice le Droichead Barrington agus maraíodh é sa ghráscar a tharla eatarthu.[4] Ba mór an chailliúint é. An fórsa beag a bhí fairis, scaipeadh iad ach lean an Dochtúir *Sanders* air ag scríobh go dtí an Mhór-Roinn ag impí ar an bpápa agus ar Philib II, rí na Spáinne, cúnamh a chur go hÉirinn.

Sa bhliain 1573 tugadh cead do Ghearóid Iarla filleadh ar Éirinn ach bhí air tamall a chaitheamh – agus é teanntaithe – i mBaile Átha Cliath. D'éirigh leis éalú sa deireadh agus bhí sé ar ais in Eas Géitine roimh dheireadh na bliana agus bhí air na blianta a thabhairt agus é go cráite ag féachaint ar fheidhmeannaigh na banríona agus iad ag cúngú ar a chearta agus iad á theanntú agus ag cur polasaithe nua an rialtais chun cinn. Bhí sé i sáinn an-mhór agus gan é ábalta a aigne a dhéanamh suas ar cheart dó glacadh i bpáirt mhaitheasa le cúngú agus le laghdú buan ar a chearta is ar a chumhacht nó éirí amach i gcoinne pholasaithe an rialtais. Thuig sé go maith go mbeadh air, luath nó mall, an rogha sin a dhéanamh. Agus é sa chás idir dhá chomhairle sin agus é "ina Thadhg an dá thaobh" mar sin níor ghabh sé leis an Éirí Amach ar dtús. D'éirigh le feidhmeannaigh na banríona é a shaighdeadh chun éirí amach i mí Dheireadh Fómhair na bliana 1579, agus 2 Samhain fógraíodh ina thréatúir é. Bhí an leithscéal a bhí uathu faighte ag feidhmeannaigh na banríona. Ní bheadh a bhac orthu feasta tabhairt faoi thailte uile an Iarla agus faoi thailte na ndaoine a bhí ag tacú leis, agus déileáil gan trua gan taise lena muintir.

I mí Dheireadh Fómhair agus ré na gcaisleán, mar a measadh, in airde láin go fóill, bhí Gearóid Iarla ag neartú a chaisleán agus é ag tabhairt ar Ó Conchubhair Chiarraighe an rud céanna a dhéanamh. Ach bhí ré na gcaisleán geall le bheith thart ach gan a fhios sin ag daoine.

Ní fada a bhí an tÉirí Amach ar siúl nuair a bhí sé á thuiscint ag feidhmeannaigh na banríona go mbeadh a ndóthain mhór le déanamh acu é chur faoi chois. Faoi Dheireadh Fómhair na bliana bhí *Sir William Stanley* a mbeadh an-aithne ag muintir Chiarraí air ar ball – ag scríobh a chuntais: *"The rebels came as resolutely minded to fight . . . as the best soldiers in Europe."*[5] Ach ní raibh aon amhras air faoi cé aige a mbeadh an bua sa deireadh agus bhí sé ag féachaint chuige go mbeadh cuimhne air féin nuair a bheadh an chreach á roinnt.

Bhí feidhmeannaigh na banríona ó thús an Éirí Amach ag cur chuige le fonn chun roinnt cuspóirí éagsúla a thabhairt i gcrích; thug siad faoi na caisleáin agus na dúnta, a bhí ag an Iarla agus ag a chomhghuaillithe, chun iad a ghabháil ar áis nó ar éigean agus thug siad an bás ansin do gach fear, bean is páiste a fuair siad rompu. Chuirfeadh sin sceimhle ar dhaoine agus san am céanna bhí siad ag déanamh deimhin de nach mbeadh fascaine ná dídean le fáil ag an Iarla. Thiomáin siad rompu an stoc ar fad a bhuail leo, agus na daoine mar an gcéanna, agus ní cás a rá go ndearnadh díláithriú ar an-chuid daoine agus gur fágadh mórán áiteanna ina mbán. Staith feidhmeannaigh na banríona na barraí aníos as an ithir, dhóigh siad agus loisc siad torthaí na talún agus thug tine do thithe na muintire. Bhíothas ag déanamh deimhin de nach mbeadh bia ná beatha ag an Iarla. Ba shin é an t-ordú a tugadh dóibh agus iad á gceapadh: *"Make journeys against the traitors destroying as much as possible of their goods and corn."*[6]

Ba léir do iarla Urmhumhan a bhí i gceannas ar an arm sa Mhumhain roimh dheireadh na bliana 1580 conas mar bhí dáiríre ag fórsaí na banríona nuair a dúirt sé go raibh a chuid saighdiúirí *"worn with travel, sickly, unapparelled, unmonied and in want of victuals"*.[7] Bhí fear eile, *John Zouche* – bheadh aithne chráite air siúd leis i dtuaisceart Chiarraí ar ball — agus dúirt sé: *"The wars in Ireland are most painful being great journeys without victual which breeds great sickness."*[8]

Bheadh an scéal sin acu go coitianta.

Chuir maraithe áirithe dá gcuid uafás ar dhaoine ar dtús, e.g. nuair a thug siad an bás do dhuine a bhí dall ó rugadh é agus nuair a thug siad an bás do sheanóirí liatha tréithlaga. Ach fuair na daoine amach go tapaidh nár slán d'fhear, do bhean ná do pháiste. Thabharfaí an bás dóibh ar fad trína chéile, an dall agus an duine dearóil, aos galair agus éagaoine agus na seandaoine mar aon leo.[9] Chuaigh bearta danartha dá leithéidí go mór i bhfeidhm ar dhaoine agus mhair a gcuimhne go beo in aigne an phobail ar feadh i bhfad.

In earrach na bliana 1580 bhí ardcheannasaí fhórsaí na banríona in Éirinn, .i. *Pelham*, tagtha ar an láthair. D'fhág sé Luimneach an uair sin agus é ag déanamh ar Chiarraí ar thóir an Iarla agus é ag scriosadh agus ag loscadh roimhe agus ag cur timpeall ceithre chéad fear chun báis. Nuair a shroich sé Sliabh Luachra ghluais sé as sin go Trá Lí feadh shleasa Shliabh Mis. Tháinig iarla Urmhumhan chuige ansin le slua mór fear. Bhí sé ar aigne acu dul don Daingean chun stóras bia agus armlón a bhí curtha i dtír ansin a ghabháil ach b'éigean dóibh éirí as an iarracht toisc gur cailleadh mórán saighdiúirí orthu agus an-chuid capall: *"During nine days journey many soldiers died and many fell sick, three days being most inclement and no carriages but men's backs."*[10] Thug *Pelham* agus iarla Urmhumhan a n-aghaidh ar Charraig an Phoill mar sin agus chuir léigear air ó thaobh na talún. Faoi mar a tharla bhí cabhlach na banríona tagtha ansin freisin agus iad ar ancaire ar aghaidh an chaisleáin amach. Bhí Iodálach darbh ainm *Julio* i gceannas sa chaisleán agus naoi Spáinneach déag agus leath chéad Éireannach ina theannta. Deirtear go mba dhóbair do philéar muscaeid an bás a thabhairt do *Pelham* nuair a chuaigh sé róchóngarach don chaisleán agus é á iniúchadh.

Thug *Pelham* ordú an t-ordanás mór a tharraingt i dtír as na longa agus shuigh sé cúig cinn de ghunnaí móra ar aghaidh an chaisleáin amach agus thosaigh ag caitheamh leis gan staonadh. Tar éis dhá lá leagadh an falla thiar ó lár go mullach agus brúdh is bascadh ábhar den lucht cosanta nuair a thit sé. Ghabh *Pelham* seilbh ar an gcaisleán láithreach agus thug bás le faobhar do leathchéad duine agus chroch sé seisear. Scaoileadh le *Julio* ar feadh roinnt laethanta ach toisc nach raibh sé sásta toil *Pelham* a dhéanamh tugadh an bás dósan freisin. Chuir an íde a tugadh ar an lucht cosanta imeagla ar chosantóirí na gcaisleán eile. Mhair sléacht an lae sin go docht in aigne na muintire. Deir an tseanchuimhne gur crochadh caoga Éireann-ach agus ochtar déag Spáinneach ar na crainn ar aghaidh an chaisleáin amach i gCill Eiltín agus bhí crann amháin gur tugadh crann an chrochta air ar feadh i bhfad.[11]

Domhnach na Pailme, sa bhliain 1580, a gabhadh an caisleán sin agus ba é sin an chéad uair a úsáideadh ordanás sa Mhumhain, agus ábhar iontais ceart ab ea glór na ngunnaí sin dá gcuala iad agus mhair an chuimhne sin ar feadh i bhfad mar ábhar cainte ag daoine.

Dúradh ina dhiaidh sin: *"The rebels were very stout in their defence of Carrigafoyle. By the time victual arrived, the victual of the Lord Justice (Pelham) and that of the whole camp was spent."*[12]

I mí Meán Fómhair 1580 tháinig an chabhair a bhí á lorg go truamhéileach ag an Dochtúir *Sanders* ar an bpápa agus ar Philib, rí na Spáinne.[13] Ach ní raibh ann, ar fad, ach timpeall ocht gcéad fear, Spáinnigh den chuid is mó, Iodálaigh agus roinnt deoraithe ó Éirinn agus Iodálach darbh ainm *Sebastian di San Guiseppi* i gceannas orthu, "fear a bhí ar bheagán misnigh, ar bheagán éifeachta agus, faoi mar a chruthaigh sé ina dhiaidh sin, ar bheagán onóra".

Tháinig siad i dtír sa seandún a bhí ag Mac Muiris i nDún an Óir. Bhí neart airm agus bia a ndóthain acu chun léigear a sheasamh. Bhí ábhar de mhuintir na háite sa dún chomh maith; theith siad ansin isteach ag lorg dídine.

Bhí Fear Ionaid nua, an tiarna *Grey de Wilton*, ceaptha ag an mbanríon faoin tráth sin agus bhrostaigh sé siúd ó dheas chun déileáil le lucht an

39

dúna. Ag tacú leis bhí *Sir Walter Raleigh* agus *Sir Edward Denny*. Bhí *Edmund Spenser*, an file, mar rúnaí ag *Grey*. Bhí aonaid den chabhlach i gCuan Ard na Caithne faoi cheannas an Amiréil *de Winter*. Thosaigh an léigear 7 Samhain agus gunnaí *Grey* ag tuargain ar an dún nó go ndearna siad bearna ar an taobh theas de. Nuair a tharla sin d'ardaigh *San Giuseppi* bratach bán á chur in iúl go raibh sos cogaidh uaidh. Chuaigh ionadaithe ón dá taobh i gcomhairle lena chéile ansin. Ghéill an garastún agus láithreach sheol *Grey* a shaighdiúirí isteach sa dún agus mharaigh siad timpeall sé chéad duine, fir, mná is páistí. Caitheadh na coirp le haill ina dhiaidh sin. Deir seanchuimhne na háite gurbh é *Sir Walter Raleigh* a bhí i gceannas agus an sléacht á dhéanamh, cé go raibh an milleán ag daoine eile ar *Sir Edward Denny*. Chuir beart sin *Grey* alltacht ar Ghaeil ar ndóigh agus ar mhórán de lucht a chomhaimsire féin i Sasana. Ach níor chuir sé aon corrabhuais ar an mbanríon féin.

Más ea féin go raibh croí Thomáis, tiarna Chiarraí, le hiarrachtaí an Ghearaltaigh, choinnigh sé an intinn chuige féin ar feadh i bhfad agus ní raibh aon pháirt ag Clann Mhuiris san Éirí Amach ar dtús ach ba é an turas a thug *Pelham* ó Eas Géitine i mBealtaine na bliana 1580 faoi deara do Chlann Mhuiris teacht isteach sa chogadh agus páirt a ghabháil le Gearaltaigh.[14] Ghabh *Pelham* i dtreo Chiarraí agus stad ná staonadh ní dhearna sé gur bhain sé Daingean Uí Chúis amach tar éis dó lomadh agus léirscrios a dhéanamh ar chuid mhór de Chiarraí agus de dhúiche an Ghearaltaigh. Chuaigh sé trasna na tíre ansin ón Daingean go Corcaigh agus ar ais ansin go hEas Géitine agus go Luimneach agus maithe Muimhneacha, lasmuigh de na Gearaltaigh, mar ghialla aige. Ar na gialla sin bhí beirt mhac le Mac Muiris, Pádraigín agus Éamann mac Muiris. Bhí sé i gceist ag *Pelham* an bás a thabhairt dóibh araon ach d'éirigh leo éalú as braighdeanas i Luimneach[15] agus bhain siad Clann Mhuiris amach agus luigh siad isteach leis na Gearaltaigh láithreach.

Bhí an Captaen *Zouche* ceaptha ina ghobharnóir ar an gcontae faoin tráth sin agus buíon cheithre chéad saighdiúir agus marcshlua faoina cheannas agus iad ag cur fúthu in Ard Fhearta.[16] D'fhan siad ann ó fhómhar na bliana 1581 go dtí Meán Fómhair na bliana 1582 agus san am sin ar fad níor chuaigh aon stad orthu ach ag caitheamh agus ag creachadh na tíre máguaird; agus b'éigean do mhaithe na dúiche gialla a thabhairt dóibh, mac as gach ceann pobail. Rinne Pádraigín agus Éamann mac Muiris agus buíon dá gcuid geábh faoi Ard Fhearta agus mharaigh siad an captaen a bhí i gceannas ar an marcshlua. Nuair a chuala Tomás, a n-athair, faoina raibh déanta ag a mhic scrios sé a chaisleáin i Leic Snámha, i Lios Tuathail, i mBiaille agus i mBaile an Bhuinneánaigh chun nach dtiocfadh siad isteach i seilbh an tSasanaigh[17] agus luigh sé le cúis a mhac agus le Gearaltaigh in Aibreán na bliana 1582.

Tar éis an eachtra úd in Ard Fhearta, ina raibh a mhic páirteach, chúlaigh Mac Muiris amach as Ard Fhearta agus thug aghaidh ar na coillte. Lean an

Captaen *Zouche* iad agus nuair nach raibh sé ag teacht suas leo chroch sé na gialla – ógánaigh mhacánta neamhdhíobhálacha – a bhí faighte aige ó mhuintir na dúiche. Mharaigh sé mórán eile agus é ag iarraidh teacht ar Mhac Muiris.[18] Chuaigh sé chomh fada le Leic Béibhinn agus thug seilbh an chaisleáin sin ar ais do Ghearaltaigh, Clann Riocaird. Bhí siad fairis in Ard Fhearta. Bhí siad sin curtha as seilbh tamall roimhe sin ag Mac Muiris agus bhí an caisleán tréigthe follamh. Ní raibh dearmad déanta ag Mac Muiris ar chath Chlochair ná ar an bpáirt a thóg Clann Riocaird sa chath sin. Deir Annála Ríoghachta Éireann[19] linn gur chuir an Captaen *Zouche* garastún isteach i gCaisleán Leic Béibhinn sa bhliain 1582. Dá réir sin ní raibh an caisleán scriosta faoin tráth sin.

Tamall ina dhiaidh sin d'áitigh Mac Muiris ar iarla Dheasmhumhan teacht chun na dúiche agus thug siad i bpáirt lena chéile cath do na saighdiúirí a bhí ar ceathrúin in Ard Fhearta gur mharaigh siad a gceannaire agus slua mór dá chuid fear.

Thug an tIarla cuaird eile ar thuaisceart Chiarraí i bhfómhar na bliana 1582 agus chaith sé sé seachtaine ann.

Nuair a bhí an Gearaltach ar lár agus deireadh curtha leis an gcogaíocht dúrathas gur throime a luigh an cogadh sin ar Mhac Muiris ná ar éinne eile "óir dílaithríodh a mhuintir dhílis, milleadh a chuid arbhair, scriosadh a fhoirgintí agus a áiteanna cónaithe agus chaill sé a raibh i dtaisce aige".[20]

Tar éis ár Dhún an Óir rinne na Gaeil géarú ar na modhanna cogaidh a raibh taithí acu orthu le tamall agus ní fada ina dhiaidh sin go raibh sé á thuiscint ag fórsaí na banríona gur bheag an chosaint a bhí acu i gcoinne modhanna cogaidh na nGael: *"The traitors are like savage beasts, lurking in desert places and woods."*[21] Agus d'fhanfadh an scéal mar sin go dtí Meán Fómhair na bliana 1582 nuair a cinneadh ar shocrú eile chun lucht a n-ionsaithe a leanúint agus a dhíothú: *"That English footmen be altered into horsemen and kern of the country for our English footmen are able by no means to annoy them for want of footmanship."* Ach mí ina dhiaidh sin ní mór an feabhas a bhí ar an scéal: *"The horse and foot in Kerry in miserable and weak condition are brought away."*[22]

Ach má bhí cúrsaí cogaidh ag luí go trom ar shaighdiúirí na banríona leanadh sa tóir ar an Iarla gan sos ná staonadh, é á choimeád sa tsiúl i gcónaí acu agus feidhmeannaigh na banríona i gcónaí ar a ndícheall chun daoine a bhí páirteach leis a scaradh uaidh. Tiomáineadh mórchuid stoic chun siúil; ní raibh aon dul ag daoine an fómhar a bhailiú isteach; tugadh bás le faobhar d'fhear, bhean is pháiste agus bhíothas i gcónaí ag feidhmiú chun bás le hocras a thabhairt dá raibh fágtha.

Faoi earrach na bliana 1583 bhí an clabhsúr ag druidim le réim na nGearaltach agus a fhios sin ag feidhmeannaigh na banríona. Bhí ag éirí le polasaí an rialtais. Bhí an tIarla á scaradh amach ó na daoine a sheas leis agus gan ach fíorbheagán ag tacú leis faoin tráth sin. Fiú a bhean agus a chlann, bhí siad scartha leis. Níor chás do iarla Urmhumhan a fhórsaí a bheith roinnte aige ina ndíormaí beaga nuair a bhí a chuntas faoina imeachtaí á thabhairt aige ag déanamh ar dheireadh na Bealtaine. Sa chuntas sin thagair sé don chóiriú a bhí déanta aige ar a fhórsaí go léir chun an tIarla a chrá is a chlipeadh:

> have cut off all relief of victual from him, put his principal men to the sword and placed companies to meet him every way. Desmond is in far greater extremity than ever, does not know where to say or whom to trust.[23]

Ag deireadh na Bealtaine bhí *Sir Edward Stanley* ag teacht go Ciarraí féachaint "an bhféadfadh sé cor a bhaint as an Iarla agus é ar bheagán fear agus dealbh ar fad maidir le soláthairtí bia".[24]

Faoin samhradh ní raibh ach ceathrar fear fairis agus "é ag teitheadh lena anam ó chuas carraige nó crainn go chéile ar fud na Mumhan agus a naimhde go dian ar a thóir" amhail is dá mba ainmhí allta é.

Faoi lár an Mheithimh, bhí na cuntais oifigiúla gonta go maith. "An t-ainniseoir bocht! Tá an tIarla ar fuaidreamh ó áit go háit agus é tréigthe ag gach éinne."[25]

Ach dá mhéid é a chruachás agus dá mhéid é cruachás na muintire ar fud na Mumhan bhí an tseanlé leis na Gearaltaigh ann i gcónaí. Bhí ladhar maith airgid curtha ar fáil agus geallta don té a thabharfadh ceann an Iarla isteach i lámha fheidhmeannaigh na banríona. Níor chuir éinne isteach ar an airgead sin.

Faoi Iúil bhí feidhmeannaigh na banríona cinnte de go raibh an tÉirí Amach curtha faoi chois, geall leis de: *"Desmond doth weep like a child for the loss of his men. He hath nothing but by stealth."*[26]

Thug an tIarla na cosa leis go dtí 11 Samhain 1583.[27] Muircheartaigh a tháinig suas leis sa deireadh i mbotháinín suarach sléibhe i nGleann na nGinte lastuas de Bhaile Mic Uileagóid láimh le hOileán Ciarraí. Bhain Éireannach darbh ainm Dónall Ó Ceallaigh – saighdiúir – an ceann de. Thug an bhanríon pinsean fiche punt sa bhliain don Cheallach ar feadh tríocha bliain. Crochadh é siúd i *Tyburn* sa deireadh.

Chuir iarla Urmhumhan ceann an Iarla mar bhronntanas chuig an bhanríon Eilís agus deirtear go bhfuil a chorp curtha i gCill an Anama láimh le hOileán Ciarraí.

Rinne Éirí Amach na nGearaltach léirscrios ar thuaisceart Chiarraí, agus a mhuintir a thiomáint chun fáin; i gcaitheamh na gceithre mbliana a mhair an tÉirí Amach thug na Gearaltaigh an chogaíocht ar fud na Mumhan ar fad ón tSiúir go Sionainn agus chomh fada ó bhaile le Port Laoise agus Gleann Maoiliúra. Tugadh an chogaíocht sall is anall ar fud thuaisceart Chiarraí, tamall sna háiteanna seo go léir: Leic Snámha, Ard Fhearta, Lios Tuathail, Baile an Bhuinneánaigh, Leic Béibhinn, Biaille agus Carraig an Phoill. San am go raibh deireadh curtha leis an Éirí Amach bhí tuaisceart Chiarraí ina bhán agus a raibh fágtha dá mhuintir imithe ar fán.

Nuair a bhí an tÉirí Amach curtha faoi chois bhí an bhanríon ar a dícheall ag iarraidh eolas a fháil faoi na daoine ó thuaisceart Chiarraí a bhí i bpáirt le Gearóid Iarla san Éirí Amach. Fuair sí an fios sin de bharr fiosruithe a rinne coimisiún a cuireadh ar bun i dTrá Lí 26 Lúnasa 1596.[28] Ba iad baill an choimisiún sin: Nioclás Easpag Chiarraí; Pádraigín Mac Muiris, Barún Leic Snámha; Nioclás de Brún, feidhmeannach na banríona. Bhí daoine ionraice eile ina bhfinnéithe ag cabhrú leo agus iad ar fad faoi bhrí na mionn.

Sa tuarascáil a d'fhoilsigh an coimisiúin sin in am is i dtráth luadh daoine áirithe agus is féidir linn a n-ainmneacha a dhéanamh amach gan dua. Orthu sin bhí Conchubhar Ó Conchubhair ó Charraig an Phoill agus a dhearthair Brian. Dhearbhaigh an coimisiún go raibh siad sin i dteannta Shéamais mhic Mhuiris 26 Iúil sa deichiú bliain de réimeas na banríona agus gur maraíodh iad an lá ina dhiaidh sin agus seilbh acu ar Leaca Chróinín, ar Ghuth Ard, ar Chill Gharbháin, ar Chor Leaca agus ar áiteanna eile in Oireacht Uí Chonchubhair.

Luadh ainmneacha daoine eile sa tuarascáil chéanna ach is deacair linn cuid de na hainmneacha a luadh a dhéanamh amach toisc an truailliú a bhain leo. Tá a leithéid fíor maidir le hÉamann . . . ó Dhún a bhí san Éirí Amach in Ard Fhearta 25 Aibreán 1582 agus gur maraíodh é 10 Eanáir 1590. Ina sheilbh an uair úd bhí Dún, Tulach Beag, Baile Uí Dhonnchú, Ceathrú agus Maigh Bile.

Tá éiginnteacht áirithe ag roinnt chomh maith le Tomás na Buaile ó Ghort na Sceiche a bhí gafa san Éirí Amach agus a bhí in Ard Fhearta 20 Aibreán 1582; maraíodh é ag deireadh mhí Eanáir na bliana dár gcionn agus ina sheilbh an uair úd bhí Gort na Sceiche agus roinnt bailte eile nach léir dúinn inniu cá bhfuil siad.

Bhí Gearóid Mac Risteard Geanncach ó Pholl na Loilí (Coimín Ghort na Sceiche) san Éirí Amach in Ard Fhearta 25 Aibreán 1582 agus maraíodh é ar 10 Bealtaine 1584 agus Poll na Loilí ina sheilbh.

Bhí an Giolla Dubh agus a mhac Roibeard ó Ráth Thamhnach san Éirí Amach in Ard Fhearta, 25 Aibreán 1582, agus maraíodh an bheirt acu, an Giolla Dubh féin 31 Iúil 1583 agus Roibeard an mac 10 Samhain 1582 agus an tríú cuid de *carucate* ina seilbh.

Bhí Uileag Mac Tomáis ó Leathardán in éineacht le Gearóid Iarla in Eochaill 11 Aibreán 1581 agus maraíodh é i nDún 15 Samhain 1582 agus Leathardán ina sheilbh.

Bhí Brian Clárach ó Fhearann an Stacaigh san Éirí Amach le Séamas mac Muiris Mac Gearailt in Oireacht Uí Chonchubhair 18 Meitheamh 1578 agus tugadh an bás dó de réir dhlí mhíleata in Oileán Ciarraí 29 Deireadh Fómhair 1579 agus Fearann an Stacaigh ina sheilbh.

De réir na fianaise a tugadh os comhair an choimisiúin bhí na talúintí sin ceilte ar an mbanríon go dtí sin.

Is é Coláiste na Tríonóide is fearr a tháinig as an bhfiosrú sin mar fuair siad leathantas ar fud Chnoc an Fhómhair agus ar fud Oireacht Uí Chonchubhair.[29]

Tá a fhios againn ó chuntas eile go raibh Tomás Mac Uileagóid ó Gháille san Éirí Amach. Ina sheilbh an uair sin bhí Gáille, Ceathrú an Chnoic, Cúil Caorach, Baile Uí Dhonnchú, Cúil Ard, Inse, Cill Gharbháin, Brú Mór, Tulach Mor, Gluaire, Ceathrú Bloughe, Drom Ó Lucht agus Cill tSiodháin.

Bhí Seán mac Ghearóid Mac Gearailt, Seán Mac Gearailt ó Chaisleán Leic Béibhinn san Éirí Amach. Maraíodh é i gCath Chlochair agus seilbh aige an uair sin ar Leic Béibhinn, Bhrú Mór, Fhaiche, Dhrom . . . Chill Chonla, Thulach Mór, Mhúghán, Ghort na Sceiche . . .[30]

Ar dhaoine eile ó Chnoc an Fhómhair a bhí sáite san Éirí Amach bhí Muiris Gearaltach Óg Stac a raibh Baile Uí Lochráin Uachtair agus Íochtair ina sheilbh: Liam Óg Buinneán a raibh Cill Eithne agus *Gortnashanahe*[31] ina sheilbh.

Bhí rud amháin fíor maidir leis na daoine sin go léir: bhí seilbh acu ar thalamh agus ba i dtalamh a bhí a spéis. Ach ina dteannta sin ar fad luaitear daoine eile ach nach luaitear talamh leo, e.g. Séamas Mac Muiris ó Chill Arada, Tomás mac Risteaird Dhuibh Stac ó Bhaile Uí Chonaire agus a mhac Risteard mac Thomáis ón mbaile céanna, Seán Mac Roibeaird ó Dhrom Iarainn. Luaitear daoine eile freisin, daoine ar tugadh pardún dóibh as a mbaint leis in Éirí Amach, ní foláir: e.g. Liam Mac Uileagóid, "Twohe na Buaile" ó Bhaile Uí Lochráin, Pádraig Horie ón mbaile céanna, Muiris Ó Loingsigh ó Urlaí, Muiris Mac Uileagóid ó Chúil Chaorach, Tomás Marascal ó Bhaile Uí Lochráin, Gearóid mac Sheáin ó Dhrom Iarainn.[32]

Na daoine sin a bhfuil lua ar leith déanta orthu bhain siad le bailte éagsúla. Ach tugann siad léiriú uathu go raibh bailte dílse clann Mhuiris ag tacú lena dtiarna i gcogadh agus i gcath.

Bhí dream mór tábhachtach eile a raibh baint an-mhór acu le saol na dúiche agus a bhí san Éirí Amach freisin agus ba iad sin muintir Stac. Bhí siad faoin tráth sin lonnaithe le fada i dtuaisceart Chiarraí. Daoine ann a deir gur sheol siad aníos an Casán am éigin idir Chath Chluain Tarbh agus teacht na Normannach agus gur bhunaigh siad iad féin sa dúiche sin. Daoine eile a deir go mba Normannaigh iad ó dhúchas agus go raibh baint acu leis na Cárthaigh, le Diarmaid Mac Cárthaigh, rí Dheasmhumhan. Bhí na Cárthaigh an-láidir an uair sin sa Mhumhain agus toisc gur theastaigh ó na Normannaigh bheith mór leis na Cárthaigh shocraigh siad go bpósfadh bean Normannach darbh ainm *Petronella de Bloett* – tá siad i gcónaí i gcontae Luimnigh faoin ainm *Bluett* – mac mic le Diarmaid Mac Cárthaigh.

Nuair a bhí sí sin ag teacht chun na tíre bhí Stacach ina chaptaen ar a garda cosanta. Bhronn an Cárthach tailte air ar theorainn chontae Dheasmhumhan. Deir seanchuimhne shinseartha go raibh Stacach, duine de shliocht an chaptaein, b'fhéidir – a raibh an-cháil air chun capaill a bhriseadh – agus go raibh sé fostaithe ag Clann Mhuiris agus ag Cárthaigh don chúram sin.

Thug siad a n-ainm do Shliabh an Stacaigh agus bhí cuid den talamh is fearr i dtuaisceart Chiarraí ina dhiaidh sin acu. Ba leo Crota tráth a raibh Pobal an Stacaigh mar anm ar an áit. Ina dhiaidh sin ba leo Baile Uí Chonaire agus Baile Uí Lochráin. Is léir ón lua atá orthu sna *Fiants* go raibh siad flúirseach go maith i dtuaisceart Chiarraí lá dá raibh agus iad gníomhach go maith i saol na dúiche. Tá cuntas sna *Fiants* ar sheasca éigin duine díobh a fuair pardún ón mbanríon sa bhliain 1590. Is furasta cuid acu a lua le háit ar leithligh, e.g. Muiris Stac agus a dheartháir ó Bhaile Uí Lochráin, Seán mac Éamainn Óig Stac ó Mhaigh Bile, Roibeard mac Risteaird Dhuibh agus Éamann mac Roibeaird Stac ó Bhiaille – marcaigh ab ea an bheirt sin – Roibeard mac Ghearóid Stac ó Lios Eiltín, Seán mac Mhuiris mac Liam Stac ó Chill Arada, Roibeard Stac ó Bhiaille.

Bhí an Stacaigh ag taobhú le Clann Mhuiris go dtí Éirí Amach na nGearaltach ach ghabh Muiris Stac agus a dheartháir Tomás le cúis an tSasanaigh ansin.

Is léir ó na cuntais sin go raibh mórán ó Chnoc an Fhómhair sáite in Éirí Amach na nGearaltach – an dúiche ar fad ní cás a rá má chuimhníonn tú ar an tslat tomhais a bhí ag *Sir Humphrey Gilbert "all those that did belong to, feed, accompany or maintain",* agus thug an tÉirí Amach léiriú suntasach ar chomh mór agus bhí cás mhuintir thuaisceart Chiarraí ceangailte le cás na nGearaltach.

6.2   Coigistiú na Talún

Na cuntais a cuireadh le chéile ar Éirí Amach na nGearaltach, tá siad ar aon fhocal maidir le déine na cogaíochta agus maidir leis an drochíde a tugadh ar mhuintir na Mumhan i gcoitinne sna blianta sin. Níor chás don staraí a rá sa bhliain 1582:

> Gaill is Gearaltaigh i gcogadh agus in eascairdeas lena chéile is ní raibh sos aon oíche ná cairdeas aon mhí eatarthu, ó thosach an chogaidh go dtí an uair sin agus níorbh fhéidir ríomhadh ná áireamh ná faisnéis a thabhairt ar a ndearna siad d'olc ar a chéile.[1]

Agus más dian leat breith sin Annála Ríoghachta Éireann: "Ní raibh géim bhó ná guth airimh le cloisteáil ó Dhún Chaoin go Caiseal Mumhan",[2] is déine fós tuairisc *Edmund Spenser*, file, agus fear a bhí ina rúnaí ag *Grey*, a rinne an-chuid den ár agus den eirleach:

> Notwithstanding that Munster was a most rich and plentiful country, full of corn and cattle, so that you would have thought that they would have been able to last long, yet ere a year and a half they were brought to such wretchedness that any strong heart would have pitied them, out

45

of every corner of the wood, and glens they came, creeping forth to seek upon their hands for their legs could not bear them, they looked like anatomies of death, like ghosts crying out of their graves, they ate of the dead carrion yes and one another soon afterwards inasmuch as the very carcasses they spared not to scrape out of their graves that in a short space of time there were none almost left and a most populous and plentiful country suddenly made void of man and beast.[3]

Cuntas staraí an lae inniu:

Lean danarthacht fhíochmhar an cogadh sin i gcoinne iarla Dheasmhumhan, a leithéid nár sáraíodh riamh i saol an duine, scrios, loscadh, gorta agus ár i dteannta a chéile ar na tailte ba mhéithe sa Mhumhain. Ní raibh cosaint ná dídean ag éinne ar fhraochmhaire saighdiúirí neamhthrócaireacha, níor shlán don leanbh leochaileach ach oiread leis an seanóir tréith.[4]

Faoin am a raibh Éirí Amach na nGearaltach curtha faoi chois agus an bás tugtha do Ghearóid Iarla bhí an Mhumhain trí chéile ina fásach, cuma an dóláis ar dhreach na tíre agus ar iarmhar na ndaoine a bhí fágtha mar fhuíoll áir tar éis chogaíocht na gceithre mblian sin.
Bhí an beart déanta ag feidhmeannaigh na banríona sa deireadh agus bhí timpeall is 574,645 acra ar fad, tailte an Iarla agus tailte na ndaoine a bhí i bpáirt leis san Éirí Amach, bhí siad i lámha na banríona lena rogha rud a dhéanamh leo, mar de réir dlí Shasana ba leis an gcoróin tailte na ndaoine a d'éirigh amach i gcoinne na banríona. Talamh tréigthe a bhí ina formhór mar fuair an-chuid daoine sa Mhumhain bás le faobhar sna blianta sin. Sciob an gorta a d'eascair as an gcogaíocht mórán leis chomh maith. Deirtear linn go bhfuair breis is tríocha míle duine bás le leathbhliain – a bhformhór le hocras – sa bhliain 1582. Agus na daoine nach raibh sciobtha ag an ngorta agus ag ainnise an tsaoil, bhí siad teite leo chun na gcoillte agus chun na sléibhte i ndúichí níos suaimhneasaí agus iad ar a gcoimeád agus ag fanacht go dtiocfadh sámhnas i ndiaidh an anfa agus go bhfillfeadh siad ar a dtailte sinseartha.[5]
Ach ní raibh san íde a bhí tugtha orthu dar le fear amháin ach díoltas Dé:

A heavie but just judgement of God upon such a Pharoical and stifnecked people, who by no persuasions, no counsels, and no reasons would be reclamed and reduced to serve God in true religion and to obeie their most lawful prince in dutifull obedience, but made choise . . . of that wicked antichrist of Rome to obeie, unto the utter over-throw of themselves and their posteritie.[6]

Timpeall cúig bliana déag roimhe sin bhí daoine ó Shasana ullamh chun an Mhumhain a phlandáil agus chun Sasanaigh ó dhúchas a chur ina gcónaí inti ar an gcoinníoll go mbeadh cead saor acu a gcuid féin a dhéanamh di. Cé go raibh glacadh leis an tairiscint i Londain, ní dhearnadh dá réir.[7] Ach cheartófaí an dearmad sin gan puinn moille feasta. Bheadh sé de bhuntáiste ag an iarracht seo – thar aon iarracht eile dá leithéid dá ndearnadh – go raibh an dúiche glan ó dhaoine.

I bhfad sula raibh deireadh leis an Éirí Amach bhí an bhanríon ag brath roimpi féachaint cad a dhéanfadh sí leis an Mumhain in am is i dtráth. Agus nuair a tháinig an t-am sin ní fada a thóg sé ó fheidhmeannaigh an rialtais a thuiscint go raibh deis iontach acu anois an saol go léir in Éirinn a chóiriú ina múnlaí féin. Chuir siad chuige le fonn chun an deis sin a fhriotháil. Ach thuig siad go maith go mbeadh orthu pleanáil mhion, chúramach cháiréiseach a dhéanamh. Bhí suaitheadh diamhair déanta ar an Mumhain agus bhí an córas sinseartha curtha ó mhaith. Thógfadh sé am agus aimsir chun eagrú a dhéanamh ar chóras nua agus chun é chur ar a bhoinn. Thuig siad go mba dhual don ócáid go mbeifí cúramach mar dá ndéanfaí an cúram i gceart réiteofaí an-chuid ceisteanna a bhí ag cur as don bhanríon agus don rialtas le fada agus bheadh rud maith buaite ag an stát.

Cuireadh coimisiún le chéile le deabhadh, sa bhliain 1584, chun fiosrú dlíthiúil a dhéanamh maidir leis na tailte a bheadh ag titim leis an mbanríon de bharr an Éirí Amach. Chuir baill an choimisiúin – *Sir Henry Wallop, Sir Valentine Browne, Launcelot Alford* agus *Christopher Payton* – chun bóthair roimh dheireadh na Lúnasa agus thug a n-aghaidh ar chúige Mumhan. 18 Meán Fómhair thug siad a gcúl le Luimneach agus b'sheo leo trasna na sléibhte go Ciarraí, oiread soláthairtí bia acu agus a thabharfadh chomh fada le Daingean Uí Chúis iad, mar an ladhar beag daoine a raibh na cosa tugtha leo acu ón gclaíomh agus ón dlí agus ó ghorta, ní fhéadfaí tathant ar aon duine acu aon chabhair a thabhairt dóibh ach iad ar a ndícheall ag féachaint chuige go ndéanfaí iad a sheachaint agus a shéanadh.[10] Ní raibh, dar leis na coimisinéirí an talamh chomh maith i gCiarraí agus a bhí sí i Luimneach ach mar sin féin bhí an-chuid de dheathalamh ann agus oiread portach agus sléibhte agus a chothódh an-chuid stoic. Bhí an aimsir go ainnis acu agus ba thuirsiúil agus ba dhainséarach a slí trí na coillte agus thar na sléibhte. Dhóbair níos mó ná aon uair amháin go mbáfaí *Sir Valentine Browne* a bhí aosta ainnis an uair sin. Aon uair a théadh sé ar lár bhí orthu é a tharraingt amach le neart coirp. I gcuntas a chuir *Sir Henry Wallop* le chéile go luath tar éis dóibh Ciarraí a bhaint amach thagair sé don léirscrios a bhí déanta i gCiarraí agus thagair sé chomh maith don díothú a bhí déanta ar a muintir:

Kerry is completely wasted, no place to get victuals till they come to Dingle. The province so wasted, the few people that remain so starved that it cannot be re-peopled in many years unless the supply comes from England.[8]

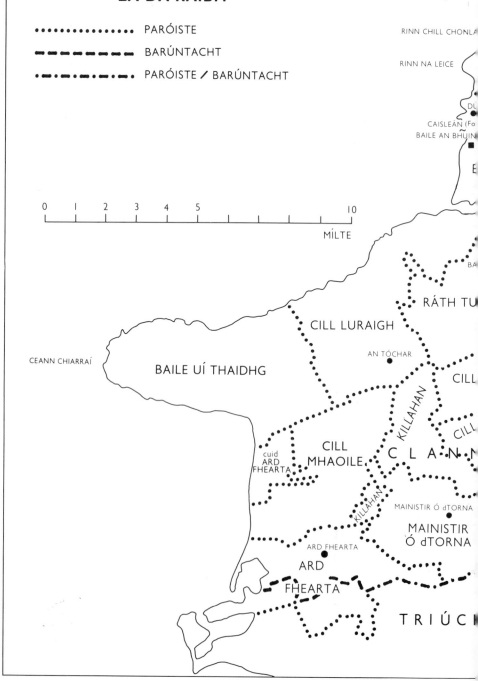

NA PARÓISTÍ i dTUAISCEART CHIARRAÍ
LÁ DÁ RAIBH

•••••••••••••• PARÓISTE

▬▬ ▬▬ ▬▬ ▬ BARÚNTACHT

•▬•▬•▬•▬• PARÓISTE / BARÚNTACHT

RINN CHILL CHONLA

RINN NA LEICE

DÚ

CAISLEÁN (Fo

BAILE AN BHÚIN

E

0 1 2 3 4 5   10

MÍLTE

BA

RÁTH TU

CILL LURAIGH

AN TÓCHAR

CEANN CHIARRAÍ

BAILE UÍ THAIDHG

CILL

KILLAHAN

CILL

CILL

CILL
MHAOILE

C L A N N

cuid
ARD
FHEARTA

KILLAHAN

MAINISTIR Ó dTORNA

MAINISTIR
Ó dTORNA

ARD FHEARTA

ARD
FHEARTA

TRIÚC

HIAILLE

Abhainn na Sionainne

TAIRBEART

CILL NEACHTAIN

LA

BÉAL ÁTHA LONGFOIRT

ÁTH AN MHÁLAINN

SRÓN ABHANN

LIOS EILTÍN

LIOS EILTÍN

MAIGH OIRTHEAR

Gunsborough

OIREACHT UÍ CHONCHÚIR

AILE UÍ
HONAIRE

GÁILLE

CNOC
AN IÚIR

LIOS TUATHAIL

LIOS TUATHAIL

FIONNÚIG

DÍSEART

FIONNÚIG

CILL
SEANÁIN

DUBHÁTH

GH

L TÓIME

M H U I R I S

CILL FIACHNA

ILL FLAINN

CILL FLAINN

CILL
SEANÁIN

AN AICME

Bunaithe ar an Suirbhéireacht Ordanáis le cead an Rialtais   (Ceadúnas uimh. 5005)

49

Mí ina dhiaidh sin bhí an beartú a bhí á dhéanamh níos soiléire fós:

The people wasted by sword, justice and famine. The queen to re-
people the province by a better race than the former.[9]

Nuair a bhí a gcuntas oifigiúil á chur le chéile ag na coimisinéirí sa
deireadh chaith siad a admháil nach raibh ar a gcumas aon eolas a fháil faoi
thailte i gClann Mhuiris ná ar a dteorainn ná ar a n-úinéirí cheal
áitreabhach. Nuair a rinneadh fiosrú sa Daingean 6 Deireadh Fómhair 1587
tugadh fianaise go raibh tuaisceart Chiarraí ar fad chomh scriosta bánaithe
cheal daoine nár fhéad daoine aon eolas a fháil maidir le talúintí na dúiche
fiú amháin maidir le tailte thiarna Chiarraí i Leic Snámha. Dhá bhliain ina
dhiaidh sin bhí an scéal céanna á ríomh: nárbh fhéidir aon eolas a fháil toisc
nach raibh daoine ann.

Thóg na coimisinéirí an-cheann den aigne a bhí ag na daoine a bhuail leo:

As a bhfuil fágtha is beag an dea-thoil atá acu don bhanríon agus
toisc an droch-chroí atá acu is measa a bheidh siad feasta nuair a
fheicfidh siad an baol dá gcuid talún atá i gceist san fhiosrú seo ach go
bhfuil siad chomh tréith, chomh lag sin agus in angar chomh mór sin
nach bhfuil ar a gcumas aon díobháil a dhéanamh dá mhéid é a ndroch-
chroí.[10]

Ní raibh an fiosrú sin críochnaithe ag na coimisinéirí go dtí Deireadh
Fómhair na bliana 1585 agus ansin féin bhí toradh a saothair máchaileach,
lochtach, liobarnach go maith. Ach ar ndóigh bhí deacrachtaí uafásacha le
sárú acu agus iad i mbun oibre. Ach bliain an-tábhachtach ab ea an bhliain
sin do mhuintir na Mumhan trí chéile. Thug sí aga dóibh anáil a tharraingt
agus tosú a dhéanamh ar bhreith ar a ngreamanna arís. Bheadh feidhm-
eannaigh na banríona agus iad sin a bhí ag tnúth le teacht i dtír ar ainnise
an chúige ag cásamh moille na bliana sin níos déanaí.

Mar sin féin faoi Nollaig bhí pleananna ullamh ag an mbanríon chun
daoine a chur ina gcónaí sa Mhumhain arís. Fuair sí féin agus a comhairle
an-tuairim ón bhfiosrú ar chomh mór agus a bhí daoine glanta as áiteanna
sa Mhumhain agus bhí an cinneadh déanta an deis iontach a fhriotháil chun
Sasanaigh a chur in áit na n-áitreabhach Éireannach.

Ach caithfí gach beartúchán a dhéanamh de réir dlí, ar ndóigh, agus is
iomaí deacracht a chaithfí a réiteach sula dtabharfaí seilbh do na daoine dá
raibh a leithéid ceaptha. Cuireadh coimisiúin éagsúla ar bun chun féachaint
chuig réiteach na bhfadhbanna a bhí roimh an bplandáil agus chuir gach
ceann acu sin breis moille ar an gcúram a bhí beartaithe. Tháinig athrú
aigne ar an mbanríon maidir lena pleananna do na daoine go dtabharfaí
talamh dóibh; leasú maidir leis an méid acraí a thabharfaí do shaghas
áirithe agus maidir leis an líon daoine a lonnófaí ar an méid céanna talún

a bhí i gceist. Dúradh gur ar mhaithe leis na geallntóirí *(adventurers)* a rinneadh an t-athrú chun go mbeadh glacadh níos fearr acu lena raibh beartaithe. Céad punt cíosa in aghaidh na bliana a bhí le díol as gach dhá mhíle déag acra i gCiarraí. Ní raibh ach trian den airgead sin le díol as talamh i gCorcaigh, i dTiobraid Árann agus i bPort Láirge. Bheadh dúbailt an airgid sin le díol ó Lá 'le Michíl na bliana 1593 amach. Ní áireofaí portaigh agus talamh garbh. Gealladh maitheasaí eile chomh maith do na daoine a ghlacfadh seilbh ar na tailte a thabharfaí dóibh.

Chuaigh feidhmeannaigh ar fud Shasana ag tathant ar dhaoine teacht go hÉirinn agus bheith páirteach sa scéim chun athnuachan a dhéanamh ar thír na hÉireann. Daoine gustalacha a theastaigh, daoine go mbeadh ar a gcumas a bhfeirmeoirí, a dtionóntaí, a sclábhaithe féin a thabhairt anall leo agus gach a raibh riachtanach chun a n-eastát a chur ar a bhoinn agus a shaothrú go héifeachtach.

Bhí cúram ar leith ceaptha dóibh ag an mbanríon. Ba é a bhí ón mbanríon ná nach mbeadh éinne ag maireachtáil ar an talamh a bhí le roinnt amach ach Sasanaigh a saolaíodh i Sasana – theastaigh uaithi gnó glan a dhéanamh de thír na hEireann, an daonra dúchais a chur den fhód ar fad agus a n-áit a líonadh le Sasanaigh agus sa tslí sin agus i bhfad na haimsire cóilíneacht a bhunú a bheadh dílis do Shasana agus a bheadh géilliúil dá dhlíthe. Agus bhí an aigne sin aici mar acht sna coinníollacha a bhain le seilbh na talún.

Nuair a ritheadh acht parlaiminte sa bhliain 1586 ag fógairt go raibh iarla Dheasmhumhan eisreachtaithe agus go raibh a thailte uile agus tailte na ndaoine a sheas leis i lámha na banríona go dlíthiúil, bhí an bóthar réidh sa deireadh don phlandáil. Ach faoin am gur tháinig na chéad ghealltóirí – na daoine a raibh airgead tugtha uathu acu chun an tÉirí Amach a chloí agus a raibh talamh in Éirinn geallta dóibh – chun seilbh a ghabháil ar an talamh a bhí geallta dóibh ní fada a thóg sé ó chuid acu a thuiscint nár chathair í mar a tuairisc cúige seo na Mumhan. Má bhí an talamh clúdaithe le fiaile agus le sceacha toisc gan aon saothrú a bheith déanta air ó thosach an chogaidh, ní raibh sé ina fhásach folamh. Bhí daoine ann. Bhí aga de roinnt blianta faighte acu de bharr na moille a bhí ar an mbeartúchán don phlandáil. Sna blianta sin bhí caoi acu a gcuid nirt a bhailiú agus éalú ar ais ó na háiteanna a thug dídean dóibh agus aga chun iad féin a bhunú arís i dtalamh a sinsear. Ba é sin an chéad deacracht a bhí roimh na plandálaithe. Agus san áit a raibh na daoine seo bhí ar na gealltóirí bheith ag broic le heasumhlaíocht shíochánta agus uaireanta eile le milleadh a gcuid stoic. Bhí orthu cur suas le daoine a bhí sásta a gcuid stoic a ghoid uathu, a dtithe a dhó orthu; agus, go coitianta, bhí naimhdeas agus doicheall rompu agus loitiméireacht de shaghas éigin ag bagairt orthu de shíor. Mar bharr ar sin ar fad, nó mar chuid de, bhí easpa cumarsáide ag cur as go mór dóibh cheal bóithre, cheal droichead i ndúiche a bhí an uair sin lán de choillte agus de thalamh riascach.

Cuid de dhéine shaol na bplandálaithe ab ea daoine eile dá leithéidí féin a bheith ag cantáil orthu nuair nach raibh a n-eastáit rianaithe beacht go leor i léarscáil agus toisc gan cuid acu a bheith róscrupallach agus iad ag iarraidh greim a fháil ar thalamh agus ar shealúchas. Níorbh aon ábhar iontais é mar sin má chaill cuid acu a ngoile dá raibh ceaptha dóibh agus gur fhill siad ar ais go Sasana.

Ar na chéad daoine a tháinig go tuaisceart Chiarraí an uair úd bhí *Sir John (Denzil) Hollis* nó *John Holly*.[11] Fuair sé breis is ceithre mhíle acra – 4,422 acra – i gcomharsanacht Thairbeart – sa bhliain 1592, ach ní fada a d'fhan sé mar i mí Aibreáin na bliana 1607 bhí cead á lorg, ar chomhairle an rí, Tairbeart a phlandáil athuair mar go raibh *John Holly* tar éis bailiú leis.

I measc na ndaoine is mó a fuair leathantas talún i gCiarraí bhí *Sir Edward Denny* agus ní raibh amhras dá laghad air ná gurbh é a leigheas féin do chás Chiarraí an t-aon cheann a d'fóirfeadh:

> Now is the best time to plant Kerry with English and to reduce it to servility while the people are underhand. The inhabitants of Irish birth and nation should not be left wealthy, populous or weaponed till they are first brought to the knowledge of God and to obedience to the laws. I am as much inclined to mercy as any man but no persuasion will ever win the Irish to God or to her Majesty but justice without mercy must first tame and command them.[12]

Is beag duine de na daoine go léir a fuair gabháltas talún ar éirigh leis a chuid féin den mhargadh leis an mbanríon a chomhlíonadh toisc chomh mór agus a bhí an scéim ar fad ag brath ar a dóthain feirmeoirí, agus sclábhaithe a thabhairt anall ó Shasana chun go mbeadh siad ina dtionóntaí sna na heastáit mhóra. Bhí an-leisce ar a leithéidí droim láimhe a thabhairt leis an saol a bhí acu chun dul go hÉirinn ar imirce, fiú amháin dá mbeadh a ndóigheanna níos fearr ná mar a bhí siad. Cheal feirmeoirí, sclábhaithe agus tionóntaí, bhí ar ghealltóirí glacadh le hÉireannaigh, cé go raibh sin i gcoinne an mhargaidh a bhí déanta acu. Chaith duine éigin an obair a dhéanamh agus bhí cíos freisin le díol. Thug an rialtas neamhaird ar an gcóiriú sin. Tuigeadh, ní foláir, nach raibh leigheas air. Ach bhí toradh ansoiléir ar fad le tabhairt faoi deara láithreach bonn: bhí ré na dtiarnaí talún tagtha agus iad ina Sasanaigh agus ina bProtastúnaigh agus na feirmeoirí agus na sclábhaibhe a bhí mar thionóntaí acu ina n-eastáit, Éireannaigh a bhí iontu agus Caitlicigh. Bhí an scoilt sin, an t-ábhar easaontais sin mar chuid den chóras nua a bunaíodh. Ní raibh cuma an áidh air dá bhrí sin agus déarfadh an saol i bhfad na haimsire gur chuir an cóiriú sin síol an mhí-áidh go domhain sa chóras agus go raibh sé i ndán don síol sin fás agus teacht faoi bhláth i bhfad na mblianta. Ach idir an dá linn níor bhaol d'éinne. Bhain na gealltóirí sult as an saol agus thóg an chuid mhíthaitneamhach de i bpáirt mhaitheasa ag tabhairt sóláis dóibh féin agus dá chéile agus é á rá acu gur mó de thoradh na talún a bhí ar a gcumas a bhaint den Éireannach ná mar a bheadh ar a gcumas a bhaint dá gcomhthírigh féin dá mbeadh siad ina dtionóntaí acu. Fuair siad a gcíos go rialta agus bhí siad sásta. Bhí na hÉireannaigh ag treabhadh agus ag fuirseadh agus ag buaint dóibh, agus bhíothas foighneach leo mar Éireannaigh agus sa chóiriú sin luigh na Gaeil leis an mhaith a bhí acu fhad is a sheasódh an sámhnas a lean an anfa a bhí fulaingthe acu.

7 ÉIRÍ AMACH UÍ NÉILL AGUS UÍ DHÓNAILL

7.1 An tÉirí Amach

Ní cás a rá go raibh lándóthain cogaíochta ag muintir Chnoc an Fhómhair nuair a bhí siad réidh le hÉirí Amach na nGearaltach agus lenar lean é. Bhí siad léirithe ar fad agus a ndúiche mar an gcéanna de bharr a bpáirt san Éirí Amach agus gan iontu faoin tráth sin ach iarmhar dearóil. Theastaigh tamall suaimhnis uathu agus nuair a tháinig sé ag deireadh an Éirí Amach ghlac siad leis go buíoch beannachtach. Ach ní raibh buaine i ndán don suaimhneas sin mar nuair a thosaigh Cogadh na Naoi mBlian sa bhliain 1594 ní raibh ann ach ceist ama nó go leathfadh sé chucu ó dheas agus go mbeadh siad ar fad gafa ann.

Chuir imeachtaí an chogaidh sin, go háirithe bua An Átha Bhuí, ardú meanman orthu, agus ar mhuintir na Mumhan trí chéile agus i nDeireadh Fómhair na bliana 1598 luigh muintir thuaisceart Chiarraí ar fad leis an Éirí Amach. Tharla sin tar éis do Ó Néill Uaine Ó Mórdha a sheoladh de sciuird ó deas ó Laois go Tiobraid Árann agus go Luimneach. Ar na daoine is luaithe a ghabh leis an Éirí Amach bhí Tomás Mac Muiris, tiarna Chiarraí, Ó Conchubhair Chiarraighe agus daoine mar ridire an Ghleanna – Gaeil agus Gall-Ghaeil in éineacht an turas seo. Agus toisc go raibh Mac Muiris agus Ó Conchubhair luite leis an Éirí Amach bhí mórán de mhuintir Chnoc an Fhómhair gafa ann láithreach de bharr a gceangail leis an dá mhórtheaghlach sin. Agus laistigh de choicíos bhí Ciarraí ar fad i lámha lucht an Éirí Amach. Cheap Ó Néill mac dearthár le Gearóid Iarla i gceannas; tugadh Iarla an tSúgáin airsean níos déanaí.

I mí Feabhra 1600 cuireadh *Charles Blount, Lord Mountjoy,* chun na tíre ina ghiúistís agus cúram na tíre ar fad air. Tháinig *Sir George Carew* in éineacht leis agus é ina uachtarán ar an Mumhain. Duine muinteartha ab ea é sin de *Peter Carew* a tháinig go hÉirinn sa bhliain 1570 i dteannta na bhfoghlaithe talún eile. Bhí spéis ar leith ag *George Carew* i dtuaisceart Chiarraí agus é den tuairim go raibh buannacht ar leith aige ar thailte thiarna Chiarraí toisc an gaol a bhí á mhaíomh aige leis na Gearaltaigh a tháinig chun na tíre sa bhliain 1170. Ar an aigne sin dó, d'oirfeadh sé go maith dó dá gcuirfí Clann Mhuiris, i Leic Snámha, dá mboinn.

Ní fada a thóg sé ar Thomás Mac Muiris an baol ina raibh sé a thuiscint agus é sáite in Éirí Amach i gcoinne na banríona agus feidhmeannach cumhachtach leis an mbanríon tagtha ar an láthair agus é ag cantáil air. Tuigeadh dó go mb'fhearr dó géilleadh don bhanríon agus cé go raibh cairde móra tábhachtacha ag Mac Muiris i gcúirt na banríona bhí fuar aige mar nach mbeadh lámh ná ladhar ag *Carew* i gcóiriú den sórt sin.

I mí Bealtaine 1600 d'fhág *Carew* cathair Chorcaí chun dul go Luimneach i mbun cúraimí cogaidh, cúraimí a thabharfadh é i ndeireadh na dála go tuaisceart Chiarraí. I gcúrsaí cogaidh bhí sé ag feidhmiú na modhanna cogaidh céanna a úsáideadh i gcoinne na nGearaltach ach gan an danarthacht chéanna ag baint leo an babhta seo. Dhóigh sé, loisc sé gach earra a chabhródh lena naimhde; fiú amháin na barraí a bhí ag fás, cuireadh ó mhaith iad. Thiomáin sé stoc na dúiche roimis agus rinne sé iad a locadh i ndúnta cosanta dá chuid féin – é mar aidhm ag na bearta sin ar fad bia is beatha a cheilt ar dhaoine, agus thabharfadh sé bia dá arm féin anall ó Shasana.[1]

I mí Iúil d'fhág *Carew* Luimneach chun scaoileadh faoi siar go Gleann Corbraí. Sular fhág sé an chathair thug sé ordú do chaptaen loinge seoladh síos an abhainn le hordanás trom agus bheith roimhe ar ancaire nuair a thiocfadh sé ann. Ghabh sé féin – de bharr olcas na mbóithre i Luimneach – bóthar an Chláir siar chomh fada le Baile Mhic Colmáin i gCorca Bhaiscinn agus thrasnaigh an tSionainn i mbáid agus bhain Gleann Corbraí amach. Bhí an t-árthach leis an ordanás ag fanacht leis ansin. Bhí caisleán láidir ag ridire an Ghleanna ar an mbaile. Chuir sé léigear ar an gcaisleán agus le cabhair an ordanáis d'éirigh leis é a bhearnadh tar éis dhá lá agus thug na saighdiúirí faoi ansin ó gach aird in éineacht agus d'éirigh leo é a ghabháil. Thug siad an bás dá raibh fágtha den lucht cosanta agus do dhaoine eile ar a raibh mná is páistí.[2]

Nuair a chuala Ó Conchubhair Chiarraighe, Seán Ó Conchubhair, go raibh ídiú chomh mór sin déanta ar lucht cosanta na dúiche agus gur gabhadh caisleán ridire an Ghleanna chomh neafaiseach sin chuaigh sé faoi dhéin *Carew* agus thug seilbh dó ar a chaisleán i gCarraig an Phoill agus thug geallúint uaidh go mbeadh sé dílis i gcónaí feasta don bhanríon.

Nuair a chuala Iarla Thuamhumhan go raibh an Conchubhrach tar éis a chaisleán a ghéilleadh do fhórsaí na banríona tharraing sé caisleán agus tailte don Chonchubhrach i dTuamhumhain. Bhí an tseanbhá idir Conchubhraigh agus Brianaigh beo fós ach bhí cor curtha ann faoin tráth sin. Bhí an Brianach ina iarla Thuamhumhan agus é ag tacú le fórsaí na banríona. Dá nglacfadh an Conchubhrach leis an tairiscint bhí sé sin freisin tugtha isteach faoi riar na corónach. Ach ní móide gur ghlac sé leis an tairiscint.

Tháinig uafás ar mhuintir Oireacht Uí Chonchubhair agus ar mhuintir Chlann Mhuiris nuair a chuala siad faoinar tharla i nGleann Corbraí. Thuig siad ón eachtra sin gur bheag an chabhair chosanta fiú caisleán féin agus gur bás le faobhar a bheadh i ndán dóibh dá mbéarfaí orthu tar éis caisleán a chosaint. Dá bhrí sin d'fhoghlaim siad go tapaidh conas a gcaisleáin a

54

bhriseadh dá mbraithfí an namhaid chucu. D'fhág na gnáthdhaoine a n-áiteanna cónaithe oscailte agus rug siad leo a mná agus a ndaoine muinteartha isteach sna sléibhte agus isteach sna coillte cluthara cois Mainge agus Deasmhumhan.[3] Bhí uafás feicthe acu roimhe sin le linn Éirí Amach na nGearaltach agus bhí an chuimhne sin go beo ina n-aigne i gcónaí, ní foláir. Nuair a chuala *Carew* go raibh formhór na ndaoine tar éis teitheadh as a n-áiteanna cónaithe ar gach taobh d'abhainn na Féile agus d'abhainn an Chasáin chuir sé chuige chun garastúin leis a bhunú i gcaisleán Leic Snámha, i gCarraig an Phoill, i nGleann Corbraí . . . i Lios Catháin, i dTrá Lí agus sna caisleáin uile i gClann Mhuiris ach amháin Lios Tuathail.[4] Agus nuair a rinne na Sasanaigh caisleáin a ghabháil bhí sé dodhéanta nach mór iad a ghabháil ar ais.

Tar éis caisleán ridire an Ghleanna a ghabháil tháinig *Carew* go Caisleán Charraig an Phoill agus thug tamall ann agus é ag feitheamh le long a thabharfadh soláthairtí cogaidh chuige ó Chorcaigh. Fad a bhí sé ansin a sheol sé Muiris Stac isteach go Ciarraí.[5] Bhí an Stacach tar éis luí isteach leis agus é sásta dul ina sheirbhís mar aon lena leathchéad fear. Ó Chiarraí ab ea Muiris Stac ó dhúchas agus b'fhéidir ó Chnoc an Fhómhair féin. Fear beag íseal ab ea é ach go raibh misneach thar na bearta ann. Mháirseáil sé isteach go croílár an chontae, dhóigh Ard Fhearta agus bailte eile nárbh é, thóg oiread creiche is a chothódh a chuid fear agus thug faoi chaisleán Lios Catháin nuair nach raibh súil leis. Bhí an caisleán sin gafa ag lucht an Éirí Amach. Thóg sé an caisleán agus thug bás le faobhar don lucht cosanta agus d'fhág buíon leis féin i gceannas ann agus *Walter Talbot*, deartháir a chéile mar cheann orthu. Thug na Gaeil ruathar faoin gcaisleán ag iarraidh é a athghabháil. Toisc gan gunnaí móra a bheith acu rinne siad iarracht ar é a bhearnadh trí úsáid a bhaint as "cráin", áis adhmaid is rothanna faoi. Rinne na cosantóirí geábh amach as an gcaisleán agus mharaigh siad seacht nduine fhichead den lucht ionsaithe. Ach lean an léigear. Ansin chuimhnigh an lucht ionsaithe ar sheift eile, seift a thabharfadh seilbh dóibh, b'fhéidir, ar an gcaisleán. Bhí tiarna Chiarraí in Ard Fhearta an uair sin agus dhá chéad coisithe agus fiche de mharcra ina theannta. Sheol sé Finín Mac Cárthaigh — bheadh iontaoibh ag an lucht cosanta as sin toisc nach raibh sé gafa leis an Éirí Amach – chun a fhógairt don gharastún go raibh buaite ar fhórsaí *Carew* agus dá ngéillfeadh siad go dtabharfaí cead reatha dóibh agus go ndéanfaí iad a thionlacan go Carraig an Phoill. Nuair nach raibh ag éirí leis an gcleas sin, thosaigh Finín ag maíomh as neart na nGael agus ag tagairt do laige fhórsaí na banríona agus rinne sé iarracht an Talbóideach a bhreabadh. Gheall sé suimeanna móra airgid dó dá ngéillfeadh sé. Ach níor éirigh le haon iarracht acu.[6]

Tar éis do *Carew* bheith tamall i gCarraig an Phoill agus é ag fanacht go mífhoighneach lena chuid soláthairtí, bhí air filleadh ar Luimneach agus a chuid saighdiúirí a roinnt amach ar gharastúin éagsúla. Nuair a chuala sé agus é ansin i Luimneach faoin sáinn ina raibh an lucht cosanta i Lios

Catháin, agus iad in angar mór, siar leis bóthar an Chláir arís. Chuir Iarla Thuamhumhan báid ar fáil dó chun a chuid fear a thabhairt trasna na Sionainne agus tháinig siad i dtír in aice le Carraig an Phoill.[6]

Bhí Pádraigín Mac Muiris faoin tráth sin ina chaisleán i mBiaille agus nuair a chuala sé go raibh *Carew* ar ais i gCarraig an Phoill thug sé ordú uaidh a chaisleáin uile a bhriseadh, ach bhain *Carew* an tosach de. Fuair *Carew* gaoth an fhocail faoina raibh beartaithe agus uime sin chuir sé díorma saighdiúirí faoi *Sir Charles Wilmot* go Leic Snámha chun an caisleán, príomhdhaingean Mhic Mhuiris, a ghabháil. Bhí tochailt déanta faoin gcaisleán agus tacaí adhmaid curtha faoi agus é ullamh le scriosadh nuair a tháinig *Wilmot* agus a shaighdiúirí ar an láthair agus gan aon choinne leo. Rinne siad an caisleán a ghabháil gan oiread is buille a bhualadh agus chuir siad garastún dá gcuid féin isteach ann. Ba mhór an chiotaí do Mhac Muiris formhór na ndaoine a bheith teite as an ndúiche ar fad ar gach taobh den Chasán agus de abhainn na Féile. Tamall ina dhiaidh sin rinne *Carew* fóirithint orthu sin a bhí i sáinn i Lios Catháin agus d'fhill ar Charraig an Phoill.[7]

Faoin tráth sin bhí soláthairtí cogaidh *Carew* tar éis teacht go Carraig an Chabhaltaigh i gcontae an Chláir agus chuir *Carew* faoi deara an-chuid díobh a thabhairt an Casán suas go Leic Snámha.[8]

Fad is a bhí na himeachtaí sin ar fad ar siúl ag a naimhde bhí Pádraigín Mac Muiris go dubhach do-mheanmnach ina chaisleán i mBiaille, é á thógáil an-mhór chun croí na Sasanaigh a fheiceáil i seilbh a phríomhshuí; bhuail taom breoiteachta é agus fuair sé bás de chumha ar 12 Lúnasa 1600 agus é i mbarr a mhaitheasa.[9] Tháinig an mac ba shine a bhí aige, Tomás, i gcomharbacht air. Bhí cónaí air sin i mBaile an Bhuinneánaigh fad a mhair a athair. Saolaíodh é sin sa bhliain 1574. Deirfiúr le hIarla Thuamhumhan a bhí pósta aige, Honóra Ní Bhriain. Dealraíonn sé go ndearna sé iarracht tar éis bháis a athar ar theacht chun réitigh le *Carew* agus dul ar choimirce na banríona. Is cosúil freisin gurbh í a bhean a thug air an iarracht sin a dhéanamh. Bhí geallúint faighte aige le tamall go raibh an dá aisce sin le fáil aige ar choinníoll go ndéanfadh sé iad a thuilleamh le beart suntasach éigin. Ach nuair a cuireadh in iúl dó an beart a raibh súil leis uaidh ní raibh sé sásta aon bhaint a bheith aige le beart dá leithéid "mar nach raibh a leithéid ag teacht lena choinsias ná lena onóir". Diúltaíodh dá iarratas dá bharr sin.[10]

Ach dealraíonn sé nach raibh an iarracht a bhí déanta ag Tomás Mac Muiris chun teacht chun réitigh leis an mbanríon agus a hionadaí míleata, *Carew* caite faoi thóin cártaí ná baol air. Mar ag deireadh an mhí chéanna thug a bhean cuireadh chun dinnéir do Mhuiris Stac a bhí an tráth úd i seirbhís *Carew*. Glac sé leis an gcuireadh agus maraíodh é an oíche chéanna sin i gcaisleán Bhiaille agus tá conspóid go dtí an lá inniu féin faoinar tharla dáiríre an oíche sin. Níl de thuairisc againn ar imeachtaí na hoíche sin ach an tuairisc a thug *Carew* uaidh agus atá le fáil in *Pacata Hiberniae*.[11]

Seo é a thuairisc:

Nuair a bhí an dinnéar thart thug an bhean óg le tuiscint do Mhuiris
gur mhian léi labhairt leis go príobháideach ina seomra féin agus tar
éis dóibh tamaillín a chaitheamh ag caint le chéile d'éirigh easaontas
eatarthu faoi ábhar éigin gur ghlaoigh sí amach: "an amhlaidh nach
gcloiseann sibh é ag tabhairt mí-úsáide dom i mbriathra?" agus
láithreach bonn b'sheo isteach sa seomra Diarmaid Mac Gormáin,
Liam Ó Duineacháin agus Éamann Ó hEithir a bhí lasmuigh de dhoras
agus lena sceana thug siad an bás do Mhuiris Stac san áit sin. Chomh
luath agus a bhí sé marbh chuir sí (Honóra Ní Bhriain) scéala chuig a
céile agus thug ar na daoine a mharaigh an Stacach dul chuig a céile.
Nuair a chuala a dearthár, iarla Thuamhumhan, an scéal bhí an-
chorraí air agus mar gheall air sin bhí an oiread sin de ghráin aige ar
a dheirfiúr féin ón lá sin amach go lá a báis tamall de mhíonna ina
dhiaidh sin nár fhéad sé fiú féachaint uirthi; agus Tomás féin, tiarna
Leic Snámha, níor leor leis a raibh de fhuil doirtithe, mar an lá ina
dhiaidh sin chroch sé Tomás *Encally* Stac, dearthár Mhuiris a bhí ina
phríosúnach aige le fada.

Sin é tuairisc *Carew*.

Tá sé de chuma ar an gcuntas go raibh fios ag a údar faoi gach ní dar
tharla an oíche sin, ach fágann sé an-chuid ceisteanna gan réiteach. Má bhí
a fhios aige gur éirigh easaontas eatarthu is láidir nár luaigh sé ábhar an
easaontais. Ní deir sé ach oiread go raibh dearthár na mná óige, Dónall Ó
Briain, ar cuairt sa chaisleán an oíche sin agus i láthair ag an mbéile, ní
foláir, agus go raibh sé sin chomh dílis céanna don bhanríon is a bhí a
dhearthár iarla Thuamhumhan féin. Ba dheacair a shamhlú go bhféadfadh
bean óg sna fichidí an marú a phleanáil gan amhras a dearthár a tharraingt
uirthi féin. Agus níorbh aon bhithiúnach corónta í faoi mar a thugann
Carew le fios. Fuair sí bás is í an-suaite tamall ina dhiaidh sin.

Maidir le ráiteas úd *Carew* nach raibh aon bhaint a thuilleadh ag iarla
Thuamhumhan lena dheirfiúr féin i ndiaidh an mharaithe tá sé contrártha
ar fad le fianaise *Annála Ríoghachta Éireann* a deir gur theith sí ó
fhoghladh is ó dhíbheirg a céile agus gur chuaigh sí chuig a dúiche dhúchais
féin ar choimirce *Carew* féin agus ar choimirce iarla Thuamhumhan.[12]

Tá cuntas *Carew* ag teacht trasna i bpointe eile ar an bhfianaise a thug
duine dá oifigigh féin, an té is mó a raibh iontaoibh aige as, *Sir Charles
Wilmot*. Agus é sin ag tabhairt cuntais ar ghabháil chaisleán Lios Tuathail
deir sé: "Maidir leis an bhfear a mharaigh Muiris Stac, le linn dó faire a
sheasamh oíche dhorcha bháistí . . . d'éalaigh sé amach as an gcaisleán agus
thug na cosa leis sa tslí sin." Tá sé le tuiscint ón gcuntas sin nach triúr a
bhí gceist sa mharú ach aon duine amháin agus go raibh fios a ainm ag
daoine. Mura raibh dath ar scéal *Carew* cad ina thaobh go raibh sé chomh

seachantach sin? Ach tá ceist an-bhunúsach eile maidir leis an eachtra ar fad: Cad ina thaobh go dtabharfadh céile Thomáis cuireadh chun bia do "Thadhg an dá thaobh" ar nós Mhuiris Stac, agus fear a bhí ina theannta sin ina namhaid ag Tomás? Dealraíonn sé go raibh baint ag an gcuireadh leis an iarracht a bhí ar bun ag Honóra chun fabhar na banríona agus an uachtaráin a fháil dá céile. Ba dheacair an cuireadh sin a shamhlú lasmuigh den iarracht sin. B'fhéidir gurbh é *Carew* féin a shocraigh an cuireadh do Mhuiris mar chuid dá iarracht féin chun tiarna Chiarraí a chur dá bhoinn agus gur mholadh den sórt sin a bhí i gceist san easaontas a d'éirigh idir Honóra agus Muiris Stac. Ón aithne a bhí ag daoine ar *Carew* ní chuirfeá a leithéid sin tharais. Tamall de bhlianta roimhe sin bhí Pádraigín Mac Muiris, athair Thomáis, sásta géilleadh don bhanríon ach chuir *Carew* suas don tairiscint mura ndéanfadh Pádraigín beart ar leith chun a dhílseacht a chruthú. Thug *Carew* tuairim den sórt birt a mbeadh súil aige leis in aon abairt amháin i litir a scríobh sé chuig Comhairle an rí faoi Iarla an tSúgáin: "Rinne mé mo dhícheall deoch [nimh] a thabhairt dó ach tá baois phiseogach na ndaoine chomh mór sin nach féidir iad a mhealladh ar aon airgead."

Fad is a bhí na himeachtaí sin ar siúl i gcaisleán Bhiaille, bhí caisleán eile le tiarna Chiarraí, caisleán Ard Fhearta, faoi léigear ag *Wilmot* agus an lucht cosanta á chosaint go tréan agus é ag dul do *Wilmot* é a ghabháil. Ach tar éis naoi lá fuair *Wilmot* gunna mór ó chaptaen loinge. Ar a fheiscint sin don lucht cosanta ghéill siad. Crochadh an ceannaire a bhí orthu agus scaoil *Wilmot* leis an gcuid eile.[13]

Dealraíonn sé gur i ndiaidh na tubaiste úd i mBiaille a bhris Tomás Mac Muiris Caisleán Bhiaille agus Bhaile an Bhuinneánaigh mar nuair a bhí *Wilmot* ag tabhairt faoi chaisleán Lios Tuathail dúradh gurbh é sin an t-aon chaisleán amháin a bhí fágtha an uair sin ag Mac Muiris.[14]

Chuir *Wilmot* léigear ar chaisleán Lios Tuathail 5 Samhain 1600.[15] Ar éigean a sheas an lucht cosanta seachtain. Rinne na Sasanaigh tollán a thochailt faoin gcaisleán agus níor thug na cosantóirí faoi deara é nó go rabhthas ullamh chun é shéideadh san aer. Ghéill siad láithreach agus tugadh an bás dóibh go léir, scaoileadh na mná is na páistí saor. Ach nuair a bhí siad imithe fuair *Wilmot* amach go raibh mac agus oidhre Mhic Mhuiris orthusan a scaoileadh amach. Leanbh cúig bliana ab ea é faoin tráth sin. Nuair a bhí na mná ag fágáil an chaisleáin bhain banaltra an linbh a chuid éadaigh de agus rinne é a ghléasadh i gceirteacha sailithe agus thug léi é ar ghreim láimhe. Chuir *Wilmot* buíon saighdiúirí amach á chuardach ach theip orthu é a fháil. Nuair a d'fhill siad ar ais ní raibh na fir ar fad curtha chun báis go fóill agus chuaigh *Wilmot* faoi dhéin duine acu. Sean-sagart darbh ainm Diarmaic Mac *Brodie* agus gheall dó go scaoilfeadh sé saor é, go scaoilfeadh sé a anam leis, dá ndéarfadh sé cá raibh an leanbh. Ní thabharfadh an sagart an t-eolas a bhí ag teastáil gan geallúint a fháil nach ndéanfaí aon dochar don leanbh. Tugadh an gheallúint agus tugadh

58

an sagart amach le buíon saighdiúirí chun na háite ina raibh an leanbh agus fuair siad é féin is a bhanaltra in uaimh faoi thalamh. Inniu féin tá conspóid faoin áit ina bhfuarthas an leanbh. Dream amháin a deir gur istigh i gcoill ar Chnoc an Ghuail a fuarthas é, dream eile a mhaíonn gur in uaimheanna Ghuth Ard a fuarthas é agus dream eile fós a deir gur in áit cóngarach go maith do Chúil Chaorach a fuarthas é.

De bharr na gcor sin ar fad shamhlódh éinne ag deireadh na bliana 1600 go raibh an cogadh sa Mhumhain thart, agus go raibh an tÉirí Amach curtha faoi chois. Bhí *Carew* féin den tuairim sin nuair a thug sé a chúl le tuaisceart Chiarraí chun a dhúthracht ar fad a dhíriú ar theanntú Iarla an tSúgáin. Gabhadh é sin i mí Bealtaine 1601 agus cuireadh sall go Londain é mar a bhfuair sé bás sa bhliain 1608. Chuir a bhás deireadh le caidreamh ceithre chéad bliain ag Gearaltaigh le muintir thuaisceart Chiarraí. Tamall sular gabhadh é sheol sé toscaireacht ó thuaidh chuig Ó Dónaill chun tathant air cabhair Ghaeil Uladh a chur ar fáil don iarracht. Ansin tháinig na Spáinnigh i mí Meán Fómhair agus chuir a dteacht cor eile ar fad ar an gcogadh. Bhrostaigh Ó Dónaill aduaidh go Cionn tSáile agus ina theannta ar an turas sin bhí Tomás Mac Muiris agus ridire an Ghleanna. Nuair a tháinig siad i gcóngar Chiarraí scaoil Ó Dónaill le Mac Muiris chun dul le cuid den arm ag fiosrú a mhuintire agus a athartha go ndearna sé roinnt caisleán leis a athghabháil.[16] Ar na caisleáin sin bhí caisleán Leic Snámha agus an caisleán gearra in Ard Fhearta. Is ar an ocáid sin freisin a rinne Ó Conchubhair Chiarraighe a chaisleán i gCarraig an Phoill a athghabháil agus a thug bás le faobhar don lucht cosanta.[17] Agus ghabh sé féin agus a lucht tacaíochta in éineacht le hÓ Dónaill go Cionn tSáile. Bhí Ciarraí ar fad agus Iarthar Chorcaí tar éis Éirí Amach arís faoin tráth sin.

Tar éis bhriseadh Chionn tSáile ní raibh le déanamh ag *Mountjoy* ach deireadh a chur le haon bhuíonta a bhí ag feidhmiú i gcónaí in aghaidh na banríona. Leis an aigne sin sheol sé *Wilmot* uaidh go Ciarraí le reisimint coisithe agus le trúpa eachra. Nuair a bhain siad Carraig an Phoill amach bhí an áit scriosta tréigthe. Ach mar sin féin d'fhág sé roinnt saighdiúirí ina dhiaidh ann faoina gceannaire, *Collum*. Bhí sé mós deacair aige nuair a theastaigh uaidh dul thar an gCasán mar bhí buíon de chúig chéad fear faoi cheannairí éagsúla ag fanacht leis i Leic Snámha – orthusan bhí Gearóid Mac Muiris, deartháir an tiarna – chun cur ina choinne ach chuir sé na capaill de shnámh trasna na habhann agus bhí sé imithe sula raibh a fhios ag na daoine a bhí ag feitheamh leis.[18] I gceann roinnt laethanta d'fhill sé ar Leic Snámha toisc é bheith cloiste aige go raibh tiarna Chiarraí ar ais ina chaisleán agus san am gur shroich *Wilmot* Leic Snámha bhí an tiarna imithe – níor theastaigh uaidh go dteanntófaí ann istigh é – agus a dheartháir, Gearóid, fágtha i gceannas aige fad is a bheadh sé féin as baile ag iarraidh cabhair a bhailiú le chéile ar fud Dheasmhumhan chun cur in aghaidh *Wilmot*. Toisc lucht cosanta an chaisleáin a bheith chomh cóngarach sin don abhainn níor bhac siad le soláthairtí uisce a chur ar fáil dóibh féin.

D'fhéach *Wilmot* chuige nach mbeadh fáil acu ar uisce agus ghéill an garastún nuair a thuig siad an sáinn ina raibh siad. Thug *Wilmot* cead a gcos dóibh.[19]

Bhí trí chéad gallóglach ag cabhrú le Mac Muiris um a dtaca sin. Ach bhí ardfhonn ar a gceannaire, Liam de Búrca, teacht chun réitigh agus géilleadh do fheidhmeannach na banríona. Theastaigh uaidh a raibh de stoc sa dúiche a bhailiú le chéile agus a leath a thabhairt do arm na banríona ar an gcoinníoll go mbeadh cead aige féin an chuid eile a thabhairt leis go Connachta. Ach fad is a bhí an mhargántaíocht ar siúl mharaigh *Wilmot* roinnt de lucht tacaíochta Mhic Mhuiris agus thug greasáil mhaith do thionóntaí leis.[20]

Nuair a bhí an cluiche caillte i dtuaisceart Chiarraí ghluais Ó Conchubhair Chiarraighe agus Tomás Mac Muiris ó dheas chun tacú le hÓ Súilleabháin Béara. Ach faoin Nollaig 1602 bhí Uíbh Ráthach, Dún Ciaráin agus Béara cloíte freisin agus d'imigh Ó Conchubhair le hÓ Súilleabháin nuair a ghluais sé sin agus dhá mhíle dá lucht leanúna as an nGleann Garbh chun tabhairt go cróga faoin aistear uafásach achrannach sin go Droim Dhá Thiar i mBréifne Uí Ruairc.[21] Bhí Liam de Búrca ar an aistear sin freisin agus bhí sé sin agus Ó Conchubhair Chiarraighe ar an mbuíon beag a rinne an fód a sheasamh agus a bhfíorghaisce a phromhadh in aghaidh na gcéadta a bhí ag tabhairt fúthu in Eachraim Uí Cheallaigh.[22] Níor bhain ach cúig dhuine fhichead ceann scríbe amach ach go raibh daoine fánacha ag baint Bréifne Uí Ruairc amach go ceann roinnt laethanta.

Nuair a d'imigh Ó Conchubhair bhain mac Muiris tuaisceart Chiarraí amach arís é ar a choimeád i gcónaí ar fud na sléibhte i Sliabh Luachra agus ar fud Chlann Mhuiris agus bhí timpeall dhá chéad coisithe agus fiche marcra ina theannta. Ach tugadh faoi de gheit istoíche 23 Feabhra 1603, ag buíon saighdiúirí le *Wilmot* agus iad faoi cheannas *Thomas Bois*. Maraíodh ceithre fichid dá chuid fear agus tiomáineadh chun siúil a chuid stoic ar fad agus baineadh de a chuid soláthairtí eile. De bharr an díomua sin ní raibh sé ar chumas Mhac Mhuiris aon chur isteach eile a dhéanamh ar fhórsaí na banríona feasta.[23]

Bhí Ciarraí agus an Mhumhain ar fad mínithe sa deireadh agus nuair a ghéill Ó Néill ag *Mellifont* i Márta na bliana 1603 bhí smacht imeartha ar an tír i gcoitinne. Thóg sé céad bliain geall leis ar fheidhmeannaigh na banríona an bheart a dhéanamh agus nuair a tharla "Teitheadh na nIarlaí" sa bhliain 1607 is rómhaith a thuig na daoine go raibh siad "gan triath ach Dia na Glóire" agus níor chás dóibh a n-uaill dóláis a chur suas:

> Ba mhaith an lucht aon loinge a bhí ansin, mar is cinnte nár iompair muir agus nár shéid gaoth riamh as Éirinn lucht aon loinge níos fearr. Is mairg don chroí a mheabhraigh. Is mairg don mheanma a chuimhnigh air, is mairg don chomhairle a chinn ar dhul na ndaoine sin ar an eachtra sin agus gan a fhios acu an bhfillfeadh siad go deo ar a ndúchas is ar a n-athartha go Lá Deireadh an tSaoil.[24]

Nuair a d'imigh na hiarlaí sa bhliain 1607 chuaigh Ó Conchubhair Chiarraighe sall go hAlba agus nuair a tháinig Séamas I i gcoróin tháinig Ó Conchubhair ina láthair agus ghéill dó go humhal agus fuair sé pardún agus aiseag a thailte go léir.

Ghéill Mac Muiris an bhliain chéanna agus fuair sé sin freisin pardún agus aiseag a thailte ach bhí drochamhras as go deireadh a shaoil, agus ar feadh tamaill sular cailleadh é sa bhliain 1630 bhí sé ina phríosúnach i dTúr Londain, é de chúis air go raibh sé ag beartú leis an Spáinn ag iarraidh cabhair armtha a thabhairt go hÉirinn. Bhí sé pósta dhá uair, ar dtús ag Honóra Ní Bhriain agus nuair a cailleadh í sin agus í fós an-óg, phós Tomás Síle de Paor ón gCurrach Mór i bPort Láirge. Saolaíodh beirt mhac dóibh, Éamann agus Tomás. Mhair sí sin i ndiaidh Thomáis agus d'fhógair Cromail í féin agus a beirt mhac go Connachta.

Tháinig Pádraigín Mac Muiris i gcomharbacht ar a athair. Ba é an Pádraigín sin an leanbh a raibh an tóir ar fad air sa bhliain 1600 i gcaisleán Lios Tuathail. Rinne *Wilmot* é a ghabháil. Tugadh go Londain é agus tógadh ina Phrotastúnach é – an chéad duine dá mhuintir a ghabh leis an bProtastúnachas. Deirtear nár labhair a athair riamh leis tar éis filleadh dó, toisc é a bheith in a Phrotastúnach.

7.2 Coigistiú Arís

Na Sasanaigh a raibh seilbh glactha acu ar ghabháltais de bharr phlandáil na Mumhan theith siad lena n-anam nuair a thosaigh Éirí Amach na bliana 1598. Theith siad gan comhrac ar bith a dhéanamh chun a raibh tite leo a chosaint. Ach bhí daoine den tuairim ina dhiaidh sin go mba bheart gan ganntar ag cuid acu an teitheadh sin acu: *"Generally all the English ran away when there was no rebel within forty miles of them."* Na tionóntaí a bhí tagtha anall ó Shasana agus a bhí faoin tráth sin ina dtionóntaí ar na gabháltais, theith siad leo ina gcéadta agus rinne a ndícheall dídean a bhaint amach i mbailte mar Eas Géitine agus Chorcaigh. Bhí an scéal go hainnis acu agus iad ar a dtriall go calafoirt agus ar longa chun iad a bhreith amach as an tír. Maraíodh ábhar díobh agus an méid acu a thug na cosa leo bhí Murchadh feicthe acu, ní cás a rá, agus d'fhág roinnt mhaith acu slán go deo le talamh na hÉireann agus leis an bhfís a thug go hÉirinn iad. Na gabháltais a bhí tréigthe acu, dódh, loisceadh agus creachadh iad agus a raibh iontu.[1] Na caisleáin ar fad a thit le fórsaí na banríona le linn Éirí Amach na nGearaltach bhí siad ar ais i seilbh a muintire arís, gach aon cheann acu ach caisleán Eas Géitine, caisleán na Mainge agus caisleán Mhaigh Ealla:

> I gceann seacht lá dhéag ní raibh i ndúiche na nGearaltach ar fad ó Dhún Chaoin go Siúir aon mhac Sasanaigh . . . gan marú nó gan ion-narbadh agus san aga chéanna níor fhág siad teach ceannaire ná caisleán . . . nár chuir siad i seilbh Iarla Dheasmhumhan ach amháin caisléan Eas Géitine, caisleán na Mainge agus caisleán Mhaigh Ealla.[2]

Nuair a bhí Éirí Amach Uí Néill agus Uí Dhónaill curtha faoi chois thosaigh na plandálaithe ag filleadh ar ais ar na háiteanna as ar theith siad. Chuir an rialtas dlús leis an bhfilleadh ar ais sin nuair a thug sé ordú do na daoine a bhí teite filleadh ar a ngabháltais agus fanacht iontu. Rinneadh rud ar an ordú sin ach an babhta sin bhí na plandálaithe suite meáite de nach ndéanfadh siad arís an dearmad a bhí déanta cheana acu. D'fhéach siad chuige go cúramach mar sin go mbeadh sás a gcosanta acu dá dtiocfadh an tóir arís orthu. Uime sin rinne siad a dtionóntaí a armáil, agus thug taithí dóibh ar úsáid arm. Cuireadh bun ar bhailte plandála, leithéidí Thrá Lí agus Chill Airne agus tógadh fallaí cosanta ina dtimpeall agus rinne bailte aonaigh díobh. Rinne an rialtas a chion féin freisin chun garastúin a bhunú chun na plandálaithe a chosaint. Rinne teaghlaigh Shasanacha tithe cónaithe a thógáil dóibh féin agus bhunaíodar tionscail bheaga sna bailte sin.

Bhí seilbh thalún tugtha do réir dlí do dhaoine dá leithéid agus bhí cead a gcinn acu dá réir chun a gcuid féin a dhéanamh dá raibh tite leo. Chuir siad chuige le fonn chun é sin a dhéanamh agus chun bonn ceart a chur faoin nuaíocht saoil ina raibh siad. Ba léir faoin mbliain 1611 go raibh ag éirí leo agus go raibh an saol a raibh taithí acu air i Sasana tugtha go hÉirinn acu: fógraíodh nach mbeadh cead ag éinne ach amháin ag úinéirí na talún fianna, giorraithe, patraisceanna, piasúin, a lámhach. Rinne a sliocht an phribhléid sin a chosaint dóibh féin fad is a mhair a gcóras.

Dhá bhliain ina dhiaidh sin – sa bhliain 1613 – léirigh siad i bParlaimint Bhaile Átha Cliath an greim a bhí faighte acu, cheana féin, ar shaol Chiarraí. An bhliain sin ba iad ionadaithe na Parlaiminte do Chiarraí ná Dónall Ó Súilleabháin, Stiofán de Rís, Tomás Treant, Micheál Ó hEosa (*Hussey*), *Robert Blennerhassett* agus *Humphrey Dethick*.[3] Bhí sé níos soiléire fós sa bhliain 1639 go raibh rith an ráis leis na gealltóirí agus lena lucht leanúna mar ba iad ionadaithe Parlaiminte Chiarraí na bliana sin ná: *Sir Valentine Browne, Sir Edward Denny, Christopher Roper, Sir George Blundel, David Crosbie, Thomas Maule, Henry Osborne* agus *Anthony Stoughton*.[5] Bhí baint ar leith ag *Anthony Stoughton* le tuaisceart Chiarraí agus le Cnoc an Fhómhair agus bheadh baint ag a shliocht leis an dúiche fad is a mhair an córas a bhunaigh siad. Sa bhliain 1661 bhí beirt eile a raibh baint acu le Cnoc an Fhómhair ar na hionadaithe Parlaiminte agus ba iad sin *Launcelot Sands* agus *Thomas Amory*.

Bhí *John Holly* tar éis na tailte a bhí faighte aige i gcomharsanacht Thairbeart a thabhairt suas agus tar éis scaithimh thit siad le *Patrick Crosbie*. Bhí sé sin ag feidhmiú ar son an Rialtais agus ba ar a scáth a tugadh na *Seven Septs of Laois* anuas go Tairbeart. Bhí a gcuid tailte caillte sa dúiche sin i Laois acu agus iad ag crá na ndaoine a tháinig isteach ina n-áit. Sa bhliain 1607 chinn an rialtas go dtabharfaí anuas go Ciarraí iad agus d'éirigh le *Patrick Crosbie* é sin a thabhairt i gcrích. Sa tslí sin tugadh trí chéad duine de mhuintir Mhórdha, Cheallaigh, Leathlobhair, Dhóráin, Dhúlaing agus Fhiobhuí (*Clandeboys*) go tuaisceart Chiarraí[5] sa bhliain

1607 agus bhí táthchuid eile curtha sa chorcán leáite sin, tuaisceart Chiarraí. Fuair *Patrick Crosbie* leathantas sa dúiche freisin agus bheadh a shliocht ina chuid suntasach de shaol Chiarraí as sin amach.

Cuid de na daoine a fuair seilbh ar thalamh sa saol sin ní raibh siad róchinnte go mbeadh buaine i ndán dóibh, go háirithe na daoine a chaith teitheadh lena n-anam sa bhliain 1598. Rinne a leithéidí sin oiread agus ab fhéidir a bhaint as a raibh faighte acu, chomh tapaidh agus ab fhéidir, ar eagla go mbéarfaí arís orthu agus go mbeadh orthu tabhairt faoi na cosa arís agus éalú as an tír. Thosaigh siad ar rabach a dhéanamh ar na coillte breátha a bhí go fairsing sa dúiche; dhíol siad an t-adhmad thar lear mar ábhar do bharaillí agus mar ábhar chun árthaí a thógáil.[6] Agus ar ámharaí an tsaoil d'oir an cóiriú sin go binn do Shasana an uair úd mar bhí an réabhlóid thionsclaíoch ag tosú agus theastaigh árthaí ó Shasana chun a gcuid earraí a thabhairt ar fud an domhain. Theastaigh maidí mianaigh freisin dá láithreacha guail agus rinne coillte na hÉireann iad a sholáthar. De bharr ghearradh sin na gcoillte tháinig cuma lom sceirdiúil ar dhúichí laistigh de chéad bliain agus bhí dhá sprioc aimsithe in éineacht ag na daoine a thug sin i gcrích; bhí airgead déanta acu féin agus iad tagtha i dtír dá bharr agus bhí an mhuintir dhúchais fágtha gan foscadh gan dídean. Ach i dtuaisceart Chiarraí bhí ábhar de na coillte fágtha fós sa bhliain 1762 mar de bharr suirbhéireachta a rinneadh an bhliain sin tá cuntas againn ar choillte a bhí i dtailte Chlann Mhuiris agus tá cur síos ar na coillte i ndúiche Chnoc an Fhómhair.[7]

	a c p
Coill Bhiaille	193.2.12
Coill Sheanasta	161.0.34
Coill Chúil Chaorach	63.0. 6
Coill Thulach Mór	70.3.37
Coill Áth an Turais Uacht.	93.2.23
Coill Áth an Turais Íocht.	23.2.32
Coill Dhrom Iarainn	38.3. 0

"B'fhiú a trí nó a ceathair de chéadta púnt nó níos mó coill Bhiaille an uair úd agus bheadh méadaithe go mór ar a luach nuair a ghearrfaí an choill sin arís." Ní raibh sé de chuma ar an scéal go mbeadh puinn adhmaid mhóir sa dúiche faoin tráth sin. "Tá an choill seo suite ar thalamh maith agus suíomh gleoite aici."

Adhmad dúchais an-mhaith agus admhad a bhí an-oiriúnach do ghnóithí saoirseachta agus tógála a bhí sa choill sa Tulach Mór, i Seanasta agus i gCúil Chaorach.

Dair is mó a bhí i nDrom Iarainn agus i gCill tSiodháin. "Dair a sholáthródh adhmad cam do thógáil long." "Is féidir an t-admhad as an gcoill seo a thabhairt amach ar uisce, abhainn na Gáille – áis an-mhór."

Cuireadh luach seacht gcéad fiche punt ar an gcoill sin an uair úd.

Bhí coill Bhiaille á dhíol ag *Richard Hare* sa bhliain 1788 agus bhí *Christopher Julian* ón Tulach Mór ceaptha chun í a thaispeáint don duine a raibh spéis aige inti. Ach sa bhliain 1794 bhí Tadhg Ó hAirtnéide ag díol as a spéis sa choill sin agus é ag mairgniú a mhargaidh:

> The bad call I have in Beale for timber. I could not gather the money which is often the case in a poor country . . . Nobody came within two hundred pounds of my proposal for Beale Wood, the country round about same often curses me for having any hand in the same, that they wished to have it as a prey as it was before . . . Honest man Mr. Julian and few of his character about Beale.

Bhí an choill i Leic Snámha á gearradh sa bhliain 1777 agus sa bhliain 1803 bhí an íde chéanna i ndán do na coillte in Áth Uí Fhoghlú, sna hInse agus i gCúil Ard; bhí dair, fuinseog, saileach, fearnóg agus beith á ndíol agus *George Gun* ag déanamh an airgid.[8]

Cuid den saol ab ea gearradh sin na gcoillte ó chaill na Gaeil an cluiche le heachtrannaigh thar sáile anall. Ach ghoill gearradh na gcoillte go mór ar na daoine gur thug na coillte cosaint agus dídean dóibh i ngach aois agus d'fhéach muintir thuaisceart Chiarraí siar le maoithneachas ar na laethanta nuair a bhí coill ag síneadh feadh na slí go léir ó Leitir go Leamhchoill agus na crainn chomh tiubh sin nár ghá don iora rua teacht anuas ar an talamh ná a eireaball a ionramháil agus é ag siúl ar bharr na gcrann eatarthu. Ghoill gearradh na gcoillte go speisialta ar na filí; tuigeadh dóibh sin go raibh an saol a raibh taithí riamh acu air agus a thug beatha agus dídean dóibh ag titim in éineacht leis na coillte agus go mbeadh siad féin agus a muintir gan cosaint, gan foscadh feasta:

> Anois tá an choill á gearradh
> Triallfaimid thar chaladh . . .

Níorbh é cás aon dúiche amháin a bhí á chásamh ag Aogán Ó Raithile nuair a scríobh sé: "Tír do nochtadh gan fothain gan géaga."

Bhí plandóirí ann a bhí ag déanamh an airgid ar dalladh. Ach dá fheabhas é a gcás i gcoitinne bhí daoine eile den tuairim nach raibh an scéal ar fónamh ar fad. Bhí cuid acu bocht dealbh go maith "agus tuilleadh den diabhal chucu," dar le *Sir John Davies*, mar nár thug siad Sasanaigh anall leo faoi mar a bhí ordaithe dóibh agus uime sin go raibh orthu a gcuid talún a scaoileadh ar cíos chuig na Gaeil, *"so that these vipers being nourished in their bosoms, upon the first alarm of any rebellion, they do fall upon their landlords and cut their throats"*.[10]

Ach mar sin féin bhí an chosmhuintir ann i gcónaí más go dearóil domheanmnach féin é, iad fágtha in ísle brí de bharr dhíothú na nGearaltach agus dhíomua taoiseach Gael ag Cionn tSáile. Bhí iarsmaí Chogadh na nGearaltach agus Chogadh na Naoi mBlian le brath go géar go fóill. Sa bhliain 1634 tugadh suimeanna móra airgid don rí Séarlas II ar an tuiscint go ndéanfadh sé rud ar an ngeallúint a bhí tugtha aige agus go gceartódh sé an éagóir a rinneadh ar dhaoine a raibh a dtailte caillte acu de bharr na gcogaí déanacha. As an £11,200 a bhí dlite ó Chúige Mumhan le chéile níor fhéad Ciarraí ach £874 a dhíol. Bhí Éirí Amach na nGearaltach curtha faoi chois le leathchéad bliain an uair sin ach bhí Ciarraí in anró agus faoi léan an-mhór go fóill agus díothú a mhuintire ag cur as dó i gcónaí.

Ach mar sin féin bhí feabhas éigin imithe ar a gcás, bhí cúrsaí feirmeoireachta ag feabhsú agus bhíothas tosaithe ar im a chur i mbairillí agus tús curtha dá réir le trádáil fhairsing an ime, cor a bheadh an-tábhachtach do shaol Chiarraí as sin amach. Bhíothas tosaithe freisin ar fhéar a shábháil chun foráiste a sholáthar don stoc i gcomhair an gheimhridh. Bhí muintir dhílis na dúiche ag breith ar a ngreamanna i gcónaí.

ÉIRÍ AMACH 1641, CROMAIL AGUS AR LEAN É

8.1 An tÉirí Amach

I mí na Samhna 1603 rinne fear darbh ainm *Henry Cuffe*[1] cur síos gonta ar shaol na tíre: *"The country is quite waste for the most part."* Ní miste a rá gur thagair a chuntas do thuaisceart Chiarraí i gcoitinne agus do Chnoc an Fhómhair ar leithrigh. Nuair a bhí an cuntas sin á bhreacadh ag *Cuffe* ní raibh á rá aige ach rud a bhí á rá go coitianta. Ach chuir sé fáistine lena raibh ráite aige: *"The Irish will not be able to rebel for a hundred years."* Is ansin a bhí an dearmad air mar laistigh de dhaichead bliain, i nDeireadh Fómhair na bliana 1641, d'éirigh an tír ar fad amach arís agus láithreach bonn luigh thuaisceart Chiarraí leis an Éirí Amach.

Sa saol úd idir "Teitheadh na nIarlaí" agus Éirí Amach na bliana 1641 bhí an bhrúidiúlacht a bhí fulaingthe ag daoine le linn Éirí Amach na nGearaltach, agus le linn Éirí Amach Uí Néill agus Uí Dhónaill, bhí sé ag goilliúint go géar ar dhaoine; ina theannta sin ba é an scian tríd an gcroí acu, na coilínigh anall ó Shasana a fheiceáil agus seilbh acu ar na tailte a bhí acu féin tráth.

D'éirigh go maith leis an Éirí Amach ar dtús, ghabh lucht an Éirí Amach seilbh ar na láithreacha a bhí caillte acu sna cogaí déanacha agus ba leo Ciarraí ar fad gan mhoill. Baineadh preab as an rialtas agus as na coilínigh mar nach raibh aon tsúil acu lena leithéid. Ach tar éis tamaill d'éirigh leis an rialtas srian agus smacht éigin a imirt ar an Éirí Amach.

Aisteach go leor ba é Pádraigín Mac Muiris, tiarna Chiarraí a ceapadh ina ghobharnóir ar an gcontae ar fad agus tugadh ceannas dó ar fhórsaí uile an rialtais i gCiarraí. Ba é an chéad duine dá mhuintir é a ghabh le cúis an tSasanaigh, ach níor bhraith sé ann féin go raibh sé oiriúnach don chúram

65

a bhí tugtha dó le déanamh. D'iompaigh mórán daoine ina choinne, orthu sin bhí Piaras Feirtéar agus captaein eile a bhí ceaptha aige chun bheith ina gceannairí chun an tÉirí Amach a chloí. Theith Pádraigín go Sasana agus níor fhill sé riamh. Bhí sé pósta le Honóra Nic Gearailt, bean a bhí ina cara mór le Piaras Feirtéar agus ag tús an Éirí Amach scríobh sí itir chuige ag comhairliú dó gan aon bhaint a bheith aige leis an gcoimhlint. Bhí daoine den tuairim an uair úd go raibh súil aici go bpósfadh Piaras iníon léi ach phós an t-iníon sin *Sir William Petty* ina dhiaidh sin; chuir an fear sin cor cinniúnach i gcaidreamh Chlann Mhuiris le muintir thuaisceart Ciarraí. Nuair a d'imigh Pádraigín Mac Muiris go Sasana níor imigh a bhean ina theannta. Bhí cónaí uirthi i mBiaille nuair a cailleadh í agus í ar an ngann-chuid. Sular cailleadh í sa bhliain 1688 bhí ordú tugtha aici í chur le solas tóirsí sa tuama a bhí ceannaithe aici di féin in Ard Fhearta.

Ní fada a bhí an tÉirí Amach ar bun nuair a tugadh léiriú do mhuintir thuaisceart Ciarraí i gcoitinne agus do mhuintir Chlann Mhuiris agus dá gcairde nach raibh aon mhaolú déanta ag an saol agus ag an aimsir ar fhíoch na nDóránach, na nDúlaingeach, na Leathlobhrach agus na gCeallach ó tugadh go tuaisceart Ciarraí iad.[2] Mar ghabh siad de sciuird reatha "ó láthair a bpionóis" go hArd Fhearta agus thug tine don chaisleán nua a bhí díreach tógtha ansiúd ag tiarna Chiarraí. Thug siad an íde chéanna ar an Ard-Eaglais ansiúd mar a mbíodh cónaí ar dhearthár *Patrick Crosbie* agus é ina easpag ar Chiarraí nó gur cailleadh é sa bhliain 1621. Rinne siad scrios ar chaisleán *Rahinane* agus d'fhág ina fhothrach é. Bhí cónaí ar an easpag *Thomas Fuller* sa chaisleán sin nó gur theith sé leis go Sasana ag tosach an Éirí Amach.

8.2 Cromail

Bhí an chogaíocht ag dul chun leadráin, é ag dul don rialtas é a chloí nó gur ceapadh Oilibhéar Cromail chun dul i gceannas ar iarracht uile an rialtais sa tír. Níor tháinig sé riamh go Ciarraí ach bhain an teist a bhí air – agus níor mhaith an teist í – tuaisceart Ciarraí amach. Chuir an bhrúidiúlacht a d'imir sé ar ar bhuail leis alltacht ar dhaoine, fiú ar dhaoine a raibh seantaithí acu ar a leithéid ó aimsir Éirí Amach na nGearaltach.

Faoin mbliain 1652 bhí daoine i dtuaisceart Ciarraí a bhí páirteach sa chogaíocht ó thús agus iad gníomhach sa chogadh i gcónaí agus gan iad cloíte fós. Orthu sin bhí Uí Chonchubhair Chiarraighe, ach bhí sé i ndán do iarracht Chromail an riach ar fad a dhéanamh le ceannairí Uí Chon-chubhair.[3] Rinneadh ídiú ar Sheán Ó Conchubhair an Fhíona ar Dhroichead na Fola i dTrá Lí sa bhliain 1652. Bhí Tadhg Ó Conchubhair, mac le Tomás mac Thaidhg Ó Conchubhair, tiarna Thairbirt, sáite sa chogadh leis ó thús. Teanntaíodh é sa deireadh i gCath Chnoc na Claise láimh leis an mBántír 26 Iúil 1652 agus i nDeireadh Fómhair na biana 1653 crochadh é ar Chnocán na gCaorach i gCill Airne. Tugadh an bás do Phiaras Feirtéar an lá céanna. Thug beirt eile de cheannairí na gConchubhrach na cosa leo ón gcroch a bheadh i ndán dóibh dá mbéarfaí orthu. Chaith siad araon, Donnchadh Ó Conchubhair agus a dhreatháir Cathaoir, bailiú leo chun na hEorpa nuair a bhí an tóir orthu. Maraíodh iad araon i bhFlóndras sa bhliain 1656. Fuair siad bás gan sliocht. Nuair a chaill a n-athair a thailte de bharr toscaí an Éirí Amach bhí sé féin ar a choimeád ar fud Chiarraí agus an Chláir nó gur cailleadh é. Ach ní fios d'éinne cathain a cailleadh é ná cén áit. Bhí seacht bpríomhshleachta de Uí Chonchubhair i dtuaisceart Chiarraí nuair a tháinig Cromail chun na tíre ar dtús. Ghlan Cromail iad go léir ach gur éirigh le ceannaire amháin, Cathal Rua, greim éigin a choimeád go dtí aimsir Shéamais II. Ach tar éis Chath Eachrama bhí ar Chathal Rua bailiú leis chun na Fraince mar ar chuir sé briogáid dá chomhthírigh le chéile i seirbhís na Fraince.

Is spéisiúil an rud é go raibh leasdearthár agus b'fhéidir beirt leasdearthár le Pádraigín Mac Muiris, tiarna Chiarraí, páirteach sa chath ar Chnoc na Claise i dteannta Thaidhg Uí Chonchubhair. Ba iad sin an Coirnéal Éamann Mac Muiris agus an Coirnéal Gearóid Mac Muiris. Tar éis an chatha chúlaigh siad mar aon le tiarna Mhúscraí go Caisleán an Rosa i gCill Airne agus shínigh siad na coinníollacha síochána nuair a bhí an caisleán á ghéilleadh. Beirt mhac le Tomás Mac Muiris, an 18ú tiarna Chiarraí, agus le Síle de Paor ón gCurrach Mór ab ea iad. Sa bhliain 1653 fógraíodh a máthair agus iad féin "go Connachta nó go hIfreann".

Nuair a bhí deireadh leis an Éirí Amach bhí an bóthar réidh ag Cromail chun a thoil a imirt ar an dúiche. Bhí an daonra tite go dtí leath-mhilliún de bharr deascaí an chogaidh agus ní raibh a bhac ar Chromail a rogha rud a dhéanamh leis an tír agus chuir sé chuige le fonn chun gnó glan a dhéanamh de cheist na hÉireann, ceist achrannach aimhleasta na hÉireann. Réiteodh sé féin sa deireadh í.

Ach ba dheacair dó aon ní a dhéanamh, ba dheacair dó aon ní a réiteach mar bhí an státchiste folamh agus bhí saighdiúirí le díol as an tseirbhís a bhí tugtha acu agus bhí airgead ag dul do dhaoine a thug airgead uathu chun an tÉirí Amach a chloí. Ina chruachás chinn sé talamh na hÉireann a thabhairt mar íocaíocht do na saighdiúirí a throid ina theannta agus do na daoine eile a chabhraigh leis. Dhíolfadh talamh na hÉireann fiacha uile an chogaidh. Ach sula bhféadfadh sé rud a dhéanamh ar a mhian chaith sé slí a dhéanamh do na daoine sin ar fad agus ba é an gad ba ghaire don scornach na saighdiúirí Éireannacha, breis is tríocha míle díobh, a throid ina choinne agus a bhí ar an bhfód go fóill. Tugadh cead dóibh bailiú leo chun na Spáinne agus na Fraince.

Seoladh na mílte den chosmhuintir ina sclábhaithe, *Indentured servants*, chun na hIndiacha Thiar agus chuig áiteanna eile. Dealraíonn sé gur go *Jamaica* a cuireadh muintir Chiarraí.

Rinne Cromail dhá roinn den tír, cúige Connacht agus Contae an Chláir i roinn amháin agus é sin curtha in áirithe do na húinéirí móra talún a throid ina choinne agus an chuid eile den tír ceaptha dá shaighdiúirí agus dá lucht tacaíochta. Sa chóiriú sin bhí Cromail ag treabhadh ar choilíniú na tíre go buan lena shaighdiúirí féin. Lasmuigh de na daoine a cuireadh thar sáile amach d'fhág sé na gnáthdhaoine mar a raibh acu. Bheadh a gcúnamh ag teastáil chun obair shaothrach a dhéanamh dá máistrí nua agus chun an ithir a shaothrú dóibh.

Sa chóiriú sin Chromail cuireadh mórán de na húinéirí dúchais den bhfód i gCnoc an Fhómhair sa bhliain 1653, e.g. glanadh Gearóid Mac Gearailt ar leis Gallán, Doire agus Brú Mór. Glanadh an Coirnéal Gearóid Mac Muiris; bhí seilbh aigesean ar Ghort na Sceiche, ar choimín Ghort na Sceiche, Pholl na Loilí, Áth Ime agus Ráth Thamhnach. Glanadh Mathúin Mac Tomáis as Leaca, agus Risteard Stac a raibh Baile Uí Chonaire aige agus Tomás Mac Muiris a raibh Maigh Bile aige; glanadh Muircheartach mac Thaidhg Ó Conchubhair a raibh Fearann an Stacaigh aige agus Tomás agus Seán Ó Conchubhair a raibh Cill Gharbháin ina seilbh agus Brian Ó Conchubhair a raibh Guth Ard aige an uair úd. Glanadh an Coirnéal Gearóid Mac Muiris ar leis Drom Beag, Ceathrú an Chnoic, Cúil Ard, na hInse agus Gluaire.

Tugann *Mary Agnes Hickson* ábhar eolais breise faoi chuid de na daoine thuasluaite; orthu sin tá an Coirnéal Gearóid Mac Muiris ó Dhrom Beag agus seachtar is daichead ina theannta a fógraíodh go Connachta. Tá cur síos aici ar choirnéal eile den ainm agus den sloinne céanna agus ón áit chéanna agus cúigear ar fhichid is céad duine ina theannta. Bhí craobh de Chlann Mhuiris ó Leic Snámha a bhí lonnaithe i Maigh Bile. Seans gur dhuine díobh siúd ab ea an Gearóid Mac Muiris seo. Tugann *Mary Agnes Hickson* eolas faoi dhaoine eile freisin a fógraíodh go Connachta. Orthusan bhí Éamann Mac Uileagóid ó Chúil Chaorach, a raibh naonúr is daichead ina theannta; bhí naoi n-acra de arbhar samhraidh aige, trí cinn déag de bha, naoi ngearrán agus deich gcinn de chaoirigh; *Walter Crosbie* ó Chill Mothláin, mac le *Patrick Crosbie* is é is dóigh; thóg a mhuintir páirt na gCaitliceach san Éirí Amach. Fógraíodh go Connachta é agus triúr is tríocha ina theannta; bhí trí acra go leith de arbhar samhraidh aige, ocht gcinn de bha, trí cinn de ghearráin; agus Tomás Mac Piarais ó Chnoicíneach agus céad agus sé dhuine fhichead ina theannta. Síle de Paor bantiarna Chiarraí, fógraíodh í sin leis go Connachta agus seisear agus trí fichid ina teannta; dhá acra déag de arbhar samhraidh aici.

Nuair a bhí na húinéirí móra talún glanta as an tslí ag Cromail bhí a dtailte siúd i lámha na n-údarás chun a rogha rud a dhéanamh leo. Is é Coláiste na Tríonóide is fearr a tháinig as an gcúram mar tugadh dóibh Doire, Drom, Faiche, Gallán, Léansachán, Ráthabheannaigh, Triopall, Tulach Mór, Tulach Beag, Dún, Gort na Sceiche, Poll na Loilí, Leathardán, Múchán, Ráth Thamhnach, Fearann an Stacaigh, Corleaca nó Cúil Choiligh, Ladhar, Cill Gharbháin, Maigh Bile. Tugadh ábhar eile de na tailte sin do *Thomas Amory* agus d'fhan ina sheilbh nó gur scar sé leo le *George Gun*. Sa bhliain 1724 cheannaigh *George Gun* Cnoicíneach,

Gluaire, Áth Uí Fhoghlú, Cúil Ard, na hInse, Garraí Ard agus Srón ar cheithre chéad seachtó ceathair punt agus thug *Gunsborough* ar an dúiche. Bhí na tailte sin ar cíos aige le tamall roimhe sin. Tháinig muintir Mhathúna i seilbh na háite sna tríochadaí den aois seo.

Nuair a tháinig an t-ordú "go hIfreann nó go Connachta" sa bhliain 1653 ní raibh ar na húinéirí móra talún i gCiarraí a ghabh páirt i gcoinne Chromail dul ró-fhada ó bhaile mar ní raibh na háiteanna a bhí ceaptha dóibh ach ar an taobh eile den tSionainn, sa Bhoireann agus in Inse Uí Choinn. Bhí na háiteanna a bhí ceaptha dóibh i Ros Comáin níos sia ó bhaile gan dabht ach ansin féin ní raibh muintir Chiarraí ach ag filleadh ar áiteanna ina raibh a sinsir na cianta cairbreacha roimhe sin.

Ach más ea féin gur fógraíodh mórán de na húinéirí talún i dtuaisceart Chiarraí agus i gCnoc an Fhómhair ar leithligh "go hIfreann nó go Connachta", ní dócha go ndearna puinn díobh rud ar an ordú sin. Is amhlaidh a bhog siad leo go dtí dúichí eile; agus na daoine a d'imigh thar Sionainn sall bhí siad ar ais arís ag an *Restoration* agus d'éirigh le cuid acu greim a fháil arís ar thailte a bhí fágtha acu tamall roimhe sin. Bhí a thuilleadh acu ag socrú síos ar thailte a bhí faoin tráth sin ag daoine ar nós *Sands*. Bhí siad mínithe go maith agus in ísle brí.

Bhí Uí Chonchubhair Chiarraighe agus deireadh go deo curtha lena gcaidreamh ceannasach le muintir thuaisceart Chiarraí agus le muintir Chnoc an Fhómhair ar leithligh. Chuir an tÉirí Amach cor cinniúnach freisin ar chaidreamh chlann Mhuiris le pobal na dúiche.

Rinne Cromail a dhícheall faoi mar a rinne Eilís I a dícheall, gnó glan a dhéanamh de thír seo na hÉireann agus chun ciotaí na hÉireann a réiteach sa deireadh. Ach ní mar a shíltear a bhítear. Na daoine sin a fuair leathantas sa dúiche mar thoradh ar bheartaíocht Chromail, bheadh siad ina gcuid shuntasach den saol go ceann na gcéadta bliain; ach istigh leo bhí clann na seanmhuintire agus bhí siad sin ann nuair a bhí a ndícheall déanta ag feidhmeannaigh Chromail agus bhí siad ann, i láthair na babhtála mar thuig gach éinne nárbh fhéidir déanamh á gceal; bhí siad ann, ina sclábhaithe ar fud na dúiche agus iad ag ionramháil le haon chúram a chabhródh leo chun a ngreim a choimeád agus le haon chúram a choimeádfadh greim ina mbéal.

8.3.1 Coscairt Muintire

Nuair a bhí Cromail réidh le muintir Chnoc an Fhómhair bhí, ní cás a rá, an bonn bainte ón saol a raibh taithí riamh acu air. Bhí na húinéirí dúchais talún tiomáinte chun fáin ach go raibh Clann Mhuiris i Leic Snámha i gcónaí. Fág go raibh Protastúnaigh déanta díobh seo agus iad dílis do Shasana agus do spéis Shasana sa dúiche, ba shlán dá mbuannacht ar a n-athartha go fóill agus bhí ceangal dá réir ag an muintir dhúchais leis an seansaol i gcónaí. Na daoine a fógraíodh go Connachta ag Cromail ní dócha go ndearna puinn acu rud ar an bhfógra sin mar theastódh arm mór láidir chun dlí dá leithéid a chur i bhfeidhm i ndúiche iargúlta mar Chnoc an Fhómhair. Céad caoga bliain ina dhiaidh sin bhí a fhios ag arm Shasana chomh deacair agus a bhí sé feidhmiú sa dúiche sin cheal bóithre agus droichead. Bhí a fhios sin freisin ag na daoine go léir a bhí ar a gcoimeád ón dlí nó ó arm Shasana fiú, agus le fada riamh bhí glactha ag lucht údaráis leis gur go Ciarraí, a bhí éinne a bhí ag teitheadh ón dlí, imithe.

Bhí duine de Uí Chonchubhair Chiarraighe i láthair na babhtála i gcónaí agus a ghreim á choimeád aige i gcónaí pé slí inar éirigh sin leis. Ba é sin Cathal Rua Ó Conchubhair, an mac ba shine a bhí ag Conchubhar Ó Conchubhair.[1] Ar scáth Chathail bhí cuid éigin de mhuintir thuaisceart Chiarraí agus de mhuintir Chnoc an Fhómhair ar leithligh páirteach sna himeachtaí ar chuir Conradh Luimnigh deireadh leo. Chaith Cathal Rua bailiú leis chun na hEorpa tar éis Cath Eachrama nuair a fógraíodh é i mBaile Átha Cliath. Cailleadh é san Fhrainc ag tosach an 18ú céad. D'fhág sé beirt iníon ina dhiaidh.

Le himeacht Chathail Rua agus le himeacht na nGéanna Fiáine tamall ina dhiaidh d'imigh an ruainne déanach misnigh a bhí fágtha sa mhuintir dhúchais agus nuair a bhí muintir thuaisceart Chiarraí ag féachaint ar na mílte Géanna Fiáine ag dul ar bord loinge ag Tairbeart, agus daoine muinteartha leo féin ina measc, agus iad ag bailiú leo thar lear chun seirbhís a thabhairt in airm na hEorpa níor fágadh an méid a bhí fágtha in aon amhras i dtaobh cad a bhí tite amach ná i dtaobh cad a bhí á thuar dóibh feasta. Ba léir dóibh go raibh an cárta déanach imeartha agus go raibh an cluiche caillte acu agus go mbeadh siad féin caite faoi thóin cártaí feasta. Ní bheadh lámh san imirt acu mar bheadh an déanamh go coitianta ag na daoine a bhí ag lonnú ina measc. Má bhí daoine den mhuintir dhúchais ag déanamh go maith in áiteanna eile sa tír ní raibh a leithéidí ag déanamh go maith i gCnoc an Fhómhair mar bhí forlámhas na ''n-uasal'', *the gentry*, uilíoch ansin. Ba leo an talamh lasmuigh dá raibh ag Clann Mhuiris. Ba leo an saol go léir, ní cás a rá.

Feasta bheadh an mhuintir dhúchais uile faoi dhrochmheas, agus gach ní dá raibh baint acu riamh leis, ach amháin a gcuid talún agus an saibhreas a bhí le baint aisti. Agus bhí sé furasta ag na daoine coimhtheacha sin drochmheas a chaitheamh ar gach cuid den chóras Gaelach mar bheadh na daoine arbh é a n-oidhreacht shinseartha é beo bocht dealbh. Ghoill an masla a bhain leis an mbochtanas go mór orthu mar dhaoine, agus bhí nimh sa bhreis ann do shliocht ríthe agus saoithe a bhí ina leagáidí iarmhara ar chóras béascna a bhí cianaosta ''roimh éag do Chríost''. Agus nuair a bhí baill de lucht an chinsil ina gcónaí ina measc bhí an córas dúchais ag dreo agus ag feo faoina n-anáil choimhthheach.

Bhí daoine dá leithéidí tagtha ar an bhfód i gCnoc an Fhómhair, daoine nár mhiste leo – lasmuigh de chás an-fhánach – droch-chás na muintire dúchais. Bhí siad sin ag teacht ó dheireadh an 16ú céad agus ní raibh deireadh tagtha ag tosach an 18ú céad. Bhí muintir Chnoc an Fhómhair ag cur aithne ar: muintir *Holly*, muintir *Raymond*, muintir *Stoughton*, muintir

Sand, muintir *Gun*, muintir *Crosbie*, muintir *Blennerhassett*, muintir *Wren*, muintir *Denny*, muintir *Ponsonby*, muintir *Church*, muintir *Julian*, muintir *Leslie* agus ar mhórán eile nárbh iad. Bheadh na daoine sin go léir agus a sliocht ina ndiaidh ag neadú isteach sa dúiche agus iad go dícheallach ag daingniú agus ag buanú a ngreama go ceann i bhfad. Chuirfí lena líon nuair a bheadh *Francis Thomas*, iarla rabairneach Chiarraí, ag díol a oidhreacht shinseartha ag deireadh an 18ú céad.

Fuair cuid acu réimsí móra talún; ba iad sin na húinéirí nua agus is iad a bheadh ina dtiarnaí talún nó go mbrisfí ar a gcóras. Bhí a thuilleadh acu ina n-athmháistrí, a thuilleadh acu ina *middlemen*, a thuilleadh fós acu ina bhfeidhmeannaigh ag an Eaglais Phrotastúnach, cuid eile acu agus a gcuid féin déanta acu de chúrsaí gnó agus trádála agus tionscail. Ba leo an pharlaimint, postanna uile na tíre, beag is mór; ba leo an t-arm, an cabhlach agus an córas dlí – cé gur éirigh le sagart paróiste, an tAthair Nioclás Ó Nialláin, S.P., an Tóchar, bheith ina ghiúistís an tráth is achrannaí a bhí an saol. Ní léir conas a d'éirigh leis an gradam sin a bhaint amach. Is ag na daoine úd eile, áfach, a bhí an ceannas sa dúiche agus d'fhéach siad chuige go cúramach nach mbeadh éinne ag teacht laistigh díobh sa cheannas a bhí acu ar shaol na dúiche.

Bhí a dteanga féin acu, teanga nárbh ionann í agus teanga na ndaoine a bhí timpeall orthu. Bhí a gcóras litríochta féin acu; bhí áiseanna foilseacháin dá gcuid féin acu; ba leo na clólanna agus bhí pobal léitheoirí acu i measc na dtiarnaí talún agus a gcairde. Agus is iad a rinne saothrú ar an gceannas a bhí acu sna meáin sin. Agus má bhí freastal á dhéanamh ar an bpobal dúchais sna blianta sin, ní raibh ann ach iarracht fhánach dhearóil ar mhaithe le pobal scáinte agus ar mhaithe le pobal a bhí ar fhíorbheagán maoine, pobal a raibh a bhformhór gan léamh ná scríobh. Bhí sé i ndán do ''na huaisle'', *the gentry*, an ceannas a bhí acu sna meáin sin a choimeád acu féin go dtí tosach na haoise seo nuair a thosaigh Conradh na Gaeilge ag teacht i dtreis sa saol.

Ba iad sin lucht an chinsil, ''na huaisle'', lucht an cheannais, *the gentry*. Ní raibh iontu dáiríre ach dream beag daoine ach dream beag a bhí chomh sotalach sin gur dhóigh le duine ar a ngeámaí go raibh siad riamh sa dúiche agus go raibh an tromlach acu. Ba leo an saol ar fad sa dúiche agus go ceann céad bliain timpeall, ó Chonradh Luimnigh, ní raibh de stair ag an dúiche ach a stair sin, ach as sin amach bhí an mhuintir dhúchais i láthair na babhtála leo go deireadh a gcórais.

Bhí saol dá gcuid féin ag na daoine sin ina ngabháltais thall agus abhus ar fud na dúiche. I bhfad na haimsire thóg siad fallaí arda timpeall orthu féin chun iad féin agus a gcuid a chosaint. Is rómhaith a thuig siad go raibh a dteideal ag brath ar neart arm Shasana agus bhí orthu dá réir a ndílseacht do Shasana a dhearbhú go minic; agus má léigh an rí cuid de na haitheasca dílseachta sin b'fhurasta dó a áiteamh air féin go raibh muintir uile na tíre leata anuas air agus iad go léir go mór ina chúram. Agus cé go raibh na

71

haitheasca dílseachta sin á gcumadh agus á seoladh in ainm an phobail dúchais chomh maith[2] ba dheacair don phobal sin go minic géilleadh dá raibh ráite sna haitheasca sin. Ach mar sin féin bhí an haitheasca sin á gcumadh agus á seoladh agus a n-údair amhlaidh sin ag tabhairt taca agus sóláis dá chéile, eagla de shíor orthu go bhfaigheadh an mhuintir dhúchais greim arís ar áis nó ar éigean ar a raibh caillte acu agus an t-eagla sin ag teacht idir iad agus aon chaidreamh a dhéanamh leis na daoine a bhí timpeall orthu, iad ag pósadh a chéile agus ag tabhairt le pósadh, beatha an drabhláis á caitheamh ag cuid acu, beatha an chearrbhaigh ag a thuilleadh acu, beatha an duine uasail á caitheamh acu go léir mar ba iad féin "na huaisle", *the gentry*. Tá sé ráite riamh gur furasta bheith fial le leathar duine eile agus ba é talamh na dúiche an "leathar" sna cúrsaí sin agus bhí sé sin á mhalartú, á dhíol, agus á bhronnadh acu ar a chéile mar chuid de shocruithe pósta, mar mhorgáistí, mar dhíolaíocht fhiacha nó mar éarlais chearrbhaigh.

Toisc go mba leis na daoine sin an pharlaimint rinne an pharlaimint gach dícheall chun féachaint chuige go mbeadh greim na ndaoine seo sa dúiche buan agus go mbeadh an ceannas acu go deo. Cuireadh córacha uile an rialtais ar fáil dóibh agus is iad a bhain ramsach astu chun iad féin a choimeád sa diallait.

Faoin mbliain 1691 Protastúnaigh ab ea baill uile na parlaiminte agus chuir siad chuige chun ceannas a leithéidí féin, *the gentry*, ar an saol a dhaingniú agus a bhuanú. Chun a dteideal chun an talaimh a bhuanú thug siad córas iomlán dlí isteach a d'fhéachfadh chuige go ndéanfaí bochtáin de mhuintir dhúchais na tíre agus a choimeádfadh iad faoi chois go deo dar leo. Thuig lucht na parlaiminte go mbeadh *the gentry* slán sábháilte fad is a bheadh greim acu ar roinnt mhaith talún. Bhí 41% de thalamh na tíre acu sa bhliain 1641. Faoin mbliain 1688 bhí 78% de thalamh na tíre acu, faoin mbliain 1703 bhí 86% de thalamh na tíre acu agus faoin mbliain 1778 bhí 95% de thalamh na hÉireann acu,[3] tráth a raibh sliocht na ndaoine a raibh tailte fairsinge acu lá dá raibh scaipthe ar fud na dúiche ag gabháil do chúraimí suaracha ag iarraidh beatha a choimeád leo féin.

Ach bhí an mhuintir dhúchais ann i gcónaí cé gur bheag cuntas a tháinig uathu. Ba mhór go deo an difear a bhí idir a saol sin agus saol na ndaoine a raibh cónaí orthu laistiar de na fallaí arda. Bhí a gcreideamh féin acu; bhí a dteanga féin agus í go láidir i gCnoc an Fhómhair go dtí an 19ú céad ach í ag ceiliúradh ó shin i leith. Tá cuntas ar fáil againn faoina raibh ag titim amach maidir le Gaeilge i dtuaisceart Chiarraí i lár an 19ú céad:

Baile an Bhuinneánaigh, 25 Iúil 1850:
Cathechising was of necessity in English. Not one of the youngsters would answer a word in Irish; Béal Átha Longfoirt, 27 Iúil 1850: English again. The doom of Irish is sealed, some dozen years will root it out altogether; Lios Tuathail, 29 Iúil 1850: This evening the Bishop

[An tEaspag Mac Aogáin] told me he would expect the discourse tomorrow in English, a new thing on visitation, the first I suppose ever delivered on a visitation.

Agus thuig údar an chuntais sin a raibh ag titim amach:

. . . this grand old Irish tongue – the same in which the faith of Christ had been taught to his people from the days of Brendan to his own and a sorrow it is to think that in the long line of pastors who taught in that Celtic tongue, his voice should be like the last loud peal of the echo in your mountains.[4]

I dtosach an 18ú céad bhí a parlaimint féin ag an tír ach ba de shliocht plandóirí Chromail agus Liam na hionadaithe parlaiminte ar fad nach mór agus i gcúrsaí eile ní raibh sa tír ar fad ach coilíneacht le Sasana. Níor chás dream beag silte scáinte a thabhairt ar mhuintir Chnoc an Fhómhair faoi thosach an 18ú céad; pé speach a bhí fágtha iontu tar éis na gcogaí ar fad bhí sé leáite le fada agus ag deireadh na haoise sin bhí siad chomh neamhurchóideach le leanaí agus é furasta dá réir iad a choimeád faoi chois. Níor chás dá raibh ann díobh sna blianta sin briathra Aogáin Uí Raithile a lua lena ndúiche dhúchais:

Tír bhocht bhuartha is uaigneach céasta
Tír gan luath, gan fonn, gan éisteacht
Tír gan cothrom do bhochtaibh le déanamh
Tír gan tortha gan tairbhe in Éirinn
Tír do nochtadh gan fothain gan géaga
Tír do briseadh le foirinn an Bhéarla.

Níor imigh saol agus cás na máistrí nua gan fhios do na filí. Tugadh faoi deara go luath gur bhain *the gentry*, na huaisle, leis an ísealaicme agus go raibh col diamhair acu le gach ar bhain leis an dúchas Gaelach. Rinne na filí comparáid idir na daoine sin agus na Normannaigh agus na Gall-Ghaeil agus bhí moladh acu orthusan toisc go mba den uasalaicme iad agus toisc go raibh siad báúil leis an saol in Éirinn. Sa dán sin "Tuireamh na hÉireann" tá an cur síos seo a leanas orthu:

Caoin sibhialta tréitheach
Ba mhaith a ndéithe, a gcreideamh agus a mbéasa.[5]

Tá fáil againn ar thuairimí fhile ó Lios Eiltín – .i. Pádraig Liath Ó Conchubhair faoi na daoine sin agus tá na tuairimí sin géar go maith:

Glanaíg as Éire na Gallaibh le chéile . . .
'S an aicme seo an Bhéarla thug aithis dár gcléirne . . .
Na Gall-phuic traochfam i gcaismirt na bpiléiribh . . .
Beidh scannradh is léirscrios ar chamshliocht na meirleach . . .
I gceannas na gcríoch seo dochím ag meirligh . . .
Tá an Pharlaimint traochta is ní cás liom an scéal sin . . .
Charters dá ngléasadh ann 's ár gcairde dá ndaoradh
Dá n-áireamh gur géanna iad ag taisteal don Róimh
Beidh táinte de shliocht Éibhir tá cráite fá dhaorbhroid.[6]

Ní cás a rá gur leath néal díchuimhne thar an dúiche ar fad le himeacht na
nGéanna Fiáine agus gur beag léas a shoilseodh ar an dúiche agus ar chás
na muintire dúchais go ceann céad éigin bliain. San am sin bhí an córas
dúchais ag cúngú agus ag ceiliúradh agus bhí sé furasta dá réir córas eile
a chur ina áit, córas lucht an cheannais. Bhí laigí áirithe sa chóras leis an
gcúlú sin ó dhúchas ach rinne díothú na mainistreach buille na tubaiste a
bhualadh ar chúrsaí léinn agus bhí meath dá réir ag teacht feasta ar
institiúidí dúchais na tíre. Na múnlaí beatha a thug sásamh do dhaoine
riamh agus a bhí mar thaca lena saol, nuair a d'imigh siad sin fágadh na
daoine faoi éidreoir, gan fios a mhalairt acu, agus bhí cathú ar dhaoine an
córas nua saoil a ghlacadh chucu féin, agus ghlac.

8.3.2 An Dá Shaol
Ag tarraingt ar dheireadh an 17ú céad agus faoi thosach an 18ú céad bhí
muintir Chnoc an Fhómhair ciúin cloíte, tugtha, tnáite agus deascaí na
gcogaí a bhí troidte acu agus na ndíomuanna ina raibh siad páirteach ag luí
go trom orthu. An ceannas a bhí bainte amach faoin tráth sin ag "na huais-
le", *the gentry*, bhain sé leis an saol go léir.

There was peace. The domination of the colonists was absolute. The
native population was tranquil with the ghastly tranquillity of exhaus-
tion and despair . . . Nor was this submission (of theirs) the effect of
content but a mere stupefaction and brokenness of heart. The iron had
entered the soul. The memory of past defeats, the habit of daily endur-
ing insults and oppression had cowed the spirit of the unhappy nation[1]
(people).

Ach más ea féin go raibh an mhuintir dhúchais ceangailte síos go docht
in umar na haimiléise agus an ainnise mar anlann lena saol ní go ró-mhaith
a bhí siad ag réiteach leis an ainnise sin, ná leis an gcóiriú nua a bhí á chur
ar an saol, ná leis na máistrí nua a bhí acu. Is léir ó thagairtí éagsúla go
raibh an mhuintir dhúchais ag déanamh an-chiotaí dá máistrí nua agus dá
saol sa cheathrú déanach den 17ú céad agus roimhe sin féin. Sa bhliain 1653
bhí an-chur isteach á dhéanamh ar lucht údaráis más aon chomhartha

scaoileadh rachta *Lord Chesterfield* nuair a dúirt sé: *"The time has come to let . . . Kerry know that there is a God, a King and a Government; three things to which they are at present utter strangers."* Ach bhí an rialtas i ngleic leis an gceist sin agus bheadh ar mhuintir Chiarraí freisin géilleadh do reacht an rí.

Sa bhliain 1673 bhí lucht údaráis go láidir den tuairim go raibh mórchuid arm ina seilbh ag Pápairí tráth nach raibh sé ceadaithe d'éinne den saghas sin gunna d'aon sórt a bheith ina sheilbh aige. Thug an rialtas, mar sin, ordú na hairm sin a thabhairt suas do na daoine a d'ainmnigh siad. Ar na daoine a bhí ainmnithe dn chúram sin i gCiarraí bhí *Anthony Raymond.*[2] Bhí an-chol ag lucht údaráis sa saol úd leis na daoine den chreideamh Caitliceach a raibh sé de dhánaíocht iontu dul amach ag marcaíocht agus iad armtha agus iad ag dul níos sia ó bhaile ná mar ba bhéas dóibh go dtí sin.

Na daoine a raibh imeachtaí sin na muintire dúchais ag goilliúint orthu bhí siad go feillmhaith ábalta a ngearáin a dhéanamh agus iad a chur faoi bhráid lucht rialtais agus a fhios acu go n-éisteofaí leo agus go ndéanfaí rud ar a n-éilimh agus ar a n-achainí. Sa bhliain 1675 bhí na máistrí nua ag breith chucu féin agus imeachtaí na muintire dúchais ag cur as dóibh. Sa bhliain sin bhí iarla Chiarraí agus é ceaptha ina cheannaire ar fhórsaí uile an rí sa tír agus é ag iarraidh féachaint chuige go n-úsáidfeadh sagairt pharóiste Chiarraí a n-údarás chun deireadh a chur leis an slad agus leis an ngadaíocht a bhí chomh coitianta sin i ngach cearn den chontae ionas go mbíodh na príosúin – aimsir chúirte – lán suas de dhaoine; "ach cé go mbíodh drochamhras ar na daoine sin ba an-annamh go deo d'fhaightí éinne acu ciontach". Bhí de thoradh ar na bearta sin ar fad go raibh na daoine, a scaoiltí amach á meas mar laochra agus bhí daoine geanúla den tuairim go raibh cothú á dhéanamh ag na bearta sin ar shlad agus ar ghadaíocht.[3]

Ag deireadh mhí Mheán Fómhair 1690 bhí na gearáin á ndéanamh go tiubh ag cairde an rialtais agus ag a dtionóntaí agus ag daoine eile a bhí géilliúil don rí agus ag maireachtáil faoina choimirce agus é á rá go rabhthas á robáil agus á gcreachadh, go raibh a maoin shaolta, a gcapaill, a gcuid stoic, á ngoid uathu, "ionas go bhfuil scrios á dhéanamh ar na sluaite". Bhíothas á rá, chomh maith, gur bhain baol gorta leis an gcosc a bhí á dhéanamh, ag bearta den saghas sin, ar churaíocht.

Bhí an sárú sin ar fad á dhéanamh ar dhaoine nuair nárbh mhargadh in aon chor aon mhargadh a dhéanfaí murar ar aonach nó ar mhargadh oscailte a dhéanfaí é. B'shin é dlí na tíre agus bhí an rialtas ag teanntú leis ag iarraidh sárú a dhéanamh ar na daoine a raibh maoin shaolta, capaill agus stoc, á ndíol acu go príobháideach agus dóthain daoine sásta a leithéid a cheannach agus a fhios acu go raibh siad goidte nó tógtha go calaoiseach ó na daoine go mba leo iad. Uime sin d'ordaigh an rialtas gan aon earraí ná capaill ná stoc a cheannach ach amháin ar aonach nó ar mhargadh oscailte, mura mbeadh duine an-chinnte ar fad faoin té a bhí ag díol a leithéidí leo agus bheadh an baol a bhain le *caveat emptor* ann i gcónaí. Agus tugadh ordú do na sirriamaí an dlí a chur i bhfeidhm.[4]

San fhómhar 1690 ba ar arm an rí féin a bhí an milleán á chur. Bhí sé á rá sna litreacha gearáin a bhí á seoladh isteach chuig lucht rialtais go raibh an t-arm ag creachadh daoine bochta: "sciob siad ceithre chéad damh biata ó dhuine uasal bocht áirithe".[5] Bhí, de réir na litreacha, stoc, maoin shaolta, leapacha agus éadaí ag imeacht sa tslí chéanna chun compord a sholáthar don arm i gcomhair an gheimhridh. "Fiú gabhadh seisreacha, agus síol arbhair agus tithe cónaithe féin agaus mura gcuirfear deireadh le hiompar den saghas sin beidh gorta ann."

Ní raibh sna hiarrachtaí sin ag an mhuintir dhúchais ach iarrachtaí scáinte ar dtús ach comharthaí ab ea iad ar mhíshástacht na muintire, agus dhéanfaí cuid den saol de na hiarrachtaí sin de réir mar a bheadh géarú á dhéanamh ar dhroch-chás na muintire.

8.3.3 Smugláil

Sa bhliain 1694 bhí lucht trádála agus daoine eile i Luimneach an-mhilleánach ar na foghlaithe mara a bhí ag tabhairt faoi árthaí agus iad ag filleadh abhaile ón Spáinn agus ó dhúichí imigéiniúla:

> ionas go mbíonn ar na hárthaí sin a ndícheall a dhéanamh éalú ó na daoine a thabharfadh fúthu; agus tarlaíonn sé uaireanta agus iad ag teitheadh leo mar sin go dtéann siad ar foscadh ar scáth Inis Cathaigh, áit atá an-chontúirteach ar fad dá leithéidí mar gur minic a tugadh faoi árthaí sa riocht sin gan choinne agus muintir na háite – a bhí isteach is amach leis na foghlaithe – ní thabharfadh siad – agus iad ina gCaitlicigh agus iad mídhílis do rialtas an rí – aon leid do ghéillsinigh an rí faoin mbaol ina raibh siad.[6]

Mhol trádálaithe Luimnigh don rialtas go gcuirfí frigéad beag ag seoladh timpeall béal na Sionainne agus bhí siad cinnte de go ndéanfadh sin maolú ar an urchóid agus go gcabhródh sé go mór le trádáil in iarthar Éireann.[7]

Sa bhliain 1725 bhí an rialtas ag fógairt ar na daoine a bhí ag tabhairt aithis do oifigigh ioncaim an rí agus iad i mbun dualgais in áiteanna éagsúla i gCiarraí. Faoin mbliain 1765, coir bháis a bhí ann do oifigeach custaim breab a thógáil ó smuglálaí agus fiche bliain ina dhiaidh sin bhí an pionós céanna i ndán don smuglálaí a chuirfeadh le fórsa i gcoinne a ghabhála. Faoin tráth sin, áfach, bhí taithí an domhain ag an muintir cois cósta ar an smugláil mar bhí árthaí ó dhúichí éagsúla ag taithí an chósta ó Chléire go Tairbeart ar mhaithe leis an smugláil. Bhí foghlaithe mara freisin ag taithí an chósta sin go tiubh, soithí *Paul Jones* agus foghlaithe eile ó Mheiriceá agus ó dhúichí éagsúla ar nós na Fraince.[8] Bhí árthaí ag teacht agus ag imeacht agus iad ag trádáil go dlisteanach agus a scar féin smuglála ar bun

76

acusan freisin agus iad ag brath go mór ar an muintir cois cósta chun críoch a chur ar a gcuid smuglála. Bhí a leithéidí sin d'árthaí á ngabháil chomh maith agus uaireanta bhí siad á gceannach ar ais ag a gcaptaein féin; agus istigh leosan ar fad bhí aonaid de chabhlach Shasana agus gan aon bhuíochas ag éinne puinn orthu. Bhí na foghlaithe mara ag goilliúint chomh mór sin ar chúrsaí trádála sa bhliain 1780 gur chuir an rialtas dhá árthach ar fáil chun go mbeadh siad ag seoladh timpeall chósta na hÉireann ar fad, árthach amháin ag seoladh i dtreo amháin agus an t-árthach eile ag seoladh ar mhalairt treo.[9]

Faoin mbliain 1782 ní raibh broid ceannaithe agus lucht trádála Luimnigh réitithe go fóill mar bhí siad ag gearán i gcónaí, iad á rá go raibh an-dochar á dhéanamh dá dtrádáil féin ag na hárthaí a bhí ag gabháil don smugláil ar an gcósta ó Chléire go Tairbeart agus gurbh iomaí last fíona, tobac agus earraí eile a bhí tugtha i dtír acu cois cósta agus in abhainn na Sionainne le tamall anuas agus aithis á tabhairt acu do fheidhmeannaigh an rí agus go raibh droch-íde á tabhairt orthu freisin agus iad ag gníomhú in árthaí éagsúla ag cosaint ioncaim an rí. Bhí tosú déanta le tamall roimh 1773 ar dhún cosanta a thógáil i dTairbeart[10] agus d'iarr ceannaithe agus trádálaithe Luimnigh ar an rialtas go gcríochnófaí gan mhoill an dún sin agus na foirgnimh eile a bhí ar na bioráin sa dúiche sin. Cuireadh i gcuimhne don rialtas freisin go mbíodh árthach cogaidh lonnaithe i dTairbeart tráth.[11]

Sa bhliain 1785 seoladh achainí isteach chuig coimisinéirí ioncaim an rí go gcuirfí árthach cogaidh ar fáil chun bheith ag cúrsáil ó Chléire go Tairbeart agus moladh go mbeadh sé de chumhacht aici árthaí eile a ghabháil. Bhí údair na hachainí go mór den tuairim go gcabhródh an coiriú sin go mór le hioncam an rí agus le trádáil dhlisteanach i gcoitinne.[11]

Tamall roimhe sin, sa bhliain 1762, bhí an rialtas ag prapáil chun saighdiúirí a chur ar ceathrú i dTrá Lí chun go mbeadh cosaint chóir á dhéanamh ar an bpríosún a bhí ar an mbaile agus chun na príosúnaigh a bhí ansin istigh a choimeád faoi ghéibhinn.[12]

Ach do mhuintir na háite, don mhuintir ar dhá thaobh na Sionainne agus do mhuintir Inis Cathaigh, ní raibh in imeachtaí lucht smuglála agus in iarrachtaí an rialtais chun trádáil dhlisteanach a chosaint ach ábhar seoigh sa saol duairc a bhí acu gach lá. Ba chuma leo cé bhí i mbun smuglála, fuair siad ar fad tacaíocht na muintire. Bhí cuid den *gentry* i mbun na smuglála freisin ach níor scéigh an mhuintir dhúchais orthu ach rinne siad comhoibriú leo ar fad. Bhí páirt ghníomhach acu féin sa chúram uaireanta agus rud dá bharr acu freisin mar go minic bhí lucht smuglála ag brath ar an muintir cois cósta chun na hearraí smuglálta a thabhairt go ceann cúrsa. Uaireanta eile bheadh raic acu nuair a thriomódh árthach ar an gcladach agus í ag teitheadh ó na daoine a bhí ar a tóir agus is iomaí árthach seoil a raiceáladh sa saol úd agus dar ndóigh ní go dealbh a chuaigh lucht cósta abhaile ó árthach a raiceáladh.

77

Thuill cuid den na hárthaí sin a raiceáladh cáil ar leith, leithéid an *Golden Lyon* a raiceáladh ar an gcósta in aice le Baile Uí Thaidhg sa bhliain 1731. Tugadh na boscaí de earraí airgid aisti go teach *Lady Crosbie* ar an mbaile. Thug an cor sin roinnt den mhuintir dhúchais chun solais.[13] Bhí sé de chúis orthu go raibh lámh acu i nglanadh na n-earraí airgid as teach *Lady Crosbie*. Mura mbeadh iarrachtaí dá leithéid sin an tráth úd is beag comhartha a bheadh ann gurbh ann don mhuintir dhúchais i saol úd na díchuimhne.

Ceithre bliana ina dhiaidh sin nocht fear eile amach as scáileanna na díchuimhne .i. Tadhg Ó Foghlú nó "Grillen".[14] Bhí an ainm "Foghlú" le feiceáil chomh coitianta sin i gcáipéisí rialtais ina dhiaidh sin nár mhiste ceannródaí a mhuintire a thabhairt ar Thadhg Ó Foghlú.

San ochtú haois déag bhí muintir Chnoc an Fhómhair agus ní sásta a bhí siad nuair a bhí pé déantús, pé slí a bhí sa dúiche chun pingin a thuilleamh, á chur ó mhaith ar mhaithe le cúinsí saoil Shasana. Nós coitianta go maith san 18ú céad a ba ea foilsiú liosta de na hearraí ó Éirinn a raibh cosc orthu i Sasana nó a bhí á gceadú de réir mar a d'ordaigh cúinsí i Sasana. Dá mbeadh nuachtáin ag muintir Chnoc an Fhómhair sa saol úd d'fheicfeadh siad gur cuireadh cosc i Sasana le hiompórtáil chruithneachta, arbhair, mine agus prátaí sna blianta 1708, 1728, 1766 agus 1782.[15] I ndiaidh a chéile cuireadh stop chomh maith le hiompórtáil stuic, caorach, muc, mairteola, caoireola agus muiceola. Is beag slí a bheadh fágtha chun airgead a dhéanamh, chun gach éileamh a dhéanfaí orthu a ghlanadh.

Ina gcruachás ar fad bhí sólás áirithe acu: bhí ceangal éigin ag cuid acu leis an seansaol go dtí na seascaidí agus na seachtóidí den 18ú haois fad a bhí Clann Mhuiris i Leic Snámha i gcónaí. Ach anois bhí athruithe móra le teacht ar shaol mhuintir Chnoc an Fhómhair mar bhí an rábaire *Francis Thomas*, Iarla Chiarraí, i bhfiacha agus é dá bharr sin ag díol na dtailte a bhí ag a mhuintir le sinsearacht agus gan aon stad le himeacht ar an díolachán nó go mbeadh deireadh díolta agus snaidhm dhéanach a mhuintire leis an dúiche briste. San am go mbeadh deireadh leis an ngainneáil a bhain leis an díolachán bheadh screamh tiarnaí talún tagtha ar an láthair: muintir *Hare, Earl of Listowel,* agus seilbh aige ar na Corcacha, na hAcraí, ar Bhiaille, ar Cheathrú an Chaisleáin, ar Chill Chonla agus ar dhleachta custaim aontaí agus mhargaí Lios Tuathail agus ar dhleachta aonach Bhiaille. Bhí *Rev. Christopher Julian* mar aibhéardaí aige nó gur cailleadh é sa bhliain 1798. Ina dhiaidh sin sa phost sin bhí *Dr. John Church, Stephen Edward Collis, Major James Murray Home* agus a mhac ina dhiaidh, *John W. Beecher, Brindsley Fitzgerald, James D. Crosbie, Edward O'Brien, Marshall Hill* agus *Paul Sweetman*. Níor mhair *Lord Listowel* féin sa dúiche ach tamaillín anois is arís.

Is de bharr an díolacháin sin freisin a tháinig *Benjamin Harenc agus William Locke*. Bhí seilbh ag *Harenc* ar Bhaile an Bhuinneánaigh, Bhaile Uí Fhiaich, Bhaile Uí Dhonnchú. Bhí Cill Eithne ag *Locke*. Fuair *Sir John*

Benn Walsh, Lord Ormathwaite ó 1868, seilbh ar Chill tSíodháin, Chill Arada, Dhrom Ó Lucht, Thulach Mór, Thulach Beag agus Sheanasta. Bhí Tulach Mór, Tulach Beag agus Seanasta ag *The Reverend Christopher Julian*[19] ar feadh tamaill ó 1768 agus arís ó 1808 nó gur ghéill a mhac a theideal do na tailte sin do *Sir John Benn Walsh*.

Sa bhliain 1826 fuair Muintir *Dennis* seilbh ar Bhaile Uí Aogáin, Bhaile an Ghabhann, Dhromainn, Fhearann Phiarais, Chill Ó Míorua agus Chúil Chaorach. Fuair muintir *Fosberry* seilbh ar Chúil Chaorach níos déanaí.[16] Tháinig *Tomas Stothard* isteach i mBaile Óinín.[17]

Bhí na daoine sin thuasluaite tagtha i seilbh na dtailte sin a bhí tráth ina gcuid de oidhreacht shinseartha Chlann Mhuiris agus bhí an mhuintir dhúchais ag cur aithne ar úinéirí nua talún agus déarfadh an saol i bhfad na haimsire go mba dhian, go mba dhóite an aithne í.

Agus na daoine san ainnise bhí an-mhilleán acu ar na tiarnaí talún a mhair i ndúichí eile nó i bhfad i gcéin agus gur caitheadh a gcíos a bhailiú dóibh abhus agus é chur chucu amach as an dúiche le caitheamh i ndúichí eile.

Sa bhliain 1732, bhí *Thomas Prior*, a raibh baint aige leis an *R.D.S.*, agus an cor sin in eacnamaíocht na tíre á chásamh aige. Luaigh sé cúig céad punt in aghaidh na bliana a bheith á chur amach as tuaisceart Chiarraí chuig *Lady Kerry*.[18] Nuair a bhí *Edward Wakefield*[19] i dtuaisceart Chiarraí sa bhliain 1808 thug sé cuntas ar an airgead a bhí i gceist maidir le roinnt tiarnaí talún i gCnoc an Fhómhair. Dar leis an tuairisc sin aige bhí cíos fiche míle punt in aghaidh na bliana á fháil ag *Lord Ennismore*, as talamh a cheannaigh sé ó Iarla Chiarraí. Bhí naoi míle punt sa bhliain á fháil ag *William Locke* as talamh a cheannaigh sé ar chéad seasca míle punt; bhí seacht míle in aghaidh na bliana ag dul sall go *Benjamin Harenc in Fort's Cray, Kent,* agus bhí trí mhíle sa bhliain ag dul sall go dtí *Sir John Benn Walsh*.

Bhí sé á thuiscint do dhaoine an tráth úd agus le fada roimhe sin go mba chailliúint mhór don dúiche na tiarnaí talún a bheith ag cur fúthu sa Bhreatain agus i dtíortha eile níos sia ó bhaile. Dá mbeadh cónaí orthu ar a n-eastáit i measc a dtionóntaí bheadh cuid éigin den chíos a bhí á bhailiú acu ag dul chun tairbhe don tír i gcoitinne agus don dúiche inar bailíodh é. Ina theannta sin bhí sé á rá dá bhfeicfeadh na tiarnaí talún an t-anró ina raibh a dtionóntaí gafa, dá bhfeicfeadh siad na pruchóga a bhí mar thithe acu agus na giobail a bhí mar éadaí orthu, dá bhfeicfeadh siad an droch-úsáid a bhí á himirt ar a gcuid talún, thiomáinfeadh na cúinsí sin iad chun ábhar éigin fónta de thoradh na talún a fhágáil ag na daoine a bhí ina dtionóntaí acu.

San am go raibh géarsmacht na n-athmháistrí agus na *middlemen* ag goilliúint go mór ar dhaoine bhí siad féin ag cásamh go dóite gan an tiarna féin a bheith ina chónaí ina measc; dhéanfadh sé cosaint éigin orthu nó dhéanfaí maolú éigin ar na sciúirsí mí-ámharacha sin na *middlemen*.

Ach níor le *Lord Listowel* ná le *Sir John Benn Walsh* ná le *Christopher Julian* an saol ar fad an uair sin féin. Bhí an chosmhuintir ann i gcónaí agus a mí-shástacht á nochtadh acu: cuireadh drioglann fhairsing trí thine i Lios an Iarla lasmuigh de Thrá Lí sa bhliain 1788 agus an bhliain ina dhiaidh sin tugadh faoi theach *Christopher Julian* i dTulach Mór; bhí seisear fear páirteach san ionsaí agus bhí triúr acu sin armtha. Bhíothas den tuairim gurbh ó Chontae Luimnigh don lucht ionsaithe. Cuireadh caoga punt ar fáil don té a thabharfadh faisnéis agus chuir na huaisle áitiúla breis is céad caoga punt leis an gcaoga punt ach ní léir go bhfuair siad an fhaisnéis agus fágadh an t-airgead acu.[20]

Tamall roimh Nollaig na bliana 1789 bhuail "cabhair Dé" le roinnt den mhuintir dúchais. "Níor chuimhin le haon duine oiread sin scadán in abhainn na Sionainne an tráth sin bliana." Agus "ba bhuíoch leis an mbocht riamh beagán". Bhí ar a laghad deich gcinn de longa ag luchtú na scadán i gCill Mhór agus ina chomharsanacht.

NÓTAÍ

1

1. Ann Lynch, *Man and Environment in S.W. Ireland*, B.A.R. (Oxford 1981) lgh 13-14. **2.** Tá an bhreith seo bunaithe ar thaighde seandálaíochta a rinneadh ar cheann de na láithreacha is seanda i gCorca Dhuibhne; *P. J. Woodman* agus seandálaithe eile ó Choláiste na hOllscoile i gCorcaigh a d'aimsigh an láthair ar an mBaile Uachtarach láimh le Baile an Fheirtéaraigh. Láthair Mheisiliteach atá ann, láthair a bhí clúdaithe le gaineamh leis na cianta. **3.** Bronze pins, stone discs, bronze rings, iron pins, bone pins, glass beads, bone combs, pottery, metal jugs, stone dumb-bell head, greenish glass dumb-bell bead, stone spindle whorl – buíochas do Nessa Ní Chonchúir. **4.** Joseph Raftery, "New Early Irish Stone Age from Kerry" in *JCAAS*, 45 (1940): "They show that Kerry was more affected by the Iron Age culture than has hitherto appeared to be the case . . . They argue for a closer cultural contact between Ireland, Britain and Gaul than one usually expects." Féach Seán P. Ó Ríordáin, "Roman Materials in Ireland" in *PRIA*, vol. 51, lgh 66, agus J. D. Bateson, *PRIA*, 1973. **5.** Wynne, "Traces of ancient dwellings in the Sandhills" . . . Kerry, *JRSAI* (1843). **6.** Ann Lynch, op. cit., lch 22. **7.** Bhí leacht agus b'fhéidir trí cinn acu ar bharr Chnoc an Fhómhair ach tá siad imithe agus cuireann daoine an milleán ar na Gearmánaigh a rinne tochailt ansiúd sa bhliain 1924. Bhí siad ag lorg an óir a bhí le fáil i láithreacha dá leithéid dar le ráflaí a bhí á reic go coitianta an uair úd. **8.** Westropp, "Promontary Forts in Northern Co. Kerry" in *JRSAI* (1910). **9.** Westropp, "Promontary Forts in Co. Kerry" in *JRSAI* (1912). **10.** DÓB. **11.** Úsáidtear Uí tríd síos ar mhaithe le soléiteacht. **12.** Eoin Mac Néill in *Ériu*; féach "Early Irish Population Groups". **13.** DÓB. **14.** DÓB. **15.** Eoin Mac Néill, "The Ancient Irish Genealogies" in *New Ireland Review* (Samhain 1916), lch 159.

2-4

1. Bhí dream dá leithéid lonnaithe i gCill Bannáin cois na Leamhna i gcomharsanacht *Listry* – tá Drom Chiarraighe sa dúiche sin – agus dream eile acu cois Mangartan mar a bhfuil Gort Drom Chiarraighe. **2.** A bhuíochas do clocha Oghaim a fuarthas i gCnocán láimh le Dún Lóich tá a fhios againn go raibh Tagraighe, craobh de Árainn, sa dúiche sin. Bhí siad i gCill Ghobnait freisin agus in áiteanna níos sia ó bhaile .i. Gleann Beithe mar a raibh Fir dTaich i gCom Fhear dTaich. Bhí Árainn le fáil go fada fairsing sa dúiche sin a bhí faoi fhorlámhas na hEoghanachta: bhí dream díobh i gCom Easa Árann. Bhí dream eile díobh, na Glasraighe, lonnaithe i ndúiche Chnoc na gCaiseal agus Bhrosnach; ceann de thrí oilc Éireann ab iad sin iontusan. Má ghéilleann tú do na treanna déarfaidh tú nár mhaith an teist a bhí ar na Glasraighe. Ní raibh ann ar ndóigh ach magadh agus leibhéal. Ba de Ghlasraighe máthair Chiaráin Chluain

Mhic Nóis. Tá tobar Ciaráin i bParóiste Chnoc na gCaiseal. **3**. DÓB. **4**. A bhfuil ráite go dtí seo faoi Éirí na gConchubhrach tá sé bunaithe ar eolas a thug an Canónach Donnchadh Ó Brosnacháin uaidh agus dúirt sé gurbh é Tomás F. Ó Raithile a chuir ar an eolas é maidir le bunú Eoghanacht Locha Léin i gcomharsanacht Chill Airne. **5**. Tá stair na luath-Chonchubhrach anseo bunaithe ar altanna le Donncha Ó Corráin. Is iad na haltanna iad: "Studies in West Munster History" i gcló in *ICSSC* (1968-1970). **6**. Gearóid Mac Niocaill, *Ireland before the Vikings* (BÁC 1972) lch 132. **7**. Donncha Ó Corráin, *Ireland before the Normans* (BÁC 1972), lch 3. **8**. Mac Niocaill, op. cit., 132. **9**. *Cogadh Gaedheal re Gallaibh*, in eagar ag Todd (Londain 1867).

10. Is é dóigh gur i gcomharsanacht Bhaile an Bhuinneánaigh a bhí Dún Mhaín. Féach *Fragmentary Annals*, in eagar ag J. N. Radnor (BÁC 1978) 866. Tá an téacs cóirithe ar mhaithe le soléiteacht. **11**. Donncha Ó Corráin, *Ireland before the Normans*, lch 95. **12**. *ARÉ* 903 A.D. **13**. DÓB. **14**. DÓB. **15**. *Mis Ir Ann* 1151. **16**. *Mis Ir Ann* 1151. **17**. *Mis Ir Ann* 1151. **18**. *Mis Ir Ann* 1152. **19**. *Mis Ir Ann* 1154.

5

1. *ARÉ* 1095. **2**. *AIF*. **3**. *ARÉ*. **4**. DÓB a sholáthraigh an cuntas seo faoi iomaíocht sin Chiarraighe ar son an cheannais. **5**. Buíochas do Kenneth Nicholls. **6**. DÓB. **7**. "An Early Rental of the Lord Lixnaw" in *PRIA* (1931) 40 C. Is díol spéise an cíos a bhí le díol ag muintir Dhrom Iarainn gach bliain: trí mharc mar aon le litear cnó, san fhómhar . . . Bhí an dúiche clúdaithe le coillte an uair úd; collchnóite is dóigh a bhí i gceist sa litear cnó. **8**. DÓB. **9**. *Topographical Poems*, in eagar ag James Carney (BÁC 1943) lch 51. **10**. *Calendar of Justiciary Rolls of Ireland* II, 1307, lgh 422-423, in eagar ag J. Mills (Londain 1914). **11**. DÓB. **12**. John Clyn, *Annals of Ireland* (BÁC 1849). **13**. Piaras: leagan Normannach de Petrus, Peadar. Bhí ardmheas ag na Normannaigh ar an ainm sin i dtosach a saoil in Éirinn. **14**. *JRSAI*. **15**. Diarmaid Ó Murchú, "Battle of Callan 1261" in *JCHAS* (1961) 105-116. **16**. ARÉ 1568.

6.1

1. Tá siad i dtuaisceart na tíre i gcónaí. Bhí siad anseo ó dheas go dtí 1922. **2**. *Smith's Kerry*, lch 262. **3**. Ó Tuathaigh 12. **4**. Ó Tuathaigh 13. **5**. PS Éir. 12/10/1579. **6**. PS Éir. **7**. PS Éir. 27/12/1579. **8**. PS Éir. 8/4/1580. **9**. Féach *ARÉ* 1580.

10. PS Éir. 24/3/1580. **11**. Roinn Bhéaloideas Éireann COB. **12**. PS Éir. 27/3/1580. **13**. Féach Ó Tuathaigh, lgh 18-26. **14**. *ARÉ* 1580. **15**. *ARÉ* 1581. **16**. PS Éir. 1574-85. **17**. *ARÉ* 1582, lch 1780. **18**. *ARÉ* 1582. **19**. 1582.

20. *ARÉ* 1582. **21**. SP Éir. 31/3/1580. **22**. SP Éir 16/10/1582. **23**. SP Éir. 28/5/1783. **24**. SP Éir. 30/5/1783. **25**. PS Éir. 18/6/1583. **26**. PS Éir. 9/7/1583. **27**. *Smith's Kerry*, lch 276. **28**. *Smith's Kerry*. **29**. Féach Charter of Trinity College in *Patent and Close Rolls of Chancery of Ireland* II, in eagar ag J. Morrin (Londain) lgh 415-424.

30. Fiant 6029. Níl a fhios againn inniu cá raibh Ceathrú Bloughe. **31**. Fiant 6029 agus Fiant 5912. Ní léir dúinn inniu cá raibh Gortnashanahe. **32**. Fiants 6029, 6117 agus 6183.

6.2

1. *ARÉ* 1581, lch 1751. **2**. *ARÉ* 1582, lch 1784. **3**. Edmund Spenser, *A View of the Present State of Ireland* in *Complete Works of Edmund Spenser*, in eagar W. L. Renwick, III (1934). **4**. W. C. Taylor in *Civil Wars in Ireland*, I, II (Edinburgh 1831). **5**. Tá mórán den chuntas seo bunaithe ar an alt le R. Dunlop, "The Plantation of Munster 1584-1589" in *English Historical Review*, III (1888) 250-269, agus ar an alt le David B. Quinn, "The Munster Plantation" in *JCHAS* (Jan.-Dec. 1966) 19-40. **6**. *Hamilton's Calendar* i gcló ag R. Dunlop, op. cit., lgh 250-251. **7**. PS Éir. **8**. PS Éir. 17/9/1584. **9**. PS Éir. 16/10/1581.

10. PS Éir. Norris to Burghley 17/10/1585. **11**. Féach Dunlop, lch 267. **12**. PS Éir. 25/7/1589.

7.1

Tá roinnt mhaith den chuntas seo bunaithe ar chuntas atá in *ARÉ*. Deintear plé chomh maith ar chuntas *Carew* faoi mar atá sé curtha síos i *Pacata Hibernia*. Foilsíodh an chéad eagrán den leabhar sin i Londain sa bhliain 1633. Ba é eagrán na bliana 1810 a bhí againn.

81

7.2

1. David B. Quinn, "The Munster Plantation" in *JCHAS*, lch 34. **2.** *ARÉ* 1598, lgh 2080-2082. **3.** *Smith's Kerry*, lch 298. **4.** *Smith's Kerry*, lch. 300. **5.** 'Walter Fitzgerald's notes on the family of Patrick Crosbie by whom the seven septs of Leix were transplanted to Tarbert in 1608-1609" in *JRSAI* (1923) lgh 132-150. **6.** Quinn, "The Munster Plantation", lch 32. **7.** Addit. 17507 1762 i Leabharlann na Breataine. **8** *JCHAS* 18/5/1808. **9.** PS Éir 1603-1606, lgh 472-473.

8.1-2

1. H. Cuffe to the Consistory of the Dutch Church in London, 30 Samhain 1603, J. H. Hessels, eag., *Epistolae . . . ecclesiae Londino Batavae Historiam Illustrantes* (Cambridge 1889). **2.** Tomás Ó hAnnáin a d'eachtraigh sa bhliain 1937. Tá a chuntas le fáil i LS 658, lgh 542-543, agus tá sé sin i Roinn Bhéaloideas Éireann, COB. **3.** KEP 7/9/1787. **4.** Tá stair Uí Chonchubhair sna laethanta sin le fáil in LS 3242 sa Leabharlann Náisiúnta. **5.** MAH 2, lgh 34-35. **6.** Books of Survey and Distribution in MS 970 in TP sna Ceithre Chúirt.

8.3.1

1. Féach an *Leabhar Mhuimhneach*, eag. T. Ó Donnchadha (BÁC) 252. LS 9624 sa Leabharlann Náisiúnta, P 3242 sa Leabharlann Náisiúnta. **2.** Féach *The Catholic Community*, P. Corish (BÁC 1971) lch 74. **3.** Féach HO 100 26, 3/4/1784; HO 100 27, 4/6/1789. **4.** As cartlann an easpaig i gCill Airne. **5.** "Tuireamh na hÉireann", l 275, in *Five Seventeenth-Century Political Poems*, ed. Cecile O'Rahilly (BÁC 1952). **6.** LS ag Brian Mac Mathúna, Lios Tuathail.

8.3.2

1. Is maith mar a oireann cuntas *Macauley* do chás mhuintir thuaisceart Chiarraí sna blianta sin. **2.** Leabharlann na Breataine, Addit. 4760, lch 63, 8/11/1673. **3.** Leabharlann na Breataine, Stowe 207, lch 202, 1675. **4.** SP63 252, 30/9/1690. **5.** SP63 252, lgh 84-85. **6.** Leabharlann na Breataine, Addit. 28946, lch 144, 12/6/1694. **7.** Leabharlann na Breataine, Addit. 28946, lgh 78, 144. **8.** SP63 464 23/3/1762, 466, 468. **9.** SP63 468, 5/7/1780. **10.** *LG* 2/1/1773. **11.** HO 100 10 lch 97, 1783. **12.** SP63 446, 23/3/1762, agus HO 100 10, lch 97. **13.** Proclamation 4/6/1731; féach "The Danish Silver Robbery" in *MAH* 2, lgh 45-100. **14.** Proclamation 9/6/1735. Ina theannta fógraíodh Conchúr Ó Cathail, Bromach an Phúca agus Lúcás Ó Foghlú. **16.** Tá cuntas ar ionramháil na dtiarnaí talún sin sna blianta sin le fáil i gClárlann na nGníomhas, Sráid Henrietta; mar shampla 547.401; 244.233; 258.587; 287.391; 267.220; 336.735; 48.423. **17.** Féach R. H. Studdert, *The Studdert Family* (BÁC 1960). **18.** Thomas Prior, *A List of the Absentees of Ireland and the yearly value of the Estates and Incomes Spent Abroad.* **19.** *An Account of Ireland Statistical and Political* (Londain 1812). **20.** LC 26/6/1789; 29/9/1789.

CUID A DÓ

Brú Bascadh agus Ganntar

1 RÉ NA mBUACHAILLÍ BÁNA

1.1 Méadú ar an Daonra

Faoi dheireadh an 18ú céad bhí muintir Chnoc an Fhómhair ag sracadh leis an saol i gcónaí agus iad bocht dealbh go maith, cé go mbeadh súil lena mhalairt ina gcás faoin tráth sin. Bhí Dlíthe Arbhair *Foster* (*Foster Corn Laws*) i bhfeidhm ón mbliain 1784 agus bhí daoine i gCnoc an Fhómhair ag friotháil na maitheasa, iad ag déanamh an airgid de bharr na bpraghsanna maithe a bhí le fáil acu ar thorthaí uile na talún. Chabhraigh cogaí *Napoleon* freisin mar rinne siadsan géarú a thuilleadh ar an ngluaiseacht i dtreo na curaíochta. Bhí an-phraghas agus an-éileamh blianta an chogaidh ar gach a shaothródh lucht curaíochta.

Bhí an saol go maith na blianta sin, go speisialta ag feirmeoirí a raibh léasanna fada acu agus bhí léasanna fada ag feirmeoirí ar fud na dúiche ar fad an uair úd. Bhí Clann Mhuiris, Iarlaí Chiarraí, i Leic Snámha go dtí tamall roimhe sin nuair a dhíol *Francis Thomas* a oidhreacht shinseartha. Buíochas do chlár chíosa a bhí ag Clann Mhuiris tá eolas áirithe ar fáil faoi thionóntaí a bhí acu i dtuaisceart Chiarraí.[1] Bhí léas bliana is tríocha, nó léas trí bheatha, luaite le cuid de na tionóntaí sin. Sa bhliain 1769 fuair Pádraig Ó Conchubhair léas bliain is tríocha ar an bhfeirm agus ar an gcoinicéir i mBaile Uí Fhiaich agus é ag díol £232, nach mór, in aghaidh na bliana. Feirmeoir ab ea Pádraig agus bhí cónaí air i mBiaille agus bhí cuid de Bhiaille aige freisin. Bhí Daibhéid Treant ina thionónta i gCill Eithne agus léas bliana is tríocha aigesean freisin. Bhí Seán Ó Diaghaidh san áit sin i dtosach an chéid agus ina dhiaidh sin tháinig *John Langford*; ó na Cealla, contae Luimnigh, ab ea é sin. Bhí Éamann Ó Lionnáin agus é ina thionónta i mBaile an Ghabhann agus i gCill Ó Míorua agus léas bliana is tríocha aige ón mbliain 1772 agus é ag díol ochtó punt in aghaidh na bliana. Bhí Liam Mac Muiris ó *Bealvin*, contae Chiarraí, i gCúil Ard agus léas bliana is tríocha aige ón mbliain 1769. Bhí Cúil Chaorach roimhe sin ag *Thomas Blennerhassett Elliott*. Bhí *Francis Creagh* i mBaile an Bhuinneánaigh agus an baile sin an-oiriúnach do dhéiríocht, do stoc tirm nó do churaíocht agus an-fheabhas curtha ag *Creagh* ar an mbaile le tamall de bhlianta. Bhí *John Creagh*, duine muinteartha le *Francis Creagh*, i bhFearann Phiarais. Bhí Tomás Ó Cearmada ar Chnoc Bhiaille agus triúr de mhuintir Chearmada i gcuid de Cheathrú an Chaisleáin. Bhí an chuid eile de ag Seán Stac. Bhí Stacach eile i mBaile Uí Chonaire . . .

Na feirmeoirí a raibh léasanna fada acu, blianta sin an chogaidh, bhí siad in ann tairbhe iomlán a bhaint as na praghsanna maithe a bhí faoi réim an uair úd. Bhí de thoradh ar an gcóiriú sin gur tharla méadú mór ar an gcuraíocht sa dúiche, cé nár tháinig aon laghdú ar an déiríocht. Is amhlaidh a chabhraigh an churaíocht agus an déiríocht lena chéile. Thosaigh feirmeoirí ag luí amach orthu féin ag déanamh ime agus bhí an-airgead le déanamh acu air; rinne cuid díobh airgead a bhancáil na blianta sin. Ní cás a rá go raibh blianta maithe ag feirmeoirí.

Bhí an saol go maith freisin ag sclábhaithe feirme, bhí tarraingt ar obair acu ar na feirmeacha agus pá níos fearr ná riamh á fháil acu. Bhí cuid de na sclábhaithe feirme i dtaobh le talamh scóir agus bhí an saol ar a dtoil acu fad is a lean na praghsanna maithe. Thabharfadh an paiste scóir riar a gcáis de bhia dóibh agus dá muirear agus bhí siad ábalta a gcuid fiacha a dhíol gan stró, mar bhí an-éileamh ar a saothar ar na feirmeacha. Choimeád cuid acu muc nó dhó agus bhí praghas maith orthu sin freisin na blianta sin.

De bharr na gcúinsí sin ar fad thosaigh daoine ag pósadh agus iad an-óg agus bhí a muintir ag ceadú dóibh pósadh agus fiú ag moladh dóibh pósadh. Phós clann na sclábhaithe chomh maith céanna le clann na bhfeirmeoirí, agus phós siad agus gliondar orthu. Is é a dúirt fear óg acu: "Dá mbeadh plaincéad agam a chlúdódh í phósfainn mo rogha cailín agus dá mbeadh mo dhóthain prátaí agam le cur i mbéal na leanbh bheinn chomh sásta le haon fhear beo."

Ach níorbh é gach athair clainne a raibh ar a chumas acra nó dhó nó trí nó breis a fhágáil ag gach duine dá chlann. Toisc nach raibh aige ach an áirithe sin talún chaith sé a raibh aige a roinnt amach ar an gclann ar fad agus b'fhéidir go mbeadh orthusan a gcantam féin a roinnt amach ar a gclann féin nó go raibh an talamh ró-mhionroinnte sa deireadh agus a ngoirtín féin ag gach líon tí agus minic go maith chuirtí an gort sin gach bliain. D'fhág sin an talamh spíonta amach go luath agus gan an tabhairt ann a thuilleadh fad is a bhí na daoine a bhí ag brath air ag éirí níos boichte in aghaidh na bliana agus baol ocrais ag bagairt orthu de shíor.

Ghéaraigh a thuilleadh fós ar roinnt na talún de bharr acht a ritheadh sa bhliain 1793. Mar thoradh ar an acht sin tugadh an vóta do dhaoine a raibh a leithéid ceilte orthu go dtí sin ar chúinsí creidimh. Éinne a bhí ábalta dear-bhú gurb fhiú a chuid talún deich scilling nó níos mó rinne saorshealbhóir de agus é uime sin i dteideal vótála. Ach ní fada a thóg sé ó na tiarnaí talún agus ó na *middlemen* a thuiscint go raibh leas polaitiúil le baint acu as na vótálaithe a bhí lonnaithe ina n-eastáit agus dá mhéid díobh a bhí ann sea ba mhó í cumhacht pholaitiúil a máistrí. Bhí de thoradh ar an gcor sin gur roinneadh amach na heastáit ina ngabháltais bheaga chun go mbeadh oiread vótálaithe ar an eastát agus ab fhéidir. Chuir na tiarnaí talún an cor sin san acht chun tairbhe dóibh féin, agus níor cheadaigh siad dá dtionóntaí vótáil dá rogha féin de dhuine ach rinne siad a dtionóntaí a thiomsú, agus mháirseáil siad iad go dtí ionad na vótála; agus bhí orthu go léir a vóta a chaitheamh de réir mar a déarfadh a dtiarna talún féin leo. Agus má sháraigh aon duine acu toil a thiarna talún chuirfí as seilbh é láithreach. Rinne an cóiriú sin an-chiotaí do shaol na dúiche ina dhiaidh sin mar níor cuireadh san áireamh an dochar sóisialta agus eacnamaíochta a dhéanfadh socrú dá leithéid.

Cé go raibh cuma na maitheasa ar an saol eacnamaíoch blianta sin an chogaidh bhí síol na hainnise ar an gcóiriú a bhí air. Is fíor go deimhin go ndearna daoine an-airgead i rith chogaí *Napoleon*, daoine a raibh léasanna fada acu, daoine nach bhféadfadh an tiarna talún baint leo nó go mbeadh a léas istigh. Bhí an saol ar a dtoil chomh maith ag na sclábhaithe a bhí ag oibriú ar a scáth sin. Ach ní raibh léasanna fada ag gach éinne na blianta sin. Agus na daoine nach raibh a leithéid acu bhí sé ar chumas an tiarna talún luí orthu agus an cíos a ardú ar a thoil agus an phingin ab airde a lorg agus a fháil nuair a bhí talamh á scaoileadh ar cíos aige. D'fhág sin go raibh ar dhaoine an-airgead a thabhairt ar thalamh na blianta sin agus ina theannta sin bhí muirir mhóra eile ar thionóntaí agus eatarthu go léir ní raibh ag an tionónta ach ón láimh go dtí an béal. Bhí cíos na *Grand Juries* ag luí go trom ar dhaoine faoin tráth sin agus daoine le fada míbhuíoch don chóras ar fad agus is iomaí milleán a bhí acu ar an tslí ina gcaití airgead na *Grand Juries*. Bhí an cíos sin á ghearradh ar gach sealbhóir talún agus méadú mór, méadú thar na bearta, imithe air le blianta anuas ionas go raibh sé ag dul do thionóntaí an cíos sin a íoc faoi thosach an chéid. Bhí an cíos sin ina mhuirear chomh mór sin ar dhaoine gur mhó an stoc agus an áirnéis a bhí á ghabháil chun díol as an gcíos sin ná mar a bhí á ghabháil chun cíos na talún féin a dhíol. Bhí an t-airgead sin á chaitheamh ar bhóithre agus ar dhroichid ach uaireanta ní dhéanfadh na bóithre sin áis ach do dhuine den *Grand Jury* féin nó do dhuine dá bpeataí féitheoirí agus nuair a chuirfí dlús le déanamh na mbóithre agus na ndroichead níos déanaí bheadh cíos na *Grand Juries* ina mhuirear níos mó fós ar dhaoine. Bhí na deachúna ina n-ábhar imris le fada agus iad ag luí go speisialta ar lucht curaíochta.

Le linn dóibh a bheith ag ullmhú do Acht an Aontaithe is maith mar d'aithin rialtas Shasana nach raibh an scéal ar fónamh ag mórán de mhuintir na hÉireann:

> The present evil of popish disaffection in Ireland arises from the miseries and abject conditions of the many without industry or occupation. If their condition shall be amended, their creed will be a small obstacle to their becoming peaceable subjects. This object will be gradually promoted by the Union.[2]

Trí bliana déag roimh Acht an Aontaithe d'admhaigh an t-aturnae ginearálta go raibh:

> The lower orders of the people are in a state of oppression, abject poverty and misery, not to be equalled in any part of the world.[3]

1.2 Mallmhuir Eacnamaíochta

Roimh dheireadh na seachtóidí den 18ú céad bhí mí-shuaimhneas ar dhaoine sa Bhreatain faoi chás na hÉireann agus bhí a dtuairimí á dtabhairt ag daoine faoin mbunús a bhí leis an dealús agus leis an angar in Éirinn:

Is iad na dlíthe éagsúla atá á ndéanamh ó am go chéile is cúis leis an dealús agus leis an angar sin, na dlíthe sin uaireanta ag cur cosc ar fad le trádáil na hÉireann, agus iad uaireanta eile á srianadh. Is é an dara cúis atá leis an dealús agus leis an angar ná na suimeanna móra airgid a chuirtear amach as an tír gach bliain chuig *Lords* agus *gentlemen* a bhfuil eastáit mhóra sa tír acu ach gur beag an díolaíocht a dhéanann siad as an gcosaint a thugann dlí na tíre agus an t-eagras sibhialta agus míleata dá gcuid agus dá sealúchas. Is é an tríú cúis atá le dealús agus le hangar na hÉireann ná leisciúlacht na muintire dúchais.[1]

Sa bhliain 1779 bhí srianadh a bhí á dhéanamh ar thionscal na holla ag goilliúint go mór ar dhaoine.

Sa bhliain 1779 cuireadh deireadh ar fad nach mór le tionscal na holla agus d'fhág sin ainnise is angar ar na daoine a bhí ag tuilleamh a mbeatha agus ag tógáil clainne ar an tionscal sin. Go dtí sin bhíodh mórán de mhná na tíre agus a bpáistí ag cardáil agus ag sníomh. Bhí na fir i mbun cúrsaí curaíochta. Ach bhuail an tubaiste an dá shórt in éineacht sa bhliain 1779. Ní raibh aon ghlao puinn ar an mbréid, ar na plaincéidí agus ar an bhflainín a bhí á saothrú ag na fíodóirí. Is beag éileamh a bhí, i rith na bliana sin, ar arbhar agus an praghas laghdaithe dá réir. De bharr na gcor sin bhí mórán daoine treallúsacha agus feirmeoirí scriosta creachta agus bhí na goirt agus na bóithre lán de na daoine sin agus iad leathnocht agus stiúgtha leis an ocras.[2]

Sa bhliain 1783 bhí géarchéim mhuintir na hÉireann ag déanamh tinnis do na daoine ab airde céim sa Bhreatain agus tá cuntas ar fáil ar thuairimí cuid acu;[3] orthu sin bhí seansailéir na Breataine, an príomháidh, agus an príomhbhreitheamh. Bhí an triúr acu sin ar aon aigne, ar aon fhocal, maidir leis an dochar a bhí á dhéanamh ag an airgead a bhí á bhailiú in Éirinn agus a bhí á chur amach chuig daoine sa Bhreatain. Thagair an seansailéir go speisialta do na muirir a bhí ar dhaoine de bharr na ndaoine go léir nach raibh ina bpostanna ach postanna ó ainm; thagair sé freisin do na cíosanna arda, do na cánacha áitiúla, agus do chánacha an *Grand Jury* a bhí le díol ag daoine, go speisialta ag na daoine is lú a raibh maoin acu. Ach in ainneoin an méid sin bhí sé den tuairim go raibh feabhas áirithe tagtha ar an saol. "Go dtí 1773," dúirt sé, "bhí tríocha míle punt sa bhliain á dhíol ag an tír as arbhar a bhí á iompórtáil, ach ón mbliain 1774 amach is amhlaidh a bhí an tír i gcoitinne ag easpórtáil arbhair agus ag déanamh airgid air." Ghéill sé go ndearna Cogadh na Saoirse i Meiriceá dochar do chás na ndaoine in Éirinn agus go raibh daoine thíos le meath thionscal an olla ach go raibh tionscal an lín tosaithe sa tír faoin tráth sin.

Bhí an príomháidh den tuairim go raibh géarú an-mhór déanta ar an mbochtanas sa tír le cúpla bliain anuas, go raibh an tír i gcoitinne bocht dealbh, go raibh an iomarca de bhreis ag an iompórtáil ar an easpórtáil. Dúirt sé go raibh méadú á dhéanamh ar thrádáil tíortha eile nuair a bhí trádáil na hÉireann á srianadh agus á laghdú. Mhol sé go scaoilfí na laincisí de thrádáil na hÉireann.

Thagair an príomhbhreitheamh do na dlíthe a bhí á ndéanamh ó am go chéile ag srianadh nó ag cur cosc le trádáil na hÉireann agus bhí sé sin freisin den tuairim go raibh an-bhaint ag leisciúlacht agus ag ainriantacht na muintire lena ndrochbhail, ach theastaigh uaidh deireadh a chur leis na srianta agus leis na laincisí a bhí ar thrádáil na tíre agus í a chur ar aon leibhéal le trádáil na Breataine.

I Meán Fómhair na bliana 1786 thagair *The Times* go cruinn agus go gonta do chás fhormhór mór na muintire dúchais nuair a dúirt sé:

> If any of our great men who grind the face of the wretched peasantry and who hunt them like wild beasts off the face of the land were to ditch, drain, or plant those extensive tracts that lie neglected, uncultivated and uninhabited in Munster and Connaught were to offer six pence a day to labourers would they not find thousands, nay a million poor labourers flock with their spades and shovels as if they were going to a banquet.[4]

De réir mar a bhí cúngú á dhéanamh ar shaol eacnamaíoch na tíre bhí na daoine ag dul i dtuilleamaí na talún, agus is ag géarú a bheadh an ghluaiseacht sin. Ní raibh an dara rogha ag daoine. Chaith siad paiste talún a bheith acu. Ní bheadh beatha féin i ndán don duine á cheal. Ach thug an riachtanas sin acu isteach in anró agus in anró an-mhór iad, mar rinne an tiarna talún riachtanas na ndaoine a fhriotháil chun an phingin is airde a bhaint amach nuair a bhí talamh á scaoileadh ar léas aige. Ba mheasa fós cás na ndaoine a chaith bheith ag broic le *middlemen* faoi chúrsaí talún agus ba mhinic beirt acu sin nó níos mó – oiread agus seachtar acu – ag teacht idir an tiarna féin agus an tionónta agus gach aon duine acu i dteideal a scar féin a fháil amach as an talamh. Sciúirsí ab ea a leithéidí sin i saol na muintire agus minic go maith b'iad faoi deara ainchíos a bheith le díol ag tionónta. Ghoill an cóiriú sin ar an bhfeirmeoir. Ghoill na cúinsí diana sin go speisialta ar sclábhaithe agus orthusan a bhí ag brath ar thalamh scóir. Bhí an dá shaghas sin ag brath ar an bhfeirmeoir do phaiste talún. Ní raibh an dara rogha ag an bhfeirmeoir ach oiread sna cúinsí saoil ina raibh sé. Chaith sé margadh dian a dhéanamh le sclábhaithe agus le lucht scóir agus de réir mar bhí an saol ag cruachan orthu go léir trí chéile bhí siad ag dul i dtuilleamaí an phráta níos mó ná riamh. Agus nuair a bhí siad ag brath ar an bpráta bhí siad ag brath ar earra a bhí an-ghoilliúnach ar fad. Ghoill an fliuchán air agus an fuacht, ghoill an triomach air agus an sioc dá dtiocfadh sé go míthráthúil; de bharr na dtoscaí sin ar fad ní rófhada ón ainnise agus ó ocras a bhí an té a bhí ag brath ar an bpráta fiú an lá is fearr a bhí cúrsaí.

A bhuíochas do *Edward Wakefield* tá cuntas againn ar chás na muintire sa bhliain 1808. Thug *Wakefield* cuairt ar Chnoc an Fhómhair agus an dúiche timpeall sa bhliain sin agus d'fhág cuntas againn ar a bhfaca sé is ar bhuail leis.

> From Tarbert to Kerry Head . . . a country the inhabitants of which I was informed were all Whiteboys . . . I spent two nights among them and experienced as sincere hospitality and found as much personal safety under their roof as I ever did in the most civilized parts of England. Their cabins were built of stones without mortar or cement and the door one of wicker work. In every respect they had a wretched appearance. On the road from Tarbert to Listowel through Ballylongford I travelled over college property . . . all let to middlemen and wretchedly tenanted . . . I saw some of the most wretched examples of Irish misery in its worst state . . . Whiteboys in abundance . . . impelled by misery and want to the commission of acts of violence.[5]

Cuid eile de shaol na haimsire sin ab ea na spailpíní a bhíodh ag dul síos amach, go Tiobraid Árann agus go dúichí eile, ag baint an fhómhair ar phá agus a d'fhillfeadh abhaile ag deireadh na biaiste agus a bpinginí ''go cruinn i dtaisce acu'' le cabhrú leo an saol a chur tharstu nó go dtiocfadh an chéad bhiaiste eile. Ach uaireanta ní haon fháilte a bhí rompu i ndúichí eile síos amach nuair a bhí easpa fostaíochta ag cur as do mhuintir na dúiche sin féin. Tá cuntas againn ar scuaine díobh a théadh ó Chiarraí go Tiobraid Árann do obair an fhómhair. Sa bhliain 1801 bhí feirmeoirí i dTiobraid Árann ag díol ó dheich bpingine go scilling sa lá le spailpíní agus bia agus lóistín saor in aisce. I mbliain an Éirí Amach (1798) cuireadh fógra suas ar dhoras an tséipéil in *Bohill* ag ordú do na Ciarraígh go léir imeacht as an gcontae. Bhí an fógra tarnáilte ar an doras agus é scríofa le dúch déanta de chaora troim agus é sínithe *''John Doe''*, archeannasaí na Mumhan. Cúpla oíche ina dhiaidh sin briseadh isteach i roinnt tithe agus tógadh amach na Ciarraígh a bhí iontu agus tugadh léasadh uafásach do chuid acu agus cuireadh iad uile faoi bhrí na mionn go bhfágfadh siad Tiobraid Árann an lá dár gcionn.[6]

Taobh eile de dhealús na muintire sa saol úd ab ea daoine ón dúiche a bheith ag dul isteach in arm Shasana. Bhí cúram ar leith le fada ag na *gentry* don *Kerry Militia* nó don *''Kerry''* agus ceannasaíocht ag roinnt mhaith acu sa reisimint agus iad ag earcú ina chomhair agus ag déanamh bolscaireachta ar a son go coitianta, ní cás a rá; tá an cuntas seo a leanas againn faoi na cúrsaí sin sa bhliain 1783:

General Gabbett arrived in Limerick from Co. Kerry, after having approved of and passed the new raised regiment; commanded by Colonel Blennerhassett. The corps are a fine body of men, none being under 5' 5" high.[7]

Tá cuntas eile againn faoin saol sin sa bhliain 1806:

The augmentation of the Kerry Regiment of Militia is now nearly complete, more than 200 fine young fellows, all *natives* and recruited in this county, have lately joined the regiment. The loyal *Kingdom* of Kerry has in proportion to its population supplied the service with a greater number of men than any other district in the King's dominion.[8]

Sa bhliain 1803 bhí *William Ponsonby* agus *George Gun* ag iarraidh reisimint a earcú ar son seirbhíse san Eoraip.[9] Is iomaí tairiscint dá leithéid a rinne na *gentry* an uair úd ar an tuiscint go mbeadh cead ag an gceannaire na hoifigigh foirne ar fad a thoghadh agus leath de na hoifigigh eile. Bheadh cead ag an rialtas an chuid eile de na hoifigigh a cheapadh.

Sa bhliain 1803 ba é an leigheas a bhí ag an mbreitheamh *Day* ar chás na dúiche ná *"to send a party of the Militia regiment to recruit men"*.[10]

Bhí na póilíní ag brú daoine a bhí gafa acu isteach i seirbhís mhíleata Shasana. De bharr choimisiún speisialta i dTrá Lí i dtosach na haoise tugadh rogha do thrí dhuine dhéag a bhí i bpríosún ansin dul isteach sa tseirbhís mhíleata nó a dtriail a sheasamh. Bhí coir bháis curtha i leith roinnt díobh, é curtha i leith a thuilleadh acu go raibh siad ag cur daoine faoi bhrí na mionn agus bhí ardamhras ar chuid eile acu go mba Bhuachaillí Bána iad. Ghlac seachtar acu de rogha dul isteach sa tseirbhís mhíleata agus ní raibh aon duine acu sásta an leabhar a thabhairt. Ba iad sin: Dónall Ó Braonáin, Seán Ó Riagáin, Tomás Ó Leathlobhair, Seán Ó Braonáin, Aindrias Ó Murchú, Pádraig Ó hAirtnéide, Tomás Ó Cathasaigh. B'fhearr leis an gcuid eile acu a dtriail a sheasamh.[11]

Bhí deich bpunt an duine le fáil an uair sin ag éinne a liostálfadh[12] agus níorbh aon iontas go raibh siad lán de cheol ag imeacht dóibh. Ach más go glórach agus go meidhreach a d'imigh siad bhí cuid acu ag filleadh ar ais go ciúin discréideach tar éis dóibh an t-arm nó an tseirbhís a thréigean. Cuid mhór de shaol an airm an uair sin ab ea na daoine go léir a bhí ag tréigean an airm, agus bhí glacadh leis go coitianta gur go Ciarraí a bhí na tréigtheoirí imithe, go háirithe más i Luimneach a thug siad a gcúl leis an arm. B'fhurasta dóibh na cosa a thabhairt leo ón tóir i gCiarraí. Ba dheacair iad a leanúint isteach sna portaigh agus sna sléibhte agus gan bóthar ná droichead ach go fánach.

Bhí drochamhras i gcónaí ag lucht údaráis as na daoine a thréig an t-arm mar sin:

The counties of Limerick, Clare and Kerry are supposed to contain an almost incredible number of deserters . . . It is believed that these deserters are generally, from the want of regular employment and sustenance, the first practitioners of violence of all kinds.[13]

Cuid eile de imeacht na bhfear isteach in arm Shasana ab ea daoine a bheith ag caoineadh a marbh tar éis gach catha ina raibh an Sasanach gafa. Bheadh an drochscéal ag baint na dúiche amach go raibh duine dá ndaoine muinteartha sínte marbh in úir dheoranta tar éis an chatha; uaireanta bhíodh liostaí móra de na mairbh agus de na daoine a bhí gortaithe le léamh sna nuachtáin áitiúla. Ba mhór an lagú ar mheanmain na muintire an cor sin aon lá, agus mhair a leithéid go ceann i bhfad.

1.3 Na *Rightboys*
Ag tarraingt ar dheireadh an 18ú céad bhí mórán daoine i gCnoc an Fhómhair agus iad go domhain san ainnise agus bhí sé i ndán dóibh bheith i lúb an angair ar feadh na mblianta fada agus bheadh an t-údarás sibhialta gafa de shíor le hiarrachtaí ag iarraidh srianadh éigin, maolú éigin, a dhéanamh ar dhaoine a raibh ainnise is angar ag luí go trom orthu.

Agus istigh go láidir sa saol sin bhí na *Rightboys*, iad i láthair na babhtála faoi mar a bhí a leithéidí, na Buachaillí Bána, cheana, i ndúichí éagsúla sa Mhumhain sna blianta 1761-5 agus arís sna blianta 1769-76. B'fhéidir go raibh siad i mbun a mbirt i dtuaisceart Chiarraí sna blianta sin freisin, agus tá fianaise áirithe ann go raibh: bhí an t-aturnae ginearálta *John Fitzgibbon*[1] suite meáite de i dtosach na bliana 1777 gur i bparóiste nó dhó i dtuaisceart Chiarraí a cuireadh bun ar ghluaiseacht na *Rightboys* ar dtús agus thug *William Sands*[2] fianaise, sa bhliain 1805, go mba chuimhin leis féin trí huaire a raibh an dá bharúntacht i dtuaisceart Chiarraí an-suaite agus go mba i Lios Eiltín a thosaigh an trangaláil ar gach ócáid díobh. Ach má bhí amhras faoina sinsearacht sa dúiche níl aon amhras ná gurab í ainnise na muintire dúchais a ghin iad agus gurab í an ainnise sin a chothaigh iad agus a bhuanaigh iad agus is iomaí bliain fhada ainnis a d'imeodh thart sula dtiocfadh deireadh lena ré agus lena *raison d'être*.

Ach idir dhá linn ba ann dóibh, iad uaireanta suaimhneach go maith, ach iad uaireanta eile gníomhach go maith agus i gcónaí bhí a n-imeachtaí á riaradh ag cás, agus ag droch-chás na muintire agus gan aon chur isteach puinn á dhéanamh orthu ag lucht dlí is údaráis, mar bhí siad in ann fanacht ar an taobh chaoch dá leithéidí agus ba í breith na mblianta ina dtaobh: "Choimeád siad a gcuid rún go maith. Ní raibh aon spiairí ina measc." Uair nó dhó dá ndearnadh bearnadh ar a n-eagras rinne siad an t-ionsaí a fhreagairt le fuinneamh fraochmhar agus chuaigh rudaí chun suaimhnis arís.

Thosaigh imeachtaí na *Rightboys* i dtuaisceart Chiarraí roimh dheireadh na bliana 1785, iad ag féachaint chuige go gcuirfeadh na daoine suas do dhíol na ndeachúna, daoine ó chomharsanacht Thairbirt agus Lios Tuathail ag cur go tréan i gcoinne prócadóirí, ionas go raibh ar an rialtas dhá thrúpa don arm a sheoladh isteach sa dúiche, ceann acu go Tairbeart agus an ceann eile go Lios Tuathail, chun an tsíocháin a bhuanú sa taobh tíre sin. Timpeall an ama chéanna bhí litir bhagarthach faighte ag *Anthony Raymond*, i mBaile Uí Lochráin agus bhí air garda de fhir armtha a choimeád ar dualgas timpeall a thí, chun é féin agus a mhuirear a chosaint.[3]

Timpeall lár mhí na Nollag thug na *Rightboys* cuairt ar phrócadóir i mBiaille, loit siad a chuid féir agus arbhair agus gheall siad dó gur dó féin ba mheasa dá ndéanfadh sé iarracht cuid den fhéar nó den arbhar a shábháil. Cúpla oíche roimhe sin thug siad cuairt ar *Thomas Justice* agus scaoil siad a chuid féir le habhainn; bhí tuile sin abhainn an uair chéanna . . . An oíche chéanna rug siad leo láir le *Anthony Raymond* i mBaile Uí Lochráin agus rinne siad í a mharcaíocht nó go raibh sí i riocht báis nach mór. "Rinne siad daoine eile a robáil" agus chuir siad daoine ón gcomharsanacht faoi bhrí na mionn, go háirithe fear a raibh cónaí air in aice le Baile Uí Aogáin:

> We are informed that a person calling himself their captain, well dressed, with a gold laced hat, a silver mounted sword, a case of pistols in his hand, and appearing in every particular like a gentleman come to the house of one John Foran and asked if any person there knew him. He remained in the house some time but was not known by any of the family.
>
> The deluded people assemble generally on Tuesday and Friday nights by the signal of a horn sounded on the adjacent hill, they seldom muster fewer than 80 men in arms and proceed on their excursions with the assistance of the neighbours' horses which the owners are afraid to keep out of their way.[4]

Is léir ón gcuntas sin go raibh gnéithe iomadúla imeachtaí na *Rightboys* le fáil i dtuaisceart Chiarraí faoin tráth sin agus tá cuntais áirithe againn ón mbliain 1786 a deir go raibh eagar maith ar na *Rightboys* ar fud thuaisceart Chiarraí an uair úd:

> The Duagh boys, though the last who took up arms have this day made a formidable appearance under the command of Captain Smart, Captain Speedwell of Listowel, Fearnaught of Liselton, Washington of this place (Maigh Mheáin), Steel and Slasher of Tarbert and the entire subordinate to Gen. Crushall of Ballylongford.[5]

Níor mhiste a rá go raibh éifeacht agus fuinneamh ag roinnt lena ngluaiseacht go luath mar fuair na *Rightboys* tacaíocht ó aicmí éagsúla sóisialta. Is iomaí feirmeoir a ghabh leo sna blianta sin, mar cé go raibh an-airgead á dhéanamh acu bhí siad luchtaithe anuas go talamh ag cánacha iomadúla agus ba mhór leo, dá réir, an t-airgead a bhí le díol acu i bhfoirm deachúna leis an ministir. Bhí siad ag lorg slí chun cur i gcoinne éileamh na ministrí agus thug siad a dtacaíocht do na *Rightboys* le súil go ndéanfaidís sin fóirithint ar a gcás agus go speisialta le súil go ndéanfaidís fóirithint orthu maidir le deachúna a bhí ina mhuirear an-mhór ar a dteacht isteach.

Thug tiarnaí talún agus baill eile de na *gentry* tacaíocht agus fiú cinnireacht do ghluaiseacht na *Rightboys*. Bhí cuid de na *gentry* nach raibh ag géilleadh do éilimh fheidhmeannaigh a n-eaglaise féin i leith deachúna; bhí a thuilleadh acu a raibh a gcíosanna ag déanamh tinnis dóibh, tinneas nár dhual ní cás a rá; ach ní rómhaith a d'oir sé do chuid acu go mbeadh meas cosantóirí na mbocht orthu mar nárbh aon an-teist a bhí ar chuid acu agus daoine drochamhrasach astu faoi mar a bhí sa bhliain 1834 de bharr ar tharla i mBaile Uí Fhiaich an bhliain sin. Bhí a thuilleadh acu nach raibh sásta tacaíocht a thabhairt ach a rinne a súile a chaochadh ar a raibh ar siúl.

Bhí na sclábhaithe agus iad sin a bhí i dtaobh le talamh scóir istigh go láidir in eagraíocht na *Rightboys* faoi mar a bhí siad istigh roimhe sin sna Buachaillí Bána. Rinne na *Rightboys* cúram ar leith dá gcuspóirí sin cé go mbeadh duine ag súil go ndéanfaí cúram níos mó díobh toisc go raibh siad chomh hiomadúil sin sa ghluaiseacht. Má bhí naimhdeas tráth idir iad féin agus na feirmeoirí ba bheag dá rian a bhí ann anois mar bhí an saol go maith acu araon ó thosaigh an géarú i dtreo curaíochta; bhí airgead á dhéanamh ag feirmeoirí agus bhí tarraingt ar obair sna feirmeacha ag sclábhaithe. Ba mhór mar a chabhraigh an tuiscint sin idir sclábhaithe agus feirmeoirí chun feirmeoirí a thabhairt isteach sa ghluaiseacht. Gan dabht chabhraigh an t-imeaglú a bhí ar bun ag na *Rightboys* chun feirmeoirí agus daoine nárbh iad a thabhairt isteach sa ghluaiseacht.

A bhuíochas do litir[6] a scríobh an tAimiréil *Silverius* Ó Muircheartaigh ó Chorca Dhuibhne tá cuntas eile againn ar a raibh ar siúl ag na *Rightboys* in Oireacht Uí Chonchubhair faoi dheireadh an Mhárta 1786. Ba i gcomharsanacht an Daingin – i mBaile an Éanaigh, Baile an Fheirtéaraigh, ní foláir – a scríobhadh an litir sin agus ba chuig an *Admiralty* a scríobhadh í agus deir sí:

> Tá na Buachaillí Bána ag bailiú le chéile in Oireacht Uí Chonchubhair ina gcéadta, oiread agus cúig céad, sé chéad agus seacht gcéad acu, dealramh éigin smachta orthu, tacú agus aitheantas á fháil acu ó *gentlemen* áirithe. Tá croch curtha in airde acu i Lios Tuathail agus tá siad ag maíomh go hoscailte go mbainfidh siad díoltas amach de réir na fianaise a thugann cúisitheoir ina gcoinne má chuireann an dlí isteach ar éinne dá gcuid. Tá buíon den eachra éadrom curtha go Lios Tuathail chun an dúiche a chosaint ar an bhfoghail atá ar siúl in aghaidh na hoíche ag an daoscarshlua gan chiall a ligeann orthu gur cúram dóibh maolú a dhéanamh ar éilimh na bprócadóirí. Níl aon

amhras orm ach go mbunóidh maithe na tíre an tsíocháin agus an dea-eagar arís gan dul i leith láimh láidir.

Mhol an tAimiréal don rialtas frigéad nó dhó a úsáid, frigéad le sé ghunna dhéag ar fhichid; b'shin é ba mhó a chuirfeadh eagla amach, frigéad a bheadh in ann buíonta láidre saighdiúirí a chur i dtír dá mba ghá. "Cheart é a lonnú i dTairbeart, mar a bhfuil cuan den scoth agus gan é ach cúig mhíle ó Bhéal Átha Longfoirt, áit a thaithíonn na Buachaillí Bána agus gan é (Tairbeart) ach deich míle ó Lios Tuathail mar a bhfuil an chroch curtha in airde.'' Bhí sé den tuairim nárbh aon tír eachtrannach a bhí laistiar den Éirí Amach sin, ach mar sin féin gheall sé go mbeadh a shúil in airde aige féachaint an dtiocfadh aon loingeas cogaidh chun na dúiche. Luaigh sé an chúis a bhí leis an Éirí Amach: "Sé fíordhealús na ndaoine is bun leis an Éirí Amach i mo thuairim, daoine atá tugtha anuas go dtí an leibhéal is ísle daonna.'' Is léir gur thuig sé cás na muintire ach ní raibh de leigheas aige ar a gcás ach leigheas an údaráis, na daoine a bhrú faoi chois le láimh láidir.

Ach má bhí baill de na *gentry* ag tabhairt tacaíocht do na *Rightboys* ní raibh siad ar fad mar sin, mar i mí Aibreáin bhí *George Gun* ag cíoradh na dúiche[7] – fiche míle di – agus buíon saighdiúirí ó Lios Tuathail ag tacú leis; agus lena gcabhair thóg sé na daoine seo a leanas agus sheol go príosún Thrá Lí iad ar an tuiscint gur Bhuachaillí Bána a bhí iontu: Donnchadh Ó Duineacháin (nó Dunn mar a thugtaí air ar uaire), Seán Mac Uileagóid, Micheál Mac Muiris, Maitiú Ó Duilleáin, Tomás Mac Piarais, Seán Ó Mathúna, Dónall Ó Grífín agus Séamas Ó Meachair.

Dúradh i gcuntas a foilsíodh tamall ina dhiaidh sin go mba cheart don phobal bheith an-bhuíoch don ghiúistís spridiúil *George Gun* as na hiarrachtaí gan tuirse a bhí á ndéanamh aige chun cruinnithe na ndaoine mí-ámharacha sin a chur faoi chois "na daoine míshásta sin a bhí ag imeaglú mhuintir shíochánta na tíre le tamall''. I rith na Bealtaine bhí *George Gun* ag gabháil a thuilleadh agus príosúnaigh á ndéanamh aige díobh. Bhí *Thomas Stoughton*[8] agus buíon saighdiúirí ó Lios Tuathail ag tacú leis. Thóg siad Conchúr Ó Buachalla, Tomás Ó Broin, Pádraig Ó hAonasa agus Séamas Ó hAonasa agus é curtha ina leith go mba Bhuachaillí Bána iad. Gearradh téarma príosúin orthu uile.[8]

Buíochas do litir[9] ón Oirmhinneach *Stoughton* agus do roinnt imeachtaí dá chuid, tá a fhios againn go raibh muintir Oireacht Uí Chonchubhair i gcoitinne agus muintir Chnoc an Fhómhair, sáite sna himeachtaí sin i gcoinne na ndeachúna sna blianta sin. Tá an litir sin i gCaisleán Átha Cliath agus scríobhadh í 8 Meitheamh 1786 agus deir sí:

Is oth liom go bhfuil an spiorad mallaithe ceannairceach beo in aigne na ndaoine anseo i gcónaí agus tá mé den tuairim nach deachúna is cás le muintir na háite (is faoi dheachúna a bhí siad ag canrán cheana) ach treascairt reacht uile na tíre. Tá siad lán de dhóchas, dóchas baoth, go bhfaighidh siad seilbh ar thalamh ar bhreith a mbéil féin; ní theastaíonn uaim ach a laghad trioblóide agus is féidir a chur ar an rialtas ach táim cinnte de gur cheart na saighdiúirí a choimeád sa dúiche ar feadh dhá mhí eile chun go dtabharfaí i gcrích a raibh beartaithe nuair a tugadh chun na tíre iad an chéad lá. Teastaíonn uaim a fháil amach an bhfuil an rialtas sásta na saighdiúirí a fhágáil anseo chomh fada sin; dhéanfadh dhá thrúpa an beart chomh maith le trí.

Mar fhocal scoir dúirt sé go raibh duine de phríomhcheannairí na *Rightboys* gafa aige ón lá roimhe sin agus go raibh ard-dhóchas aige go raibh dóthain fianaise aige ina choinne chun é a chiontú. Níor luaigh sé, áfach, a ainm.

I mí Lúnasa sheol an tAimiréal litir eile chuig an *Admiralty* in Londain agus d'admhaigh sé go raibh dearmad air sa chuntas a bhí tugtha aige sa chéad litir mar *"The evil has increased"*:

Tá méadú imithe ar an olc sa mhéid go raibh an cur ina choinne chomh lag sin agus in ionad roinnt cladhaire a bheith ag máirseáil istoíche tá na mílte ag teacht le chéile faoi sholas an lae ghil agus a gcaptaein shuntasacha i gceannas orthu. Deir siad gurab é atá uathu ná a ndeachúna a choinneáil ó chléir na hEaglaise Bunaithe *(Established Church)* agus an bheatha bhocht a chuireann a bparóisteánaigh ar fáil dá gcléir féin a cheilt orthu. Na *Rightboys*, mar a thugtar anois orthu, cruinníonn siad le chéile ina sluaite móra i ndúichí éagsúla Domhnaí, leagann siad Bíobla agus sraith móideanna ag doras an tséipéil agus caitheann gach éinne atá ag dul isteach iad a thógáil. Sa tslí sin is áil leo a gcuspóirí thuasluaite a thabhairt i gcrích.[12]

Bhí an tAimiréal den tuairim gur ghnáth-dhaoine na dúiche a bhí sna *Rightboys* den chuid is mó ach nárbh fhéidir a fháil amach go cruinn cad a thug le chéile iad mar go raibh a n-éilimh ag méadú de réir mar a bhí an cur ina gcoinne go lag, agus de réir na heagla a bhí ar ghiúistísí agus ar *gentlemen* rompu. Leanann sé air:

Oileadh cuid de na *banditti* sin inár n-arm féin agus i bhfeidhmeannas ár gcabhlaigh féin agus inár n-óglaigh féin. Thabharfadh daoine dá leithéid mórán trioblóide do rialtas dá mbeadh fear cumasach i gceannas orthu.

Bhí sé san amhras go raibh mórán acu sin éadóchasach cheal slí bheatha agus iad mídhílis go leor chun feidhm a bhaint as an trioblóid seo ar mhaithe leo féin. Mhol sé don rialtas bheith cúramach aireach. D'fhéadfadh an Fhrainc tacaíocht agus cinnireacht a thabhairt don ghluaiseacht. Mar fhocal scoir dúirt sé go raibh na daoine ba mhó a raibh eolas orthu faoin gcúram den tuairim go mba thuar na cruinnithe iomadúla – a raibh tagairt déanta aige dóibh – ar Éirí Amach a bhféadfadh an-dhrochiarsmaí a bheith air.

I dtosach mhí Lúnasa seoladh litir ó Lios Tuathail go Caisleán Átha Cliath ag achainí ar an rialtas breis saighdiúirí a sholáthar do Lios Tuathail mar bhí fógra tugtha ag na *Rightboys* go ndófaidís an baile.[13] I rith an mhí chéanna rinneadh deich gcinn de chapaill leis an arm a loisceadh ina mbeathaidh i dTairbeart agus tugadh tine do theach *Edward Leslie* ar an mbaile céanna. Bhí an milleán ar na *Rightboys* agus dúradh ina dhiaidh sin go ndófaí mórán den bhaile féin an oíche sin murach go raibh an oíche an-olc. Agus má bhí na *Rightboys* ag cur i gcoinne aon chuid de shaol na cléire Caitlicí rinne an chléir sin maolú tapaidh ar pé gearán a bhí acu nuair a chruinnigh siad le céile leis an easpag i dTrá Lí ar an 9ú agus ar an 10ú lá de Lúnasa 1786 mar ar achtaigh siad:

> not to put their parishioners to the expense of making entertainment for them at stations of confessions, christenings, weddings, or funerals . . . to avoid not only extortion, but even a rigorous exaction in the collection of their dues . . . and when called on to visit the sick . . . to be content with whatever their people, in considerations of their troubles, may think convenient to offer them.[14]

Ní mór an cur i gcoinne na sagart a chleacht na *Rightboys* i dtuaisceart Chiarraí as sin amach.

I bhfómhar na bliana thóg na *Rightboys* croch, ar aghaidh dhoras an tséipéil amach, sa Tóchar agus ar dhréimire a bhí sínte suas léi shuigh fear a bhí feistithe mar chrochaire, smearadh dubh ar a aghaidh, seanphlaincéad casta timpeall air agus hata ar a cheann. D'fhan sé ansin an lá sin agus an lá go léir ina dhiaidh sin .i. Lá 'le Muire, i bhfianaise phobail an-mhóir agus gan toradh dá laghad aige ar dhlí na tíre ná ar an bpionós a leanfadh sárú dlí den sórt sin.

Tugadh faoi na saighdiúirí i dTairbeart 18 Meán Fómhair agus tamall ina dhiaidh sin bhí litreacha ar na nuachtáin ag moladh na saighdiúirí mar gheall ar an gcosaint chróga a rinne siad, agus dúradh gur chabhraigh siad go mór chun na *Rightboys* a chloí. Timpeall an ama chéanna bhí trua ag *William Ponsonby* i gCrota do na saighdiúirí a bhí gafa in Éirí Amach na *Rightboys*. Bhí siad, dar leis ina mbuíonta scáinte ar fud an deiscirt mar a raibh soláthairtí bia gann agus daor agus mar a raibh orthu babhtaí diana máirséala a dhéanamh go minic agus de gheit. Rinne sé achainí ar an rialtas a thuilleadh saighdiúirí a sholáthar do na dúichí sin chun uanaíocht a dhéanamh orthu sin a raibh téarma maith caite acu sa dúiche.

Roimh dheireadh na bliana bhí muintir thuaisceart Chiarraí ag cur i gcoinne prócadóirí i gcónaí. Bhí an tOirmhinneach *Stoughton* i dTairbeart ag réiteach do bhailiú a dheachúna nuair a tugadh an-íde ar chapall le prócadóir leis.[15]

Bhí sé soiléir le tamall nach bhféadfadh gnáthchóracha an stáit déileáil lena raibh ar bun ag na *Rightboys* ach bhí siad ag cur chuige agus d'éirigh leo iad a cheansú gan aon lámh láidir puinn a úsáid. I rith na bliana 1786 bhí na príosúin á líonadh le daoine a raibh drochamhras astu. I ndeireadh mhí Iúil na bliana sin thug tríocha duine de na *Rightboys* na cosa leo as príosún Thrá Lí tar éis dóibh an bás a thabhairt don ghobharnóir *Patrick Hand*. Gabhadh beirt acu go luath ina dhiaidh sin, fear darbh ainm dó Ó Bhailís, gréasaí bróg, agus Seán Weir "agus bhí siad ar ais againn ina seanlóistíní faoi thitim na hoíche". Ba as Béal Átha Longfoirt dóibh araon.[16]

Ón uair a thosaigh na saighdiúirí ag teacht isteach sa dúiche bhí sé níos deacra ar na *Rightboys* cruinniú le chéile agus dul i mbun a mbeart. Thug teacht sin na saighdiúirí roinnt mhaith de na *gentry* ar mhalairt aigne agus d'éirigh siad as an ngluaiseacht a bheag nó a mhór; agus feirmeoirí gustalacha, nuair a rinne na *Rightboys* fairsingiú ar a gcuspóirí, go háirithe nuair a bhain siad le cúrsaí cíosa, d'éirigh siad as. Ina theannta sin bhí an scéal á reic go dtí an bhliain 1787 go ndéanfadh an rialtas rud faoi na deachúna agus bhí sé mar phort ag na *gentry* le tamall go gcuirfí gach ní ina cheart dá gcuirfí deireadh le himeaglú agus le láimh láidir. Ghéill cuid éigin don dóchas sin freisin ach thuig na daoine go luath sa bhliain 1787 nach raibh aon chuimhneamh ag an rialtas ar aon ní a dhéanamh faoi dheachúna ná faoi aon ábhar eile gearáin. Thit an lug ar an lag ar fad ar na *Rightboys* agus chaith siad a ndúthracht feasta ag iarraidh sárú a dhéanamh ar an dlí de réir mar bhí sé á chur i bhfeidhm agus ní raibh sé chomh deacair sin ar fad é sin a dhéanamh mar bhí col ag daoine leis an gcóras dlí agus lé ar leith acu leo sin a tháinig trasna ar dhlí na tíre. Bhí na *Rightboys* ábalta ar a áiteamh ar dhaoine gan faisnéis a thabhairt i gcoinne an té a bhí á chúisiú, agus bhí siad ábalta a áiteamh orthu sin a bhí cúisithe gan faisnéis a thabhairt; gealladh an bás do ghiúistísí dá mbeadh sé de dhánaíocht iontu fianaise a thabhairt i gcoinne *Rightboys*. Ní hionadh é mar sin go raibh giúistísí agus feidhmeannaigh eile rialtais ag gearán faoi chomh deacair agus a bhí sé faisnéis de dhealramh a fháil. Ba é dílseacht daoine do na *Rightboys* faoi deara cuid de sin. Bhí baint freisin ag an imeaglú leis an gcúram. Níor fágadh aon dearmad ar dhaoine faoin íde a d'imeodh orthu dá dtabharfaidís faisnéis. Bhí slite eile leis ag na *Rightboys* chun deimhin a dhéanamh de nach dtabharfaí faisnéis. Bhí sé ábhar níos fusa ag giúistísí faisnéis a fháil agus daoine a chúisiú sa bhliain 1787 agus ag tosach 1788, ach mar sin féin níor mhór iad na daoine a chaith déine iomlán an dlí a fhulaingt agus cuireadh na *Rightboys* faoi chois gan puinn rian den ansmacht agus den bhfíoch a bhí le sonrú sa 19ú céad.

I Meitheamh na bliana 1787 líonadh na príosúin éagsúla sa deisceart de

THE RIGHT BOYS PAYING THEIR TYTHES. 1785 and 1786

99

cheannairí na *Rightboys*. Is amhlaidh a tháinig na giúistísí orthu agus iad ina luí ina leapacha san oíche.[17]

Ní raibh cúrsaí imithe chun suaimhnis ar fad faoi dheireadh na haoise sin mar sa bhliain 1797 thug *Nicholas Sands*, giúistís, ordú saighdiúirí a chur go Beann Mór (An Baile Dubh) lá aonaigh agus roinnt daoine a ghabháil le súil go dtógfaí daoine a raibh drochamhras astu. Ach níor éirigh leis an iarracht. Rinne na saighdiúirí déileáil an-bhrúidiúil leis na daoine ní foláir; cuireadh scaipeadh ar an aonach agus i gcuntas a thug an giúistís *Ponsonby* ó Chrota ar a bhfaca sé dúirt sé go raibh líonrith ar na daoine agus go raibh sé féin ar a dhícheall ag iarraidh iad a chur chun suaimhnis. Shroich an scéal Baile Átha Cliath agus tháinig treoir ar ais á rá go raibh an rialtas i gcoinne fhoréigin gan chúis agus go gcuirfí é sin in iúl do *Gun*.

1.4 Na Haistí á nDaingniú

Bhí tosú ciúin go maith ar an 19ú céad i dtuaisceart Chiarraí, ach níorbh fhada go raibh géarú á dhéanamh ar chúrsaí. Sa bhliain 1803 bhí na haistí á leagan ag an rialtas, é ag iarraidh a ghreim féin agus greim na ndaoine a bhí i bpáirt leis a dhaingniú agus é á chosaint féin ar an mbaol a bhí coitianta, na blianta sin, i mbéal gach éinne, an baol go dtiocfadh an namhaid[1] i dtír in Éirinn; níor chás á rá go raibh lucht údaráis gafa ag an namhaid sin na blianta sin agus tá a fhianaise sin go láidir i nuachtáin na haimsire agus i bpáipéirí stáit, mar shampla an t-éileamh ó *Robert Day* ar dhíolaíocht as teachtaire a sheol sé go Corcaigh go dtí an tAimiréal *Kingsmith* le tuairisc faoi árthaí a bhí feicthe aige ar an gcósta.[2] Agus ní raibh na húdaráis i mBaile Átha Cliath dall, ach oiread, ar "na hiascairí ó chomharsanacht Cheann Chiarraí a raibh gach faisnéis á tabhairt acu in aghaidh an lae ón bhFrainc; agus níor fágadh feidhmeannaigh an rialtais faoi aon dearmad maidir leis an tábhacht a bhain le tuaisceart Chiarraí dá dtiocfadh an namhaid: *"The Shannon and the Cashen Ferry to Ballylongford is the most commodious part of the River for disembarkation. The enemy at once gets into a plain and fruitful country."*[3] Ach bheadh sé deacair bheith cinnte faoin gcreidiúint a tugadh do na scéalta sin.

Mar chuid dá gcosaint ar an namhaid ag an rialtas bhí túir faire (*Signal Towers*)[4] á dtógáil ar an gcósta sa bhliain 1803 chun go mbeadh súil ar imeachtaí an namhad dá dtiocfadh sé agus chun go bhféadfaí gach eolas faoi a leathadh go tapaidh. Bhí báid ghunnaí móra á gcur ar patról sna haibhneacha – sé cinn acu sa tSionainn féin – chun stop a chur le héalú píolótaí chuig loingeas an namhad agus chun déileáil le hárthaí ar ancaire sna haibhneacha. Bhí sé ceaptha do na báid sin freisin feidhm a bhaint as aon bháid a bhí ag an muintir cois cósta dá gcuspóirí féin agus féachaint chuige nach n-úsáidfeadh an namhaid na báid sin dá gcuspóirí-sean. Faoi mhí Lúnasa na bliana 1808 bhí na túir faire á dtréigean – bhí sé ró-dheacair aon chrích a choimeád orthu – ar mhaithe le stáisiúin telegrafa (*Telegraphic Stations*)[5] agus feasta bheadh árthach is fiche ag gardáil cósta na tíre chun stop a chur le hiompórtáil arm agus le gach caidreamh leis an namhaid. I mí Bealtaine 1804 tugadh cead dul ar aghaidh leis na túir Martello (*Martello Towers*) a bhí faoi chaibidil.[6] Bheadh gunnaí móra iontu sin chun cosaint a dhéanamh ar na háiteanna cois cósta ina ndéanfadh an namhaid an-dochar.

Bhí iompórtáil arm ag déanamh tinnis don rialtas le fada faoin tráth sin agus bheadh go ceann i bhfad eile, agus é suite meáite de go raibh airm agus taithí ar a n-úsáid ag mórán den phobal dúchais ó aimsir na *Rightboys* agus de bharr ghluaiseacht na n-óglach sna seachtóidí déanacha agus sna luathochtóidí den 18ú céad; bhí súil ag an rialtas le hár agus le heirleach, go háirithe nuair a bhí cuntas á thabhairt ar ruathair ar thóir gráin agus piléar. Ach ba dheacair don rialtas gan imní a bheith orthu faoin gcúram sin agus nós na smuglála chomh coitianta agus a bhí sé; mar shampla, i mí Lúnasa na bliana 1807 thug *George Rowan*, oifigeach custaim Thrá Lí, cuairt ar theach *Parker* ar an mbaile go bhfuair dhá chruach déag de ghunnaí. Bhí *Parker* féin oscailte macánta faoin gceist agus dúirt gur cheannaigh sé iad ó chaptaen árthaí ón Danmhairg agus é ar aigne aige iad a dhíol le muintir na tuaithe.[7]

Faoin mbliain 1804 bhí na láithreacha sa tSionainn armtha agus curtha i dtreo cosanta. Faoin mbliain 1822 bhí béal na Sionainne beo le gunnaí móra ina ndúnchla in Oileán na Carraige, i g*Cillkerran*, in Inis Cathaigh agus in Oileán Thairbirt, agus bhí cabhlach Shasana istigh go láidir i dTairbeart. Bhí na *Sea Fencibles* i gCill Rois, i gCarraig an Chabhaltaigh, i *Querin*, i dTairbeart, i mBéal Átha Longfoirt, i nGleann Corbraí agus i Leamhchoill, 31 oifigeach agus 811 saighdiúir singil faoi cheannas an Chaptaein *John Clements* agus é sin i gcúram stáisiún na comharthaíochta (*Signal Stations*) agus na stáisiún telegrafaíochta (*Telegraphic Stations*) ar Cheann Chiarraí agus ar Cheann Léime.[8]

Nuair a thosaigh Réabhlóid na Fraince agus nuair a tuigeadh go raibh baol ann go ndéanfadh an Fhrainc ionradh ar an tír bhí na *gentry* buartha faoi chúrsaí slándála agus thug sin orthu aonaid ceithearnach a bhunú i 1796 chun tacú leis an seirbhís mhíleata. Rinne an rialtas fórsaí cosanta áitiúla de na ceithearnaigh sin sa bhliain 1796 agus chuir iad ar buanseirbhís sa bhliain 1798.[9] Rinne amhlaidh sin cuid d'arm Shasana de chóras na gceithearnach agus i gcúige Mumhan bhí siad ag feidhmiú ag cosaint a ndúichí dílse féin nuair nach raibh saighdiúirí rialta ar an láthair. Bhí sé i gceist ag an rialtas chomh maith tarraingt as ciste na gceithearnach do chostais na stáistiúin telegrafaíochta.

Bhí aonaid de na ceithearnaigh sin le fáil thall is abhus ar fud Oireacht Uí Chonchubhair; bhí siad i gClann Mhuiris chomh maith. Bhí idir mharcshlua agus choisithe díobh i Lios Tuathail i dtosach an 19ú haois agus Muiris Mac Gearailt i gceannas orthu tamall agus *Samuel Raymond* i gceannas orthu tamall eile agus *George Gun, T. W. Sands, William Hilliard, Oliver Stokes* agus *George Hewson* ag tacú leo san fheidhm-

101

eannas. Bhí idir mharcshlua agus choisithe i dTairbeart freisin agus *Edward Leslie* i gceannas ar an marcshlua agus *Robert Leslie* i gceannas ar na coisithe. Bhí aonad coisithe i mBéal Átha Longfoirt agus *Pierce Crosbie* i gceannas orthu agus bhí a leithéid céanna i gClann Muiris agus *William Ponsonby* i gceannas orthu.[10]

Ní cás á rá go raibh tuaisceart Chiarraí crioslaithe go docht ag neart míleata Shasana na blianta sin. Ach ní raibh i láthaireacht an nirt sin ach léiriú ar thugthacht agus ar éifeacht na *gentry* chun glaoch ar chóracha an stáit aon uair a bhraith siad aon bhaol dá gcóras féin agus ní raibh aon dearmad ar an mhuintir dhúchais faoi neart sin an tSasanaigh; thuig siad nach raibh ann dáiríre ach taobh eile de shaol na *gentry*. Ach bhí deireadh le teacht go luath leis an gcaidreamh a bhí tamall idir na *gentry* agus an mhuintir dhúchais. Chuirfeadh bás an Ghabha Bhig "deireadh le gach iarsma creathánach den chaidreamh sin agus thabharfadh sochraid *Lieutenant Elliott* den *Feale Cavalry* léiriú os comhair an tsaoil ar an athrú sin a bhí imithe ar an muintir dhúchais i leith na *gentry*".

1.5 Giortáil Chun Comhraic

Ach in ainneoin sin is uile bhí trioblóid á tuar i ndúiche Chnoc an Fhómhair agus gach eolas, ab fhéidir a fháil, bhí sé á sheoladh ar aghaidh go lucht údaráis i mBaile Átha Cliath. Orthusan a chuir comhairle ar an rialtas an uair úd bhí *William Sands* ó *Sallowglen*, abhcóide agus *gentleman* a raibh ardmheas air, agus fear a raibh teach agus talamh aige sa dúiche. Ina chuntas chuig ceannaire na bpóilíní i gCaisleán Átha Cliath dúirt sé go raibh cruinnithe oíche ar bun le tamall agus go raibh siad ar bun i gcónaí go rialta; go raibh na daoine a bhí ag freastal ar na cruinnithe sin go faichilleach ag coimeád a rúin chucu féin agus iad ag féachaint chuige go cáiréiseach nach bhféadfaí lámh láidir a chur ina leith agus nárbh fhéidir tuairim a fháil in aon tslí faoina raibh ar bun acu agus nach raibh rian le feiceáil i saol na dúiche de na cruinnithe sin.[1] Ghoill sé air nach bhféadfaí aon eolas a fháil faoina raibh á bheartú, ach bhí sé cinnte nárbh aon ní cóir a bhí ar bun acu. Bhí sé den tuairim gurbh iad muintir na háite féin, dream domhain seiftiúil, faoi deara an discréid go léir.

Bhí sé cloiste ag an Maor Dónall Ó Mathúna – maor na gceithearnach – go raibh drochamhras ar an dúiche roimhe sin, agus nár gan chúis é, agus gur cuireadh an leabhar ar bhreis daoine, ach gur dhaoine stuama staidéartha ab ea iad. D'admhaigh sé go raibh sé imníoch go maith go raibh ar tharla cheana ag boirbeáil arís; go raibh cúis eagla agus imní ann, agus uime sin mhol sé an cór ceithearnach i mBéal Átha Longfoirt a chur ar dualgas go ceann tamaill bhig[2] agus thug sé ordú do na saighdiúirí i dTairbeart cabhair a thabhairt aon uair a ghlaofadh an t-údarás sibhialta amach iad sa taobh sin tíre. Bhí sé riachtanach, dar leis, go mbeadh sé ar chumas na ngiúistísí dul sa tóir ar na bithiúnaigh de lá is d'oíche de réir mar a bheadh deis air, chun iad a chloí láithreach dá mb'fhéidir é. Seachtain ina dhiaidh

ROBERT LESLIE, TARBERT YEOMANRY.
circa 1810.

sin bhí na ráflaí a reic go raibh airm á dtabhairt isteach i mBiaille agus go Lios Eiltín.[3]

Faoin mbliain 1805 bhí muintir Chnoc an Fhómhair ag coipeadh le míshástacht: "An spiorad mallaithe atá briste amach i gcuid den chontae seo tá sé i dtaobh le dúiche róbheag chun gan é a chloí. Níl aon ní cosúil leis in aon áit eile sa chontae . . ." Trí seachtaine ina dhiaidh sin bhí an Maor Ó Mathúna buartha go maith faoi imeachtaí sa dúiche:

> I have every reason to be concerned about how the ferocious spirit which has shown itself lately in the northern part of this country [Ciarraí] will be immediately put down.[4]

Go luath ina dhiaidh sin ní raibh an toradh céanna ag muintir thuaisceart Chiarraí ar dhlí na tíre. Bhí ruathair ar bun acu ar thóir arm. Ag deireadh an Aibreáin bhí an-drochamhras ar fhear amháin agus é gafa ag an gCaptaen *Crosbie* ó Bhéal Átha Longfoirt agus bhí súil ag an gCaptaen go raibh dóthain fianaise aige ina choinne chun é a chiontú. Tomás Ó Cathasaigh ab ainm don duine sin; bhí mórán ag breith chucu féin ó tógadh é toisc go raibh sé páirteach ina n-imeachtaí.[5] Dúirt an Captaen freisin go raibh na gunnaí a bhí gafa le tamall ag na *banditti* á dtabhairt ar ais, ach bhí sé den tuairim go raibh mórán arm i bhfolach i gcónaí ag daoine sa dúiche.

Faoi Mheán Fómhair na bliana 1807 bhí muintir thuaisceart Chiarraí ag cur go tréan i gcoinne fheidhmeannaigh a bhí ag iarraidh cíos tinteáin[6] a bhailiú. Cáin nua ab ea é sin an uair sin agus bhí daoine den tuairim go raibh a ndóthain mhór de chánacha le díol cheana acu gan ceann nua a bhac. Tugadh ordú docht don fheidhmeannach gan aon iarracht eile a dhéanamh an cháin sin a bhailiú, mar dá ndéanfadh gur dhó féin ba mheasa. Bhí an-leisce air dá bharr tabhairt faoin gcúram arís, mar thuig sé go mbeadh a anam i mbaol dá dtabharfadh sé a aghaidh arís ar na daoine sin a chuir ina choinne chomh fíochmhar. Chuir na giúistísí fógraí scríofa chuig na sagairt pharóiste ag meabhrú dóibh an toradh tubaisteach marfach a leanfadh cur i gcoinne dlí na tíre sa tslí sin. Bhí daoine measúla den tuairim go raibh géarghá le buíon den arm in áiteanna éagsúla in Oireacht Uí Chonchubhair. Chreid an Maor Ó Mathúna nárbh fhéidir cur i gcoinne dlí na tíre sa tslí sin a chosaint, agus thuig sé go gcaithfí an t-arm a úsáid dá raghadh sé chuige sin, ach bheadh an-leisce air féin é sin a dhéanamh. Gealladh cabhair mhíleata don fheidhmeannach agus é i mbun a dhualgas; ach thuig ceannairí an airm nach raibh oiread agus aon saighdiúir amháin i dTairbeart agus i Lios Tuathail a bhféadfaí glaoch air don chúram sin agus go raibh a ndóthain le déanamh cheana féin ag na saighdiúirí i dTrá Lí.[7]

1.6 An Gabha Beag: Stair agus Seanchuimhne
1.6.1 An Gabha Beag
Bhí daoine éagsúla ar fud Oireacht Uí Chonchubhair an uair úd agus

gunnaí acu, mar tuigeadh dóibh go raibh gá acu lena leithéidí chun iad féin agus a gcuid a chosaint, agus bhí na gunnaí acu le cead lucht údaráis agus nuair a rinne na Buachaillí Bána ruathair ag gabháil na ngunnaí sin bhí suaitheadh agus achrann á thuar; go háirithe ón lá a baineadh a ghunna de Dhónall Ó Brosnacháin ó Áth an Turais. Thug sé faisnéis i gcoinne na ndaoine a rinne an ruathar agus tugadh tamall príosúntachta do ocht nduine dhéag de na Buachaillí Bána i bpríosún Thrá Lí.[1]

Tráthnóna Domhnaigh, tamall roimh Nollaig na bliana 1807, cuireadh cor cinniúnach i saol na dúiche agus in imeachtaí na mBuachaillí Bána i gcomharsanacht Lios Eiltín. Tráthnóna an lae sin caitheadh leis an mBrosnachánach agus é timpeall míle lasmuigh de bhaile Lios Tuathail. Fágadh ansin é ar thaobh an bhóthair agus é de chuma air go raibh sé marbh; ach bhí dóthain nirt fágtha ann chun Lios Tuathail a bhaint amach agus d'ainmnigh sé an duine a rinne an iarracht é a lámhach .i. Séamas Ó Nualláin ó chomharsanacht Lios Eiltín. Gabha ab ea é sin agus aithne ag an saol air mar an "Gabha Beag". Chuir lucht airm chuige láithreach chun dul sa tóir ar an Nuallánach. Dealraíonn sé go raibh an Leifteanant *Elliott* i gceannas ar bhuíon saighdiúirí agus é ar an gcéad dream a ghabh amach ó theach *John Stokes* i Lios Tuathail chun an Gabha Beag a ghabháil. Ghabh *John Stokes*, giúistís, amach ina dhiaidh, agus ina theannta bhí *John Raymond, George Church* agus buíon de mharcshlua faoi cheannas an Chaptaein *Morrison* ó Lios Tuathail. Nuair a bhí siad ag gabháil thar lios i mBaile Uí Dhonnchú scaoileadh leo. Bhí an Gabha Beag ansin istigh. Bhuail an t-urchar cnaipe i gcasóg *George Church*.[2] Dúradh ina dhiaidh sin gurbh é an *"gallows button"* a tháinig idir *George Church* agus an bás. Nuair a bhuail an t-urchar é thit sé de phleist amach sa diallait agus mheas a chompánaigh go raibh sé marbh. Thug *Stokes* aghaidh a chapaill ar chlaí an leasa agus chuaigh de léim isteach sa lios, a bhuíochas sin don chapall a bhí faoi. Chaith an Gabha Beag agus *Stokes* lena chéile ach níor aimsigh éinne acu an duine eile. Thug an Nuallánach faoi na cosa ansin isteach i bportach a bhí san áit an uair sin, áit nach bhféadfadh fear ar chapall iallaite é a leanúint. Shleamhnaigh *Stokes* anuas dá chapall agus lean é de chois. D'iompaigh an Nuallánach ar ais agus thug faoi agus toisc gur threise d'fhear é ná *Stokes* níorbh fhada go raibh *Stokes* ar lár aige agus bheadh sé tachtaithe aige ach gur tháinig cairde *Stokes* suas leis díreach in am chun *Stokes* a shaoradh. Bhuail *George Church* buille ar an Nuallánach le stoc a phiostail[3] agus leag ar lár é agus sa tslí sin gabhadh an Gabha Beag ar deireadh.

Nuair a fiafraíodh de ina dhiaidh sin cén fáth gur scaoil sé urchar leis na daoine a bhí á lorg dúirt sé gur mheas sé gur chrotach a bhí ann agus é ag eitilt tharais! "A leithéid de chrotach: Seoirse ramhar *Church*."

Cheanglaíodh agus cuireadh ar mhuin chapaill *John Raymond* é agus is mar sin a tugadh go Lios Tuathail é, é ceangailte laistiar de dhrom *John Raymond* an tráthnóna sin, agus tugadh ina dhiaidh sin é go príosún Thrá

Lí.[4] 11 Eanáir 1808 sheol an *Lord Lieutenant* litir chuig na daoine ar éirigh leo an Gabha Beag a thabhairt ar láimh agus thug comhairle dhocht maidir leis an tslí ab fhearr chun déileáil leis.[5] Bhí súil aige go mb'fhéidir go n-éireodh le lucht a ghafa eolas a bhaint as a chiontódh daoine eile, ach bhí fuar aige.

Oíche Shathairn, 12 Márta 1808, nuair a bhí an bairdéir tar éis a chúrsa a thabhairt ar na cillíní réab an Gabha Beag an laincis a bhí ar a leathchois agus réab anuas doras a chillín agus bhain clós an phríosúin amach agus gan é tugtha faoi deara ag éinne. Ach bhí bac dosháraithe roimhe ansin mar theip air barr fhalla an phríosúin a bhaint amach. D'fhan sé i bhfolach ansin taobh leis an ngeata go maidin agus nuair a bhí na bairdéirí ag dul isteach don phríosún scinn sé tríothu amach agus bhí sé láithreach amuigh sa tsráid. Tháinig na bairdéirí chucu féin go tapaidh tar éis an gheit a baineadh astu, bhain siad an t-aláram agus bhí an tóir ar siúl, tháinig siad suas leis an nGabha Beag agus thóg siad é agus rinneadh é luchtú le slabhraí agus coimeádadh súil chomh géar sin air nach raibh aon dul aige ar éalú arís.[6] Cuireadh ar a triail é i gcúirt an tseisiúin i dTrá Lí i dtosach an Aibreáin 1808, é de chúis air gur chaith sé le *John Raymond* agus le *George Church* agus fonn air iad a mharú. Fuarthas ciontach é agus daoradh chun báis é.

Go luath ar maidin 18 Aibreán 1808, tógadh an Gabha Beag amach as príosún Thrá Lí agus tugadh é go crosaire Chnoicíneach agus fórsa mór saighdiúirí á thionlacan.[7] Bhí sé de nós an uair sin – chun daoine a scanrú – an bás a thabhairt do phríosúnach ina dhúiche agus ina dhúchas féin. Ba í an aigne sin a thug an Gabha Beag go Cnoicíneach le crochadh. Bhí roinnt daoine eile ón dúiche sa phríosún an uair chéanna. Tar éis roinnt uair an chloig bhí príosúnaigh eile ag caint le chéile; d'fhéach duine acu in airde ar an ngrian sa spéir agus dúirt: "Tá an Gabha Beag crochta faoin tráth seo." "Níl ná é," arsa duine eile, "ní chrochfar an fear sin go deo." Ach bhí bairdéir ag cúléisteacht agus b'sheo leis láithreach agus d'inis ar chuala sé don ghobharnóir, *James Chute*. Bhraith an gobharnóir go raibh rud éigin aisteach i gceist agus sheol a mhac le deabhadh ar mhuin capaill go Cnoicíneach. Bhí teachtaireacht scríofa ar iompar aige ach ní raibh a fhios aige cad a bhí ann. Rinne sé gach deabhadh ab fhéidir. Nuair a tháinig sé go barr an aird i gCnoicíneach bhí bratach bhán á luascadh aige. Bhí an Gabha Beag faoin tráth sin ina sheasamh ag bun na croiche. Na daoine a bhí ann nuair a chonaic siad an bhratach bhán cheap siad gurbh amhlaidh a bhí an Gabha Beag le scaoileadh saor. Tháinig an marcach i láthair, léim anuas dá chapall go tapaidh agus thug a theachtaireacht don oifigeach a bhí i gceannas. Tar éis cur trí chéile a dhéanamh cuardaíodh agus scrúdaíodh an Gabha Beag go cúramach agus fuair siad amach go raibh coiléar cruach á chaitheamh aige timpeall a mhuiníl. Bhain siad de é agus chroch siad an Ghabha Beag.

1.6.2 An Gabha Beag sa tseanchuimhne

Chuaigh an íde a tugadh ar an nGabha Beag go mór i bhfeidhm ar dhaoine agus mhair a chuimhne go beo agus maireann i gcónaí ina dhúiche dhúchais. Dar leis an gcuimhne sin b'iad a dhaoine muinteartha féin a rinne an coiléar cruach dó agus gur thug siad isteach don phríosún chuige é i gcarbhat, carbhat den saghas a chaitheadh mórán daoine an uair úd. Ní raibh cúrsaí smachta chomh docht sin sna príosúin an tráth úd agus níor tógadh aon cheann den charbhat. Chuir an Gabha Beag air é sa phríosún agus chaith carbhat lasmuigh de as sin amach. San am sin dhéantaí daoine a chrochadh trí iad a tharraingt in airde agus d'fhágtaí ar crochadh iad nó go mbeadh siad marbh, ní ligtí dóibh titim ar cheann téide.

An mhaidin a bhí an Gabha Beag le crochadh bhí sí chomh breá de mhaidin is a gheal riamh agus bhí slua daoine bailithe, ach san am a rabhthas chun é a chrochadh thosaigh sé ag stealladh báistí agus ag cáitheadh sneachta agus shéid an ghaoth nó go raibh sí ina gála. Thóg lucht a chrochta dhá chairt chapaill ó chomharsain bhéaldorais, bhain díobh na rothanna agus chuir na leathlaithe i gcoinne a chéile, agus ansin bhí croch acu don Ghabha Beag. Tharraing siad in airde é agus tar éis dó bheith ar crochadh ar feadh an áirithe sin aimsire ní raibh sé marbh agus tógadh anuas é agus deir an tseanchuimhne go raibh sé ina sheasamh ar an talamh nuair a tháinig an teachtaire ó Thrá Lí agus bratach bhán ar foluain aige. Nuair a tháinig sé go barr an aird os cionn láthair na croiche chaith sé gabháil thar roinnt mhaith tithe – ba gheall le baile beag Cnoicíneach an uair sin – agus dá mbeadh a fhios ag muintir an bhaile cad a bhí á iompar aige tharraingeofaí as a chéile é agus is é sin a chrochfaí agus ní hé an Gabha Beag. Nuair a bhí an Gabha Beag marbh tugadh a chorp abhaile go teach na muintire agus rinneadh é a thórramh agus a adhlacadh.

Oíche lae a chrochta bhailigh roinnt dá dhaoine muinteartha isteach i gceárta agus rinne siad an chreill cheártan ar lucht a mharaithe ansin faoi sholas maol na ceártan. Triúr gaibhne a rinne an chreill sin agus dála an Ghabha Bhig féin ba iad an tríú glúin gaibhne sa dúiche sin iad. Rinne siad an "bualadh triúir ar an inneoin, gach re buille acu, a bhuille féin ag gach duine acu agus eascaine le gach buille, a mhallacht féin ag gach duine den triúr. Ba gheall le ceol na buillí as a chéile". Deirtí ina dhiaidh sin: "D'imigh *John Raymond* gan tuairisc, é féin agus a shliocht."[8]

1.7 An Lasair sa Bharrach

Bliain uafás ab ea an bhliain 1808 i gCnoc an Fhómhair go speisialta tar éis bháis an Ghabha Bhig. Chuir an bás sin an lasair sa bharrach, ní miste a rá, i gcomharsanacht Lios Eiltín agus i rith na bliana sin ar fad bhí taithí ag an saol ar mharú, ar chéasadh, ar imeaglú agus ar scéin thar na bearta.

Bhí an mhuintir dhúchais, dar ndóigh, faoi ionsaí nuair nach raibh ordaithe na mBuachaillí Bána á gcomhlíonadh acu. Bhí córas na dtiarnaí talún agus feadhmeannaigh agus lucht leanúna an chórais sin faoi ionsaí, bhí an t-arm féin faoi ionsaí agus na Buachaillí Bána ag aimsiú agus ag leagan saighdiúirí a thuill a mí-shástacht, agus iad uaireanta eile ag baint a gcuid arm díobh. Níor mhiste a rá go raibh córas iomlán an tSasanaigh faoi ionsaí i rith na bliana sin agus na Buachaillí Bána ag feidhmiú amhail is dá mba iad féin amháin an t-aon dream a raibh údarás acu sa dúiche.

I mí Feabhra féin sular crochadh an Gabha Beag bhí an trangláil tosaithe sa dúiche agus bhí a leithéid ar siúl go deireadh na bliana. Tugadh faoi stábla *Francis Creagh* i mí Feabhra agus bearradh capall leis an gCaptaen Ó Cofaigh; bhí seisean sa chabhlach. Cúpla oíche ina dhiaidh sin loisceadh an stábla sin agus capaill le *Francis Creagh*; i mí Lúnasa tugadh faoi thailte Dhromainn arís agus rinneadh capall leis an gconstábla Parthalón Ó Lúing a speireadh. I mí an Mheithimh tugadh goin bháis don *Trumpeter*[1] .i. Séamas Ó Ceallaigh agus é ina luí ar a leaba i gcúlshráid i Lios Tuathail. Níor fhéad éinne riamh teacht ar an eolas faoin duine a mharaigh é agus níor ciontaíodh éinne mar gheall air cé gur tógadh daoine ar an gcúis gurbh iad a mharaigh é. Bhí de chúis ar an *Trumpeter* féin gur thug sé fianaise sa chúirt i gcoinne dáréag de na Buachaillí Bána. Cúisíodh iad sin i seisiúin chúirte an tsamhraidh 1808 ach toisc nach raibh dóthain fianaise ina gcoinne ní bhfuarthas ciontach iad. Tháinig uafás ar lucht údaráis nuair a chuala siad an bhreith, ach sula raibh aga acu na príosúnaigh a scaoileadh saor d'éalaigh siad amach as an bpríosún agus thug an t-éalú sin misneach agus ardú meanman don eagraíocht i gcoitinne agus bhí na húdaráis ag breith chucu féin agus iad ag ceapadh go raibh iarracht nua ar bun ag na Buachaillí Bána agus go raibh fear darbh ainm *Silles*, a bhí ina oifigeach sa *Kerry*, ina cheann orthu.[2]

Luadh beirt de mhuintir Mhaoilmhichil ó Chnoicíneach i bhfianaise an *Trumpeter*. Ba iad sin Seán Ó Maoilmhichil agus Micheál Ó Maoilmhichil, beirt mhac le *Jasper* Ó Maoilmhichil.[3] Bhí an bheirt sin ar na daoine nach bhfuarthas ciontach iad sa triail an samhradh sin agus bheifí ag cásamh breith na cúirte sin go ceann i bhfad.

I dtosach na Lúnasa thug na Buachaillí Bána fógra d'fheirmeoirí na barraí a bhí dlite mar dheachúna don mhinistir a fhágáil faoi mar a bhí siad sna goirt nó go lobhfadh siad mura dtiocfadh an ministir féin á mbailiú.[4] I mí Lúnasa 1808, freisin, d'fhógair *Mrs. Julian* ó Thulach Mór go raibh sí chun an dlí a chur ar thionóntaí léi toisc cíos trí bliana a bheith gan díol acu léi. Fuair sí litir bhagarthach ag comhairliú di gan a leithéid a dhéanamh, mar dá ndéanfadh go dtabharfaí an bás di féin agus dá clann.[5] Theith sí as an dúiche agus as an tír ar fad nuair a tugadh ruathar faoin teach gur tógadh dhá sheanmhuscaid chun siúil.

Sula raibh mí Lúnasa istigh bhain na Buachaillí Bána a gcuid arm de thriúr ball den *Feale Cavalry*.[6] "Tá na cladhairí mí-ámharacha tosaithe anois ar a gcuid arm a bhaint de na ceithearnaigh agus iad ag ligint orthu le tamall roimhe sin go raibh urraim ar leith dlite dóibhsean.'' Dhá bhliain ina dhiaidh sin bhí cuntas á thabhairt ag *Ponsonby* go raibh na gunnaí sin tugtha ar ais, ach go raibh dochar mór déanta dóibh. Dúirt *Ponsonby* go raibh siad curtha le tamall i bportach.

Bhí Tomás Ó Loingsigh ó Chúil Ard tar éis dhá chúis dlí a bhuachan agus dhá fhorógra (*legal decrees*) faighte aige a dúirt go raibh sé i dteideal an áirithe sin airgid a fháil mar dhíolaíocht; tugadh ruathar faoina theach, smiotadh a chloigeann agus ardaíodh na forógraí chun siúil uaidh. Cé gur aithin sé féin agus a chlann na daoine a bhí páirteach sa ruathar níor thug siad aon eolas uathu ina dtaobh mar bhí eagla an bháis á stop – agus bás a gheobhadh siad go deimhin.

Tadhg Ó hAirtnéide a bhí ina thionónta ag *George Gun*, dódh an teach air toisc go raibh seilbh tógtha aige ar fheirm ar cuireadh tionónta seanbhunaithe as seilbh aisti tamall roimhe sin. An oíche chéanna sin cuireadh é ar mhuin tairbh agus cuireadh iachall air an tarbh a mharcaíocht ar fud na dúiche feadh na hoíche. Ansin thug siad air an fheirm a thabhairt suas – rud a rinne sé ar maidin – agus luigh sé le costas fiche giní, cíos na feirme, a bhí díolta aige cheana féin.[7]

Lascáladh Tomás Ó hAonasa agus thit an t-anam as a bhean le scanradh. Rinneadh Tomás Ó Loingsigh, Éamann Ó Maidín agus Conchúr Ó Dubháin (*Downes*) a lascadh agus a ghearradh le claimhte. Tugadh an bás do Liam Ó Cearúill ón mBán Mór toisc nár thug sé suas gunnaí do na Buachaillí Bána i mí na Samhna 1807. Bhí ábhar airgid faighte ag Séarlas Mac Camhaoill (*McCaul*) mar dhíolaíocht as teach leis a dódh i gCúil Chaorach. Tógadh amach as a leaba san oíche é agus dúradh leis go gcuirfí chun báis é mura gcuirfeadh sé ocht bpunt den airgead sin isteach i gciste ar mhaithe leis na Buachaillí Bána a bhí i bpríosún Thrá Lí an uair úd. Rinne sé mar a ordaíodh dó. Bhíodh Seán Mac Ionrachtaigh i mbun cúram do *John Raymond* tamall de bhlianta. Cuireadh iachall air éirí as a phost.

I Meán Fómhair na bliana sin bhí féar i móinéar ag an Athair Séamas Breatnach, sagart paróiste, Lios Tuathail. Tugadh tine don fhéar toisc gur fhógair an sagart na Buachaillí Bána. I mí Mheán Fómhair freisin maraíodh Dáithí Ó Murchú ina theach féin i Mainistir na Féile ar an teorainn idir Ciarraí agus contae Luimnigh agus bhí daoine go láidir den tuairim gur dhaoine ó Oireacht Uí Chonchubhair a thug an bás dó mar leanadh lorg capall isteach go hOireacht Uí Chonchubhair agus fuarthas roinnt capall ar strae sa dúiche sin.

I mí na Samhna rinneadh fear i bparóiste Bhéal Átha Longfoirt a ghearradh go mór le claimhte tar éis na stáisiún toisc gur thug a bhean tae don sagart dá bhricfeast. Prátaí agus bainne a bhí ordaithe ag na Buachaillí Bána do gach éinne.

I mí na Samhna rinneadh marú an-ghránna i mBaile an Bhuinneánaigh. Bhí sé ráite go hoscailte ag Lís Bean Uí Ghrádaigh go raibh ainmneacha na mBuachaillí Bána ar eolas aici agus go raibh sí chun iad a thabhairt do na húdaráis. Tógadh amach as a teach cónaithe í i dtosach na Samhna, tógadh a leanbh uaithi agus rinneadh í a lámhach, milleadh a corp le claimhte agus fágadh ansin í nocht ar thaobh an bhóthair aird.[8]

I mí na Nollag tugadh an bás do Mhaidíneach, gabha, i gcomharsanacht Lios Eiltín. Bhí tamall caite aige sna Buachaillí Bána ach bhí siad fágtha aige faoin tráth sin agus é imithe le buíon bheag eile a raibh roinnt robálacha curtha ina leith. Pé lochtaí a bhí ar na Buachaillí Bána, ábhar iontais ab ea a macántacht go minic agus is iomaí tagairt atá ar fáil a chuireann síos ar ruathair a rinne siad ag lorg gunnaí; tugadh faoi deara nár bhain siad le hairgead ná le seoda ná le hearraí luachmhara cé gur chaith an-chathú a bheith ann do dhaoine a raibh cuid acu bocht dealbh go maith.

Seans gurbh iad a d'úsáid an baghcat don chéad uair, cé nach raibh an focal féin ceaptha don sórt sin déileála go fóill. I mí Mheán Fómhair cuireadh fógraí suas gach seachtain ag ordú do dhaoine faoi phian bháis gan aon chaidreamh a bheith acu le *John Stokes*. Bhí an siopa ba mhó i Lios Tuathail aige. Mar thoradh ar an ordú sin níor chuaigh oiread agus duine amháin isteach sa siopa sin ar feadh trí mhí.

I mí na Samhna rinneadh *Thomas Elliott*, leifteanant leis an *Feale Cavalry* a lámhach le linn dó bheith ar thóir na ndaoine a mharaigh ceathrar póilín in Oileán Ciarraí tamall roimhe sin.[9] Breatnach a raibh tamall caite aige in arm Shasana, ach a raibh an t-arm tréigthe faoin tráth sin aige, a chaith leis i mBaile Uí Aonasa. Cuireadh *Elliott* i Lios Tuathail agus cé go raibh mórchuid daoine ar an mbaile an lá sin, idir dhá mhíle agus trí mhíle duine, ní raibh oiread agus duine amháin acu sa tsochraid: *"a strong mark of the disaffection and unanimity of that class"*.[10] Bhí *Elliott* ar na daoine a chabhraigh chun an "Gabha Beag" a ghabháil. Bhí sé tamall ina chónaí ar an mBán Mór ach d'aistrigh sé isteach go Lios Tuathail ar mhaithe le slándáil nuair a thosaigh feachtas na mBuachaillí Bána. Thug an *Grand Jury* céad punt ina dhiaidh sin dá bhaintreach agus dá dhosaon leanbh.

I lár na Samhna agus an aimsir an-olc thug easpag Chiarraí, an Dochtúir Ó Siochrú, cuairt ar na dúichí ba shuaite a bhí faoina chúram, é ag athdhearbhú le fuinneamh, go poiblí agus go príobháideach, teagasc naofa a ghairme agus é ag moladh do dhaoine an tsíocháin, ord agus eagar a shaothrú agus géilleadh go hiomlán do dhlíthe an údaráis reachta.[11]

Ag deireadh na Samhna céanna bhí cuntas á thabhairt ag an gCaptaen *Morrison* i Lios Tuathail ar a aidhmeannas. Dúirt sé go raibh na Buachaillí Bána ag tobhach airgid .i. síntiúis, le fada agus go fairsing, go speisialta le tamall anuas agus go raibh sin á dhéanamh acu chun armlón a cheannach dóibh féin, chun cás na ndaoine sin dá gcuid a bhí i bpríosún Thrá Lí a dhéanamh níos compordaí, agus san am céanna chun tacú leo i dtreo is nach dtabharfadh siad faisnéis uathu; agus bhí an t-airgead á úsáid freisin chun ciste a bhunú a chuirfeadh ar a gcumas abhcóide a fhostú chun iad a chosaint ar aon chúisiú a dhéanfaí orthu.[12]

110

Bhí an t-eagla céanna ar an tiarna talún roimh na Buachaillí Bána agus a bhí ar gach éinne eile rompu. Is iomaí tiarna talún a raibh cónaí air thar lear nach raibh sé de mhisneach aige filleadh ar a eastát chun cónaí a dhéanamh ann. Bhí tiarnaí talún agus a lucht leanúna chomh sceimhlithe sin rompu gur sheol siad a gcuid ban agus a bpáistí isteach sna bailte móra ar nós Lios Tuathail agus Trá Lí ar mhaithe le slándáil. Bhí muintir *Raymond* teite ó *Riversdale* go Trá Lí faoin 11 Lúnasa 1808.[13] Bhí na gnáthdhaoine chomh sceimhlithe sin nach bhféadfadh aon argóint iad a bhogadh, ná aon ní iad a mhealladh chun faisnéis a thabhairt. Ní fhéadfadh feidhmeannach Stáit ná Eaglaise iad a bhogadh mar dá mbogfaidís bhí an bás agus díothú ag bagairt orthu láithreach. Bhí a fhios ag daoine go rí-mhaith cad d'imigh ar an *Trumpeter* agus ar an mBrosnachánach, gan ach duine nó beirt a lua. Bhí a fhios acu go dtabharfaí an íde chéanna orthu féin dá sceithfidís.

Bhí an-mhilleán ag na *gentry* an uair úd ar na giúistísí, é á rá go minic gurbh iadsan faoi deara an saol suaite a bhí sa dúiche, go raibh siad sceimhlithe ina mbeathaidh roimh na Buachaillí Bána, sceimhlithe go dtabharfaí an íde chéanna orthu féin agus a bhí á tabhairt ar dhaoine eile nach raibh ag déanamh de réir orduithe na mBuachaillí Bána. Níorbh aon iontas é go ndúradh le ceart: "Riamh cheana níor síneadh córas an imeaglaithe chomh fada sin amach."

Bhí *John Raymond* den tuairim go bhféadfadh airgead daoine a bhogadh agus ar a mholadh sin chuir an rialtas roinnt mhaith airgid ar fáil chun díol as aon fhaisnéis a thabharfaí,[14] ach d'fhan an t-airgead sin gan caitheamh lasmuigh de shuimín an-suarach. Bhí na daoine dílis do chuspóirí na mBuachaillí Bána, nó ní raibh sé de mhisneach ag éinne cur isteach ar an airgead sin dá mhéid é a ampla chuige.

Is díol spéise é nár thug na Buachaillí Bána i gCnoc an Fhómhair, go pearsanta faoi éinne riamh de na tiarnaí talún. Níor fhág sin nár thug siad goradh maith dóibh ar uaire agus nár thug siad léiriú dóibh ar a gcumas, ach níor bhain siad lena bpearsain. Fiú tar éis an Ghorta nuair a bhí an nimh ginte sna gnáthdhaoine, níor thug na daoine go pearsanta faoi aon tiarna talún. Agus is léir ó litir ón Athair Maitias Mac Mathúna go raibh daoine míbhuíoch go maith do na tiarnaí talún ach mar sin féin níor thug siad fúthu. Níor tugadh faoi *George Sands*, fear a sheol mórán acu le fuacht agus le fán. Níor tugadh faoi *Sam Hussey* cé go raibh an ghráin ag daoine air. Níor tugadh faoi *Sir John Benn Walsh* cé go raibh sé minic go maith ina measc, agus ní léir go raibh eagla dá laghad air cé gurbh iomaí duine agus clann a bhog sé as a ngabháltas agus a sheol sé go Meiriceá agus é ag glanadh a eastát. Chuir *John Raymond* olc ar dhaoine toisc go raibh baint aige le hídiú an Ghabha Bhig. Faoin am sin bhí léiriú tugtha ag muintir na dúiche go raibh sé ar a gcumas goradh maith a thabhairt dó. Fear eile a theith ab ea *Ponsonby* ach bhí drochamhras na muintire air agus is léir anois go raibh a gcúis acu. Duine eile a bhlais míshástacht na mBuachaillí

Bána ab ea *Mrs. Julian* ó Thulach Mór, ach theith sí sin freisin nuair a tháinig an tóir róchóngarach di. Bhí garda armtha timpeall a thí ag *Raymond* i mBaile Uí Lochráin sa bhliain 1785, ach níor baineadh leis. Bhí an cuntas seo le léamh sa *Clare Journal* i dtosach mhí na Samhna:

> The accounts coming in from Iraghticonnor give reason to believe that the Barony is at present in a worse state than it had been at any period. The O'Grady murder, houses of three poor farmers who had taken land burned down, a quantity of hay and oats belonging to Oliver Stokes burned at Glenalappa, barn and stables of Francis Creagh of Dromin with one of his horses destroyed. The most shameful and daring outrages continue to be perpetrated nightly in the baronies of Iraghticonnor and Clanmorris.[15]

Bhí iarratas curtha isteach ag comhairle baile Thrá Lí go dtógfaí beairic mór go leor do thrí chéad coisithe i dTrá Lí chun maoin an rí agus príosún Thrá Lí a chosaint.

Is maith agus is cruinn an léamh a rinneadh ar chuid áirithe de chúrsaí an tsaoil i gCnoc an Fhómhair an bhliain ar tugadh an bás don ghabha Beag: *"The lower classes are infuriated with each other."*[16] Thuig na *gentry* go maith go raibh an mhuintir dhúchais ag baint ceart amach le láimh láidir agus go raibh sin á dhéanamh acu amhail agus nach mbeadh aon rian de chóras an tSasanaigh sa dúiche agus is maith tapaidh mar a mhúscail an tuiscint sin an gháir chianaosta: *"These legislators must be put down."* Ach ní raibh sa bhreith sin a bhí tugtha ach breith leatromach. Níor tagraíodh in aon chor don ionsaí a bhí á dhéanamh ar chóras an tSasanaigh, ar chóras na dtiarnaí talún. Bhí siad sin teann go maith, ní foláir, go fóill, nó níor tuigeadh dóibh go raibh a gcóras féin i mbaol.

Chuir an rialtas buíonta den arm isteach sa dúiche agus neartaigh iad de réir mar a d'éiligh cúinsí. Bhí tamall ann agus bhíothas den tuairim nárbh aon chabhair marcshlua a chur chun na dúiche toisc nach raibh bóithre ann rompu agus toisc go rachadh siad ar lár sna portaigh agus i dtalamh riascach; ach nuair a dúradh le *Wellesley* go raibh capaill á n-úsáid ag na Buachaillí Bána dúirt sé: *"We'll send in the cavalry"* agus lonnaíodh marcshlua i Lios Tuathail tamall ina dhiaidh sin. Thug an rialtas údarás don Ghinearál Ó Laoi na ceithearnaigh a ghlaoch amach chun tacaíocht a thabhairt don údarás sibhialta. I dtosach Mheán Fómhair neartaigh sé an marcshlua i Lios Tuathail nuair a sheol sé aon duine déag breise díobh chun na háite sin agus bhí fiosrú ar bun aige féachaint an raibh aon chuid de mharcschlua na gceithearnach oiriúnach le cur ar dualgas.[17]

Bhí an-iontaoibh go deo ag daoine measúla as na ceithearnaigh, iad á rá go raibh siad an-éifeachtach riamh ag déileáil le trioblóid agus go raibh an rath riamh ar iarrachtaí an *Feale Cavalry* agus *Infantry* agus ridire Chiarraí i gceannas orthu.

Tamall ina dhiaidh sin bhí buíonta á gceapadh ag Ó Laoi chun patról a dhéanamh ar fud na ndúichí, agus ordú ag teacht ó fheidhmeannaigh Chaisleán Átha Cliath méadú a dhéanamh ar mharcshlua na gceithearnach dá mbeadh gá leis[18] agus tugadh geallúint go mbeadh mórchuid saighdiúirí á gcur isteach sa dúiche chun na garastúin a bhí ann cheana féin a neartú. Ag deireadh mhí Dheireadh Fómhair bhí *William Ponsonby* ar patról sa dúiche sin ar an taobh thiar thuaidh de Lios Tuathail agus dúirt sé go raibh an dúiche go léir faoi shuaimhneas.

30 Samhain mháirseáil dhá thrúpa de shaighdiúirí ó Luimneach le dul go Lios Tuathail, go Trá Lí agus go Tairbeart . . . agus ghluais buíon de na *Cameronians* ó Rath Caola agus iad ag tarraingt ar Sheanaghualainn agus ar Lios Tuathail.[19]

Ag deireadh na bliana ní fhéadfadh aon amhras a bheith ar éinne sa dúiche faoina raibh ar bun ag na Buachaillí Bána, ní raibh aon amhras ar dhaoine ach chomh beag faoina gceannasaíocht ná faoin éifeacht a bhain lena n-eagras chun iachall a chur ar dhaoine a n-ordaithe a chomhlíonadh. Ba léir gur acu a bhí cumhacht ar bhás agus ar bheatha agus gur beag feidhm a bhí ag éinne eile sa dúiche. Níor mhiste dúiche dhílis na mBuachaillí Bána á thabhairt ar Chnoc an Fhómhair agus ar thuaisceart Chiarraí i gcoitinne i rith na bliana sin 1808. Níor chás do dhuine as a thaithí féin an bhliain sin cur síos dá leithéid seo a dhéanamh ar a n-imeachtaí:

Cuireann siad tús lena n-imeachtaí le daoine a chur faoi bhrí na mionn a dtoil a dhéanamh agus a n-imeachtaí a choimeád faoi rún go docht. Socraíonn siad an praghas is mó a bheidh ceadaithe do sholáthairtí bia, socraíonn siad pá sclábhaithe agus lucht oibre agus níl cead ag éinne oibriú ar aon ní níos lú ná sin. Tugann siad ordaithe do na feirmeoirí go léir gan na deachúna a thógáil as na goirt ach iad a fhágáil ansin le lobhadh nó le tógáil as ag an ministir féin de réir mar a oireann dó. Chros siad ar fheirmeoirí chomh maith déileáil a dhéanamh i leith na ndeachúna le héinne ach leis an ministir féin. Ní cheadaíonn siad d'aon strainséar seilbh a ghlacadh ar thalamh ach é a fhágáil ag an seantionónta; agus éinne a rinne cantáil, ar sheantionónta, bhí air seilbh a thabhairt suas. Tá ruathair á ndéanamh acu i gcónaí ar thithe ag lorg arm agus armlóin. Tá síntiúis á dtobhach go fada fairsing acu chun armlón a cheannach dóibh féin agus chun compord éigin a sholáthar dóibh siúd dá gcuid atá i bpríosún agus chun iad a chosaint san am céanna ar fhaisnéis a thabhairt, chun ciste a chur le chéile chun aturnae a fhostú chun iad féin a chosaint ar aon chúisiú a dhéanfaí orthu. Bunaíonn siad margaí agus aontaí ar fud na dúiche, agus tugann fógra do na dhaoine díol agus ceannach sna haontaí agus sna margaí sin. Tugann siad léasadh nó dianchéasadh nó an bás féin dóibh siúd a sháraíonn a reacht. Dónn siad tithe agus deineann siad aimliú ar ainmhithe na ndaoine a thuilleann a mí-shásamh.

1.8 Mearbhall ar an Rialtas

Cuid den deacracht a bhí ag lucht údaráis agus iad ag iarraidh eolas a fháil faoina raibh á bheartú ag na Buachaillí Bána ab ea an nós a bhí acusan cur le chéile agus gan tabhairt faoina chéile i láthair an dlí. Agus iad teanntaithe i bpríosúin ní raibh siad sásta cúisiú a dhéanamh ar a chéile, cé go mb'fhéidir go raibh siad ag sárú a chéile go nimhneach sular cuireadh isteach iad. Ach bhí an tuiscint ag na Buachaillí Bána go bhféadfaidís a bheith ag sárú a chéile, ag gabháil dá chéile ag aontaí agus i ngach áit ina mbeadh a ndóthain mhór le déanamh ag lucht dlí is cirt chun lámh a dhéanamh orthu. B'ait le lucht údaráis iad a bheith chomh mór sin lena chéile, fiú cairdiúil lena chéile.[1]

An tuiscint sin, an comhréiteach sin idir na Buachaillí Bána, ghoill sé go mór ar lucht údaráis agus ar a lucht tacaíochta. B'fhearr leosan go mór go mbeadh na Buachaillí Bána in earraid lena chéile, fiú go dubh i gcoinne a chéile, mar ansin bheadh sé níos fusa déileáil leo agus sárú a dhéanamh orthu. Agus tuigeadh do lucht údaráis go raibh baol dá gcóras ar fad sa chomhréiteach sin agus gurbh é a thiocfadh as i ndeireadh na dála, agus i bhfad na haimsire, ná neamhshuim i mbeatha an duine; tuigeadh dóibh nach mbeadh meas dá laghad ar bheatha an duine agus go mbeadh an aigne sin ag fás agus ag neartú nó go mbeadh sé ina nós seanbhunaithe agus bheadh drochmheas ar an gcóras dlí ar fad agus bheadh col ag daoine le hiarrachtaí uile an rialtais.[2]

Ach idir an dá linn bhí tuiscint áirithe ag feidhmeannaigh Shasanacha ar chás dáiríre na tíre. Thug duine acu a thuairim mar a leanas agus níor mhiste é a lua le Cnoc an Fhómhair sa bhliain 1808:

The ordinary laws of the land were not equal to the suppression of those tremendous evils . . . life or property were no longer secure, those who were armed with power found themselves unequal to the task of preserving the public peace.[3]

Ach bhí siad i ngleic leis an gcúram. Bhí feidhmeannaigh an rialtais i mBaile Átha Cliath ar a ndícheall feadh na bliana sin ag iarraidh smacht éigin a chur i bhfeidhm sa dúiche. Is iomaí litir a seoladh go Caisleán Átha Cliath ag cur comhairle ar an rialtas agus is iomaí léamh a rinneadh sna litreacha sin ar staid na muintire agus ar cad ba bhun leis an saol suaite ar fad ina raibh siad gafa. Daoine gairmiúla, feidhmeannaigh a raibh baint acu tráth leis an dúiche, a chuir formhór na gcuntas sin le chéile, breitheamh, giúistísí, aturnae ginearálta, feidhmeannaigh airm agus póilíní, sagart, ministir agus daoine eile nárbh iad.

Ar na daoine sin a bhí ag cur comhairle ar an rialtas an bhliain sin bhí sagart a oileadh i Maigh Nuad, duine, b'fhéidir, den chéad ghlúin sagart a tháinig amach as an gcoláiste sin. I litir chuig seansailéir na Breataine thagair sé do chor nua a bhí tagtha ar an saol in Éirinn, agus chuir sé ar

114

a súile don rialtas cad leis go mbeadh siad ag broic feasta i saol na hÉireann; ba é an cor nua a bhí i gceist aige ná sagairt go mbeadh sé ag goilliúint orthu go ndearna lucht údaráis déileáil mhíthrócaireach lena muintir agus nach raibh sásta ina dhiaidh sin a ndílseacht a thabhairt do chóras a thug drochíde ar na daoine ab ansa leo; agus mar bhuille scoir mheabhraigh sé don sainsailéir go raibh an uair úd in Éirinn:

> priests who had fought and commanded in the rebellion of 1798 and whose nearest relatives had fallen in that unhappy struggle; such men with the influence of a priest and a spirit of revenge are very dangerous in society.[4]

Ar na daoine a bhí ar a ndícheall an bhliain sin ag cur comhairle ar an rialtas bhí *William Ponsonby*, sirriam an chontae. Dúirt sé i litir leis go raibh sceimhle a ndóthain ar na *gentry*, ar na daoine a raibh dea-chroí acu don rialtas – an méid a bhí ann díobh – faoin spiorad ainrialta a bhí chomh coitianta sin sa taobh sin tíre, go raibh ballchrith ag leathadh go fairsing. Bhí sé féin tar éis teitheadh leis go Trá Lí faoin tráth sin as a theach a bhí i gceartlár na hainrialtachta ar fad, agus dúirt sé go raibh na ceithearnaigh a bhí faoina cheannas lán d'eagla go dtabharfaí fúthu ina nduine agus ina nduine agus go raibh a gcuid arm ina gcruach acu ina theach féin a bhí gan cosaint ar bith. Bhí sé féin, dúirt sé, i bhfabhar dúichí ar leith a chur faoi chúram giúistísí ar leith agus ceannas a thabhairt dóibh ar bhuíon saighdiúirí a bheadh láidir go leor chun dul ar patról sna dúichí ainrialta. Bhí sé i bhfabhar, fiú, iachall a chur ar ghiúistísí dul i mbun gnímh.[5]

Chuir an breitheamh *Robert Day* cuntas eile díobh sin ar fáil ag cur comhairle ar an rialtas. Bhí baint ar leith aige sin leis an saol agus leis an dúiche ar a raibh sé ag cur síos agus chuir sé de dhua air féin scrúdú ar leith a dhéanamh ar chás na muintire sular chuir sé a chuntas le chéile. Is é seo a leanas a chur síos ar staid na dúiche i gcoitinne i mí Mheán Fómhair 1808:

> The northern frontiers of this county [Ciarraí] . . . where the occupiers of the soil are ground to powder and barely exist . . . the vast peasant population of the northern barony (Oireacht Uí Chonchubhair) . . . have either been dispossessed of their ancient holdings and turned adrift or reduced by rack rents to a state of abject beggary and finding no relief in the benevolence, the charity or the common sense of their landlords they betake themselves to the last refuge of dispair, the last alternative for existence, to force and violence to achieve what supplication could not.[6]

Bhí mórán den mhilleán ag *Robert Day* ar *Lord Ennismore* a bhí ag cur a thalúintí ar ceant nuair a bhí na seanléasanna istigh, na talúintí sin á ligean

115

aige ar an bpingin ab airde agus gan toradh dá laghad aige ar an tionónta a bhí i seilbh:

What is the merciless system of Lord Ennismore the principal land-owner in this barony. His greatest possessions as old leases expire are advertised to be let by auction to the highest and best bidder, without the slightest regard for what in England is called Tenant Right.

Toisc nach raibh aon iontaoibh riamh ag na daoine a bhí ag cur comhairle ar an rialtas as na daoine a bhí faoi anró ná aon lé acu leo, de ghnáth níor thuig an rialtas ná a chomhairleoirí go raibh aon leigheas eile ar an scéal ach na daoine a bhrú faoi chois. Is léir, óna chuntas, gur thuig an breitheamh *Day* cás na muintire, go raibh tuiscint aige ar na rudaí go léir a bhí ag cur as dóibh. Ach in ainneoin sin is uile ní raibh aigesean freisin ach an t-aon leigheas amháin: "Caithfear an spiorad sin a ruaigeadh, caithfear an tÉirí Amach a bhrú faoi chois, caithfear na Rialtóirí seo a chur den bhfód agus caithfear é a dhéanamh láithreach nó beidh an contae ina aon bhladhm amháin lasrach", agus na daoine a bhí páirteach sna himeachtaí sin ní raibh iontu ach "daoscarshlua barbartha, díodar na ndaoine", agus "iad ag cur cogaidh ar shealúchas daoine, sealúchas an tuata agus sealúchas an eaglaisigh agus an dá shaghas trí chéile". Fiú an Maor Ó Mathúna, a léirigh in an-chuid dá chuntais a thuiscint ghrinn ar chás na gnáthmhuintire agus a raibh a lé leo soiléir go maith, ní raibh sé ábalta gabháil lasmuigh de thuiscint choitianta lucht údaráis sa chúram seo. Mhol sé go gcuirfí acht an Éirí Amach i bhfeidhm ar fud Chiarraí ach ní raibh an rialtas sásta a leithéid a dhéanamh.

Thuig lucht na litreacha nárbh aon chabhair aon ní dá bhféadfadh an rialtas cuimhneamh air nó go ndéanfaí tathant ar na giúistísí misneach a bheith acu agus dul i mbun a gcúraim. Bhí daoine eile ag moladh don rialtas go gcuirfí iachall ar na giúistísí beart éigin a dhéanamh.

Ach bhí iarrachtaí ar bun ag an rialtas sna dúichí suaite feadh na bliana ag iarraidh srianadh éigin a dhéanamh ar imeachtaí na mBuachaillí Bána. Nuair a bhí an breitheamh *Robert Day* i dtuaisceart Chiarraí an bhliain sin thug sé na giúistísí ón gcomharsanacht os a chomhair agus mhínigh sé dóibh faoi na cumhachtaí a bhí acu, na dualgais a bhí orthu agus rinne sé iad a spreagadh go dúthrachtach dul i mbun a ndualgas. Ach thuig *Morrison*, ceannaire de lucht airm Lios Tuathail, nárbh aon chabhair faoin spéir saighdiúirí a chur go dtí dúichí ainrialta; bheadh siad ar aon dul leis na saighdiúirí a bhí ar an mBaile Dubh, gan maitheas ar bith iontu de bharr patuaire agus neamhshuim na ngiúistísí.[7]

1.9 Saighdeadh *John Raymond*

Faoi dheireadh na bliana 1808 bhí sámhnas áirithe tagtha ar an anfa i gCnoc an Fhómhair. Bhí ard-dóchas ag lucht údaráis, ní foláir, go mbeadh an suaimhneas a bhí acu buan, go háirithe nuair a cuireadh 463 duine de mhuintir Chnoc an Fhómhair faoi bhrí na mionn go mbeadh siad dílis feasta, agus arís nuair a tugadh suas mórán cruach arm do *George Gun* i dtosach na bliana 1809.[1] Ach níor leor an méid sin féin chun deireadh a chur le ballchrith na *gentry* agus bhí tacaíocht an airm á lorg acu i gcónaí chun iad féin agus a gcuid a chosaint. Seoladh buíonta beaga saighdiúirí chuig Baile an Bhuinneánaigh agus chuig an Baile Dubh.

Má bhí na daoine imithe chun suaimhnis féin bhí iarsmaí na corraíola le brath go soiléir i gcónaí. Bhí daoine a raibh baint acu leis na himeachtaí gan gabháil fós agus iad ar a gcoimeád ar na sléibhte i gcomharsanacht Thairbirt, Lios Tuathail, Ráth Caola agus Ghleann Corbraí; bhí caidreamh fada fairsing acu ar dhaoine agus gan aon ní ag imeacht i gan fhios dóibh, i dtreo nárbh fhéidir breith orthu. Bhí lucht údaráis agus a n-eagras ábalta cruth a chur ar a n-imeachtaí agus cuma na fírinne a chur ar an scéal. Bhíodh cuntas acu ar Éirí Amach a bhí beartaithe agus ar na hullmhúcháin a bhí déanta ina chomhair, cuntas ar shluaite á gcur faoi bhrí na mionn, cuntas ar mhórchuid arm a bhí tugtha isteach sa dúiche agus a bhí roinnte amach ar dhaoine. Ach diaidh ar ndiaidh bhíothas ag teanntú agus ag gabháil na mBuachaillí Bána agus á gcrochadh; choimeád sin an coire ar fiuchaidh.

Ach níor chuir aon chuntas a thabharfaí aon suaimhneas aigne ar dhaoine a bhí eaglach, imníoch le fada. Ba bhinn lena gcluasa-san, ní foláir, an teachtaireacht a bhí ag *Edward Wilson* dóibh agus é ag scríobh i Lios Tuathail ag deireadh na bliana 1808: "Níl aon ní i gcoinne an dlí ar bun ach ábhairín robála ag cladhairí a ritheann cosnochta trí na portaigh, áit nach bhfuil aon dul ar bhreith orthu". Ach thug an abairt seo a leanas le tuiscint dóibh nach raibh siad ó bhaol go fóill mar: "Tá na daoine sásta scaradh lena gcuid airgid níos túisce ná mar a thabharfadh siad faisnéis."[2]

Ach má bhí dealramh suaimhnis ar an muintir dhúchais ba mhí-shuaimhneasach an suaimhneas é, agus bhí siad dáiríre ag coipeadh le míshástacht, gan aon fheabhas imithe ar a gcás ná aon dóchas acu go n-imeodh, iad ag plé le hainnise a raibh taithí riamh acu uirthi, agus iarsmaí an tsaoil a bhí imithe ina cuaille comhraic dóibh uaireanta, iad ar uaire i ngleic arís le *John Raymond*, iad á shaighdeadh ní cás a rá, iad uaireanta ag bruíon lena chéile agus ag aontú le chéile ansin nuair a bhí *John Raymond* tarraingthe isteach acu san achrann.

Níl aon amhras ná go raibh an ghráin ag daoine i dtuaisceart Chiarraí ar *John Raymond* an tráth úd.[3] Tamall de bhlianta ina dhiaidh sin bhí tionónta leis ar a thriail i dTrá Lí toisc gur mharaigh sé duine de na comharsain. Chuir sé scéala chuig *Raymond* gur mhaith leis labhairt leis ach níor tugadh aon aird ar a achainí. Dúirt an príosúnach go hoscailte ina dhiaidh sin go gcuirfeadh sé a scian go feirc i *John Raymond* dá dtiocfadh sé chuige i ngabhann na cúirte.[4] Ba í an bhaint a bhí ag *Raymond* le gabháil agus le bás an Ghabha Bhig faoi deara cuid éigin den seanfhala sin, ní foláir.

An suaimhneas sin a bhí tagtha i réim i ndúiche Chnoc an Fhómhair,

117

mhair sé go dtí tosach na bliana 1811. Dúirt *John Raymond* i litir a sheol sé ar aghaidh go dtí Caisleán Átha Cliath 20 Bealtaine na bliana sin go raibh an dúiche an-suaite arís le tamall anuas ag círéibeacha móra agus gur cailleadh roinnt daoine dá mbarr. Dúirt sé go raibh bruíon an-mhór lá Aonaigh Mhóir na Bealtaine i Lios Tuathail nuair a chruinnigh dhá fhaicsean mhóra ina sluaite isteach ar an mbaile agus go raibh baol ann go dtabharfaí an bás do mhórán. "Bhí orm," ar sé, "glaoch ar bhuíon saighdiúirí chun teacht i gcabhair orm chun maolú a dhéanamh ar an mbruíon, rud a rinneadh, ach ní gan ábhar de mhí-úsáid phearsanta é, áfach, mar bhuail duine acu sa cheann mé." Rinne sé na ceannairí a ghabháil agus chuir i bpríosún iad i Lios Tuathail agus é ar aigne aige ceangal a chur orthu an tsíocháin a choimeád. Bhí sé sásta iad a scaoileadh amach an lá dár gcionn ach urraí ar a n-iompar feasta a ainmniú, rud nach raibh siad sásta a dhéanamh. Chuir siad iarratas chuig cúig cinn de ghiúistísí sa chomharsanacht, ceann i ndiaidh a chéile. Orthu sin bhí *George Gun, George Sands, Richard Chute* agus *Oliver Stokes*, ach ní raibh aon ghiúistís acu sásta cabhrú leo toisc gur dhiúltaigh siad bannaí a ghabháil. Thug sé trí lá eile dóibh chun an scéal ar fad a mheas ach sheas siad go daingean lena ndiúltú agus sheol *Raymond* iad i gcóiste ansin go príosún Thrá Lí.

Agus iad ar an mbóthar go Trá Lí tugadh os comhair *Ponsonby* i gCrota iad agus thug sé sin cead reatha dóibh láithreach. Ansin d'fhill siad ar Lios Tuathail agus bhí siad ag gabháil timpeall ag tabhairt dúshláin *Raymond*. Ní ró-shásta a bhí seisean leis an déileáil a rinne *Ponsonby* leo agus chuir sé an scéal ar fad faoi bhráid an rialtais i mBaile Átha Cliath agus d'fhág sé fúthu an scéal a réiteach de réir a dtuisceana féin.

D'iarr an rialtas ar *Ponsonby* míniú a thabhairt ar a raibh déanta aige. Dúirt sé ina fhreagra go raibh sé de cheart ag na príosúnaigh go scaoilfí amach ar bhannaí iad ach toisc go raibh an tsuim airgid a bhí á héileamh iomarcach agus go raibh sé féin den tuairim go raibh an giúistís, a rinne iad a ghabháil, imithe thar fóir agus uime sin nach gceadódh sé féin iad a thabhairt go príosún. Is léir nach bhfuair *John Raymond* aon sásamh, cé gur ghearán sé, i gcuntas a sheol sé isteach ina dhiaidh sin, nár ghabh Domhnach ná lá aonaigh thart i Lios Tuathail gan ceannaircí móra troma a bheith curtha sa tsiúl ag na daoine ceannann céanna a scaoil *Ponsonby* saor.

Tharla ceannairc dá leithéid sa bhliain 1814, agus arís, bhí baint ag *John Raymond* léi agus tá dhá insint ar ar tharla an lá sin. Deir cuntas amháin gur tháinig slua daoine — céad duine agus breis – ar an mbaile Lá Bealtaine na bliana sin agus iad ag tabhairt "Buachaillí Bealtaine" orthu féin. Bhí siad gléasta in éadaí bána agus iad maisithe le ríbíní bána agus le suaitheantais eile. Bhí siad roinnte i dhá bhuíon, buíon amháin ó Oireacht Uí Chonchubhair faoi cheannas Mhuiris Uí Loingsigh agus an bhuíon eile agus Coirceach (*Quirke*) mar cheannaire orthu. De bharr eachtra beag a tharla idir an dá dhream ghlaoigh *John Raymond* ar na saighdiúirí agus d'ordaigh

OFFICERS OF THE SOUTH OF IRELAND YEOMANRY.

Photo by] [*Charlton, Newbridge.*

Names reading from left to right are—Top Row (Standing)—Captain Warren, Lieut. C. O'Connor, Lieut. The Knight of Glin, Lieut. Summerville, Surg. Lieut. MacCabe (Medical Officer); Lieut. Baylis (Quartermaster); Lieut. Furlong, Captain Stoeford. Second Row (Sitting)—Captain Bryson, Lieut. Moore, Capt. Villiers Stuart, Major Burns Lindow (Adjutant), Col. The Marquis of Waterford, K.P. (Commanding), Lieut.-Col. Sir. Lepor Moore (2nd in Command), Lieut.-Col. Sir Kildare Borrowes, Bart.; Major F. H. Wise, Captain J. O'Grady Delmege.

119

dóibh caitheamh leis an slua. Maraíodh triúr fear agus tugadh goin bháis do ábhar eile. Tugann an *Chronicle* insint eile ar ar tharla.[5] Deir sé sin gur tharla achrann mór i Lios Tuathail idir dhá fhaicsean daoine ón gcomharsanacht, go raith ar reisimint Phort Láirge – a bhí ar dualgas ar an mbaile – teacht i láthair, gur caitheadh clocha leo agus gur tugadh oiread sin drochúsáide dóibh go mba éigean dóibh caitheamh le feidhm mharaithe.

Is léir ó na cuntais éagsúla go raibh an dá dhream ag gabháil dá chéile chomh mór sin go raibh ar na húdaráis an t-arm a ghlaoch amach, gur chuir an dá bhuíon le chéile láithreach i gcoinne an airm ach is aisteach go raibh – má bhí – easpa céille chomh mór sin ar an dá bhuíon gur sheas siad in aghaidh an airm, ach b'fhéidir gur imeartha a bhí *John Raymond* agus go mba bheag a spéis i bpríosúnaigh faoin tráth sin. Ach ba léir go raibh an tseantuiscint ann i gcónaí idir na Buachaillí Bána; bhí siad ag cur le chéile i gcónaí i láthair an namhad.

I dtosach mhí Feabhra 1814 ba ríléir do *Whitehall* nár leor iarrachtaí na ngiúistísí – leis na cumhachtaí a bhí acu an uair úd agus le tacaíocht bhuíon mhór saighdiúirí – chun airm agus maoin na ndaoine a bhí dílis dóibh a chosaint agus chun suaimhneas a thabhairt i gcrích i saol na phobail i ndúichí difriúla in Éirinn:

> It is nevertheless too apparent that in several parts of Ireland the exertions which have been made of the present powers of the magistrate aided by a large military force have proved insufficient to protect the arms and the property of his Majesty's peaceable and loyal subjects and to provide effectually for the public tranquillity.[6]

Níl aon amhras ná gur féidir an bhreith sin a lua le dúiche Chnoc an Fhómhair agus le tuaisceart Chiarraí i gcoitinne sna blianta sin. Ocht mbliana ina dhiaidh sin scríobh *Wellesley*: "Tá sé braite agam nár tugadh i gcrích go fóill aon athrú éifeachtach i measc mhuintir Chiarraí."[7]

1.10 Bliain an Choileánaigh: 1815

Bliain an-suaite ab ea an bhliain 1815 i ndúiche Chnoc an Fhómhair. I bhfíorthosach na bliana bhí an giúistís *George Gun* ag breith chuige féin agus é ag tathant ar ridire Chiarraí cás na *gentry* agus na bpríomhfheirmeoirí sa dúiche a chur os comhair an rialtais. Bhí an spiorad ceannairceach a bhí sa dúiche sin ag goilliúint orthu agus bhí a sealúchas agus fiú a mbeatha i mbaol. Dúirt an ridire:

> For several years past, perhaps for thirty, disturbances have from time to time occurred in the district; frequently connected with tythes and arising from the poverty of the people. However desirable (it is) that such causes should be remedied in the meantime the property and even lives of the gentry and better farmers . . . are exposed to considerable danger.

Mhol sé fiche saighdiúir, nó fiú dosaon saighdiúir, a chur go Baile an Bhuinneánaigh, faoi mar a rinneadh go minic cheana. Bhí, dar leis, scata bithiúnach ag tabhairt ruathair faoi thithe istoíche agus ag ardú leo airm as áiteanna éagsúla abhár de mhílte siar ó Bhéal Átha Longfoirt, i dtreo Leitir, Bhaile an Bhuinneánaigh agus Lios Eiltín.

An rud á bhí á thuar ag *George Gun* agus ag ridire Chiarraí thit sé amach i mí Feabhra. Thug scata Buachaillí Bána ruathar oíche faoi theach an Leifteanant *Allen Graham* agus faoi theach G. *Leonard* i gCill Eiltín agus faoi theach Thoirealaigh Uí Chonchúir in Achadh na gCrann. Bhí siad ag lorg arm agus "níor fhág siad oiread agus aon fhuinneog amháin gan briseadh. Rinne siad smidiríní de throscán chomh maith." Chuaigh siad as sin isteach go Béal Átha Longfoirt féin agus rinne siad dí-armáil ar chuid de chór na gceithearnach. Thug siad ansin faoi theach an Oirmhinnigh *Morris* ag lorg airm agus bhris siad na fuinneoga ar fad agus an troscán agus thug siad leo a ghunna. Nuair a bhí siad réidh "léim siad ar a gcapaill – bhí timpeall is ceithre chapall is fiche acu – beirt fhear ar gach capall agus b'sheo leo go Lios Eiltín".

Tugadh faoi deara gur bhuail ábhar airgid leo agus iad ag póirseáil ag lorg arm ach nár bhain siad leis. I dteach an Leiftenant *Graham* níor bhain siad le huaireadóir óir ná le hearraí luachmhara eile a bhí faoina lámha agus ba é an scéal céanna acu é i dteach G. *Leonard*. Ní raibh uathu ach airm a dúirt siad. Bhí daoine ochlánach go maith gur tugadh íde dá leithéid ar Thoirealach Ó Conchúir, mar tiarna talún mórchroíoch lách ab ea é agus duine uasal caoin cneasta. Bhí trua chomh maith don Oirmhinneach *Morris*, "fear nár chuir stuaic ar éinne riamh agus fear a bhain le ceann de na teaghlaigh ba shine agus ba ghalánta sa dúiche".

Chuir an eachtra sin an-mhíshuaimhneas ar an saghas sin. Chuir siad a gcuid ban agus a gclann amach as an dúiche ar mhaithe le slándáil. Thréig an Leifteanant *Graham* a theach faoin tuath agus thug a bhean is a chlann isteach i lóistíní suaracha i mBéal Átha Longfoirt. Ní raibh aon leigheas eile ar an scéal ag G. *Leonard* ach fanacht mar a raibh aige cé go raibh raic déanta de fhormhór a thí. Chaith an tOirmhinneach *Morris* maireachtáil leis ina theach gan fuinneoga. Bhí scrios déanta ar a raibh sa saol aige. Chuir daoine measúla as Béal Átha Longfoirt iarratas isteach chuig Leiftea-nant *Graham* agus chuig G. *Leonard* an cór ceithearnach a chur ar dualgas chun muintir an bhaile a chosaint agus chun deimhin a dhéanamh de nach mbainfí a gcuid arm de na ceithearnaigh arís agus chun féachaint chuige nach mbéarfaí arís orthu. I gceann tamaillín bhí dosaon fear acu ag gardáil an bhaile gach tráthnóna.

Tamaillín i ndiaidh an ruathair a tugadh faoi Bhéal Átha Longfoirt rinn-eadh ruathar dá leithéid ar an mBeann Mór (An Baile Dubh). Is iad na daoine céanna a bhí páirteach ann, daoine ó chomharsanacht Leitir, Bhaile an Bhuinneánaigh agus Lios Eiltín. Chuaigh siad go hoscailte thar abhainn sall ar an mbád farantóireachta (*ferry*) agus fear óg darbh ainm Parthalán

Ó Coileáin i gceannas orthu. Is é, chomh maith, a bhí i gceannas ar an ruathar a tugadh faoi Bhéal Átha Longfoirt. Is é a thug iad go Baile Dubh ná chun pionós a ghearradh ar roinnt fíodóirí a bhí ag baint an iomarca amach as a gcuid saothair. Rinneadh beirt acu sin a cheangal do chaidéal an bhaile agus tugadh greasáil mhaith dóibh, ach sular fhág buíon an Choileánaigh an baile goineadh duine acu féin go mór – Mac Mathúnach – le linn dóibh bheith ag tabhairt faoi theach Dhónaill Uí Chonchúir agus mar dhíoltas as an mbeart sin d'fhill siad ar ais ar an mbaile oíche an tSathairn a bhí chucu. Chaith siad roinnt piléar san aer ar dtús chun eagla a chur ar dhaoine. Chuir siad fógraí suas ag fógairt ar mhuintir an bhaile gan bia ná lóistín a thabhairt do lucht airm, dá gcuirfí díorma den arm chuig an baile. De bharr ócáid dá leithéid cheana bhí lucht airm ag cur fúthu i dtithe na muintire ar an mbaile tamall. Tugadh ordú docht do dhaoine gan tairiscint a dhéanamh ar thalamh a raibh a léas istigh. Rinneadh sin mar go raibh talamh do lucht scóir ag déanamh tinnis dóibh freisin.

Ag seisiún cúirte an earraigh dár gcionn gearradh breis agus sé céad punt ar dhúiche Chnoc an Fhómhair toisc gurbh as a tháinig na daoine a rinne an díobháil go léir agus a rinne an suaitheadh ar fad ar dhaoine. De bharr ordú na cúirte fuair an tOirmhinneach *Morris* tríocha punt, *G. Leonard* ochtó punt, an Leifteanant *Graham* breis agus seachtó hocht bpunt, Toirealach Ó Conchúir seachtó punt, Séamas Mac Piarais ábhar i dteannta cúig phunt déag, agus Dónall Ó Conchúir caoga sé punt sé scilling agus pingin, agus fuair Séamas Ó Guithín (*Wynne*), fíodóir, cúig punt is fiche. Bhí suimeanna eile airgid dlite do dhaoine eile freisin as dochar a bhí déanta dá gcuid ón bhfómhar roimhe sin.

Mac le Micheál Ó Coileáin ó Mhaigh Bile ab ea an Parthalán Ó Coileáin a bhí i gceannas ar na Buachaillí Bána sa dá eachtra sin. Bhí a athair an-imeartha faoina raibh ar bun ag a mhac agus chuaigh sé chun cainte leis an Maor Dónall Ó Mathúna i rith seisiún na cúirte i dTrá Lí. D'fhág an Mathúnach cuntas againn ar ar tharla:

Tháinig Micheál Ó Coileáin ó Mhaigh Bile chun mé a fheiceáil 9 Márta 1815. Fear ionraic macánta is ea é agus athair an bhithiúnaigh chruthanta sin a raibh líonrith á chur aige ar an dúiche ar fad le tamall. Istoíche a tháinig sé mar bhí eagla air go bhfeicfí é i mo theannta. Dúirt sé gur theastaigh uaidh le fada labhairt liom agus go mba mhór an faoiseamh dó a rún agus cúis a chrá croí a nochtadh . . . An fhaisnéis a bhí aige, ní raibh sí aige as a thaithí féin, is amhlaidh a fuair sé í ó sheirbhíseach leis darbh ainm an Sítheach. Dúirt sé go raibh deartháir leis an Sítheach mar pháirtí ag a mhac féin agus bhí sé den tuairim go dtabharfadh an Sítheach gach faisnéis dóibh dá bhféadfaí teacht suas leis. "B'shin é an saghas é." Dúirt sé chomh maith go raibh an-dóchas aige as a mhac le linn a óige agus go raibh mórán airgid caite aige lena oideachas ach go raibh sé meallta uaidh anois ag deartháir a chéile féin

122

.i. Tomás Ó hAonasa ó Leathardán agus go raibh sé sin ag baint úsáid as chun a chuspóirí leithleiseacha mí-mhacánta féin a thabhairt i gcrích. Rinne sé saol a mhic a ríomhadh os mo chomhair óna óige go dtí an lá sin nuair a bhí ceannas aige ar na corríola agus ar na robálaithe arm ar fad nach mór. Dúirt sé freisin gurbh é a bhí, ar dtús, óna mhac agus ó na daoine a bhí páirteach leis ná soláthairtí arm chun eagla a chur ar dhaoine, agus, amhlaidh sin, greim a choimeád ar a dtailte ar bhreith a mbéil féin, agus go mbeadh glacadh lena dtuairimí féin agus go ndéanfaí dá réir i saol na dúiche. Bhí léas Uí Aonasa ar thalamh Leathardán istigh 25 Márta agus ba é soláthar na talún sin do Ó hAonasa an gad ba ghaire don scornach ag a mhac agus ag a bhuíon. Bhí sé an-ghearánach faoin Athair Ó Raithile, an sagart cúnta sa pharóiste, agus dúirt sé go raibh lámh ag an sagart ina raibh ar bun le tamall agus ba é a thuairim go bhféadfadh sé a mhac a thabhairt leis murach tionchar an tsagairt.

Fear gustalach go maith ab ea Tomás Ó hAonasa agus daoine mór le rá i bpáirt leis. Bhí Micheál Ó Coileáin teann go maith freisin agus teacht isteach de thrí chéad punt nó cheithre chéad punt in aghaidh na bliana aige.

Chuaigh an Maor Ó Mathúna chun cainte leis an easpag Ó Siochrú faoi chás an Athar Uí Raithile. Bhí an sagart paróiste freisin tar éis é a ghearán leis an easpag, é á rá go raibh faillí á déanamh aige ina dhualgais spioradálta. Fuair an Mathúnach amach go raibh dea-theist ar an sagart i láthair an easpaig, gurbh é an coirnéal *Crosbie* a mhol é an chéad lá mar ábhar sagairt agus a mhol go hard é. Rinne an t-easpag fiosrúchán faoin gcás agus díbríodh an sagart as an deoise dá bharr. Cuireadh Stacach mar shagart cúnta go Lios Eiltín i gcomharbacht ar an Raithileach.

Roimh dheireadh mhí Márta thug ridire Chiarraí roinnt den arm amach ó Lios Tuathail agus deartháir leis an Dochtúir *Church* ina theannta; chuaigh siad ar fud chomharsanacht Lios Eiltín agus Bhaile an Bhuinneánaigh ag cuardach go mion ag lorg arm ach ní raibh an rath ar an iarracht. Nuair a bhí siad ag filleadh tar éis na hoíche bhí muintir Lios Eiltín cruinnithe os comhair an tséipéil chun aifrinn agus thug an ridire caint spreagúil dóibh agus le linn aifrinn mhínigh an sagart paróiste, an tAthair Ó Murchú, an chaint sin dóibh i nGaeilge. Bhí mar thoradh ar an gcaint sin gur tugadh dhá chruach déag arm chuig teach *John Gun* i Lios Eiltín i gceann oíche nó dhó. Bhí, dealraíonn sé, bagairt déanta ar an sagart cúnta nua um an taca sin.

Ach bhí rás Pharthaláin Uí Choileáin geall le bheith rite ag tosach an Aibreáin mar bhí fear a bhraite ar a thóir le tamall agus níorbh éinne de na daoine a raibh an oiread sin fulaingthe acu dá bharr a bhí ann, ach fear a d'aithin é an oíche úd i mBéal Átha Longfoirt, i.e. Seoirse Ó Gráda. Bhí súil á choimeád air fiú nuair a bhí sé ar cuairt ag a dheirfiúr i gcontae an Chláir. Thóg *George Gun* é 27 Aibreán 1815 agus dhá lá ina dhiaidh sin agus a chuntas oifigiúil ar an gcúram á scríobh aige i mBaile an Bhuinn-eánaigh dúirt sé go raibh an-dóchas aige go bhféadfaí na hairm ar fad a baineadh de mhuintir na dúiche le láimh láidir a fháil ar ais agus bhí dóchas aige freisin go mbeadh na torthaí is fearr ar an gcúram ar fad. Chuir an *Lord Lieutenant* a bhuíochas in iúl agus dúirt sé go raibh dóchas aige go bhfaighfí na torthaí go léir a raibh súil leo.

Bhí an Sítheach gan gabháil fós, áfach, agus i dtosach na Bealtaine thug Seoirse Ó Gráda giúistís agus buíon den arm leis ó Lios Tuathail agus thóg siad an Sítheach i mBéal Átha Longfoirt agus chuir siad i bpríosún é.

I dtosach na Bealtaine tionóladh cruinniú i séipéal Lios Eiltín de na *"Loyal, Peaceable and Independent Inhabitants of Gale, Liselton, Kilconley and Killehenny"*. Ag an gcruinniú sin cuireadh na rúin seo a leanas os comhair an chruinnithe agus glacadh leo d'aon toil:

Resolved that Whereas the Arms which were taken away by our unfortunate deluded Country men are recovered and given up and the Peace of our Parishes is now realised and tranquility restored. We the undernamed do voluntarily and unanimously bind ourselves on the Holy Evangelists that we will from henceforth at the risk of our lives and Properties unite and co-operate during . . . to defend and support his Majesties Peace in said Parishes and put down and suppress all con-spiracies and nightly meetings that may hereafter appear to disturb the Peace of said Parishes and also Guarantee to cause to be returned any arms not heretofore given up.

Resolved that as we have hereby guaranteed the peace of our parishes, which is now completely restored we deem the caption and prosecution of our deluded and depraved Countrymen for heretofore disturbing the Public Peace, now unnecessary.

Resolved therefore that we do petition his Excellency, the Lord Lieutenant, praying his Excellency to extend his amity and forgiveness, to our deluded parishioners, and Countrymen, and that we humbly solicit the Right Hon. Maurice Fitzgerald and John Church Esq. to attend our meeting and the Right Hon. Maurice Fitzgerald to forward our petition to his Excellency.

Le tamall anuas ní raibh an Grádach ar a shuaimhneas agus é suite meáite de gur theastaigh ó dhaoine é a mharú. Gheall an Maor Ó Mathúna dó go ndeánfaí é a chosaint agus é a thabhairt go háit níos sábháilte dá mbeadh sin riachtanach agus lean sé air:

Ní miste dom a rá go dtuigfeadh fear óg cliste nach ndéanfadh an rialtas fáillí ann más faisnéis thábhachtach atá tugtha aige. Beidh air imeacht as an dúiche tar éis na cúirte. Tá oideachas maith sna clasaicí faighte aige agus is de dhaoine galánta é. B'fhéidir go mbeadh sé chomh maith áit i gcór éigin a fháil dó.

Uair dá raibh an Mathúnach agus an Dochtúir *Church* i Lios Tuathail chuir an Grádach fáth a bhuartha in iúl dóibh agus nuair a rinne siadsan an scéal a fhiosrú fuair siad amach go raibh mórán den "dúirt bean liom go ndúirt bean léi" ag baint lena chuntas.

Ach tar éis na tiomána ar fad faoi Pharthalán Ó Coileáin ní bhfuarthas ciontach riamh é. Dealraíonn sé nár leor an fhianaise a thug Seoirse Ó Gráda ina choinne agus gur scaoileadh saor é de bharr easpa san fhaisnéis ina choinne. Is deacair léamh ar na cuntais atá ar fáil ach dealraíonn sé go raibh ar an Maor Ó Mathúna a dhícheall a dhéanamh chun cuma na maitheasa a chur ar an scéal ar fad ar mhaithe le muintir an Chaisleáin. Ní cás dúinn bheith ag tuairimíocht agus ag ceapadh gurbh é an tAthair Ó Murchú faoi deara é scaoileadh saor, agus go raibh cara sa chúirt aige de bharr na ndaoine mór le rá a bhí ceangailte leis nó go raibh eagla ar na giúistísí, dá bhfaighfí an Coileánach ciontach go mbeadh saol acu arís dála mar bhí an bhliain a crochadh an Ghabha Beag. Níl a fhios againn agus ní dócha go mbeidh go deo. D'imigh an Coileánach gan tuairisc.

Bhí tábhacht áirithe ag baint leis an gcruinniú sin i Lios Eiltín i dtosach na Bealtaine toisc go mb'fhéidir gur spreag sé a thuilleadh den saghas sin níos déanaí. Bhí an-taithí go deo ag tuaisceart Chiarraí i gcoitinne ar chruinnithe dá leithéid sin agus ar mholtaí dá leithéid faoin mbliain 1821 mar bhain an Dochtúir *Church* an-úsáid as cruinnithe mar sin an bhliain sin chun an clabhsúr a chur ar imeachtaí na mBuachaillí Bána. B'fhéidir gurbh é an Dochtúir *Church* a spreag an cruinniú sin i Lios Eiltín sa bhliain 1815. B'fhéidir freisin go ndearna sé ionramháil ar na moltaí ag an gcruinniú sin. Nó b'fhéidir gur sa chruinniú sin i Lios Eiltín a fuair an Dochtúir *Church* éachtaint ar an éifeacht a d'fhéadfadh bheith ag roinnt le cruinnithe dá shórt. Nó b'fhéidir gurbh é an sagart, an tAthair Ó Murchú, a spreag an iarracht sin ar fad an chéad lá. Ar aon nós thug an cruinniú sin deimhniú don saol go raibh an tAthair Ó Murchú go mór i bhfabhar oird is eagair agus is cinnte nach dhearna an teist sin air aon díobháil do chás an Coileánaigh agus é á phlé.

Bhí an focal scoir maidir le cás an Choileánaigh ag an Maor Ó Mathúna i mí Feabhra 1817:

Is féidir liom a rá nach raibh muintir an pharóiste seo riamh níos ciúine ná mar tá siad anois, nár thug siad riamh níos mó aire dá gcúram féin ná mar a thugann siad anois. Is rómhaith is cuimhin leo a raibh le fulaingt acu bliain go leith ó shin nó dhá bhliain ó shin nuair a bhí orthu cúiteamh a dhéanamh as saghsanna éagsúla díobhála agus suimeanna airgid á ndíol acu a bhí chomh mór le cíos na talún féin ar roinnt de na feirmeacha. D'admhaigh muintir na háite dom féin gur tháinig siad i láthair dá dtoil féin agus gur chuir siad iad féin faoi bhrí na mionn i láthair ridire Chiarraí ina séipéal féin go nochtfadh siad dó féin, nó d'aon ghiúistís eile, nó dá sagart paróiste féin na chéad chomharthaí d'aon spiorad míchuíosach a thiocfadh chun tosaigh sa pharóiste de réir a n-eolais . . . Creidim go diongbhálta go mbeidh siad dílis dá ngeallúint más ea féin nach mbeadh aon ní ach a leas féin á spreagadh.

1.11 Fadhbanna Eacnamaíochta 1815-21

Ní cás a rá go raibh an dúiche ag druidim leis an ainnise agus leis an ngátar ón lá ar cuireadh deireadh le cogaí Napoleon sa bhliain 1815. Bhí daoine sa dúiche a raibh airgead déanta acu i rith na gcogaí sin, go háirithe feirmeoirí a raibh léasanna fada acu, ach bhí a thuilleadh acu a chaith toradh a saothair ar fad nach mór a thabhairt mar chíos don tiarna talún.

Nuair a bhí deireadh leis an gcogadh thosaigh praghsanna earraí feirme ag titim sa mhéid go raibh aon cheannach orthu; ach bhí na tiarnaí talún agus doicheall orthu aon laghdú a dhéanamh ar an gcíos ach iad ag iarraidh an cíos céanna a bhaint amach agus a bhí á bhaint amach acu blianta an chogaidh. Ní raibh tionóntaí in ann an cíos sin a íoc agus bhí siad uime sin i ngéarbhroid láithreach. Agus nuair a bhí feirmeoirí i dtrioblóid bhí na sclábhaithe i dtrioblóid, agus na daoine a bhí ag brath ar thalamh scóir chomh maith mar nach raibh aon fhostaíocht le fáil acu. Is iomaí duine acu sin a rinne a líon tí a chotháil le toradh a shaothair féin blianta an chogaidh.

Ina gcruachás chuaigh daoine i dtuilleamaí an phráta níos mó ná riamh. Ach ghoill an fliuchán ar an bpráta sa bhliain 1816. Drochbhliain ab ea í sin: bhí an samhradh agus an fómhar an-fhliuch agus an-fhuar agus tháinig sioc go míthráthúil ionas gur lobhaigh na prátaí sa talamh; theip siad ar fad in áiteanna i dtuaisceart Chiarraí, sna dúichí sin nach raibh an ithir faoi dóibh. Lean an drochaimsir go deireadh na Samhna agus rinne an cor sin dochar don arbhar agus go speisialta don chruithneacht nach raibh cruachta go fóill agus ní raibh an barr chomh mór agus a raibh súil leis.

Dealraíonn sé gur thug feirmeoirí i dtuaisceart Chiarraí faoi stilléireacht an bhliain sin mar áis chun breis airgid a dhéanamh as a raibh acu d'arbhar. Bhí dóchas éigin ann an uair sin go gceadódh an rialtas a leithéid. Bhí dúichí an-oiriúnach do thionsnamh dá leithéid; bhí ábhar tine, móin, go flúirseach agus roinnt mhaith coirce sa dúiche agus í cóngarach do Luimneach agus don Chlár agus uime sin bheadh muintir thuaisceart Chiarraí ábalta an cheird sin a fhoghlaim go tapaidh. Bhí margadh in aice láimhe freisin. Ach nuair a d'fhogair an rialtas go raibh siad i gcoinne a leithéid de bheart thit praghas an choirce agus na heornan go mór agus bhí paca (20 cloch) cruithneachta á dhíol ar ocht scillinge. Bhí na feirmeoirí níos measa as ná éinne eile sa dúiche.

Bhí rud eile ag cur as do mhuintir thuaisceart Chiarraí an bhliain chéanna, an chuigleáil airgid a bhí ar bun ar scáth na *Grand Juries*, bhí sé ag goilliúint orthu ar fad, ar na daoine nach raibh aon lámh acu san airgead sin agus ar na daoine a bhí páirteach i scéimeanna na *Grand Juries*. Bhí calaois de shaghas an-olc á cleachtadh go hoscailte agus go dlíthiúil, ní miste a rá. "Tá calaois agus leabhair éithigh tugtha go hairde láin", agus níor thaitin sin le daoine mar thuig siad go mbeadh a leithéid ina mbac agus ina gciotaí don obair mhór a bhí le déanamh chun bóithre nua a dhéanamh agus chun deisiú a dhéanamh ar bhóithre eile. Bhí siad, dar ndóigh, ag cuimhneamh ar an airgead breise a bheadh le díol acu féin agus an-chuid de ag imeacht sna slite sin ar bóiléagar.

Nuair a bhí teipthe ar an bpráta in áiteanna, agus laghdú imithe ar an mbarr arbhair, agus gan aon cheannach puinn ar a raibh ann de, bhí easpa bia ag bagairt ar dhaoine agus baol dá réir ann go gcuirfeadh siad bun arís ar cheannairc agus ar aindlí. Bhí an Maor Ó Mathúna i mbun a fheidhmeannais i gcónaí agus thuig sé sin go maith an ceangal a bhí idir gátar agus ceannairc i measc an phobail. Bhí seantaithí aige faoin tráth úd agus é imníoch go maith go raibh trioblóid ag boirbeáil arís. Agus an baol sin go láidir os comhair a aigne, mhol sé don rialtas go gceannófaí a raibh de fharasbarr prátaí in áiteanna eile chun iad a thabhairt isteach sna dúichí ina raibh teipthe ar an bpráta; ach ní raibh an t-airgead ann chuige sin.

Chuir an Maor Ó Mathúna fáth a bhuartha in iúl don phríomhaire *Peel* agus ghearán sé na tiarnaí talún leis. Ba iad sin, dar leis, na daoine is mó go mbeifí ag súil le fóirithint uathu, ach go raibh a bhformhór ina gcónaí i ndúichí eile agus gan aon ní á dhéanamh acu chun maolú a dhéanamh ar ghátar a dtionóntaí. Ba é iomadúlacht na ndaoine, dar leis, faoi deara mórán den ghátar. "I mbailte áirithe tá na daoine chomh hiomadúil sin gur ar éigean atá tabhairt go leor san ithir chun greim a choimeád ina mbéal gan an cíos a bhac." Bhí sé milleánach chomh maith ar mhionroinnt na talún, ar an riachtanas sin a thug ar gach lanúin phósta paiste talún a bheith acu dá mb'fhéidir in aon chor é. Thagair sé chomh maith don dochar a bhí déanta le tamall de bhlianta nuair a rinneadh iomadú ar na gabháltais bheaga ar mhaithe le cumhacht pholaitiúil.

Ba chás leis an maor an easpa mhór fostaíochta a bhí ag cur as do dhaoine a raibh taithí acu ar a gclann a thógáil le toradh a saothair. Ba mheasa, dar leis, an easpa fostaíochta ná meath an phráta. Thagair sé do na sluaite daoine ar fud na háite ar fad a bhí ag siúl rompu ag iarraidh déirce agus ba ábhar iontais dó a fhéile a bhí na daoine nár chuir éinne a raibh ocras air ó dhoras ach a roinn leo an beagán a bhí acu féin agus d'fhág iad féin i dtaobh le déirc chomh maith.

Ach bhí toradh ar an litir sin a bhí seolta ag an Maor Ó Mathúna chuig *Peel*, mar chuir an rialtas airgead ar fáil agus nuair a bhí litir eile á scríobh ag an Mathúnach i mí Iúil bhí sé i bhfad níos dóchasaí. Dúirt sé go raibh suaimhneas i ndúiche a fheidhmeannais ar fad agus go raibh an-mhaolú déanta ar ghéarchéim na ndaoine ag an airgead a bhí curtha ar fáil ag an rialtas agus ag an airgead a bailíodh i ngach baile beag is mór geall leis.

Bhí de thoradh ar an bhfóirithint shealadach sin gur thug na daoine na cosa leo ón mbaol a bhí ag bagairt orthu; ach bhí bunchúiseanna an ghátair ann i gcónaí: cíosanna arda, neamhbhuaine seilbhe agus easpa fostaíochta. Mhol an Mathúnach go dtosnódh na daoine ag cur barraí lín agus ansin go gcuirfí tionscal lín ar bun chun fostaíocht a thabhairt do fhir agus do mhná. Dhéanfaí iarracht ar leith sa dúiche faoin moladh sin sa bhliain 1822 agus sna blianta a lean é agus tá rian an lín le feiceáil fós cois aibhneacha, sna díogacha a rinne daoine chun an líon a thumadh iontu agus seans go bhfuil earraí lín ón ré sin ar fáil i gcónaí. Mhair cuimhne an fhíodóra dhéanaigh sa pharóiste, .i. duine de mhuintir Chearmada ó Ghallán.[1]

Theip ar na bainc sa Mhumhain sa bhliain 1820 agus rugadh ar dhaoine éagsúla agus rinneadh an-chiotaí do shaol na dúiche. Bhí beirthe ar fheirmeoirí móra agus ar dhaoine eile dá leithéid a raibh airgead déanta agus curtha sa bhanc acu i rith an chogaidh. Bhí beirthe ar thiarnaí talún a raibh easpa airgid orthu cheana féin. Bhí beirthe ar dhaoine a raibh riaráistí cíosa ag cur as dóibh. Bhí roinnt blianta as a chéile nach raibh ar fónamh an tráth úd agus bhí uime sin, riaráistí cíosa le glanadh ag daoine. Thosaigh na tiarnaí talún ag éileamh a gcíosa agus bhí daoine á gcur as seilbh. Chuir sin tús le tranglam. Tugadh faoi thithe agus faoi mhaoin tiarnaí talún agus bhíothas ag tabhairt chomh maith faoi dhaoine a raibh seilbh tógtha acu ar thalamh a raibh daoine eile curtha as.

1.12 Gorta, Ainnise, Ainriail: 1822
Blianta fuara fiara ab ea na fichidí i dtuaisceart Chiarraí. Faoi dheireadh na bliana 1821 ba léir do dhaoine go raibh a thuilleadh fós rompu.

Drochbhliain cheart ab ea an bhliain úd agus bhí an-mhilleán ag daoine ar an mbáisteach an-trom a thit sna dúichí cois cósta an iarthair i rith na bliana sin. Rinne an bháisteach sin an-díobháil do na prátaí ionas nár éirigh an fás rómhaith leo.[1] Ina dhiaidh sin lobhaigh siad sna poill san ithir agus ní raibh dóthain fágtha do na daoine, daoine a bhí i gcruachás cheana féin de bharr chíosanna arda agus éilimh mhíchuíosacha na dtiarnaí talún, daoine a raibh mórán díobh beo bocht agus gan ar a gcumas, dá bharr, cur suas leis an meath is lú ar na barraí. Bhí an chéad leath de 1822 olc go maith freisin agus eagla dá réir ar dhaoine. Mar bharr ar an donas tháinig galar marfach ar an stoc in áiteanna agus rinne an cor sin an-chiotaí do chás na muintire. Roimh dheireadh mhí Mheithimh 1822 bhí 127,788 duine i gCiarraí i ngátar as an 205,037 duine a bhí sa chontae ar fad an uair úd. Níos chás le *Wellesley: "The severe burden of universal poverty and distress"* a lua leis an tír ar fad i dtosach na Bealtaine.[2]

Tá cuntas ar fáil ar an ainnise ina raibh muintir Bhéal Átha Longfoirt an tráth úd. Tá sin i litir a scríobhadh ar an mbaile 7 Meitheamh na bliana 1822.[3] Thagair an litir don ainnise a bhí go forleathan sa chontae an uair úd, "ainnise nach raibh a leithéid riamh cheana ann"; agus i mBéal Átha Longfoirt agus sa dúiche máguaird bhí ceithre mhíle duine go domhain san ainnise agus gan acu ach neantóga, ráib agus feamainn mar bhia, "dá bhféadfaí bia a thabhairt ar a leithéid". Níor fhéad údar na litreach aon ainnise níos mó a shamhlú ná a raibh feicthe aige lena shúile féin. Bhí sé ag cásamh go ndearnadh fóirithint éigin ar bhailte eile ach nach ndearnadh aon ní ina bhaile agus ina dhúiche féin chun maolú a dhéanamh ar an ngorta.

Ach bhí an gearán céanna ag muintir Thrá Lí tamaillín roimhe sin, ar an gcúigiú lá de Mheitheamh, iad ag rá go raibh an t-ocras ag cur ar dhaonra an bhaile agus ar na dúichí máguaird agus gur bheag an fhóirithint a bhí déanta orthu agus é de chuma ar dhúichí eile in Éirinn go raibh fóirithint nár bheag déanta orthu ag a gcomhghéillsinigh mhórchroíocha sa Bhreatain; gurbh iomaí last prátaí a bhí tugtha isteach in árthaí go habhainn na Sionainne; agus cuireadh in iúl go raibh daoine i dTrá Lí ag bagairt go mbeadh orthu slad a dhéanamh chun bia a fháil nó ní raibh i ndán dóibh ach an bás, "agus mura ndéanfar rud éigin go tapaidh gheobhaidh na céadta dár muintir féin – atá san ainnise – bás laistigh de dhá lá dhéag nó coicíos agus gheobhaidh na mílte bás roimh lár Mhárta na bliana 1823".

Nuair a bhí a fhios ag daoine go raibh tubaiste ag bagairt ar an dúiche, chuir eagrais éagsúla agus daoine príobháideacha chuige le fonn ag cur coistí fóirithinte ar bun chun déileáil le gearchéim na muintire. Bunaíodh coistí dá leithéid sna dúichí a bhí san ainnise agus bunaíodh coiste láir chun cur le héifeacht na gcoistí áitiúla. Bailíodh síntiúis sa dúiche féin agus thar lear. Thug tiarnaí talún airgead uathu chun cabhrú le lucht na hainnise. Mar chuid den fhóirithint a rinneadh ar dhaoine a bhí i ngátar tugadh obair do chúig céad sclábhaithe bochta sna dúichí ba mhó ainnise i gCiarraí. Chuaigh an *Mansion House Committee* i mbun oibre i mBaile Átha Cliath agus rinne siad cúram ar leith do dhúichí iascaigh, go speisialta ar fud chósta an iarthair agus ar fud chósta an deiscirt, ach níor bhain a n-iarrachtaí le Ciarraí. Bunaíodh coistí i Sasana freisin. Bhailigh an *London Tavern Committee* na mílte punt do lucht gátair. Bhí an coiste láir do Chiarraí ar fad ag tabhairt cuntas ar a n-iarrachtaí i mí Iúil na bliana 1822 agus faoin tráth sin bhí breis is dhá mhíle punt bailithe do thuaisceart Chiarraí agus bhí lasta prátaí síl roinnte amach acu i gClann Mhuiris. Ach an uair sin bhí breis is dhá chéad míle punt sa bhliain á seoladh amach as an gcontae chuig tiarnaí talún a raibh cónaí orthu lasmuigh den chontae.

Tháinig deireadh tobann leis an ngátar agus leis an ainnise a lean é nuair a thosaigh na daoine ag baint na bprátaí nua ag deireadh mí Lúnasa agus níor chás do dhaoine racht faoisimh a ligint amach go raibh na cosa tugtha acu ón ngátar, "nach bhfacthas a leithéid riamh cheana"; agus bhí dóchas ag daoine nach bhfeicfeadh siad a leithéid d'angar agus d'easpa go deo arís.

Faoin tráth sin bhí ábhar airgid spártha ag coistí éagsúla. Orthu sin bhí an *Mansion House Committee* agus chinn siad ocht míle punt a infheistiú chun go mbeadh ciste ar fáil láithreach dá mbuailfeadh tubaiste an tír arís. Bhí an *London Committee* i mbun a bhirt ag soláthar bia do dhúichí a bhí i ngátar agus nuair nach raibh gá a thuilleadh leis an saghas sin fóirithinte de bharr theacht na bprátaí nua, chinn siad an t-airgead a bhí idir lámha acu a úsáid chun ceirdeanna fóinteacha a chothú i measc na nÉireannach, agus sa tslí sin bhí Éireannaigh á spreagadh acu chun feabhas a chur ar a gcás féin le toradh a saothair agus iad sa tslí sin á n-ardú féin amach as umar na haimiléise. Thug an *London Committee* olann ar iasacht do dhaoine i gCiarraí "cé gur bheag an seans a bhí ann go ndéanfaí táirgeadh ar earraí olla sa chontae". Chabhraigh siad le tionscal an lín i Lios Tuathail. Sholáthraigh siad ceithre chéad seasca tuirne, agus ceithre cinn déag is daichead de roithleáin agus earraí eile do Lios Tuathail agus don dúiche máguaird. In earrach na bliana 1823 chuir siad breis is dhá chéad caoga punt ar fáil chun síol rois a cheannach do chomharsanacht Lios Tuathail; arís in earrach na bliana 1824 chuir siad céad oigiséad de shíol rois ar fáil do dhúiche Lios Tuathail agus oiread eile in 1826. Níorbh é sin an chéad uair a bhí daoine ag plé le tionscal an lín i dtuaisceart Chiarraí mar bhí duaiseanna maithe airgid á dtairiscint ag iarla Chiarraí do thionóntaí a eastáit ar mhaithe le fás agus le tionscal an lín sin timpeall na bliana 1768.

Bunaíodh an *Reproductive Loan Fund* an bhliain chéanna (1822) agus bhain *George Gun* úsáid as airgead as an gciste sin chun tionscnamh fíodóireachta a bhunú i nDromainn sa bhliain 1834.[4] Bhí ainm Shéamais Uí Chiosáin ceangailte leis an tionscnamh sin níos déanaí.

Aon uair riamh cheana a bhí daoine i gcruachás agus ainnise ag bagairt orthu chuaigh siad i leith bearta aindleathacha. B'shin é an t-aon tslí a bhí ar eolas acu chun agóid a dhéanamh agus níor thaise é don bhliain 1821 agus thug sin ar an rialtas dul i leith an lámh láidir chun na daoine a bhrú faoi chois. Ní raibh a mhalairt de thuiscint ag an rialtas go fóill agus chaith na daoine cur suas le hiarrachtaí lucht údaráis agus iad ag iarraidh na daoine a cheansú.

Roimh dheireadh na bliana 1821 bhí Éamann *Elliott*, máistir rince ó chomharsanacht Bhaile Dhá Thuile, an-ghníomhach i gcomharsanacht Lios Eiltín ag cur daoine faoi bhrí na mionn agus ag déanamh ruathar ag lorg arm. 28 Deireadh Fómhair thug sé cuairt ar *John Gun*, Lios Eiltín, chun tathant air luí leis na Buachaillí Bána; chuir sé an leabhar air gach eolas a choimeád faoi rún agus bheith ullamh nuair a ghlaofaí air chun dul ina dteannta, agus, mura mbeadh, bheadh air a thriail a sheasamh i láthair coiste as an gceithre pharóiste agus dá bhfaighfí ciontach é go dtabharfaí an bás dó. Ina theannta sin bhí cosc air aon ní a cheannach ó éinne ach amháin ó dhuine a bhí dílis dá gcúis.

I mí na Nollag rinne Éamann *Elliott* na socruithe do ruathar a rinneadh ar theach Thomáis Mhic Ionrachtaigh i nGarraí Ard chun a chuid arm a bhaint de. Bhí na daoine seo a leanas páirteach sa ruathar sin: Dónall Ó Foghlú ó Leaca, Séamas Ó Foghlú ó Bhaile an Ghabhann, Roibeard *Atkins* ó Lios Eiltín, Seán Mac Ionrachtaigh ó Baile Uí Aogáin, Seán Ó Cionnaola *alias* Seán *Croppy* ó Bhaile Uí Dhonnchú, Dónall Ó Leathlobhair agus

Séamas Ó Grífín ó Bhaile Uí Dhonnchú, Tadhg Ó Cuinneagáin ó Locháin, Stiofán de Paor ó Ladhar agus Micheál Ó Coileáin ó Bhaile an Ghabhann.[5] Chruinnigh siad le chéile ar dtús sa lios i mBaile an Ghabhann agus ghluais siad as sin go teach Thomáis Mhic Ionrachtaigh. Bhí cuid acu armtha.

Faoin am seo bhí fógraí á gcur suas acu ar fud na dúiche ar fad ó Bhéal Átha Longfoirt go Cill Flainn agus go hArd Fhearta. Ba léir ó na fógraí sin gur thuig na daoine go raibh siad i gcruachás an-mhór agus gan rompu ach lomangar nó go dtiocfadh an barr nua prátaí i mí Lúnasa a bhí chucu. Ní raibh i gcuid de na fógraí sin ach achainí chuig na tiarnaí talún fóirithint a dhéanamh ar a dtionóntaí ina ngátar. Tugadh geallúint dá ndéanfadh siad amhlaidh nach mbeadh a thuilleadh cruinnithe oíche ach a mhalairt:

We will fill our glasses round and drink a toast to love, friendship and loyalty, peace and tranquillity – God save the King.[6]

Bhí an fógra a cuireadh suas i mBéal Átha Longfoirt ag tathant ar na daoine gan an t-arbhar a scaoileadh amach as an dúiche; bheadh sé ag teastáil chun na daoine a chothú sa dhrochbhliain ghátarach a bhí rompu. Thug an fógra sin ordú do dhaoine soláthairtí bia a dhíol ina gcomharsanacht féin agus gan níos mó ná leath-shabhran a bhaint amach as peic (38 cloch) prátaí.

Thaispeáin an fógra a cuireadh suas i Leirg in Ard Fhearta chomh imeartha agus a bhí daoine faoin tráth sin maidir le deachúna. Dúirt sé:

Whereas I have lately received information of the tyranny and oppression now prevailing in the Barony of Clonmorris . . . through the unbounded ambition of Tythe Proctors . . . I feel it my duty to visit them . . . Then I shall first proceed to humble the pride of a notorious Harpie and Imp of arrogance called Proctor . . . who as I am told has aspired to riches by daily stripping the poor, the needy, the indigent, bare and naked as Aesop's Crow, secondly to Proctor . . . and although he is as well fortified in his Citadel as a spider against the invasion of bees, or any other insects, enemies of his Establishment. I think his cobweb fortifications will not secure him.[7]

Bhí ainm an Chaptaein Rock leis an bhfógra sin ach ní raibh na fógraí uile a raibh ainm Chaptaein Rock leo ar chomhchéim stíle ach bhí an ceacht go soiléir iontu go léir, go raibh ocras agus gátar ag bagairt ar dhaoine.

Bhí deachúna i gceist freisin san fhógra a cuireadh suas i gCill Flainn agus bhí rabhadh á thabhairt aige go soiléir. Mhol sé do:

Gentlemen Protestants to build and repair and keep up their own Churches, pay their clergy and sextons. The greatest wrong ever offered a Catholic is to ask him to pay vestry charges, and foundling money neither will be in future.

Cé go raibh a raibh á lorg sna fógraí sin réasúnta go maith ní dhearnadh rud orthu. Bhí sé ar chumas daoine féachaint siar ar imeachtaí na hócáide sin agus a rá gurbh é a bhí sna fógraí sin ná seans déanach na dtiarnaí talún. Feasta thuig na daoine go maith go raibh díothú i gceist, a ndíothú féin nó díothú na dtiarnaí talún agus i bhfad na haimsire is iad na tiarnaí talún a dhítheofaí. Níor thóg na tiarnaí talún aon cheann de na fógraí sin ná de chás na muintire agus b'sheo ar siúl na feillbhearta go tiubh. I mí Eanáir 1822 tugadh bás gránna do phrócadóir leis an Oirmhinneach *Anthony Stoughton* agus lena dhearthráir *Thomas*. Tugadh faoi lasmuigh den lios as ar chaith an Gabha Beag le *George Church* agus le *John Raymond*. *John Conway* ab ainm don phrócadóir agus bhí sé ag filleadh ó theach Dhiarmada Uí Chionnaola (*Darby Kenneally*) ó Leaca Buí agus é i mbun a chuid oibre ag bailiú deachúna. Gabhadh ceathrar ón áit mar gheall ar an marú sin. Rinne Dónall Ó Conaill iad a chosaint sa chúirt agus ní bhfuarthas ciontach iad. Sa bhliain 1835 gabhadh triúr eile faoin gcúis chéanna ach níor ciontaíodh iad sin ach oiread.

Bhí daoine á gcur faoi bhrí na mionn fós agus á dtabhairt isteach sna Buachaillí Bána. Bhí Seán Ó Maidín ó Bharra Dubh, Éamann Mac Ionrachtaigh ó Shrón, agus Tadhg Ó Foghlú ó Bhaile an Ghabhann i gceannas ar chruinniú a glaodh i gCúil Chaorach agus chuir siad na daoine seo a leanas faoi bhrí na mionn; Séamas Mac Ionrachtaigh (Séamas Mór), Tomás Ó Deá, Seán Mac Ionrachtaigh ó Inse, Liam *Dulloney* agus Seán Ó Mongáin ó Chúil Chaorach, Séamas Ó Foghlú agus dearthráir leis – deartháireacha ab ea iad sin le Tadhg Ó Foghlú ó Bhaile an Ghabhann. I láthair freisin bhí Seán Mac Ionrachtaigh ó Inse, Pilib agus Seán Ó Loingsigh ó Chúil Ard, Seán de Búrca *alias Baseter* ó Leaca, agus Muiris Buinneán agus dearthráir leis. Bhíothas den tuairim go raibh siad sin ina mBuachaillí Bána cheana féin.

Bhí daoine eile ón dúiche á lua timpeall an ama chéanna maidir le ruathair ag lorg arm. Orthu sin bhí Muireartach Ó Conchúir, Seoirse de Brún agus Murchúch ó Cheathrú an Chnoic, cúigear dearthár de mhuintir Mhuiris ó Shrón, beirt dearthár de muintir Chorráin ó Shrón, Tomás Ó Loingsigh, fear oibre le Tomás Mac Ionrachtaigh ó Gharraí Ard agus Pádraig Ó hIfearnáin.

I dtosach mí Feabhra tugadh ruathar faoi theach Ainéislis Uí Ghráda, i nGluaire.[8]

I lár mhí Feabhra rinne an Dochtúir *Church* deichniúr a ghabháil agus a chur i bpríosún.[9] Go dtí sin ba é an port ba choitianta a bhí ag a leithéid ná nach raibh baint ag éinne leis na Buachaillí Bána ach daoine gan teach gan treabh. Ach bhain príosúnaigh an Dochtúir *Church* le haicme eile ar fad. Bhí riar a gcáis acu go bog, feirmeacha móra acu. Ba iad sin Séamas *Silles*, Baile an Bhóthair, Seán Ó Fearais agus a dhearthráir Phil ó Ráth Tuaidh, Seán Ó Brosnacháin, Diarmaid Ó Brosnacháin agus Aodh Ó Catháin ó Bhaile an Chlochair, Seán Ó Conchúir agus Micheál Mac

132

Gearailt ó Bheann Mór, Donncha Ó Seanacháin ó Mhainistir Ó dTorna agus Séamas Mac Piarais ó Pháirc Bhuí.

8 Feabhra d'fhógair an rialtas go raibh contae Chiarraí suaite nó ar tí bheith amhlaidh agus 6 Márta 1822 thug siad isteach Acht faoi Éirí Amach[10] chun déileáil leis an ngéarchéim agus laistigh de sheachtain bhí long á seoladh ag an rialtas isteach go habhainn na Sionainne chun daoine a chiontófaí faoin acht sin a thabhairt chuig coilíneacha an rí.

I mí an Márta lámhachadh Éamann Breatnach i nDromainn toisc gur fhógair sé go dtabharfadh sé faisnéis faoi na daoine a bhí i mbun na ngníomhartha aindleathacha. Bhí an príosún i dTrá Lí plódaithe faoin tráth sin agus i mí an Mhárta bhí *A. C. Macartney*, an gobharnóir, ag moladh don rialtas na príosúnaigh a bhí daortha an loch amach a chur go Tairbeart in ionad Chorcaí. Bhí Corcaigh trí oiread níos sia ó bhaile ná Tairbeart. Bhí an cóiriú sin á mholadh aige chun maolú éigin a dhéanamh ar staid phlódaithe an phríosúin. Bhí *Robert Leslie* i dTairbeart agus é an-bhuartha go raibh na daoine a thug an bás do *Conway* gan gabháil fós, agus bhí sé den tuairim gur bheag an chabhair bheith ag súil go rachadh an dúiche chun suaimhnis nó go mbeadh siadsan i bpríosún; "dá mbeadh siad sin faoi ghlas bheadh deireadh leis an sceimhle a raibh siad sin ina bhun sa dúiche"; bhí ardionadh air go bhféadfadh a laghad sin daoine oiread sin anró a chur ar bun agus iad ag cur isteach ar shuaimhneas na dúiche ar fad. Bhí leigheas eile ar an trioblóid ag *John Raymond* in *Sea Lodge* .i. buíon bheag saighdiúirí a chur go Baile an Bhuinneánaigh.[11]

I dtosach an Mhárta bhí eagla a anama ar *Oliver Mason* i gCill Mhór nuair a chuir sé na daoine seo a leanas i bpríosún: Micheál Ó Súilleabháin, Pádraig Mac Gearailt, Micheál Mac Gearailt, Muiris Ó Donnchú, Micheál Ó Maoineacháin, Seán Ó Fearail, Séarlas Ó Fearail, Diarmaid Ó Fáilbhe, agus é curtha ina leith go léir go raibh sé ar aigne acu na gardaí cósta i gCill Mhór a mharú agus é féin, *Oliver Mason* ina dteannta. Bhí Acht an Éirí Amach (*Insurrection Act*) á úsáid chun na daoine a cheansú agus cuireadh seisiúin speisialta cúirte ar bun chun na daoine ar fad a bhí á ngabháil a thriail. Ní mór an dealramh a bhí le cuid de na coinníollacha a bhí san acht sin. Ar ócáid ar baineadh feidhm as gabhadh píobaire a bhí caoch agus dosaon eile a raibh sé ag seinm ceoil dóibh agus coimeádadh iad go léir i mbraighdeanas ar feadh timpeall mí nó gur scaoil seisiún cúirte amach iad.[12] D'fhan an t-acht sin i bhfeidhm maidir le Ciarraí go dtí 1824. Faoin acht sin cuireadh roinnt daoine an loch amach. Orthu sin bhí Dónall Ó Foghlú. Bhí drochamhras as le tamall roimhe sin, ach níor féad an lucht údaráis aon ní a chruthú ina choinne. Sa deireadh beireadh air lasmuigh dá theach tar éis titim na hoíche. Níor tháinig sé riamh ar ais. Cuireadh Roibeard *Atkins* agus Éamann *Elliott* an loch amach leis. Fuarthas Tomás Ó Máille agus Tomás Ó hUallacháin ciontach i ruathar a dhéanamh faoi theach Ainisléis Uí Ghráda i nGluaire. Seacht mbliana a gearradh orthu sin murab ionann agus an triúr eile ar gearradh pionós saoil orthu. Tugadh

133

breith bháis ar Sheán Mac Mathúna, Sheán Ó hAnnracháin, Sheán Ó Murchú agus ar Thomás Ó Ruairc toisc ruathar a thabhairt faoi phinsinéir darbh ainm dó Mac Gearailt a raibh cónaí air i Maigh Mheáin. Agus an ruathar á dhéanamh acu bhí siad gléasta mar Bhuachaillí Bána. ''Rinne siad sintiúis airgid a thobhach chomh maith an uair chéanna.''

Bhí de thoradh ar an acht sin ar fad go raibh sé coiscthe ar dhaoine bailiú i dteannta a chéile ina sluaite ach d'fhág sé daoine a raibh gearán acu nó daoine a raibh droch-chroí acu chomh holc ceannann céanna agus chomh tugtha céanna do fheillbhearta agus do chuthach tobann feirge agus a bhí siad riamh.

Tá cuntas ar fáil ó *Arthur Morris* faoi bhótheach agus naoi gcinn de bha ina dhúiche a dódh ar fhear a raibh seilbh glactha aige ar fheirm a raibh fear eile curtha as tamall roimhe sin. Mí ina dhiaidh sin caitheadh piléir isteach sa teach cónaithe agus briseadh na fuinneoga. Dódh teach le pinsinéir darbh ainm Ó Coinnleáin i nGáille. Rinneadh ionsaí dian ar Sheán Ó Dubháin, tionónta ar thalamh Uí Icí i gCill Eiltín toisc gur sháraigh sé reachta an Chaptaein *Rock* nuair a tharraing sé ualach coirce don tiarna talún Ó hIcí. Rinneadh ionsaí ar an Scanlánach, stíobhard an tiarna talún chéanna, toisc go raibh sé ródhian ar na tionóntaí agus tugadh rabhadh dó maidir lena iompar feasta. Cúpla lá ina dhiaidh sin baineadh an-chuid luaidhe anuas de cheann tí *Caswell* i mBiaille.[13]

Bhí ábhar ceimiceach ag na Buachaillí Bána i gcomhair na hócáide nuair a bhí na giúistísí nó an t-arm, nó na póilíní ag faire go géar; chuirtí an t-ábhar ceimiceach i staca féir nó san arbhar agus ní thógfadh sé tine go ceann tamaill tar éis é bheith curtha.

Ní raibh aon mhaolú ag teacht ar na ruathair oíche ag lorg arm, ná ar na fógraí bagracha a bhí á gcur suas nó ar dhó na dtithe ná ar aimliú stoic. Bhí sé furasta tine a thabhairt do thithe mar nach raibh iontu ach aon stóras amháin agus tuí mar cheann orthu.

Mar chuid dá n-iarracht chun na Buachaillí Bána a chloí agus chun fóirithint ar dhaoine i ngátar chuir an rialtas innealtóirí chun na tíre sa bhliain 1822 chun dlús a chur le hoibreacha poiblí. Ar na hinnealtóirí sin bhí *Richard Griffith* agus bhí sé i ndán dó-san an-tionchar go deo a bheith aige, ní amháin ar dhreach na tíre, ach ar shaol na muintire chomh maith. Lena theacht sin agus le teacht a leithéidí eile i ndúichí eile sa tír bhí an rialtas ag féachaint chuige go n-osclófaí amach an tír ionas go mbeadh teacht ar gach cuid di gan dua. Nuair a thosaigh an obair ar bhóithre agus ar thógáil droichead bhailigh na sluaite daoine isteach ó gach aird ag lorg oibre ar aon phá a thabharfaí dóibh. Bhí sé de chuma orthu go raibh siad beo bocht dearóil, dreach snoite caite orthu, agus an t-éadach orthu go hainnis. Is annamh a bhí úirlisí nó oiriúintí acu lasmuigh de rámhainn de dhroch-dhéantús. Bhí cuma na hainnise ar dhreach na dúiche ar fad nach mór. Ach de réir mar bhí an obair ag dul ar aghaidh bhí feabhas ag dul ar ghabháltais. Bhí leasú á dhéanamh ar thalamh agus feabhas ag dul ar thithe, bhí cás na bhfeirmeoirí i dtuaisceart Chiarraí níos fearr; bhí na mílte fada bainte de thurasanna a bhí le déanamh acu le him go háiteanna mar Chorcaigh; ní bheadh daoine chomh teanntaithe go deo arís.

D'ainneoin an tsaoil bhí spiorad na ceannairce go láidir i gcónaí i dtuaisceart Chiarraí sa bhliain 1823. 10 Aibreán cuireadh tithe cónaithe agus stáblaí le *John Raymond* trí thine i *Riversdale*[14] – tugadh Cill Maonaigh ar an áit sin níos déanaí – agus loisceadh capall leis. Bhí speireadh déanta ar cheithre cinn de chapaill agus ar shé cinn de bha le tamall; dhá oíche nó trí ina dhiaidh sin dódh go talamh dhá theach le *Oliver Stokes* i nGleann na Leapan agus tugadh ordú docht dá thionóntaí gan cíos a dhíol le *Stokes* nó thabharfaí an bás dóibh.

Chuir na himeachtaí sin alltacht ar na giúistísí gur chuir siad cruinniú ar bun an lá a dódh *Riversdale* agus d'fhógair siad don saol go gcuirfí an tAcht um Éirí Amach i bhfeidhm go docht agus thug siad rabhadh do dhaoine gan bheith as láthar as a dtithe ó uair a chloig tar éis luí gréine go dtí uair a chloig roimh éirí gréine. Bhí an loch amach ag baint le sárú an dlí sin an uair úd.

Ar an 25 Bealtaine tharla eachtra an-nimhneach ar fad i *Tullahinell* nuair a tháinig an Dochtúir Mac Piarais ar an láthair chun cíos nó riaráistí cíosa a bhailiú. Bhí fréamhacha na heachtra sin ag dul siar go dtí an bhliain inar ceapadh *William Talbot* ó *Mount Talbot*, contae Ros Comáin, i gceannas ar thailte Choláiste na Tríonóide. Tamall éigin ina dhiaidh sin a fhág sé le huacht cuid de *Tullahinell*, an chuid de ar a dtugtar Baile na Speann, ag *Gerald Blennerhassett* ó *Riddlestown*, contae Luimnigh.[15] D'fhág sé sin le huacht na tailte céanna ag *Christopher Goff* a raibh cónaí air i gCarraig an Phoill agus ag an Dochtúir Dónall Mac Piarais, Baile Nua, contae Chiarraí, ar feadh ocht mbliana déag ar chíos £740 sa bhliain. Faoin mbliain 1823 bhí an léas sin istigh, nach mór, agus bhí cíos nach raibh íoctha ag roinnt tionóntaí. Chuaigh an Dochtúir chun dlí leis na tionóntaí a raibh cíos gan díol acu, agus ar maidin 26 Bealtaine 1823 tháinig a mhac Dáithí ar an láthair agus buíon fear ina theannta – cuid acu armtha – chun an dlí a chur i bhfeidhm ar na daoine a bhí ainmnithe sna forógraí a bhí faighte ón gcúirt aige. Rinne siad ábhar stoic a ghabháil ach leath an scéal go tiubh tapaidh ar fud na dúiche agus ní fada go raibh slua mór i láthair, pící acu, maidí agus clocha. Rinne siad timpeallú ar Dháithí agus ar a bhuíon agus d'éirigh leo roinnt den stoc a fhuascailt gur thiomáin siad chun siúil iad. In ainneoin gur cuireadh ina gcoinne d'éirigh leis na daoine a bhí faoi ionsaí an chuid eile den stoc a thiomáint go Béal Átha Longfoirt. Thóg an lucht ionsaithe an cóngar agus tháinig daoine eile i gcabhair orthu agus i dteannta a chéile thug siad faoi na draibhéirí i mBéal Átha Longfoirt agus rinne ionsaí fíochmhar orthu arís. Bhí an-bhaol faoin tráth sin go marófaí an Piarsach agus a bhuíon agus scaoil siad le lucht a n-ionsaithe. Ní deirtear gur goineadh éinne ach gur tháinig sámhnas ar an gcomrac dá bharr agus rinne na draibhéirí friotháilt ar an deis sin chun an stoc a chur sa phóna. Ach nuair a bhí siad ag filleadh tugadh fúthu arís eile agus b'éigean dóibh fascain a lorg i gcuid de thithe an bhaile. Thug an lucht ionsaithe faoi na tithe sin agus bhris na fuinneoga agus na doirse. B'éigean dóibh siúd a bhí faoi ionsaí caitheamh arís le lucht a n-ionsaithe. Chuir an Piarsach teachtaire uaidh chuig cara leis sa chomharsanacht ag lorg cabhrach ach ní scaoilfí amach é. Chuala *John Church*, giúistís i Lios Tuathail, faoina raibh ar siúl i mBéal Átha Longfoirt agus ghluais sé féin, a mhac Éamann, agus buíon saighdiúirí agus póilíní agus thug a n-aghaidh ar Bhéal Átha Longfoirt. Idir an dá linn tháinig an sáirsint *Twyford* le ceithearnaigh an bhaile an treo agus d'éirigh le cuid dá fhir gabháil isteach sa bhaile agus rinne siad an Piarsach agus a bhuíon a chosaint agus ghéill siad sin a n-airm dó. Tháinig *Pierce Leslie* ó Thairbeart ar an láthair le saighdiúirí. Dúirt an Piarsach le *Leslie* go raibh siad ag forghníomhú ordaithe cúirte, ach fós féin ní raibh *Leslie* sásta; giúistís ab ea é agus ghlac sé fianaise faoi bhrí na mionn uathu sin a rinne an t-ionsaí. Rinne sé an Piarsach agus a bhuíon a chúisiú faoi theacht i láthair go neamhdhleathach agus iad armtha, faoi chaitheamh le mian maraithe agus rinne sé iad a ghábháil. Tháinig an Dochtúir *Church* ar an láthair ansin. Thug an Piarsach ráiteas uaidh dó sin agus dúirt gurbh é an tOirmhinneach *William Stoughton*, giúistís, a thug na hairm dóibh. Dúirt *Church* ansin go raibh iompar an Phiarsaigh agus a bhuíon ceart agus de réir dlí. Fós níor ghéill *Leslie* ach dúirt go ndéanfadh sé beart ar an bhfianaise a thabharfaí faoi bhrí na mionn os a chomhair agus go dtógfadh sé ar láimh na hairm a bhí tugtha suas don sáirsint *Twyford*.

Ba é a tháinig as i ndeireadh na dála ná gabháil dosaon fear. Orthu sin bhí Tadhg, Micheál, Labhrás, Seán agus Pádraig Ó Fiaich, Diarmaid Ó Coileáin, Donncha Ó Móráin, Micheál agus Dónall Ó Loingsigh agus Tomás Mac Ionrachtaigh.[16] Bhí siad sin uile ina dtionóntaí ag Dónall Mac Piarais agus bhí timpeall £70 riaráistí cíosa ag dul dó uathu. Dúradh faoi Dhiarmaid Ó Coileáin gur fhógair sé Acht an Éirí Amach, agus an seisiún speisialta cúirte in ainm an diabhail.[17] Gearradh an loch amach orthu ar feadh seacht mbliana as stoc a bhí tógtha ag Dáithí Mac Piarais a fhuascailt go neamhdhleathach; tugadh pardún dóibh, áfach, agus an fear ionraic macánta sin, an Maor Ó Mathúna, dúirt sé ina chuntas go dtí an *Lord Lieutenant* go raibh dea-theist ar na daoine sin ar fad agus nach dtiocfadh as an bpardún a bhí faighte acu ach an-tionchar chun maitheasa don dúiche ar fad. Bhí an pardún sin ina dheimhniú ar an seanrá a bhí riamh ann: "Is fearr focal sa chúirt . . ." Bhí daoine den tuairim go bhféadfadh focal sa chúirt duine a thabhairt ar ais ón gcroch. Is é is dóichí áfach nárbh é faoi deara dóibh pardún a fháil ach tuaisceart Chiarraí ag coipeadh le corraíl an uair sin agus eagla dá bharr ar ghiúistísí nach ndéanfadh cur i bhfeidhm bhreith na cúirte ach bladhm lasrach a dhéanamh don dúiche ar fad agus uime sin rug siad trócaire de rogha.[18]

I dtosach an Mheithimh 1823 bhí ceannairí na bpóilíní ag cur chuige chun ceanncheathrú na bpóilíní i gClann Mhuiris a aistriú ón mBaile Dubh go dtí

Leic Snámha agus bhí teach mór ceann tuí faighte acu ansiúd agus cóiriú á dhéanamh air nuair a tugadh tine dó go ndearnadh roinnt mhaith díobhála dó agus gur scriosadh cuid den cheann.[19] Timpeall an ama chéanna bhí feisire i bpairlimint Shasana ag éirí mífhoighneach le muintir na hÉireann i gcoitinne agus thug *a nation of beggars and banditti* orthu trína chéile.

In ainneoin na n-imeachtaí sin ar fad fógraíodh ag seisiún cúirte an tsamhraidh i dTrá Lí nach raibh oiread agus Buachaill Bán amháin i bpríosún ó bhí seisiún cúirte go déanach ar an mbaile agus nach raibh duine amháin fiú os comhair na cúirte faoi shárú a bheith déanta aige ar an Acht um Éirí Amach.[20]

1.13 Uair na Cinniúna agus Deireadh Ré

Bhí an-iarracht go deo ar bun ag *John Church* i rith na bliana 1821[1] agus é ag iarraidh maolú a dhéanamh ar iarrachtaí na mBuachaillí Bána, é ag iarraidh clabhsúr a chur ar a ré agus bhí sé cinnte go maith go raibh ag éirí leis. Bhí sé ar a dhícheall faoin tráth sin ag iarraidh an tsíocháin a thabhairt faoi réim arís sa dúiche:

> My great anxiety, an anxiety that often robbed me of my rest, was not only to restore this county to a state of Peace and good order but to do so, if possible, without bloodshed for the sake of humanity and next as a blatant sting is always left, unfavourable to future tranquillity and likely to engender on new occasions that disaffection which involves us in new misery.[2]

Is fadó riamh roimhe sin a rinneadh an léamh ar an muintir dhúchais: "Dá mhéid a luíonn tú orthu is ea is mó a éiríonn siad fíochmhar agus diongbháilte."[3]

Ach bhí cúinsí an tsaoil ag cabhrú le hiarrachtaí *John Church*. Ba mhór an difir a bhí idir an saol sa bhliain 1808 agus an saol sa bhliain 1821 maidir le heagraíocht na mBuachaillí Bána.[4] Níor bhaol go dtabharfadh éinne faisnéis faoi imeachtaí na mBuachaillí Bána sa bhliain 1808. Bhí uamhan agus imeagla rómhór ar dhaoine sa bhliain 1808 agus an bás nó céasadh gránna i ndán don duine a thabharfadh faisnéis. Ach faoin mbliain 1821 bhí laghdú déanta ar éifeacht eagrúchán na mBuachaillí Bána agus é ag dul díobh a dtoil a chur i bhfeidhm go fada fairsing agus go tobann. Bhí daoine faoin tráth sin sásta faisnéis a thabhairt agus thug siad a leithéid agus mhair siad. Bhí córas póilíní bunaithe ar fud na dúiche, córas a bhí níos éifeachtaí agus níos fearr ná aon ní dá leithéid a bhí cheana ann agus bhí na póilíní sin ag dul isteach sna dúichí go léir, fiú isteach sna dúichí nach raibh sé de mhisneach acu dul isteach iontu roimhe sin. Bhí leordhóthain saighdiúirí sa tír chun tacú leis na póilíní agus leis an údarás sibhialta nuair ba ghá. Bhí formhór na gceannairí sna Buachaillí Bána teite nó crochta nó seolta an loch amach agus a raibh fágtha, bhí mí-eagar agus easpa arm na heagraíochta i gcoitinne ag cur as dóibh, agus bhí formhór na n-arm a bhí acu imithe ó mhaith. Bhí súil ghéar á coimeád ag na póilíní ar na daoine a raibh drochamhras astu. Bhí breis misnigh tagtha chuig na *gentry* agus chuig na giúistísí agus bhí siad san ag oibriú gan staonadh chun feabhas a chur ar riaradh dlí is cirt agus *petty sessions* ar bun acu go rialta mar mhalairt ar an dlí a bhíodh á riaradh ag giúistísí aonair ina dtithe cónaithe. Cabhraigh gach ceann de na cúinsí sin leis an iarracht a bhí ar bun ag *John Church* chun síochán a thabhairt faoi réim arís sa dúiche agus sa bhliain 1821 tuigeadh dó gurbh fhiú an-iarracht sa bhreis a dhéanamh chun na Buachaillí Bána a chloí sa deireadh, agus rinne sé an iarracht sin. Mar chuid dá iarracht chuir sé cruinnithe ar bun i ngach paróiste. Chuir sé cruinniú ar bun i Lios Eiltín agus tá fáil againn ar na rúin a ritheadh sa chruinniú sin.[5]

Resolved: That we very much lament the outrages committed in and the deplorable state of County of Limerick, and that we solemnly declare our firm attachment to our Gracious King and to the Constitution: that we will not enter into any conspiracy against the laws of our country which afford protection to every individual who peaceably conducts himself and that on the contrary should any evil-minded person or persons thro' threats or any other way attempt to disturb our quiet we will firmly unite in opposing such pernicious attempts.

Resolved: That we know nothing respecting the present system of Whiteboyism and that we trust our present and future conduct will clearly prove the candour and sincerity of the present declaration; that on the contrary, we indignantly reject and disapprove of that very system which has hitherto brought a train of miseries to our unhappy Country; that we will always adhere to the peaceable demeanour daily and zealously impressed on our minds by our Reverend Pastors.

Resolved: That we embrace the present occasion to return our heart-felt thanks and gratitude to Barry Gun, Esq., for his kind and liberal mode of dealing with his tenants, which is clearly evinced by the considerable reduction he has made in their rents, and we sincerely lament that Proprietors of Lands and tithes do not follow an example which would positively tend to tranquillize the minds of all persons.

Signed on behalf of the Parishioners,
Jeremiah O'Sullivan, P.P.

Tamall ina dhiaidh sin bhí *Church* cinnte go maith go raibh ag éirí leis:

All the parishes of the barony have now met but two, Tarbert and Ballylongford, and I expect they will follow the example in a few days . . . disturbance is subsiding in this quarter. I trust we shall very soon be restored to a state of perfect tranquillity.[6]

Thagair sé go speisialta do: *The zeal of the Catholic clergy who have been acting most usefully and honourably.*

Timpeall an ama chéanna, d'fhoilsigh an Dochtúir Ó Siochrú, easpag Chiarraí, tréadlitir ar an gceist ar fad agus mhol sé muintir Mhaigh Oirthir agus Chnoc an Iúir as na rúin a rith siad os comhair na haltórach i láthair a sagairt pharóiste.[7]

Sa bhliain 1822 bhí *John Church* arís ar a dhícheall ag iarraidh maolú a dhéanamh ar imeachtaí na mBuachaillí Bána agus amhlaidh sin mian a chroí a thabhairt i gcrích. I rith na bliana sin bhí sé i ndán dó cabhair gan choinne a fháil, agus ba é sin teacht *Hill Clements*, cuntóir le *Richard Griffith*. Ní fada a bhí *Clements* i mbun a bhirt nuair a tuigeadh dó go raibh sé de dhualgas air tacú le hiarrachtaí an rialtais maidir le ceansú na muintire agus thug sé an t-eolas a bhí á fháil aige, sa tslí sin, do *John Church*:

... a Mr. Clements who . . . undertook a public work some time ago in this country. I became acquainted with his sentiments from some casual circumstances. The number of people he had employed among the labouring classes afforded him opportunities which few others possessed of discovering such characters as were likely to come over to his views. He availed himself of such knowledge for the public good. With the most disinterested zeal he commenced his confidential communication with me . . . He has dispatched some of his people into the County of Limerick . . . and he has others in different parts of this County. I have found such a mode the only effectual way of arriving at their secrets and blowing up a system carried on at night and in the dark.[8]

Ghlac *Church* go buíoch leis an eolas a bhí á chur ar fáil dó agus chuir sé chuige gan mhoill chun rud a dhéanamh dá réir agus bhí an t-eolas sin ina cabhair mhór dó chun rud a dhéanamh ar a mhian.

Tháinig anbhá ar na Buachaillí Bána nuair a thuig siad go raibh fios a rún á fháil ag daoine eile agus fios faoina n-imeachtaí ar fad á nochtadh don saol.

Bliain mhór suáilceas agus sólás ab ea an bhliain 1824 i ndúiche Chnoc an Fhómhair. Is fada ó bhí a leithéid de bhliain acu. Ba scéal nua dóibh gan bheith gafa i mogallra lucht dlí is údaráis mar bhí an dúiche ar fad faoi shuaimhneas – síocháin shocair. Ach faoi fhómhar na bliana 1825 bhí daoine ag féachaint siar ar an saol mar a bhí agus ag déanamh iontais den fheabhas a bhí tar éis teacht ar an saol; bhí siad cinnte go raibh deireadh le ré na mBuachaillí Bána.[9]

Gan amhras ba mhór an chabhair an pardún a tugadh do mhuintir Fhiaich agus do na daoine a daoradh mar aon leo. Chabhraigh aisghairm an Acht um Éirí Amach chomh maith. Cuireadh an tAcht sin ar fionraí 24 Iúil 1824[10] tar éis dó bheith i bhfeidhm le dhá bhliain go leith nach mór. Bhí éirí croí chomh mór sin ar dhaoine san am gur tháinig lá na rásaí i mBaile Uí Fhiaich go raibh daoine agus caidreamh idir tiarnaí talún agus a dtionóntaí á shamhlú acu:

Tosóidh rásaí Bhaile Uí Fhiaich ar an Luan seo chugainn. Tá lúcháir orainn a rá go bhfuil ár gcontae go léir faoi shuaimhneas agus uime sin is breá linn daonra sítheoilte dea-iompair an chontae ag cruinniú le chéile ag baint taitnimh as scléip dea-eagraithe. It is a necessary relaxation from the toils of laborious industry and a happy opportunity for all classes of society to mingle in conciliatory good fellowship.[11]

All classes of society mingling in conciliatory good fellowship – barrshamhail de réir mhian ab ea é sin ach barrshamhail nach raibh ionsroichte an uair úd ná go deo.

Ag seisiún cúirte an tsamhraidh thug breitheamh a bhí ag freastal ar an gcúirt maolaisnéis na bliana uaidh i dTrá Lí nuair a dúirt sé:

Kerry has at all times been distinguished for good conduct and if on a late occasion there appeared some deviation from the general rule in its strictest propriety, it may perhaps in most instances be fairly imputed to the contamination of a very bad neighbourhood.[12]

I mí Dheireadh Fómhair 1824 bhí an tOirmhinneach *Stoughton* agus a dhearthair *Thomas* go gnaíúil agus iad ag socrú a ndeachúna i bparóistí i dtuaisceart Chiarraí agus orthu sin paróiste Lios Eiltín.[13] "It is gratifying to observe the kind feelings which prevailed throughout the several parishes between the owners and parishioners"; ach bhíothas mí-bhuíoch go maith i gcónaí do *Lord Ennismore*: "they have up to the present moment always taken a lead in bigotry and persecution . . . and had called for a military law to ameliorate the condition of an oppressed and exasperated people".[14]

Ach má bhí bogadh áirithe déanta ar an saol ní raibh a gcúl ar fad tugtha ag muintir Chnoc an Fhómhair leis an iompar a raibh taithí acu air le fada, le sinsearacht ní cás a rá. A chomhartha sin ab ea bunú na ngardaí cósta sa Chill Mhór i Márta 1822, agus bunú teach custaim i mBéal Átha Longfoirt sa bhliain 1824, agus gardaí cósta á dtabhairt ó Luimneach, ó Thairbeart agus ó Chill Rois chun sárú a dhéanamh ar an smugláil a bhí ar bun in abhainn na Sionainne.[15] Bhí sé i ndán don rialtas stáisiún eile gardaí cósta a bhunú in Aibreán na bliana 1832 i mBiaille agus is dócha go raibh a gcúram féin orthusan freisin agus iad ag iarraidh maolú éigin a dhéanamh ar smugláil na muintire. I mí na Márta 1825 gabhadh timpeall dhá chéad beart tobac smuglálta sna huaimheanna i mBaile an Bhuinneánaigh agus timpeall an ama chéanna gabhadh an áirithe sin tobac ar na sléibhte i gcomharsanacht Bhaile Uí Thaidhg. Ní raibh deireadh leis an smugláil sa bhliain 1830 nuair a tugadh árthach nua smuglála isteach go Cill Rois agus an-chuid branda, biotáille agus tobac ar bord inti agus naoi gcinn déag de thubáin tae.

Tar éis na bliana 1824 bhí roinnt blianta a bhí ciúin go maith ag muintir Chnoc an Fhómhair, chomh ciúin sin go raibh iontas ar dhaoine faoi a shuaimhneasaí agus a bhí siad agus ba mhinic tagairt sna nuachtáin don suaimhneas sin sna blianta sin. Sprioclá riamh ab ea lá na rásaí i mBaile Uí Fhiaich agus tógadh an-cheann de chomh sítheoilte agus a bhí na daoine ag rásaí na bliana 1825:

Chríochnaigh rásaí Bhaile Uí Fhiaich ar an Satharn. Thug an dá lá as a chéile an-chaitheamh aimsire don slua an-mhór a bhí i láthair, deimhniú suntasach á thabhairt acu ar a n-aigne sítheoilte agus ar an dea-iompar a bhí ag roinnt riamh le muintir an chontae. Tá áthas orainn a rá nár léir sa chruinniú an-mhór daoine go raibh an iarracht is lú cheannairce nó trangalála a chuirfeadh isteach ar shuairceas na hócáide.[16]

2 IDIRLINN

2.1 Suaimhneas gan socracht

Bhí taithí na mblianta fada ar ainnise agus éagóir ag an muintir dhúchais faoi lár na bhfichidí agus bheadh orthu gabháil trí mhórán eile dá leithéid fós; san ainnise agus san éagóir ar fad bhí pé iontaoibh a bhí acu as údarás agus rialtas á chailliúint acu. Ní raibh iontu sin dar leo ach áiseanna i lámha a naimhde ar fad, áiseanna a bhí á n-úsáid chun iad féin a bhochtú agus a choimeád faoi chois. I bhfad na haimsire níor fhan meas dá laghad acu ar dhlí ná ar fheidhmiú dlí, ach lé ar leith acu leis an té a bhí i gcoinne an dlí agus cosaint á thabhairt acu don té a raibh dlí na tíre sáraithe nó á shárú aige. Thuig siad go maith go raibh ansmacht á imirt orthu agus iad ag iarraidh an saol a chur díobh ó lá go lá agus ba chuma sa riach leo a ngníomhartha a bheith ag teacht le dlí na tíre nó ag teacht trasna orthu fad is go mba chabhair dóibh féin iad sa chás ina raibh siad an uair sin féin. Bhí sé i ndán don chor sin an-chiotaí go deo a dhéanamh do chás na muintire dúchais.[1]

Ag tarraingt ar dheireadh na bhfichidí bhí an dúiche dubh le daoine agus ba dheacair dóibh gan bheith mailíseach clamprach agus iad ag maireachtáil go cráite agus go domhain san ainnise, iad ag broic le córas léasa faoina raibh roinnt daoine freagrach – gach duine acu ar leith – as an gcíos, na talúintí á síor-roinnt, cíosanna troma á ndíol acu, riaráistí cíosa á gcreachadh, lé leis an tionónta nua agus gan toradh dá laghadh ar an té a bhí i seilbh, deachúna agus ábhair eile mí-shástachta ag cur as dóibh.

Bhí, mar anlann leis na himeachtaí sin acu agus lena saol go léir, an t-eagla, eagla an ocrais agus an ghátair.[2] Ní raibh dul ón eagla sin acu agus iad go dealbh agus ag brath dá mbeatha ar fad ar aon saghas amháin bia, an práta. Ba é an práta a bpríomhriachtanas agus é ag brath go mór ar an aimsir. Ghoill síorbháisteach air agus ghoill triomach air, ghoill triomach na bliana 1825 go háirithe air agus bhí eagla a n-anma ar dhaoine go raibh ainnise agus gorta ag déanamh orthu arís agus iad ag ceapadh go mbeadh na prátaí a cuireadh go déanach scriosta ar fad. Ach bailíodh airgead i Sasana i gcoinne na hainnise a bhraith siad chucu nuair a bhí na calafoirt éagsúla lán d'arbhar do mhargadh Shasana.[3]

I mí Bhealtaine na bliana 1826 bhí an baol sin ag bagairt i gcónaí, an baol a bhain le córas beatha a bhí bunaithe ar an bpráta; bhí sé sin soiléir go maith an uair úd do mhuintir Thrá Lí agus do sclábhaithe ar fud Chiarraí.[4] Toisc go raibh prátaí gann, bhí sé pingine an chloch orthu; ní raibh sclábhaithe ábalta iad a cheannach níos mó toisc nach raibh á thuilleamh acu ach trí scilling sa tseachtain; san áit a raibh an-chuid daoine ag brath ar an bpráta chaith prátaí a bheith ar fáil go flúirseach i gcónaí. Mura mbeadh dóthain díobh ar fáil d'ardófaí an praghas a bhí orthu; ní bheadh daoine bochta in ann iad a cheannach a thuilleadh agus bhí siad, uime sin, san ainnise láithreach.

Ghoill blianta móra báistí orthu i slite éagsúla. Ghoill siad ar an bpráta agus d'fhág iad chomh maith gan suáilceas eile a raibh ardmheas acu riamh air .i. tine mhaith, agus "leath beatha ab ea tine mhaith", riamh acu; bheidís á ceal i ndrochbhlianta nuair nach bhféadfaí an mhóin a shábháil.

Ba mhór an chabhair Dé do dhaoine na hoibreacha poiblí a bhí ar siúl ar fud na Mumhan sna fichidí; más ea féin nár bhain muintir Chnoc an Fhómhair aon tairbhe díreach as an scéim mhór bóithre a bhí ar bun ar fud an deiscirt ón mbliain 1822 rinne na bóithre sin feabhsú éigin ar a gcás. Nuair a bhí an líne nua déanta ó Lios Tuathail go hÁth Trasna sa bhliain 1829 bhí bóthar breá ag feirmeoirí thuaisceart Chiarraí agus iad ag tabhairt a gcuid ime go margadh Chorcaí. Ina theannta sin bhí timpeall is cúig mhíle déag bainte den turas a bhí le déanamh acu.[5]

Rud mór i saol na muintire ab ea déanamh na ndroichead agus choimeád daoine greim docht ina n-aigne ar na hócáidí sin. Ní raibh aon amhras faoin spéir i gcuimhne na muintire faoi dhroichead na Féile, dhroichead *Wellesley*: "*Clements*, innealtóir ón nGaillimh a thóg an droichead sin sa bhliain 1826. Ba é freisin a tharraing na pleananna." Rinneadh Droichead Headley sa bhliain 1827. Chuir siad spéis freisin i ndéanamh na canáile ó Thrá Lí go Cathair Uí Mhóráin.

Dhéanfadh an chanáil sin freisin ábhar chun a mbroid a réiteach. Thaitin sé leo tairiscintí a bheith á lorg i mí Mheán Fómhair 1824 chun droichead nua a thógáil thar Abhainn na Féile i Lios Tuathail. Bhí sé beartaithe go mbeadh cúig stua sa droichead sin agus gach ceann acu caoga troigh trasna. Bhí dea-scéal eile a chuir ardú meanman ar dhaoine nuair a fógraíodh go mbeadh cóiste poist ag feidhmiú feasta idir Trá Lí agus Luimneach ag tosú i mí Dheireadh Fómhair.

Bhí an rialtas sna blianta sin agus cúram ar leith á dhéanamh aige don iascach agus tuigeadh do dhaoine go mba mhór an chabhair é do phobal urrúnta treallúsach an *bounty* a bhí á chur ar fáil ag an rialtas agus an *bounty* sin á mheas mar an áis is tapúla a bhí ar fáil chun feabhas a chur ar chás na ndaoine cois cósta fairsing an chontae seo – "*that great and useful branch of national industry amongst our hardy and laborious population*" – daoine urrúnta treallúsacha agus gan leath a ndóthain le déanamh acu "agus bhíothas ag cásamh na neamhshuime a bhí á déanamh ar an mianach saibhris a bhí ansin taobh leo agus na neamhshuime a bhí a déanamh d'ionaid oiliúna do fhir chumasacha "for the future nurseries of England".[6]

Má bhí an dúiche faoi shuaimhneas féin an tráth sin bhí a mhalairt freisin cóngarach go maith do dhaoine i gcónaí. Bhí tosú ciúin go maith ag an mbliain 1829 ach i mí an Mhárta bhí daoine á suaitheadh ag an saol; i lár na míosa sin tugadh an bás do Shéamas Baróid i Maigh Mheáin[7] agus cúisíodh ceithre dhuine dhéag mar gheall air ina dhiaidh sin ag seisiún cúirte earraigh na bliana sin. I dtosach na Bealtaine tugadh tine do ghrianán seilge le *William Townsend Gun* i Ráth Tuaidh agus dódh go talamh é agus gan

143

é ach díreach tógtha.[8] I lár mhí Iúil tharla ceannairc dhiamhair idir dhá fhaicsean aitheanta i mBéal Átha Longfoirt agus gortaíodh roinnt daoine go mór agus fuair duine acu, Conchúrach, bás den ghortú a bhain dó. Bhí cúis ar thríocha duine ón gcomharsanacht ach "theith siad as an tír".[9] Bhí suaimhneas sa dúiche arís go luath agus bhí an suaimhneas sin buan ar feadh na bliana 1830 ar fad.

I dtosach na Bealtaine 1832 bhí nuachtóir san *Edinburgh Magazine* ag déanamh iontais de chomh macánta agus bhí daoine in Éirinn agus bhí sé ag iarraidh a thuiscint conas go raibh siad mar sin; *The Irish Priest* a thug sé ar a chuntas:

> But for the chapel and the fireside (the influence of women) these maddened hordes must long ere now have converted this country into one widespread scene of desolation and carnage and have either expelled their conquerors or been extirpated themselves.[10]

Ach má bhí an dúiche faoi shuaimhneas féin bhí daoine eile ann agus ní raibh aon iontaoibh acu as an suaimhneas sin agus iad ag cur isteach arís ar bhuíon saighdiúirí do Lios Tuathail. Dúradh san iarratas go raibh a leithéid sa dúiche cheana ach gur tarraingíodh as iad de bharr a shuaimhneasaí a bhí an dúiche. Bhí na póilíní freisin go cúramach agus iad i mbun póirseála do airm a mheas siad a bheith i gcónaí ag daoine.

Bhí bruíonta na mbataí ag luí go mór ar aigne daoine an tráth úd agus an-chiotaí á dhéanamh acu do shaol agus do shuaimhneas na dúiche: *"the barbarous system is to be effectually and permanently crushed"*[11] agus tagraíodh don *"incorrigeable passion for fighting and bloodshed which characterises the Irish peasantry at fair and market"*.[12] Bhí sé fógartha ag an rialtas le tamall go raibh siad chun a leithéid sin a chur faoi chois, ar áis nó ar éigean. Bhí aghaidh craois na hEaglaise Caitlící ar na bruíonta sin freisin an uair úd. Tá cuntas ar fáil ó dheireadh na bliana 1828 faoi dhaoine ó pharóistí éagsúla i dtuaisceart Chiarraí agus paróiste Lios Eiltín ina measc agus iad ag dul go Trá Lí chuig an Viocáire ginearálta chun maithiúnachas a fháil as bheith ag bruíon lena chéile. Chuir an V.G. lá troscaidh orthu mar bhreithiúnas aithrí.[13]

Bhuail ráig chalair an dúiche sa bhliain 1832. Tháinig an calar isteach trí Bhéal Feirste sa bhliain 1830 agus bhí sé leata go Trá Lí faoi dheireadh an Aibreáin agus go tuaisceart Chiarraí faoi 14 Iúil 1832; galar ba ea é a bhí ag goilliúint ar an saol ar fad an uair úd; galar ab ea é, murab ionann agus fiabhras, nár fhéach do phearsa dhaoine seachas a chéile. Bhí sé ar ridire an Ghleanna. Ba i dTairbeart, san ospidéal a bhí ansiúd dá leithéid a chuirtí cóir leighis ar dhaoine i dtuaisceart Chiarraí.[14] Bhí an galar ar bheirt is fiche i dTairbeart idir a theacht agus 14 Deireadh Fómhair; cailleadh ochtar díobh sin; sa choicís dhéanach den bhliain bhí sé ar ochtar eile sa dúiche, agus cailleadh cúigear acu sin. Bhí deireadh leis an ráig sin faoi 18 Feabhra

1833 ach bhí sé tosaithe arís 8 Márta. Bhí drochfhiabhras sa dúiche an uair sin leis. Dúnadh an t-ospidéal i dTairbeart, faoi dheoidh, 14 Bealtaine 1833.

Bhuail an calar Lios Tuathail 22 Nollaig 1832 agus fuair beirt is tríocha bás leis an ngalar idir Nollaig agus lár mí Eanáir. Is léir go raibh ábhar den mhilleán faoin gcalar ar na sluaite móra daoine a bhíodh ag gabháil an uair úd trí Bhéal Átha Longfoirt ar a slí dóibh ó Luimneach go Cill Airne agus Trá Lí.

Faoin mbliain 1833 ní cás a rá go raibh géarú ag imeacht ar chúrsaí i dtuaisceart Chiarraí i gcoitinne agus i ndúiche Chnoc an Fhómhair go háirithe; i dtosach an Mhárta bhí cúis ar scata daoine ó chomharsanacht Bhéal Átha Longfoirt go ndearna siad ionsaí ar phóilín. Ag tosach mhí na Samhna 1833 raiceáladh an *Cooper*, agus ag deireadh an mhí chéanna raiceáladh an *City of Limerick* lámh le Baile an Bhuineánaigh; chuaigh daoine ón áit fiáin ar fad ag slad agus ag creachadh. Chaith na gardaí cósta teitheadh lena n-anam nuair a chaith siad leis an slua.[15] D'éirigh le daoine ón áit roinnt biotáille a thabhairt leo as an *Cooper* agus chuir siad i bhfolach é i measc na ndumhach. Deir na nuachtáin linn gur cailleadh seacht nduine dhéag toisc gur ól siad an iomarca uisce beatha agus gur cailleadh sé dhuine dhéag i mBaile an Bhuinneánaigh 16 Eanáir 1834 de bharr breoiteacht a bhuail iad nuair a d'ith siad soláthairtí bia lofa a chaith an taoide iad isteach ar an dtrá. Lá Nollag na bliana sin thug scata fear faoi Mhuiris Ó Flaitheartaigh a raibh cónaí air lámh le Lios Eiltín agus thug bás gránna dó le maidí agus le clocha.[16] Déarfadh daoine na blianta ina dhiaidh sin go raibh ár Bhaile Uí Fhiaich á thuar go tréan faoi dheireadh na bliana 1833.

Tugadh léasadh diamhair don Oirmhinneach *Hickson* i nDubháth agus é ag bailiú deachúna i lár mhí Eanáir. Tamall de laethanta roimhe sin rinneadh ionsaí ar dhaoine a bhí ag réiteach deachúna an Oirmhinnigh *Williamson* i gCill Luraigh. Tá litir ar fáil a scríobh Tadhg Ó Catháin, bailitheoir deachúna agus tiománaí, a deir nach raibh sé riamh chomh deacair deachúna a bhailiú agus a bhí sé an uair úd.[17]

2.2 Baile Uí Fhiaich

Nuair a bhí muintir thuaisceart Chiarraí agus daoine eile nárbh iad brúite faoi chois – go háirithe tar éis Éirí Amach na nGearaltach agus tar éis aimsir Chromail – agus taithí á fháil acu ar mháistrí nua agus ar shaol nár dhual dóibh, níor chás dóibh bheith ag féachaint siar go hochlánach ar imeachtaí an tsaoil a thug an cor sin orthu. B'fhurasta dóibh a n-aire a dhíriú ar Chath Chlochair na bliana 1578. Ócáid chinniúnach ab ea an cath sin do mhórán i dtuaisceart Chiarraí. Thug an cath sin comharsain agus daoine muinteartha in earraid lena chéile agus bhí an t-eascairdeas sin agus an drochamhras a bhí ag daoine as a chéile buan go ceann i bhfad dá bharr. Ach níorbh aon ní fuar fánach an t-eascairdeas sin idir daoine i dtuaisceart Chiarraí. Bhí síol an eascairdis curtha go domhain i saol na muintire le sinsearacht, ó theacht na Normannach ní cás a rá, go speisialta ón lá ar éirigh le hiarla Dheasmhumhan cumhacht Phailitíneach a bhaint amach. As sin amach bheadh buannacht aige ar Chlann Mhuiris agus ar Ó Conchubhair Chiarraí agus teannas dá réir i saol na dúiche. Mhair an teannas sin i saol na muintire, uaireanta gan é le brath ach ar éigean, agus uaireanta eile é ina bhladhm lasrach agus mhairfeadh sé go tubaiste na bliana 1834 agus ina dhiaidh sin féin.

Tá a fhios againn go raibh nós na faicseanaíochta faoi réim i gCiarraí sa bhliain 1784 nuair a bhí *"a loyal and dutiful address"* á sheoladh ag *"His Majesty's loyal and dutiful subjects, the freeholders of Kerry"* chuig an rí:

We view with much concern the mischievous efforts of factions and misguided men to disturb the peace and freedom of your loyal kingdom. We have seen them labour, and unfortunately with too much success, to excite the deluded multitudes to the most daring acts of violence and sedition.

Bhí an fhaicseanaíocht faoi réim i measc an phobail le fada faoin tráth sin agus taitneamh á thabhairt ag daoine do na himeachtaí sin. Bhí sé ar cumas Sheáin Uí Chearmada i mBiaille féachaint siar le taitneamh ar shaol na faicseanaíochta agus é seo a rá: *"They say that the best men in Kerry are buried at Kilconly and in Murhur."* Muintir Choisteala agus muintir Mhaoilmhichil agus muintir Chearmada a bhí i gceist aige. Bhí sé de theist ar mhuintir Bhiaille gur dhaoine macánta ciúine iad ach gan baint leo, agus gur lean siad muintir Mhaoilmhichil. Tháinig roinnt mhaith seanchais faoi fhaicseanaíocht Aonach Bhiaille féin anuas agus bhain daoine sult agus sásamh as eachtraithe a tharla ansiúd: "Sé a clog agus gan buille buailte fós." Bheadh a mhalairt d'aigne ag daoine tar éis lá Shain Seáin 1834.

Bhí sinsearacht an-fhada laistiar den phatrún agus de na rásaí capall a bhíodh ar siúl i mBaile Uí Fhiaich, ar an trá ansiúd, Lá Shain Seáin gach bliain. Agus ní cás a rá go raibh an láthair an-oiriúnach go deo dá leithéid. Bhí an Casán ag rith go tapaidh láidir chun farraige ar thaobh an Bhaile Dhuibh, an uair úd, agus bhí timpeall míle acra de mhá réidh tirim ag daoine nuair a thráigh an taoide, taoide rabharta an lá sin. Agus bhí dumhach fhairsing ar thaobh na síne agus ar thaobh na farraige. Is ar an láthair sin a bhí cúrsa an ráis, agus láthair na tubaiste faoi mar a tharla.

Is deacair a rá inniu cad ba chúis leis an eachtra as ar fhás faicseanaíocht Bhaile Uí Fhiaich Lá Shain Seáin 1834 ach tá a fhios againn go raibh sé á thuar le fada, go raibh roinnt mhaith daoine i dtuaisceart Chiarraí an uair úd a bhí nimhneach go maith i gcoinne a chéile agus iad uaireanta ag tabhairt faoina chéile go háirithe sna blianta 1811, 1814; bhíodh tamaill eile ansin nuair a bhíodh an dá bhuíon sásta cur suas lena chéile. Sa bhliain 1829 agus arís sa bhliain 1833 bhí géarú á dhéanamh ar an naimhdeas a bhí idir an dá bhuíon.

146

Bhí scéal á reic le tamall go mbeadh faicseanaíocht ar an trá lá sin na rásaí mar bhí ullmhúchán á dhéanamh ina chomhair ag na Cúilíní agus ag muintir Mhaoilmhichil. Bhí a lucht leanúna féin ag gach dream díobh agus iad ag tiomsú a lucht leanúna go dícheallach i gcomhair an lae a bhraith siad a bheith chucu. Bhain muintir Mhaoilmhichil agus muintir Leathlobhair leis an bhfaicsean céanna. Aisteach go leor níor de bhunadh na dúiche ceachtar acu. Thug *Patrick Crosbie* muintir Leathlobhair ó Laois go comharsanacht Thairbirt agus go dtí an dúiche timpeall an Tóchair sa bhliain 1609 chun broid an rialtais a réiteach ina ndúiche dhúchais i Laois. Bhí sé níos déanaí nuair a phréamhaigh muintir Mhaoilmhichil i dtuaisceart Chiarraí. Dar leis an tseanchuimhne ba ó chomharsanacht Bhiaille a tháinig roinnt mhaith den fhaicsean sin lá úd na tubaiste. Tháinig fórmhór na gCúilíní ó chomharsanacht Bhaile Uí Chonaire agus ó chomharsanacht an Chasáin.

Bhí faltanas nimhneach idir an dá fhaicsean faoin tráth sin, faltanas a bhí á chothú le tamall agus ní haon mhaolú a rinne a bhfilí ar an bhfaltanas sin; agus bhí a bhfilí féin ag an dá dream, banfhilí a raibh gearradh thar an gcoitiantacht ina bhfilíocht agus ba mheasa i bhfad an gearradh a bhí ina bhfocail ná neart na mbuillí sa chomhrac. Lá dá raibh Cáit Ní Fhlaithimhin banfhile na gCúilíní i Lios Lios Tuathail, chonaic sí Gearóid Ó Maoilmhichil, ceannaire mhuintir Mhaoilmhichil agus é ag déanamh uirthi lena bhuíon. Sheas sí os a gcomhair amach, chum dán ar an toirt agus scaoil le gaoth é:

Seo chugainn Gearóid an Buaileam Sciath
Agus cóta féir ar bharr a chinn*
Féach ar an ngandal ag iarraidh troda
Éist leis agus é ag béicigh míle murdail.

Bhí Neans Ní Chatháin, file a bhí ag taobhú le muintir Mhaoilmhichil, a láthair chomh maith an lá sin i Lios Tuathail agus gan í aon phioc chun deiridh ar an mbean eile agus í ag cáineadh ceannaire na gCúilíní, Seán Mac Síthigh, agus na Cúilíní trí chéile agus í go deas air.

Cé hé an spriosán suarach críonna
Le scata dúradán ina thimpeall?
Nach é Seán salach ó Chúl an Aoiligh
Seán búndúnach an chinn mhóir mhíolaigh.

Go mbua Dia leat, a Ghearóid ghroí
Is tusa togha agus rogha den bhuíon.
Níor staon tú riamh i mbruíon, a chroí,
Buail an diabhal as gach Cúilín.

*Bhí sé de nós ag Gearóid coróin a hata a líonadh le féar agus é ag dul chun troda chun a cheann a chosaint ar neart na mbuillí.

Leagadh hata Ghearóid Uí Mhaoilmhichil dá cheann an lá céanna sin agus phrioc Cáit Ní Fhlaithimhin suas é agus thug abhaile léi é agus chuir cearc ar gor ann chun a drochmheas a chaitheamh ar an té ar leis é.

Le tamall bhí daoine cinnte go maith go mbeadh an dá fhaicsean, muintir Mhaoilmhichil agus na Cúilíní ag tabhairt faoina chéile lá na rásaí ar lá Shain Seáin i mBaile Uí Fhiaich. Rinne *Julian* Ó Thulach Mór gach dícheall ar an mbaol a bhain leis an lá a áiteamh ar na daoine a raibh sé de chúram orthu féachaint chun a leithéid, ach ní mór an toradh a tugadh air go dtí trí lá roimh an sprioclá. Bhí cúram ar leith ar *John Hewson* sna cúrsaí seo. Ba é leas-Leifteanant an chontae é agus chuir sé chuige chun lucht airm agus póilíní a bheith ar an láthair i gcomhair na hócáide. Scríobh sé chuig lucht an airm i dTrá Lí agus d'iarr orthu oiread saighdiúirí agus a b'fhéidir a sheoladh go Baile Uí Fhiaich i gcomhair an lae; scríobh sé go dtí ceannphort na bpóilíní i Lios Tuathail ag lorg fórsa láidir póilíní. D'fhág seasca saighdiúir faoina n-oifigigh Trá Lí ar a trí a chlog ar maidin chun dul go Baile Uí Fhiaich. Bhuail *Hewson* leo sa Bhaile Dubh. Bhí deichniúr póilíní tagtha ansin agus bhí ábhar eile ag an *Ferry*. Tar éis roinnt tithe sa chomharsanacht a chuardach ag lorg arm – bhí ráfla amuigh go raibh airm i bhfolach sa chomharsanacht ag na Cúilíní i gcomhair an lae – ach ní bhfuair siad faic.

Shroich siad an trá timpeall leathuair tar éis a deich. Bhí timpeall is céad caoga campa suite ar an trá agus oiread eile trasna na habhann i gClann Mhuiris. Thóg na saighdiúirí a seasamh ar ard laistiar de thithe agus tamall ó na campaí. Ní fada uathu a bhí na póilíní, idir an dumhach agus na campaí.

Bhí na daoine tosaithe cheana féin ar bheith ag teacht ar an láthair agus bhí siad ag plódú isteach ar an trá go dtí timpeall a dó a chlog. Bhí muintir Mhaoilmhichil ag bailiú ó mhaidin, ach is beag ceann a tógadh díobh toisc nach raibh siad bailithe ina mbuíonta os comhair na ndaoine. Bhí na Cúilíní ag bailiú isteach ar an taobh eile den abhainn – na sluaite díobh – agus bhí "na huaisle" go griothalánach ag síneadh amach cúrsa an ráis. Bhí gach ní ciúin go maith agus rás éigin rite ionas go raibh daoine ag ceapadh nach dtarlódh a raibh á thuar; ach go tobann ardaíodh an liú: "Tá siad ag teacht", agus láithreach bhí na Cúilíní ag teacht isteach ar an trá. Tá sean-chuimhne dhocht go maith ann go raibh roinnt mhaith acu tar éis teacht trasna na habhann i mbáid, iad féin agus a gcuid ban. Bhí siad ag sá rompu go glórach ag déanamh ar na campaí a bhain le muintir Mhaoilmhichil. Tháinig *John Hewson* agus an tAthair Ó Mathúna, S.P., Lios Tuathail, rompu amach ag tathant orthu éirí as an drochfhuadar a bhí fúthu. Sheas trí phóilín déag in aon líne amháin os a gcomhair ag iarraidh iad a stop ach ghabh na Cúilíní ar a ndeas agus ar a gclé agus tháinig le chéile arís. Leagadh *Hewson* dá chapall agus chúlaigh na póilíní go dtí an láthair as ar ghabh siad amach.

Cé go raibh muintir Mhaoilmhichil tagtha ar an láthair agus iad gléasta chun troda d'fhág teacht mear na gCúilíní faoi mhíbhuntáiste iad. Bhí siad i gcónaí i measc na gcampaí agus sa dumhach agus bhí na campaí ina mbac orthu agus iad ag déanamh ar an trá faoi dhéin na gCúilíní.

Ba ghearr go raibh an dá fhaicsean i ngleic lena chéile agus an gheoin go huafásach agus go diamhair, gártha catha, mallachtaí agus béicíl le clos go tiubh fad is a bhí na ceannairí ar an dá thaobh ag gríosadh a mbuíonta chun comhraic. Bhí buíonta ar fud na háite ag gabháil dá chéile le maidí agus le clocha. Thosaigh na Cúilíní ag raideadh cloch le muintir Mhaoilmhichil agus bhí orthu sin cúlú ón raiste cloch nó gur bhain siad teach Uí Artaigh i mBaile Uí Fhiaich amach; ach a thúisce agus a bhí muintir Mhaoilmhichil bailithe ar an trá le chéile faoina gceannaire, Micheál Simeon Ó Maoilmhichil, bhí sé soiléir go maith go raibh breis fear acu agus i ndiaidh a chéile bhí ar na Cúilíní cúlú agus i gceann timpeall uair a chloig bhí briste orthu, agus bheadh a gcás i bhfad níos measa ach gur ghabh na póilíní agus lucht airm i measc mhuintir Mhaoilmhichil, ag briseadh an dlútheagair a bhí orthu. In ainneoin an choir sin chuir muintir Mhaoilmhichil scaipeadh ar na Cúilíní agus thiomáin siad dream acu soir sa treo as ar tháinig siad agus dream eile acu siar i dtreo bhéal an Chasáin. Nuair a shroich an dream sin an abhainn ní raibh dóthain bád ann chun iad a thabhairt trasna na habhann go dtí Clann Mhuiris agus mar bharr ar a ndonas bhí an taoide ag líonadh.

Is ansin a tharla an tubaiste. Lean muintir Mhaoilmhichil sa tóir ar na daoine a bhí ag teitheadh lena n-anam. Is ansin a thosaigh an t-eirleach i gceart. Bhí na Cúilíní ag iarraidh na báid a bhaint amach agus na báid chomh lán sin nár fhéad na fir a maidí comhraic a bheartú i gcoinne na ndaoine a lean isteach san uisce iad agus d'fhág sin nach raibh a bhac ar mhuintir Mhaoilmhichil tabhairt fúthu faoi mar a d'oir dóibh. D'fhág cuid de na Cúilíní na báid chun dul sa snámh ag iarraidh teitheadh ón ár; ach tháinig mná de mhuintir Mhaoilmhichil agus bhaineadar díobh a stocaí cniotálta láidre agus ag cur cloch i mbonn gach stoca acu ghabh siad tríd an uisce ag smiotadh ceann na ndaoine a bhí ag snámh. Ghabh marcaigh ar a gcapaill tríd an uisce ag gabháil dóibh siúd a bhí sna báid agus san uisce agus de bharr an airde breise a bhí acu sin is beag seans a bhí ag lucht na mbád ná ag na daoine eile teacht slán. San fhuirse ar fad iompaíodh bád agus thit a raibh inti san uisce.

Nuair a bhí an rud ar fad thart bhí roinnt mhaith sínte marbh. Ach ní dhearnadh aon áireamh cruinn riamh ar an méid a maraíodh; scuab an taoide roinnt de na coirp amach chun farraige; adhlacadh a thuilleadh go príobháideach – ní admhódh aon dream acu an méid fear a bhí caillte acu féin, má bhí a fhios in aon chor acu é. Bhí sé ráite go raibh fiche duine ar a laghad caillte san abhainn; ach ní foláir gurb é sin an ceann caol den mheastachán nuair a chuimhnítear ar na míbhuntáistí go léir a chuir bac ar na Cúilíní; ní raibh oiread fear acu agus bhí ag an taobh eile, ní raibh aon eagar orthu, agus bhí an oiread sin díobh sna báid nach raibh slí acu chun

LÁTHAIR BHRUÍON BHAILE UÍ FHIAICH

150

iad féin a chosaint. Fuarthas ocht gcinn déag de choirp san abhainn agus bhíothas san amhras gur imigh mórán eile leis an taoide trá amach san fharraige.

Nuair a bhí an anachain déanta tionólodh coistí cróinéara agus fiosruithe; ach níor tháinig aon ní astu. Ach mar sin féin bhí milleán ag daoine ar dhaoine difriúla; bhí milleán ar *Hewson* nár léigh sé an *Riot Act* go raibh gach ní thart. Cuireadh milleán ar an arm agus ar na póilíní as a laghad a rinne siad an lá sin. Bhí milleán ar "na huaisle" go háirithe ar na giúistísí agus bhí milleán ar leith ar *Thomas Ponsonby* ó Chrota. Níor chuaigh sé i gan fhios do dhaoine, ach oiread, gurbh é a bhailigh chuige féin an céad punt a bhí tugtha ag an rialtas as faisnéis faoi dhuine a raibh amhras air faoi imeachtaí an lae.

Bhí uafás ar na gnáthdhaoine nuair a chuaigh imeachtaí an lae sin abhaile orthu. Rinne siad an scéal go léir a chíoradh go maith cois tine agus in aon áit ina gcastaí ar a chéile iad; bheadh cúrsaí an lae sin ina n-ábhar cainte acu go ceann i bhfad agus go dtí an lá inniu féin. Tuigeadh dóibh go raibh seans ann ar feadh tamaill go gcuirfí stop lena raibh á bheartú nuair a thosaigh na póilíní ag baint a maidí comhraic de mhuintir Mhaoilmhichil. Ach tháinig *Thomas Ponsonby* agus chealaigh sé an t-ordú a bhí tugtha ag *Hewson* do na póilíní agus thug ordú do na póilíní cúlú agus filleadh ar an áit as a dtáinig siad.

Tuigeadh do dhaoine freisin gur tháinig mná trasna na habhann lena bhfir i mbáid agus go raibh na báid lán de clocha thíos fúthu agus sciortaí na mban leata tharstu.

Bhí siad den tuairim leis gur choimeád an-chuid de mhuintir Mhaoilmhichil as radharc na ndaoine, go raibh siad go discréideach sna campaí agus le hais na duimhche nó gur thosaigh an comhrac. Ní áiteodh an saol orthu nach raibh *Ponsonby* go gníomhach an lá sin ag gríosadh muintir Mhaoilmhichil chun troda agus gur chuir sé an dallamullóg ar na húdaráis a bhí ag fiosrú faoinar tharla. D'admhaigh siad go raibh mná ón dá thaobh ag tacú lena bhfir, ag soláthar maidí agus cloch agus iad fiú páirteach sa troid. Ba iad na sagairt an t-aon dream amháin gur tugadh aon chreidiúint dóibh as a n-iarrachtaí agus iad ag iarraidh a bpobail dhílse a thabhairt ar mhalairt aigne faoina raibh á bheartú acu i gcomhair an lae sin. Dúradh, agus d'admhaigh na coimisiúin fhiosruithe, go raibh sagairt thuaisceart Chiarraí ar fad ina séipéil an Domhnach roimh ré agus iad ag tathant ar a muintir éirí as an drochfhuadar a bhí fúthu agus gan aon pháirt a ghlacadh ina raibh á bheartú. Mhair iarrachtaí ar leith sagart i seanchuimhne na muintire. Bhuail an tAthair Ó Buachalla leis na Cúilíní ar an trá i Ráth Thamhnach agus iad ag triall ar Bhaile Uí Fhiaich. Rinne sé gach dícheall tathant orthu casadh abhaile agus gan fuil a dhoirteadh ar an tSabóid. Ach bhí fuar aige mar dúirt duine de na ceannairí – ní fios inniu an é an Haicéadach nó *Aherne* – nach bhfillfeadh siad ar ais nó go mbeadh an bua acu. Thóg an sagart a láimh agus ghuigh: "Nár éirí an lá libh." Bhí an tAthair Ó Mathúna ar an láthair go luath ar maidin agus é ag gabháil do mhuintir Mhaoilmhichil faoina raibh beartaithe acu agus dúirt sé leo mar fhocal scoir nuair a bhraith sé nach raibh ag éirí leis: "Go n-éirí an lá libh."

D'fhan cuimhne go docht in aigne na muintire ar na daoine a bhí ina gceannairí ar gach faicsean. Bhí a fhios ag daoine ar feadh i bhfad gurbh iad Pádraig Ó hAicéad agus Micheál Ó hArgáin a bhí ina gceannairí ar na Cúilíní ar fad agus go raibh daoine eile i gceannas ar na buíonta difriúla: Liam Ó Caoinleáin, Seán Ó hAodha, Seán Ó Loingsigh, Pádraig Ó Loingsigh, Muiris Mac Síthigh, Dónall Ó Baoill agus Seán Ó hUallacháin. Bhí cuimhne leis ar feadh i bhfad gur ar mhuin capaill a bhí na ceannairí an lá sin agus go raibh ord míleata orthu agus iad ag dul chun comhraic. Níor fhéad an tseanmhuintir go deo a n-aigne a dhéanamh suas faoi uimhir na ndaoine a bhí páirteach sa chomhrac. Dúirt cuid acu go raibh timpeall míle dhá chéad Cúilíní páirteach ann agus go raibh breis ag muintir Mhaoilmhichil, go raibh oiread is dhá mhíle acu sin sa chomhrac. Is beag duine a bhí ag plé leis an gceist a luaigh níos lú ná míle ar gach taobh. Bhí siad den tuairim leis go mb'fhéidir go raibh tionchar éigin ag an mbiotáille a bhí á roinnt amach go fial an mhaidin sin ar na himeachtaí, biotáille as an *Cooper* a raiceáladh i mBaile Bhuinneánaigh roimh dheireadh na Samhna 1833, agus a bhí sé i bhfolach ag daoine sa dumhach. Dar leo chomh maith nárbh aon chabhair an ráfla a bhí á reic maidin an lae úd gur mhairbh na Cúilíní beirt de mhuintir Mhaoilmhichil i Maghiorra an mhaidin sin agus gur fhág siad duine eile i ríocht is nach raibh ann ach an dé.

Nuair a tháinig lá Shain Seáin na bliana 1835 bhí buíon póilíní ar an láthair i mBaile Uí Fhiaich chun deimhin a dhéanamh de nach mbeadh aon rásaí capall ann agus ní raibh. Bhí an scéal amhlaidh sa bhliain 1836 agus arís sa bhliain 1837.

Nuair a bhí deireadh le himeachtaí an lae úd bhí mórán daoine ar fud na dúichí a raibh úafás orthu agus iad go buartha faoin ar tharla i mBaile Uí Fhiaich. Bhí mórán de na Cúilíní agus a gcroí á scóladh iontu faoin ngreadadh a tugadh dóibh agus bhí lucht leanúna an dá fhaicsean go nimhneach i gcoinne a chéile agus iad ag maireachtáil le hais a chéile ar fud thuaisceart Chiarraí ar fad, fiú ar fud iarthar Luimnigh agus iad meáite ar dhíoltas a bhaint amach nuair a bheadh deis acu air.

The Cooleens and the Lawlors who have been at feud about half a century and still defy both the law and the gospel in taking vengeance on each other whenever opportunity offers, from generation to generation.

Ag deireadh na bliana 1835 agus ag tosach na bliana dár gcionn bhí baill agus lucht leanúna an dá fhaicsean ag déanamh an-chiotaí do shaol na muintire agus do shaol na dúiche "agus gan toradh dá laghad acu ar dlí ná ar shaol na dúiche". Ag tosach mhí Nollag 1835 bhí baill leis an dá fhaicsean ag tabhairt faoina chéile i mBaile Uí Dhonnchú, lámh le Lios Eiltín. Chaith Cúilín le duine de mhuintir Mhaoilmhichil agus bhain leathshúil as a cheann, agus bhí baill eile de na Cúilíní ag tacú leis an iarracht.

Bhí círéibeacha lá an aonaigh i Lios Tuathail 20 Eanáir 1836, agus faoi mar a tharla go minic cheana, bhí baint ag *John Raymond* leis an lá sin; buaileadh *Christopher Julian* sa cheann agus bhí *John Raymond* ag máirseáil síos suas lasmuigh de bheairic na bpóilíní agus é ag fógairt orthu toisc gur cheadaigh siad go mbuailfí giúistís; ach bhí fógra tugtha do na póilíní gan baint le himeachtaí muna mbeadh siad ábalta smacht a imirt orthu.

Bhí círéib eile ag Droichead Gháille an oíche sin agus gortaíodh Micheál Mac Ionrachtaigh – a bhí ag taobhú le muintir Mhaoilmhichil, dar le daoine – nuair a bhuail bean sa cheann é le píosa iarainn.

Tamall ina dhiaidh sin arís bhí círéib an-mhór sa Bhaile Dubh agus bhí daoine an-imeartha ar fad. Ba ar éigean a thug na póilíní na cosa leo an lá sin. Bhí na daoine ag tabhairt fúthu; ach sa dheireadh cuimhnigh siad ar sheift chun na daoine a bhí ag tabhairt fúthu a roinnt; thug siad leo cuid de lucht na círéibe i dtreo an *Ferry* agus bhí siad imithe thar an *Ferry* sall sular thuig an chuid eile cad a bhí ar siúl.

Lá 'le Pádraig na bliana 1837 bhí roinnt daoine ag ól i dteach nach raibh aon cheadúnas dí ag gabháil leis. Ba le baintreach darbh ainm Cáit Ní Aodha an teach agus fuair duine díobh siúd ag bhí ag ól .i. Tómas Ó Lúing ó Chúil Choiligh bás de bharr léasadh a tugadh dó i mBaile Uí Dhonnchú.

Bhí bruíonta in áiteanna eile freisin ar fud thuaisceart Chiarraí sna blianta sin agus sa bhliain 1848 ní raibh dearmad déanta fós ar ar thit amach i mBaile Uí Fhiaich; i mí Feabhra na bliana sin cuireadh roinnt daoine i bpríosún toisc go raibh siad ag bruíon lena chéile lá aonaigh i Lios Tuathail. Ach bhí an Gorta tagtha an uair úd, agus feasta bheadh rudaí eile ag déanamh tinnis do dhaoine.

2.3 Ré *Pierce Mahony*

Tháinig *Pierce Mahony* go Coill Mhaonaigh agus go Cnoicíneach nó *Gunsborough* an bhliain chéanna inar tharla tubaiste Baile Uí Fhiaich agus bhí tionchar chomh mór aige ar shaol na dúiche as sin amach nár mhiste "ré *Pierce Mahony*" a thabhairt ar an tamall a chaith sé sa dúiche. Go luath tar éis teacht dó bhí bun á chur aige ar an-chuid tionscnamh a raibh dlúthbhaint acu le saol na dúiche agus laistigh de thamall de bhlianta bhí ceithre mhíle punt dá chuid airgid féin caite aige ar fheabhsú a ghabháltais i gCoill Mhaonaigh agus i gCnoicíneach. Chuir sé isteach ar airgead rialtais chun fóirithint a dhéanamh ar dhaoine a bhí san ainnise agus chuir sé bun ar roinnt mhaith bóithre ar fud na dúiche. Chuir sé iarratas isteach go luath ag lorg go ndéanfaí bóthar ó Lios Eiltín go Lios Tuathail. De réir an tsean-chais ba é an séipéal Protastúnach i Lios Tuathail a shocraigh treo an bhóthair sin. Bhí an t-innealtóir lá, ina sheasamh i Lios Eiltín ag cur is ag cúiteamh faoin treo ar cheart an bóthar a ghabháil nuair a luigh a shúil ar an séipéal Protastúnach agus ba é an séipéal sin an ceann sprice a ceapadh don bhóthar sin ó Lios Eiltín go Lios Tuathail. Bhí an bóthar faoi chaibidil sa bhliain 1836 agus bhí sé déanta faoi Lúnasa ina bliana 1838. Osclaíodh an bóthar ó Lios Eiltín go hÁth an Phóna i dtosach na bliana 1843. I dteannta na mbóithre sin bhí scéim mhór bóithre ar bun ag *Pierce Mahony* agus Cnoicíneach mar cheann sprice acu. I mí Iúil na bliana 1839 bhí sé ar a dhícheall ag cur brú ar an rialtas chun bóithre éagsúla a dhéanamh ar fud thuaisceart Chiarraí agus isteach go contae Luimnigh féin. Is maith mar a thuig sé na hargóintí a rachadh abhaile ar an rialtas agus a áiteodh orthu glacadh lena raibh á mholadh aige:

> Coast roads have helped very much to put down smuggling, illicit distillation and other fraudulent practices. The roads recently made have contributed to the maintenance of the tranquillity of the country and the means of enforcing the law by opening up districts charged with crimes; the law runs now where it did not run before. The King's troops were not able to act.

Bhrúigh sé cás na dúiche, i gcomharsanacht a ghabháltais féin, chun cinn agus de bharr a dhíchill cuireadh an-chuid tionscnamh ar bun i gcomharsanacht Chnoc an Fhómhair sna blianta sin. Níor mhiste a rá go raibh sé chun tosaigh ar na tiarnaí talún eile sa chúram a rinne sé de dhaoine i gcomharsanacht a ghabháltais.

Ba air a bhí a bhuíochas freisin as teach cúirte agus ospidéal fiabhrais a thógáil i Lios Tuathail. Ba mhór an chabhair an fhostaíocht a bhí ar fáil ag daoine de bharr na dtionscnamh sin ar fad tráth a raibh an saol an-ghann agus ocras mar anlann beatha ag daoine go coitianta.

Bhí an mhuintir bhocht i gCnoc an Fhómhair gafa i ndéanamh na mbóthar ón mbliain 1836 go dtí an bhliain 1843 go speisialta. Bhí bóithre á ndéanamh ar fud na dúiche ar fad sna blianta sin, claíocha á dtógáil agus droichid á ndéanamh agus cóiriú á dhéanamh ar dhroichid a bhí le tamall ann; agus mórán de mhuintir na dúiche ag obair ar na scéimeanna sin, teacht isteach rialta ag líon tithe, rud nach raibh acu riamh cheana. Ba mhór go deo an cóiriú sin agus an saol seachas sin gafa ag ainnise agus anró. Fuair a thuilleadh acu obair agus fostaíocht nuair a bhí teach na cúirte agus an t-ospidéal fiabhrais á dtógáil i Lios Tuathail. Bhí timpeall is dhá dtrian de theach na cúirte tógtha faoi mhí Iúil na bliana 1840 agus bhíothas den tuairim go mbeadh sé ullamh do sheisiún cúirte an Fhómhair cé nach mbeadh sé críochnaithe amach ar fad. Bhí an t-ospidéal tógtha faoin mbliain 1843.

2.4 An Gorta Mór á Thuar
Le tamall anuas bhí dealús na muintire in Éirinn ag luí ar aigne daoine

i Sasana. Bhí an t-ocras chomh coitianta sin sa tír an uair úd nár locht ar dhuine dá mbeadh sé ag ceapadh gurbh shin é cás coitianta na hÉireann. Bhí cás na hÉireann os comhair an rialtais chomh maith agus é ag cuimhneamh ar chóras dlí na mbocht a chur ar fáil do mhuintir na hÉireann. Bhí a leithéid ag feidhmiú i Sasana le tamall agus ag feidhmiú go maith agus go sásúil.

Sa bhliain 1836 sheol an rialtas *George Nicholls* chun na tíre seo chun an scéal ar fad a mheas. Ina thuarascáil ina dhiaidh sin mhol sé tithe na mbocht a thógáil ar fud na tíre uile, céad ceann acu, agus bhí sé beartaithe go mbeadh slí iontu do chéad míle duine, go mbeadh bord gairdian dá chuid féin ag gach teach acu agus go mbeadh forlámhas ag Coimisinéirí Dhlí na mBocht i mBaile Átha Cliath ar na gairdian. Thagair *Nicholls* ina thuarascáil chomh maith don ainnise eacnamaíoch agus shóisialta ina raibh daoine gafa an uair úd, agus dúirt sé: "Tá cúrsaí a mbeatha chomh hainnis sin gur deacair córas níos measa a shamhlú"; mhol sé, mar b'shin bun-phrionsabal tithe na mbocht, go mbeadh an saol iontu ar chaighdeán níos ísle ná an caighdeán beatha ar a raibh taithí ag daoine an uair úd.

Sa bhliain 1839 chuir an rialtas chuige chun rud a dhéanamh ar thuarascáil *Nicholls* agus chun córas na mbocht a bhunú sa tír. Roinneadh an tír ar fad ina *unions* agus bhí barúntacht Oireacht Uí Chonchubhair agus Clann Mhuiris i *union* Lios Tuathail. Roinnfí fós na *unions* sin ina ndúichí toghchánacha agus bheadh dúiche thoghchánach is fiche i *union* Lios Tuathail agus bhí sé beartaithe go mbeadh tríocha sé gairdiain ag riaradh an *union* sin. Bhí fiche seacht díobh sin le toghadh agus naonúr eile ina ngairdiain *ex officio*.

Níor thaitin an córas sin le muintir na hÉireann, i gcoitinne, agus bhí cruinnithe á nglaoch thall is abhus ar fud na dúiche, ag cur i gcoinne an chórais sin nó ag tathant ar an rialtas an córas sin a tharraingt siar nó ar a laghad é a athrú i dtreo is go mbeadh sé níos oiriúnaí d'éirim na muintire mar *the poor law works gratingly in all its parts and is productive of little good and much evil*. Ach tháinig tóir an tsaoil i gcoinne an bheartúcháin sin i gcoinne an *poor law* agus bhí géarú á dhéanamh ar an ainnise de réir mar a bhí na daicheadaí ag cur díobh agus ba ghearr go rabhthas ag cásamh nach raibh teach na mbocht ullamh fós. Bhí teach na mbocht i Lios Tuathail ar na bioráin ó lár mhí Feabhra 1841. Osclaíodh é ar deireadh thiar 13 Feabhra 1845 agus ghabh ochtar ansin isteach an chéad tseachtain.

Bhí na daoine ag brath go mór ar an bpráta. Nuair a bhíodh an barr prátaí go holc bhídís i gcruachás. Bhí sin i gceist arís sa bhliain 1835. Ba chuimhin le daoine go maith na blianta sin nuair nach raibh na barraí go maith . . . Ní raibh siad go maith sa bhliain 1822 agus arís sa bhliain 1831. Bhí taithí áirithe ag daoine ar easpa bia ó 1822 ar aghaidh dá bhrí sin. Beadh an scéal chéanna le heachtraí faoin mbliain 1836, faoin mbliain 1837 agus faoi na blianta 1839 agus 1842.

155

3. AN GORTA MÓR

3.1 An Gorta: 1846

Faoi dheireadh na bliana 1845 bhí ráflaí á reic ar fud na dúiche nach raibh an scéal ar fónamh ag an bpráta agus go raibh tubaiste buailte le daoine dá bharr. Ach is beag géilleadh a tugadh do na scéalta uafáis sin. B'fhéidir go mba dheacair do dhaoine áiteamh orthu féin go raibh an scéal chomh hainnis is a bhí ráite. Ach go luath sa bhliain nua bhí a fhios ag daoine conas a bhí dáiríre agus níor mhaith an cuntas é a bhí i mbéal gach éinne ar fud thuaisceart Chiarraí agus ar fud dúichí eile nárbh é. Nuair a d'oscail na daoine na poill phrátaí tamall tar éis na Nollag chonaic siad radharc a chuir uafás orthu, ní foláir: bhí prátaí lofa agus ag lobhadh leo, na cairn mhóra díobh imithe ó mhaith agus gan aon ní le déanamh leo ach iad a chartadh amach mar rudaí gan tairbhe.

Bhí dúichí a tháinig níos measa as ná a chéile, ach ba bheag dúiche a tháinig slán ar fad. San áit ar ar luigh an galar bhí scrios déanta. Bhí cuid mhór, ámh, de bharr prátaí na bliana 1845 folláin go maith; ba iad sin na prátaí luatha a bhí curtha faoi Lá Bealtaine, bhí siad sin slán ach go háirithe. Bhí siad sin fásta go barr a maitheasa agus iad á mbaint i mí Mheán Fómhair agus i mí Dheireadh Fómhair sular bhuail an galar an dúiche in aon chor. Bhí a mhalairt de scéal le heachtraí faoin bpríomhbharr, ''barr an phobail'' mar a thugtaí air. San am go raibh na prátaí sin ullamh le baint ag deireadh na bliana bhí an galar tar éis luí orthu; cé nár tugadh é sin faoi deara in áiteanna le linn a mbainte bhí sé orthu faoi am a n-ite.

Gan an tubaiste sin a bhac bhí comharthaí eile ann nach raibh an scéal go maith ag deireadh na bliana 1845 ag daoine i gcomharsanacht Chill Chonla, Chill Eithne agus Lios Eiltín: bhí Tomás Ó Mongáin i gcruachás maidir le bailiú rátaí na mbocht sna dúichí sin. Bhí teipthe air an ráta a bhailiú cé go raibh a sheacht ndícheall déanta aige; ach i slite eile bhí dóthain dóchais ag daoine chun aonach nua muc a oscailt i láthair an mhargaidh i Lios Tuathail agus an chéad aonach le bheith ann ar an naoú lá d'Eanáir 1846. Bhí daoine eile ag ceapadh go mba leor an t-aonach mór muc a bhí ann cheana féin.

Faoin tráth sin bhí an-chuid de mhuintir na dúiche ag brath ar an bpráta dá gcuid bia agus nuair a bhí scrios déanta ar roinnt mhaith de bharr prátaí, bhí na daoine a bhí i dtaobh leo i gcruachás agus an t-ocras ag bagairt orthu. An lá is fearr a bhí an scéal ag an bpráta ba bheag an teorainn a bhí idir leordhóthain na muintire agus ocras. Agus anois agus an-chuid de na prátaí imithe gan tairbhe bhí daoine go líonmhar nach raibh aon dul acu ón ocras.

Thuig an rialtas go raibh gearchéim chucu agus thugadar, dá bhrí sin, cumhacht bhreise do na húdaráis áitiúla chun scéimeanna oibre a chur ar bun ina ndúichí dílse féin chun fóirithint a dhéanamh orthu sin a bhí i ngátar, agus fuair Bord na nOibreacha Poiblí breis údaráis freisin chun go mbeadh siad i dteideal fostaíocht agus pá a chur ar fáil do na daoine a raibh ocras agus ainnise ag cur as dóibh. Bhunaigh an rialtas coiste fóirithinte don tír ar fad agus chuir sé chuige chun coistí áitiúla a bhunú ar fud na tíre uile. Bhí luach céad míle punt de mhin bhuí ceannaithe ag an bpríomhaire *Peel* ó Shamhain 1845 chun bia na muintire a chur i bhfad.

Agus rud á dhéanamh ar mholtaí an rialtais, glaodh cruinniú poiblí le chéile i Lios Tuathail 3 Aibreán agus ba léir don chruinniú sin go raibh siad ag plé le tubaiste i measc na muintire; chuir an cruinniú chuige chun déileáil leis an tubaiste. *John Francis Hewson* ó Inis Mór agus *William Talbot Crosbie* ó Ard Fhearta a thug an cruinniú sin le chéile. Bhí feidhmeannach ó Bhord na nOibreacha Poiblí ag an gcruinniú sin agus thug sé geallúint uaidh go dtabharfadh an Bord obair agus fostaíocht do gach éinne a bhí ag brath ar a phá lae. Leis an intinn sin chuir Bord na nOibreacha Poiblí bun faoi scéimeanna móra bóithre ar fud na dúiche agus na tíre. An-chuid de bhóithre na dúiche inniu is de bharr géarchéim na muintire aimsir an Ghorta a rinneadh iad. Rud coitianta go maith i mblianta sin an Ghorta ab ea cruinnithe a bheith á nglaoch chun oibreacha poiblí a mholadh chun go dtabharfaí fostaíocht do na sluaite a bhí san ainnise. Ar ball bhí na sluaite móra ag obair ar bhóithre ar fud na dúiche ar fad; bhí ceithre mhíle cúig céad fear, ar an meán, ag obair i gCiarraí sna cúig seachtainí dár chríoch 21 Iúil 1846, in ainneoin drochstaid an lucht oibre.

Ag an gcruinniú sin i Lios Tuathail roinneadh tuaisceart Chiarraí, Oireacht Uí Chonchubhair agus Clann Mhuiris, ina dhúichí fóirithinte ar mhaithe le heagrú na fóirithinte a dhéanfaí. Cuireadh Cill Chonla agus Béal Átha Longfoirt le chéile in aon dúiche fhóirithinte amháin agus bhí Cill Eithne, Lios Eiltín, *Gunsborough* agus cuid de Ráth Tuaidh i ndúiche fhóirithinte eile.

Bunaíodh coiste fóirithinte láir do Oireacht Uí Chonchubhair agus do Chlann Mhuiris i Lios Tuathail ag an gcruinniú sin i dtosach an Aibreáin. Ar an gcoiste sin bhí baill de chléir de gach creideamh, giúistísí na dúiche, oifigeach ó Bhord na nOibreacha Poiblí, gairdiain agus cathaoirleach Dhlí na mBocht. Tuigeadh don choiste sin láithreach gurbh í an tslí ab fhearr chun freastal ar an easpa bia a bhí ag cur as do dhaoine ná min bhuí a thabhairt isteach don dúiche. Chuir siad chuige láithreach ag bailiú síntiús chun cabhrú leis an iarracht. Cuireadh de chomhairle orthu na síntiúis a fhoilsiú chun brú éigin a chur ar dhaoine nach mbeadh chomh fial sin. Is díol spéise inniu i gcónaí an t-airgead a thug tiarnaí talún agus a leithéidí. Thug an *Captaen Home*, athmháistir *Lord Listowel*, £300 don dá bharúntacht; *William T. Crosbie*, Ard Fhearta, £100; *Stephen Sands*, a raibh tailte aige faoi Choláiste na Tríonóide, £50; bhí súil lena thuilleadh uaidh agus thug sé seasca punt eile; *George Gun* £20; *John F. Hewson* £10; *George Cashell* £10; *Blacker*, a raibh a thuilleadh de eastáit Choláiste na Tríonóide aige, £60. Bhí £887.15 bailithe acu don choiste láir faoi 25 Aibreán agus chuir an rialtas £500 sa chiste.

157

Na tiarnaí talún a bhí i láthair i Lios Tuathail do bhunú an choiste fóirithinte láir ba chás leo nár fhéad siad sa chruinniú sin iachall a chur ar na tiarnaí talún a bhí ina gcónaí i ndúichí thar lear síntiús a thabhairt a bheadh bunaithe ar an gcíos a bhí á bhailiú acu sa dúiche. Bhí oifigeach ó Bhord na nOibreacha Poiblí freisin i láthair agus gheall sé sin go dtabharfadh an Bord obair do gach éinne a bhí ag brath ar a phá lae.

Chuir na coistí áitiúla a bunaíodh ag an gcruinniú sin chuige freisin ag bailiú síntiús. Bailíodh airgead ar fud na dúiche, ó na tiarnaí talún agus sna séipéil; thug an coiste láir cabhair freisin.

Chuir an coiste láir chuige láithreach chun min bhuí a thabhairt isteach sa dúiche. Cheap siad Tairbeart ina lárionad dáilithe mine agus thóg siad stór mhuintir *Spaight* ar an mbaile sin ar léas chun min a stóráil ann. Cé nár bunaíodh an coiste go dtí 3 Aibreán bhí min á tabhairt isteach acu go Tairbeart faoi 11 Aibreán. Bhí min á fáil acu freisin ó Chill Rois agus í á roinnt amach acu ar na coistí dúiche ach gan níos mó ná ceithre thonna á thabhairt acu d'aon choiste go fóill agus an méid a gheobhadh aon choiste ag brath ar mhéid na síntiús a bhí bailithe acu. Thairg na gardaí cósta (*Coast Guards*) a gcabhair agus bhunaigh siad stóras beag i ngach stáisiún dá gcuid chun freastal ar na daoine sa chomharsanacht a bhí i ngátar. Bhí min bhuí á díol i mBiaille ag *Joseph Dexter*, ceannaire na ngardaí cósta i mBiaille.

20 Aibreán rinne daoine ó chomharsanacht Thairbirt raic faoi chéad bairille min bhuí a bhí ullamh le tabhairt amach as an stór chun é a roinnt ar mhuintir Bhaile an Bhuinneánaigh, daoine a bhí i ngátar go mór an uair úd. Bhailigh daoine isteach ó chomharsanacht Thairbirt ag cur cosc le roinnt amach na mine sin ar dhaoine gátaracha i mBaile an Bhuinneánaigh, "daoine a bhí i bhfad níos measa as ná iad féin." Ní raibh aon mhin dáilte ar mhuintir Bhaile an Bhuinneánaigh go fóill. Dúirt *Stephen Edward Collis, J.P.*, Tairbeart, go mbeadh sé an-díchéillí ar fad an mhin bhuí a bhí i dTairbeart an uair sin a thógáil as; agus ar aon nós go raibh Baile an Bhuinneánaigh an-mhíoiriúnach do stóráil soláthairtí bia toisc gan stór de shaghas ar bith a bheith ann. Loirg sé go gcuirfí buíon saighdiúirí go Tairbeart agus dúirt nach raibh ach ceathrar póilíní ar an mbaile agus gan aon saighdiúirí níos cóngaraí dóibh ná míle go leith. Rinneadh rud ar an achainí sin uaidh agus cuireadh complacht mhíleata go Tairbeart chun an mhin bhuí a chosaint.

Réitíodh an caingean i dTairbeart agus bhí an mhin bhuí á dáileadh agus á díol ar phraghas laghdaithe de bharr na síntiús a bhí bailithe. Bhí sí á díol i Lios Tuathail ar ocht bpingin déag an chloch ar dtús agus bhí sí anuas go pingin an punt faoi Mheitheamh. Ba leor leathphunt de do bhéile do dhuine. Faoi Bhealtaine bhí tonna in aghaidh an lae di á díol i Lios Tuathail agus as sin amach bhí roinnt mhaith di á ceannach ag muintir thuaisceart Chiarraí. Dhíol siopa amháin i Lios Tuathail luach £1,700 di idir 18 Bealtaine agus 13 Meán Fómhair.

Bhí an cabhlach féin i dTairbeart ag cabhrú leis an iarracht chun bia a thabhairt chuig na daoine. Faoi 25 Aibreán bhí deich dtonna de mhin bhuí tugtha ag an long cogaidh *Stromboli* isteach go Tairbeart agus bhí sé chéad tonna di ar fad tugtha isteach sa tSionainn faoin tráth sin. Bhí sé de sheans leis an tír agus leis an dúiche go raibh barr ollmhór de mhin bhuí i Meiriceá an bhliain sin.

San am céanna bhí arbhar á easpórtáil chun an cíos a chur le chéile don tiarna talún; bhí círéibeacha ar bun agus bhí daoine eile ag éileamh go ndúnfaí na calafoirt chun an t-arbhar a choimeád sa tír chun na daoine a chothú. Sna páipéir chéanna ina raibh cuntas faoin drochchrích a bhí imithe ar chuid mhór de bharr prátaí na bliana 1845 bhí a leithéid seo de chuntas: "easpórtáladh go Sasana ó Luimneach don tseachtain dár chríoch 6/3/1846, 8,617 bairille cruithneachta, 3,663 bairille coirce, 2,600 céad meáchain de mhinchoirce, 1,930 céad meáchain plúir, 1,891 cornán de bhágún agus 439 bairille de mhuiceoil úr agus 238 fircíní ime". Bhí an rialtas le linn na huaire ag iompórtáil mhin bhuí agus an cháin ar sin laghdaithe go scilling an cheathrú aige.

Cé go mba mhaith ann é an socrú sin chun bia a chur ar fáil do dhaoine ina ngátar, agus cé go mba mhór an chabhair cóiriú dá leithéid, ní raibh an socrú sin chomh maith is a thaibhsigh sé, mar bhí an-chuid daoine ann nach raibh sé de bhéas acu a gcuid bia a cheannach, an-chuid daoine gur bheag é a dtaithí ar airgead ach uair amháin sa bhliain b'fhéidir nuair a dhíol siad an mhuc chun an cíos a dhíol. N'féadfadh daoine dá leithéidí bia a cheannach agus uime sin chuir an rialtas dlús le hoibreacha poiblí chun fostaíocht agus pá a thabhairt do dhaoine i dtreo is go mbeadh siad in ann bia a cheannach dóibh féin.

In ainneoin a raibh feicthe agus fulaingthe ag daoine bhí an saol – ní cás a rá – ar a bhuille go fóill. Sprioclá riamh ab ea aonach mór na Bealtaine i Lios Tuathail agus níor thaise do aonach na bliana 1846 é. Bhí slua mór go maith i láthair ach níor mhór an stoc a bhí á dhíol cé go raibh ba bainne ag dul deich bpunt agus as sin go dtí dhá phunt déag agus trí phunt déag féin an ceann.

10 Meitheamh bhí na prátaí faoi bhláth cheana féin agus an t-arbhar freisin ag fás go maith. Bhí rásaí Bhaile Uí Fhiaich níos fearr ná riamh agus cad é *style* agus rírá ag na *gentry* ag an *ball* i Lios Tuathail tar éis na rásaí. Ní léir ó aon chuntas go raibh aon tuairim ag daoine go fóill faoi mhéid na hainnise a bhí rompu agus a bhí ar an tairseach cheana féin.

Rinneadh iarracht i mí Iúil stáisiún póilíní a bhunú i mBaile an Bhuinneánaigh ach thit an tóin as an iarracht go tapaidh nuair a moladh go n-aistreofaí na póilíní ó *Gunsborough* go Baile an Bhuinneánaigh.

Má bhí an saol á ghlacadh go deas bog ag daoine ní bheadh siad i bhfad eile ar an aigne sin mar ar an gcúigiú lá de Lúnasa bhí cuntas sna nuachtáin faoi chás na bprátaí i gcomharsanacht an Chasáin agus níor mhaith an cuntas é:

159

Cé gur éirigh an fás go maith leis na prátaí luatha tá siad ag lobhadh go tubaisteach agus an galar ag leathadh go tapaidh agus in aghaidh na huaire, go dtí an chuid fholláin díobh. An chuid is déanaí díobh a cuireadh, an barr coiteann, ní fiú iad a bhaint. Tá coirce agus eorna ámh i bhfad níos fearr ná blianta eile.

Bhí scéal dá leithéid á insint faoi dhúichí eile freisin agus iad uile ag tagairt do mhéid an uafáis agus na tubaiste. Ar dtús ní fhéadfadh daoine a áiteamh orthu féin go raibh an scéal chomh hainnis agus a bhí agus bhí dóchas ag daoine go bhféadfaí cuid éigin de na prátaí a shábháil. Bhí a fhios acu go cinnte go raibh na prátaí luatha ar fad imithe gan tairbhe ach bhí dóchas acu go bhfásfadh na prátaí eile go borb agus go sáródh siad an galar a bhuail iad; ach ní fada a mhair an dóchas sin mar in aon choicís amháin – ón lá a tháinig an galar ar na prátaí – bhí siad ar fad imithe go tubaisteach:

The potatoes sown after May Day on which the poor placed their chief, their only dependence for food is completely destroyed. The potatoes sown before May Day still seem to afford a limited suply of food – that supply will soon be exhausted.

Bhí ainnise is cás truamhéalach na muintire á thuar sa tuairisc a seoladh isteach chuig na nuachtáin ó Lios Tuathail 29 Lúnasa 1846:

Tá an barr prátaí i gcomharsanacht Lios Tuathail millte ar fad. Ní fiú in aon chor prátaí i dtalamh scóir a bhaint. D'íosfadh fear níos mó ná mar a bhainfeadh sé in aon lá amháin. Tá daoine ag tabhairt goirt phrátaí uathu saor in aisce le dóchas go mbainfí a raibh fágtha díobh amach as an ithir. Ach tá daoine eile ag iarraidh rud éigin a thabhairt slán as an léirscrios; tá airgead neamhchoitianta a thabhairt ar chéiseanna, oiread agus punt á thabhairt ar bhainbh agus airgead dá réir á thabhairt ar shaghsanna níos troime, le súil go n-íosfadh na muca na prátaí galraithe agus go mbeadh rud éigin dá bharr ag daoine.

I gceann dhá mhí eile bheadh léiriú suntasach neamhchoitianta ann ar an íde a bhí imithe ar an bpráta: bheadh an mhuc – a bhíodh le feiceáil timpeall an bhotháin ag sclábhaithe agus ag lucht scóir agus ag feirmeoirí beaga – beadh sí ag imeacht nó imithe ar fad. D'imigh sí le meath an phráta. Ba é an práta a thug bia is beatha di agus nuair nárbh ann don phráta a thuilleadh ní fhéadfaí muc a choimeád agus ní bheadh sí ann feasta le díol ag na daoine sin uair sa bhliain.

Tugann dhá thuairisc oifigiúla le fios i slí an-soiléir ar fad chomh mór agus a bhí an tubaiste. Tugann an chéad tuairisc cuntas ar na barraí prátaí a bhí sa pharóiste an bhliain sin: Bhí 116 acra prátaí i mBaile Uí Chonaire agus talamh scóir ab ea an ceathrú cuid. Ní raibh aon churadóireacht eile an bhliain sin. I nGáille bhí 574 acra prátaí agus an t-ochtú cuid i dtalamh scóir agus gan aon bharr eile ansin ach oiread. Bhí 418 acra prátaí i gCill Chonla agus 98 acra díobh sin ar thalamh scóir. Bhí eorna agus líon curtha ann leis. I gCill Eithne bhí 633 acra prátaí curtha agus an tríú cuid ar thalamh scóir agus gan aon bharr eile. I Lios Eiltín bhí 536 acra prátaí, timpeall 150 acra ar thalamh scóir agus gan aon bharr eile curtha. Sa saol a bhí an uair sin ann ní heol dúinn aon chúis a thiomáinfeadh daoine chun cur lena raibh acu fág go raibh míchruinneas éigin nó go raibh easpa réadúlachta ag baint le cuntas na bpóilíní. Bhí an-chuid prátaí i gceist sa chuntas sin; ba mhór go deo an méid prátaí a bhí millte agus ba shuarach an méid arbhair a bhí sa dúiche dá roinnfí amach féin é ar na daoine go léir a bhí san ainnise.

I bhfómhar na bliana sin tugann cuntas eile ó na póilíní eolas ar chor na daoine sin go léir a bhí ag brath go hiomlán, ní foláir, ar an bpráta mar gur bheag eile a bhí curtha acu. I dtosach mhí Mheán Fómhair, chuir ceannaire na bpóilíní i Lios Tuathail a chuntas ar aghaidh go dtí a cheanncheathrú i gCaisleán Bhaile Átha Cliath. Dúirt sé:

> The state of the potato crop in my district is fearfully awful and the small portions of those that are being brought into the markets are not eatable. Numbers of the farmers are not digging them and others are offering fields of potatoes for nothing to the people for the sake of getting the potatoes out of the ground. I am credibly informed that there will not be a potato to be had for the people in November next.
> Only for the Indian Meal and the employment given by the Board of Works, vast numbers of the labouring classes would be in a miserable and famishing state. Something should be done immediately for their relief.

Bhí daoine fós den tuairim go bhféadfaí beatha éigin a bhaint ar feadh tamaillín éigin as a raibh fágtha, go háirithe as na prátaí luatha, daoine ag iarraidh na prátaí sin a ithe ach bhuail an calar coiteann roinnt acu dá bharr. Rinne dochtúir amháin freastal in imeacht coicíse ar cheithre dhuine dhéag a raibh an galar sin orthu.

Ach bhí daoine fós sa dúiche ag iarraidh an cíos a dhíol leis an tiarna talún. I dtosach mhí Dheireadh Fómhair bhí fear ón dúiche ag triall ar Bhéal Átha Longfoirt le roinnt ualaí arbhair. Dúirt sé gur go Trá Lí a bheadh an t-arbhar sin á thabhairt murach go raibh ceannairc ansin tamall roimhe sin. Ag deireadh mhí Dheireadh Fómhair bhí daoine i gcomharsanacht Lios Tuathail ag bailiú le chéile agus ag máirseáil isteach go Lios Tuathail mar dhea go raibh siad ag lorg fóirithinte i dteach na mbocht ach dáiríre is amhlaidh a bhí siad ag cur eagla amach chun tathant ar Bhord na nOibreacha Poiblí a bpá a ardú agus breis oibre a chur ar fáil. Bhí ceithre phingin sa lá á fháil acu agus ní fhéadfadh siad maireachtáil ar an méid sin

. . . Dúirt mórán acu go dtiocfadh siad ar an mbaile arís agus nach bhfágfadh siad é gan bia a thógáil aon áit ina bhféadfadh siad é a fháil . . . chuaigh roinnt acu, agus iad an-suaite, isteach i siopa bácaera ag lorg aráin. Dúirt an bácaer gur thug sé dóibh a raibh d'arán sa teach aige, luach cúig phunt timpeall.

Bhí sé á fhógairt ag an rialtas luath go maith sa bhliain go raibh siad chun deireadh a chur leis an scéim a bhí á riaradh acu chun bia a dháileadh ar dhaoine agus bhí sé á fhógairt freisin go raibh siad chun oibreacha a bhí ar bun faoi scáth Bhord na nOibreacha Poiblí a scor. I mí an Mheithimh bhí an rialtas ag ordú go ndúnfaí na stórais. I mí Iúil bhí gach dícheall á dhéanamh na stórais a iamh, ag iarraidh a scéimeanna riartha bia ar fad a scor faoi 15 Lúnasa. Rinneadh dá réir; dúnadh na stórais; bhí deireadh na mine buí a cheannaigh *Peel* i mí na Samhna 1845 díolta. 15 Lúnasa cuireadh deireadh leis na hoibreacha a bhí ar bun ag Bord na nOibreacha Poiblí.

Nuair a bhuail an galar na prátaí i mí Lúnasa ní mór an rogha a bhí ag an rialtas ach na coistí fóirithinte a bhunú arís nó atheagar a chur ar na coistí a bhí roimhe sin ann. Bhí an coiste láir i dtuaisceart Chiarraí ar tí scor i dtosach mhí Mheán Fómhair nuair a tuigeadh dóibh go mb'fhearr dóibh leanúint ar aghaidh le freastal ar an ainnise a bhí á tuar. Bheadh aon choiste amháin feasta ann chun freastal a dhéanamh ar mhuintir Pharóiste Lios Eiltín, Chill Chonla, Bhaile Uí Chonaire, Chill Eithne agus ar mhuintir Pharóiste Gháille lastuaidh den abhainn agus *George Gun, Plover Hill,* ina chathaoirleach ann agus an Dochtúir *Scollard* ina rúnaí. Bhí an coiste sin á atheagrú ag deireadh mhí Dheireadh Fómhair. Toisc chomh mór agus a bhí muintir Chiarraí ag brath ar a bpráta chinn an rialtas go gcaithfí déileáil ar leith a dhéanamh leosan agus leis na daoine eile cois cósta an iarthair. Thuig an rialtas nárbh fhéidir bheith ag brath ar shiopadóirí chun bia a dháileadh ar mhuintir Chiarraí toisc nach raibh aon taithí puinn acu ar bhia a cheannach, agus go gcaithfeadh an rialtas féin an cúram sin a thógáil orthu féin. Chuir siad chuige mar sin chun solatháirtí bia a chur ar fáil.

Ag tosach mhí Dheireadh Fómhair, rinneadh atheagrú ar Bhord na nOibreacha Poiblí chun go bhféadfadh siad dul i mbun gnímh arís agus bhí cruinnithe á nglaoch chun scéimeanna oibre a mholadh. Bhí feidhmeannaigh agus féitheoirí á lorg chun na hoibreacha a shíneadh amach agus chun cúram a dhéanamh dóibh; agus idir an dá linn bhí muintir thuaisceart Chiarraí ag feitheamh go mí-fhoighneach le tosú nó le leathadh na hoibre chun go bhféadfadh siad airgead éigin a thuilleamh chun bia a cheannach. Ach bhí an-mhoill ar Bhord na nOibreacha Poiblí in áiteanna agus iad ag iarraidh feidhmeannaigh agus féitheoirí a fháil. In áiteanna níor chuaigh siad i mbun oibre go dtí mí na Samhna.

De ghnáth bhíodh obair agus fostaíocht le fáil ag sclábhaithe ag baint na bprátaí sa bhfómhar ach nuair a theip siadsan ar fud na Mumhan agus ar fud na hÉireann i gcoitinne bhí na sclábhaithe fágtha gan obair, gan fostaíocht ach an méid díobh a mbeadh obair dóibh ag baint pé beagán arbhair a bhí sa dúiche. Nuair a bheadh sé sin bainte agus bailithe isteach bheadh na sclábhaithe sin agus gan aon tslí acu chun pingin a thuilleamh. Ní raibh pingin le tuilleamh ag spailpíní ag baint phrátaí i gContae Luimnigh agus i gContae Thiobrad Árann faoi mar ba bhéas riamh leo. Cé go raibh 2,925 fear agus 282 bean agus 935 buachaill ag obair ar bhóithre in Oireacht Uí Chonchubhair an tseachtain dár chríoch 7/11/1846 níor mhór an méid sin nuair a chuimhníonn tú go raibh níos mó ná sin de sclábhaithe i ndúiche Chnoc an Fhómhair sa bhliain 1835.

Nuair a cuireadh atheagar ar na coistí fóirithinte tar éis theip na bprátaí i mí Lúnasa chuir an coiste láir chuige chun léas a thógáil ar stóras mhuintir *Spaight* i dTairbeart chun min a stóráil. Ar an seachtú lá de Dheireadh Fómhair bhí an long cogaidh an *Madagascar* á húsáid mar stóras sa tSionainn agus dhá long cogaidh eile, an *Pluto* agus an *Swallow*, ag freastal uirthi, iad ag tarraingt chuichi as árthaí eile agus ag tarraingt aisti ag dáileadh ar na coistí áitiúla fóirithinte. I lár an mhí chéanna bhí an mhin á díol ar phraghas laghdaithe i Lios Tuathail, agus daichead punt sa tseachtain á chailliúint uirthi – an difir idir an mbunchostas agus an costas laghdaithe.

Nuair a cuireadh bun ar oibreacha poiblí an chéad lá ní raibh sé i gceist go ndéanfadh aon scéim acu tairbhe ar leith d'aon duine, ná d'aon úinéir talún ar leith. Níor bhac na tiarnaí talún leo dá bhrí sin ach i mí Dheireadh Fómhair rinneadh athrú ar an gcinneadh sin agus feasta bheadh sé ar chumas tiarnaí talún agus úinéirí eile talún cur isteach ar airgead rialtais chun feabhas a chur ar a n-eastáit agus iad a dhraenáil. Ag cruinniú a bhí i Lios Tuathail i mí na Samhna bhí breis agus £11,164 curtha ar fáil ag an rialtas do na cúraimí sin agus bhí sin le roinnt amach ar na tiarnaí talún éagsúla agus san am céanna le hobair a thabhairt do lucht gátair. Ach bhí an coinníoll ann go gcaithfeadh gach eastát a bheith freagarthach as aon airgead a tharraingeofaí don eastát sin.

Tamall roimh dheireadh na Samhna 1846 tharla eachtra a léirigh chomh diamhair agus a bhí cás mhuintir thuaisceart Chiarraí:

Bread or Blood in Listowel

On Wednesday a large body of people, numbering about five or six thousand, arrived in Listowel shouting out "Bread or Blood". They proceeded in the greatest state of excitement in the direction of the Workhouse, with the intention of forcibly helping themselves to whatever provisions they might find within the building. Fortunately the Rev. Darby Mahony, the Parish Priest, was engaged at that time in the convent which stands close to the Workhouse and, on perceiving the vast multitude approach, he rushed out and threw himself into the midst of them. He earnestly and vehemently reasoned and remonstrated with them but in vain, until at length, overcome and exhausted by exertion and nervous apprehension of the consequences that threatened to ensue, he sank down and fainted. The people of the

163

neighbourhood, who hitherto had been mere spectators, became alarmed and wildly appealing to the tumultous assembly asked them if they meant to kill the priest. This appeal, backed by the sight of the Parish Priest stretched in a faint as if his spirit had fled, had an immediate effect on their minds. They forgot their hunger, assumed a sudden calmness and at length departed quietly. The poor unhappy people presented all the appearance of want. Their bodies could scarcely be said to be clothed and their pallid visages showed what ravages gaunt famine had already made on their health and manly vigour. Heaven only knows when these things are to end, for it is to be feared we have yet scarcely seen even the beginning of the misery that awaits our unhappy people.

Ag deireadh na Samhna 1846 bhí slad á dhéanamh ag muintir Chnoc an Fhómhair. Is amhlaidh a séideadh an *Sea Lark* isteach ar an trá i mBaile Uí Fhiaich oíche Aoine. Bád nua glan a bhí inti agus í ar a slí ó Thairbeart go Trá Lí le lasta plúir agus mine caiscín do *T. J. N. Russell*. Scuabadh an captaen agus an criú ar fad ach amháin an giolla cábáin de dhroim ghunail nuair a bhuail an tubaiste í, agus séideadh isteach ar an trá í agus í béal fúithi. Fuarthas an giolla cábáin agus é múchta. D'fhan an t-árthach ansin ar an trá, níor bhain éinne léi go maidin nuair a bhailigh na sluaite timpeall uirthi le tuanna agus le hoiriúintí eile chun í a pholladh chun a raibh inti a thabhairt leo. Bhí sin á dhéanamh go saothrach acu nuair a tháinig *George Hewson* agus roinnt póilíní os a gcionn in airde. Thuig *Hewson* go tapaidh ón bhfuadar a bhí fúthu nárbh aon chabhair iarracht a dhéanamh ar iad a stop. Thriail sé seift eile agus dúirt leo dá gcabhródh siad leis chun an lasta a shaoradh go dtabharfadh sé é dá gcoiste fóirithinte féin. Ach bhí fuar aige. *"It's a pity,"* ar sé, *"to be breaking up such a beautiful new boat."* "Níl ann ach cabhair Dé," an toradh a fuair sé. Chabhraigh an lasta plúir agus mine sin, ní foláir, chun an t-anam a choimeád i ndaoine ar feadh tamaill eile agus b'fhéidir gur thug sé daoine slán. Rinne na póilíní ruathair ina dhiaidh sin ag lorg an phlúir agus na mine. Ach ní mór an toradh a bhí ar an gcuardach. I dteach amháin fuair siad seacht gcinn de mhuca ar salann i mbairillí. Tugadh seisear os comhair cúirte faoin eachtra ar fad agus fuarthas beirt chiontach. Bhí baint ag an dealús forleathan lenar tharla. Bhí dhá mhíle duine páirteach sa slad, ceithre mhíle dar le cuntas eile. Bhí árthach eile an *Senator* triomaithe in aice le béal an Chasáin mar a raibh garda cosanta uirthi an uair chéanna.

I mí na Nollag bhí muintir Bhéal Átha Longfoirt agus Thairbirt san ainnise i gcónaí agus an sagart paróiste ag plé a gcáis, é á rá go raibh a mbeatha ag brath ar an bpráta, ar na prátaí a bheadh acu as an ngabháltas de cheathrú acra agus de leathacra a bhí ansin cois cósta acu; ach go raibh na prátaí sin ar fad millte orthu. Rinne sé achainí ar Bhord na nOibreacha Poiblí teacht i gcabhair orthu. Chuaigh muintir Eas Daoi, Chill Eiltín agus

Chluain na mBan de shiúl cos in aon bhuíon amháin go Béal Átha Longfoirt, iad ag éamh go raibh an dé deiridh sroichte acu agus nár mhór dóibh bia a bheith acu dóibh féin agus dá leanaí a bhí ag fáil bháis den ocras.

Sa cheathrú dhéanach den bhliain thosaigh na daoine ag plódú isteach i dteach na mbocht. Bhí 233 duine i dteach na mbocht i Lios Tuathail 12 Meán Fómhair; 21 Deireadh Fómhair bhí 350 duine ann, agus i dtosach mhí na Nollag bhí 826 duine ann.

Ach bhí cíos á dhíol le tiarnaí talún i gcónaí. Rinneadh mórán coirce a easpórtáil go Sasana ó Thrá Lí an chéad tseachtain de mhí na Nollag.

3.2 An Gorta: 1847

I dtosach na bliana 1847 ba léir do mhuintir Chnoc an Fhómhair go raibh siad san ainnise agus go mbeadh siad mar sin. Níor thaitin sin leo, dar ndóigh, agus ní raibh siad tagtha chun réitigh lena ndrochbhail ná lena raibh i ndán dóibh. Bhí na hoibreacha poiblí á saothrú i gcónaí in ainneoin gach constaice agus na sluaite móra ag obair iontu agus na scuainí móra d'fhéitheoirí agus de shaoistí i gceannas orthu. Ag seisiún cúirte in earrach na bliana 1847 cuireadh fiche hocht míle punt, ar fad, ar fáil d'oibreacha poiblí sa dúiche chun go mbeadh obair ar fáil do dhaoine ionas go mbeadh siad in ann bia a cheannach. Cuireadh dá chéad agus a naoi míle punt nach mór, ar fáil don chontae ar fad agus níorbh fhada go raibh ocht míle duine ag obair sa chontae.

Ach san am céanna, i dtosach na bliana 1847, bhí an t-éileamh á dhéanamh "scoirigí de na hoibreacha poiblí". Bhí daoine faoin tráth sin agus col acu leis na hoibreacha poiblí agus bhí an rialtas ar aon aigne leo agus iadsan go mífhoighneach dá réir leo. Nuair a bunaíodh a léithéidí an chéad lá bhí comhoibriú na dtiarnaí talún an-riachtanach dá n-éifeacht agus chun go mbainfí iomlán a maitheasa astu ar mhaithe leis na daoine a bhí i dtaobh leo. Ach ní raibh na comhoibriú sin le fáil mar bhí na tiarnaí talún míshásta leis an scéim ar fad; feabhsú na talún a bhí uathusan; b'fhearr leo go gcaithfí leis an talamh an t-airgead a bhí á chaitheamh ar bhóithre agus ar oibreacha eile dá léithéid. Bhí a fhios acu go maith gurbh é an talamh a chaithfeadh díol as leath don chostas a bhain leo; deontas ab ea an leath eile. Mar sin níor bhac siad féin leis na hoibreacha sin. Uime sin bhí ar Bhord na nOibreacha Poiblí féitheoirí, feidhmeannaigh agus saoistí a lorg ina mílte chun cúram a dhéanamh do na céadta tionscnamh agus chuir sin moill ar an obair a bhí beartaithe. Ina theannta sin bhí na tiarnaí talún istigh le Bord na Oibreacha Poiblí agus ciotaí á dhéanamh acu do obair an Bhoird agus iad ag iarraidh féachaint chuige go mbeadh oiread agus ab fhéidir dá dtionóntaí féin agus dá sclábhaithe féin ag obair ar scéimeanna an Bhoird. Bhí a fhios ag an saol go léir go raibh mórán ag obair nach raibh bocht ná dealbh in aon tslí agus go raibh daoine a bhí bocht dealbh ach gan aon fhostaíocht ná pá le fáil acu de bharr na mí-úsáide a bhí á baint as na scéimeanna; bhí caimiléireacht agus nósanna mímhacánta eile ar bun.

Bunaíodh na hoibreacha poiblí an chéad lá, d'aon ghnó, chun go mbeadh pá le tuilleamh ag daoine, agus chun go mbeadh siad ábalta bia a cheannach. Go dtí gur mheath an práta bhí soláthairtí bia ag daoine, ach nuair a mheath an práta bhí mórán daoine ag brath ar a bpá lae. Mura mbeadh siad in ann dul amach ag obair bhí siad gan a bpá lae agus gan ar a gcumas bia a cheannach; orthusan nár fhéad obair bhí na heasláin, seandaoine, mairtínigh, bacaigh, mná singile, baintreacha, dílleachtaí. Bhí thiar go tubaisteach ar na daoine sin agus d'imigh mórán díobh den saol ar fad de bharr cúinsí na n-oibreacha poiblí.

I dtosach na bliana chomh maith bhí daoine measúla mí-bhuíoch don rialtas toisc nach raibh póilíní ná saighdiúirí a seoladh isteach sa dúiche chun smacht a chur ar dhaoine a raibh an gorta ag luí go trom orthu.

Ar an dara lá den bhliain nua bhí tuaisceart Chiarraí suaite go maith. Bhí iarratas curtha isteach ag na giúistísí agus ag gairdiain Dhlí na mBocht ar fhórsa míleata do Lios Tuathail ó 26 Samhain 1846 ach fós ní raibh siad tagtha agus bhí na daoine ag cruinniú le chéile ina mbuíonta móra ag éileamh oibre. Bhí stoc á speireadh agus á marú, daoine ag tabhairt faoi chairteacha a bhí ag iompar mine buí, iad á gcreachadh agus gan ach timpeall leath dosaon póilíní ar fad chun iad a chosaint. Ar an gceathrú lá d'Eanáir bhí sagart paróiste Lios Tuathail ag lorg go gcuirfí céad caoga saighdiúir go Lios Tuathail gan mhoill. 19 Eanáir bhí *Christopher Julian* agus *William Sands* ag iarraidh ar Bhord na nOibreacha Poiblí dul ar aghaidh leis na scéimeanna oibre a bhí beartaithe acu, sula mbrisfeadh ar fad ar fhoighne na ndaoine:

daoine atá tréith lag léirithe ag fíor-riachtanas. Ní féidir leis na giúistísí aon ní a dhéanamh cheal fórsa míleata agus iad rófhada ó Thrá Lí chun cabhair mhíleata a fháil má tharlaíonn géarchéim go tobann. Tá sin fíor maidir le hOireacht Uí Chonchubhair go speisialta. Níl sé sábháilte d'aon duine a bhfuil údarás aige dul i measc na ndaoine, go háirithe i gcomharsanacht Bhaile an Bhuinneánaigh. Níl sárú na ndaoine sin le fáil maidir le haindlí; dream fiáin gan múineadh gan béasa ó chontaethe eile is ea a bhformhór, iad cruinnithe ansin cois cósta. Tá daoine measúla sceimhlithe ina mbeatha.

Bhí fórsa míleata á lorg ag *Julian* freisin agus é á chásamh go raibh sé á lorg le fada agus nach raibh fáil fós air. 22 Feabhra bhí éileamh á dhéanamh go gcuirfí le huimhir na muirithe i dTairbeart nó go mbeadh daichead duine acu ann.

Bhí an rialtas bailithe go maith de na hoibreacha poiblí agus é ag cur chuige chun laghdú a dhéanamh orthu agus chun iad a chur ar ceal ar fad chomh tapaidh agus ab fhéidir agus *soup kitchens* a bhunú ina n-áit faoi thús na bliana 1847. Bhí sé beartaithe acu go mbeadh *soup kitchens* i ngach dúiche thoghchánach agus go mbeadh coiste i ngach dúiche chun an *soup kitchen* a riaradh. Ar choiste dá leithéid bheadh, i bplean na rialtais, na giúistísí, sagart, ministir, gairdiain Dhlí na mBocht agus an triúr ba mhó a bhí ag díol rátaí. Bheadh sé de chúram ar an gcoiste bia a riaradh ar dhaoine mar mhalairt ar fhostaíocht. I dtosach mhí Feabhra bhí coiste dá leithéid á bhunú i mBaile an Bhuinneánaigh agus é freagrach as ceithre cinn de dhúichí tóghchánacha. Bhí *George Gun* ina chathaoirleach ar an gcoiste sin, Micheál Langford ina rúnaí agus ar an gcoiste bhí *George Hewson*, Tomás Ó Lionnáin (*Leonard*), Seán *Langford*, Séamas Ó Ciosáin agus Séamas Ó hArtaigh; gairdiain Dhlí na mBocht ab ea an Ciosánach agus an hArtach. Níor chás a rá go raibh an ainnise á tuar agus go raibh siad ag ullmhú ina comhair. Bhí an coiste sin ag tosach na Feabhra sa tsoláthar do cheithre cinn de choirí den saghas is mó, ceann do gach dúiche thoghchánach a bhí faoina gcúram. Ach bhí moill ar an mbia a bhí le roinnt agus níor thosaigh soláthairtí bia ag baint thuaisceart Chiarraí amach go dtí 26 Feabhra. Bhí sé ródhéanach. Bhí daoine ceangailte go docht san ainnise faoin tráth sin agus an t-ocras ag goilliúint go mór orthu. In Aibreán na bliana bhí rúnaí coiste fóirithinte i mBaile an Bhuinneánaigh ag scaoileadh *cri de coeur* uaidh agus é ag impí go dtabharfaí dóibh cibé airgead a bhí dlite dóibh *"as deaths are frightfully on the increase here"*.

Ó thosach na bliana bhí an ainnise á leathadh i ngach treo baill, bhí an-chuid daoine ag dul go teach na mbocht agus an áit sin á líonadh go tiubh tapaidh. Fuair 140 duine cead ansin isteach i rith seachtaine. Bhí 870 istigh rompu agus 281 acu sin san ospidéal; fiabhras ar 69 duine acu sin agus dinnireacht ar 84 díobh. Fuair 14 duine bás i rith na seachtaine, 11 duine acu sin le dinnireacht. Níor chás don *Tralee Chronicle* a rá go raibh fiabhras agus dinnireacht go forleathan sa dúiche:

> Is beag lá nách dtéann trí shocraid nó ceathair tríd an mbaile (Lios Tuathail) gan sochraidí na comharsanachta a bhac. Is measa anois é ná aimsir an chalair a thug an bás do na céadta trína chéile. Is iad na daoine bochta amháin atá á mbrostú chun na huaighe ag an bplá seo.

I dtosach na Bealtaine thug an sagart paróiste fianaise ar na daoine ina pharóiste a fuair bás le leathbhliain. Dúirt sé:

> Fuair 120 duine sa pharóiste bás san am sin agus fuair 80 duine díobh sin bás den ghorta. Ní bhfuair ach 25 duine bás sa téarma céanna an bhliain roimhe sin agus b'shin ardú de 500 faoin gcéad nach mór.

An lá féin ar thug sé a chuntas cuireadh triúr gan chónra "agus níorbh aon ní ach an gorta a thug an bás dóibh".

I lár an Mheithimh bhí fiabhras ar an-chuid daoine ar fud na dúiche. Bhí Lios Tuathail plódaithe leo, iad le feiceáil ar na sráideanna, ar na bóithre agus sna goirt mórthimpeall an bhaile, iad ansin sínte amach faoin spéir, an t-ospidéal fiabhrais lán – ní raibh slí ann ach do 36 duine; teach na mbocht lán suas, agus seantáin á dtógáil ann, "ach tá sé dodhéanta ar fad fóirithint a dhéanamh ar easláin uile na dúiche mórthimpeall".

Dá mhéid ainnise a bhí feicthe ag daoine an bhliain sin bhí éileamh acu i gcónaí ar an rud a thógfadh a gcroí arís. Bhí dúil acu i gcónaí sa chaitheamh aimsire a thug sásamh dóibh i mblianta a maitheasa. Rinne na daoine is mó a raibh an gorta ag goilliúint orthu géarachaíní go gcuirfí rásaí Bhaile Uí Fhiaich ar bun an bhliain sin. Ghlac daoine áirithe leis an achainí sin i bpáirt mhaitheasa agus iad ag ceapadh gur chomhartha é go raibh rath agus séan ag filleadh arís ar an dúiche. Agus bhí an-chuma ar an bhfómhar a bhí faoin am sin ag tosú ar aibiú: "Is annamh go deo a chonaic an contae aimsir fhómhair chomh fabhrach is tá againn i láthair na huaire."

Ina dhiaidh sin bhuail iarracht den ghalar na prátaí ach toisc a fheabhas a bhí an aimsir d'fhás siad go borb, tréan agus sháraigh siad an galar agus baineadh barr maith prátaí an bhliain sin agus "ní raibh arbhar is coirce níos fearr le fiche bliain" ionas gur beireadh ar na siopadóirí sin agus ar lucht gaimbín a bhí ag iarraidh teacht i dtír ar an ngannechúis.

Nuair a bhí an fómhar bailithe isteach an bhliain sin bhí bia go flúirseach ag na daoine a raibh obair an earraigh déanta acu, ag na daoine a raibh síol acu le cur aimsir an earraigh. Ach bhí mórán nach raibh, orthusan bhí lucht an talamh scóir, mórán de na daoine nach raibh acu ach paiste beag do phrátaí timpeall an tí, agus an-chuid feirmeoirí beaga, daoine nárbh acmhainn dóibh síolchur a dhéanamh san earrach. Ba iadsan is mó a bhí i gcruachás léanmhar ag deireadh na bliana 1847.

Maidir le córas na *soup kitchens* ní miste a rá nach aon fháilte a bhí ag muintir thuaisceart Chiarraí rompu. Ba iad dar le daoine rogha an dá dhíogha agus ba é an taithí a bhí ag daoine orthu nach raibh fostaíocht ná lá oibre le fáil ag éinne ón lá a bunaíodh iad sa dúiche.

Go luath sa bhliain 1847 d'fhógair an rialtas go ndéanfaí laghdú de fhiche faoin gcéad ar líon na ndaoine a bhí ag obair agus go ndéanfaí é sin ar an gcéad lá de Mhárta agus go mbrisfí an cuid eile de réir a chéile agus go mbeadh an clabhsúr ar an iarracht ar fad faoi Lá Bealtaine 1847.

Chuir an beart sin le Bord na nOibreacha Poiblí uafás ar dhaoine agus bhí suaitheadh agus ceannairc á thuar go forleathan. Bhí daoine i gcomharsanacht Lios Tuathail an-mhíshásta leis an gcinneadh sin.

Ach mar sin féin in ainneoin ainnise is angair na muintire is cúis sásaimh dúinn a chloisteáil go bhfuil daoine anseo agus i ngach dúiche eile i gCiarraí ag glacadh leis an saol le foighne thar na bearta . . . for which the history of individual or national martyrdom contains no parallel.

Dáiríre bhí an lug tite ar an lag ag daoine, iad in ísle brí agus iad ag géilleadh nach raibh feabhas ná fóirithint i ndán dóibh.

I lár an tsamhraidh 1847 d'fhógair Bord na nOibreacha Poiblí nach chun fóirithint a dhéanamh ar dhaoine bochta a bheifí ag déileáil le bóithre feasta agus le hoibreacha eile a bhí tosaithe cheana féin ach go ndéanfaí a leithéid a mheas mar oibreacha poiblí bisiúla a bhí riachtanach do chaidreamh daoine lena chéile agus riachtanach do fheabhsú an chontae. Ar an aigne sin dhéanfaí lucht oibre a thogha a bheadh láidir acmhainneach agus a bheadh in ann obair a dhéanamh ar na gnáthrátaí.

Feasta, níor mhiste a rá, bheadh an saol á riaradh ar bhonn eile murab ionann agus na laethanta nuair a bhí na mílte ag obair ar oibreacha poiblí.

Bhí an imirce faoi lánseol go luath in earrach na bliana, na mílte agus a gcúl á thabhairt acu do thalamh a sinsear, gan an dóchas is lú fágtha acu go bhféadfadh siad an bheart a dhéanamh ag baile, gan uathu ach bheith réidh leis an tír seo; bhí an-chuid feirmeoirí beaga, sclábhaithe, agus seirbhíseach ag bailiú leo, cuid acu á mealladh amach ag daoine muinteartha leo a bhí imithe rompu. Bhí cuid de na feirmeoirí ab fhearr sa tír ag imeacht, daoine treallúsacha, daoine a raibh ábhairín airgid sa bhanc acu, ach gur theip ar a misneach nuair a theip an práta agus nuair a thuig siad go mbeadh mórán den airgead a bhí á chaitheamh faoi scáth Bhord na nOibreacha Poiblí ina mhuirear orthusan a bhí ag saothrú talún. Mhéadaigh ar a n-anbhá nuair a tugadh fóirithint baile do dhaoine; thug daoine a gcuid talún ar ais don tiarna talún, thóg a gcuid airgid as an mbanc agus bhailigh siad leo; bhí cuid acu nach ndearna an méid sin féin ach dhíol pé acmhainní a bhí acu ar phinginí suaracha agus bhailigh siad leo. Tugadh faoi deara go raibh tarraingt ar airgead ag ábhar acu sin a bhí ag imeacht ach bhí daoine eile ag canrán go raibh siad ag imeacht le hairgead an tiarna talún.

Agus bhí cuid eile de na tiarnaí talún ag freastal ar ainnise na muintire chun iad do bhrostú amach as an dúiche ar mhaithe le feabhsú a ngabháltais féin. Bhí scéim ar bun ag *Sir John Benn Walsh* chun cabhrú lena thionóntaí a bhí ag dul ar imirce. Bhí cabhair dá leithéid tugtha aige do sheasca duine i rith earrach na bliana sin. Bhí beartas dá leithéid ar siúl ag *Sir John Blacker Douglas* freisin. Tháinig sé féin agus a líon tí chun cónaithe i mBaile Uí Dhonnchú láimh le Tairbeart i dtosach mhí Eanáir 1847 le súil go bhféadfadh sé níos mó ama a chaitheamh leis na heastáit fhairsinge a bhí aige sa dúiche. "Tá feabhsú an-mhór déanta ar na heastáit sin le trí bliana anuas agus an-chuid oibre tugtha do dhaoine bochta ag draenáil talún" agus bhí tionscal láidir bunaithe aige sa *Pottery* in aice le Tairbeart ag déanamh leac; agus bhí tionscal eile i Tullahinell aige "agus cabhair tugtha aige don chuid ba bhoichte dá thionóntaí chun dul ar imirce".

Rinneadh obair an earraigh, treabhadh, romhar, fuirseadh agus síolchur le dúthracht ar leith agus le dóchas go mbeadh barr maith prátaí acu faoi dheireadh na bliana agus go mbeadh an saol arís faoi mar a bhí sé tráth, dá n-éireodh leo sárú a dhéanamh ar an ainnise ina raibh siad gafa agus a ngreim a choimeád. I dtosach na Bealtaine thug sagart paróiste Lios Eiltín cuntas ar a raibh de churadóireacht déanta ina pharóiste féin: "Tá 74 acra curtha agus breis á saothrú, ach tá an-chuid gan cur toisc gan síol a bheith ag daoine." 15 Bealtaine bhí an tAthair Eoghan Mac Cárthaigh, S.P., An Tóchar, ag achainí ar na húdaráis deabhadh a dhéanamh leis na póilíní a bhí geallta don Tóchar agus é ag cuimhneamh ar an slua feargach a raibh ocras orthu, na mílte sclábhaithe a bhí ag éileamh oibre. Bhí siadan roimhe sin i dtaobh le talamh scóir nó lena bpá lae. 22 Bealtaine bhí daoine eile a bhí i gcruachás ag déanamh tinnis don *Tralee Chronicle*, feirmeoirí beaga agus na daoine sin nach raibh acu ach paiste beag le hais an tí do phrátaí:

The many cottiers having small plots of ground and many small farmers equally destitute who will be precluded from any relief under the new assignments, see no prospects before them but irremediable despair and those farmers who were able to keep the seed corn have already tilled and are tilling more this year than ever before but the cottiers and small farmers have neither seed nor provisions and consequently their lands will remain untilled.

Ba shin rud nua, iad sin a bhí i dtaobh le talamh scóir agus an córas sin tréigthe acu agus na gairdíní beaga a bhíodh faoi phrátaí blianta eile, anois gan cur agus gan aon churadóireacht ach oiread déanta ag mórán feirmeoirí beaga.

Bhí athrú eile freisin imithe ar shaol na ndaoine agus ní dheachaigh sé i gan fhios don Dochtúir *Crumpe* i Lios Tuathail:

Shrove time, the period when numerous marriages take place in the Roman Catholic Church . . . for every hundred that took place in former years one did not take place in the present year.

Bhí teach na mbocht ann i gcónaí agus a shaol féin ar siúl ann, a dhlíthe féin ag rialú an tsaoil sin. D'fhéach Dlí na mBocht chuige go cúramach go gcaithfeadh an líon tí ar fad dul isteach i dteach na mbocht i dteannta a chéile sula mbeadh aon duine acu i dteideal fóirithint a dhéanamh air; tuigeadh do na húdaráis dá n-éireodh le tuismitheoirí duine nó beirt den chlann a chur go teach na mbocht go raibh seans ann nach dtógfaidís amach go deo iad; ach nuair a rachadh an líon tí ar fad isteach i dteannta a chéile d'fhéadfaí bheith cinnte de go dtiocfaidís amach i dteannta a chéile chomh luath is a réiteofaí an bhroid a thug isteach iad.

Ach bhí clásal in acht a ritheadh sa bhliain 1847 a chuir cor eile sa chúram, cor tubaisteach ní miste a rá, agus ba é sin "Clásal *Gregory*", clásal a mhol an feisire *Gregory* ó Bhaile Átha Cliath agus ar ghlac an rialtas leis agus a ndearna cuid de Dhlí na mBocht de. Ba é a bhí i gceist sa chlásal sin ná nach ndéanfaí fóirithint ar éinne laistigh ná lasmuigh de theach na mbocht dá mbeadh seilbh aige ar bhreis is ceathrú acra Gallda talún. An té a bhí ag cuimhneamh ar dhul isteach i dteach na mbocht, bheadh air a chuid talún a thabhairt suas dá thiarna talún, é ar fad ach ceathrú acra Gallda; agus uaireanta ní bheadh an tiarna talún sásta ansin féin gan an talamh ar fad a fháil ar ais. Agus ní ghlacfaí leo i dteach an mbocht nó go mbeadh deimhniú tugtha acu go raibh a gcuid talún i seilbh an tiarna talún.

Bhí sin an-dian go deo ar dhaoine a thuig riamh go raibh a saol ar fad bunaithe agus ag brath ar phaiste talún agus dá mbeadh orthu é sin a thabhairt uathu go mbeadh an saol caite in airde leo féin dáiríre, go mbeadh an dóchas déanach imithe go bhfeicfeadh siad arís an saol a bhí acu tráth sular mheath an práta. Bhí de thoradh ar an aigne sin acu go raibh an-leisce go deo ar dhaoine tabhairt faoi theach na mbocht; bhíodh daoine á chur siar ó lá go lá féachaint an bhféadfaidís an fód a sheasamh agus an ainnise a chur díobh nó go mbíodh sé ródhéanach agus go mbíodh siad tréith lag snoite le heaspa bia agus, b'fhéidir, ina theannta sin go mbeidís gafa ag galar ar nós fiabhrais agus a leithéid. Agus dá dtabharfadh siad na cosa leo chomh fada le teach na mbocht b'fhurasta dóibh galar tógálach a fháil a chríochnódh ar fad leo toisc a laige, a ghoilliúnaí a bhí siad.

Le blianta roimh an ngorta bhí *Pierce Mahony* ag áiteamh ar a chomhthiarnaí talún abhantrach na Féile, na Gáille, na Bruice, is an Chas-áin, a dhraenáil; sa bhliain 1847 bhí sé á mholadh aige mar iarracht a thabharfadh an-chuid oibre do dhaoine a bhí i ngátar agus é á rá go gcuirfeadh an scéim sin an-fheabhas ar ghabháltais na dtiarnaí talún a raibh talamh acu cois na n-aibhneacha sin. "Thabharfadh fiche míle punt mórán Éireann oibre agus fostaíochta do mhórán daoine agus dhéanfaí réimsí móra talún a mhíntíriú":

The immediate outlay of £20,000 in the work itself independent of the vast tract of land brought into productive operation would afford a vast amount of employment.

Nuair a d'fhoilsigh an rialtas i bhfómhar na bliana 1847 le litir *Labouchere* go raibh siad sásta airgead a chur ar fáil do oibreacha bisiúla, chuir *Pierce Mahony* dlús lena iarrachtaí chun a scéim sin a áiteamh ar na tiarnaí talún eile. Bhí an rialtas sásta £22,000 a thabhairt i gcomhair na hoibre a bhí beartaithe, ar an gcoinníoll go dtabharfadh na tiarnaí talún £2,000 agus ansin go gcuirfeadh Bord na nOibreacha Poiblí dá mhíle breise leis an gciste. Roinneadh amach an costas de dhá mhíle punt ar na tiarnaí talún a bhainfeadh tairbhe as an scéim. Bhí 18,000 acra ag *Lord Listowel* cois na n-aibhneacha sin agus leagadh £700 ar sin, leagadh £370 ar *Sir John Benn Walsh*, ach ní raibh éinne acu sin sásta a gcion féin den chostas a íoc agus níorbh fhiú le formhór na ndaoine eile a bhí i gceist fiú freagra a thabhairt ar na litreacha i dtreo sa deireadh gur theip ar an iarracht. Bhíothas ag cásamh ina dhiaidh sin na dearmaid teicniúla a bhí déanta ag Bord na nOibreacha Poiblí i leith na scéime ar fad. Ach ar aon nós níor tugadh an obair sin do mhuintir Oireacht Uí Chonchubhair agus Chlann Mhuiris agus chaith feabhsú na talún fanacht le lá eile. Bhí oibreacha eile draenála ar siúl ag *Pierce Mahony* in eastáit dá chuid agus dúirt sé nár mhór an comhoibriú a fuair sé ó chuid de na tionóntaí.

I mí Mheán Fómhair scoireadh coiste fóirithinte Chill Chonla, Chill Eithne, agus Lios Eiltín le moltaí buíochais do *H. N. Greenwell*, cigire an rialtais i dteach na mbocht i Lios Tuathail agus do *George Gun* agus do Shéamas Breatnach, S.P., *"now having brought our endeavours to a close"* agus tamaillín ina dhiaidh sin bhí an costas a bhain le fóirithint ar dhaoine an bhliain sin á mheas agus cuntas á thabhairt ar an gcostas sin. Chaitheadh £1,014 le dúiche *Gunsborough*; £976 le dúiche Lios Eiltín; £1,433 le dúiche Chill Eithne agus £706 le dúiche Chill Chonla; caitheadh breis is fiche trí míle punt ar an *Union* ar fad.

I mí Meán Fómhair na bliana sin chomh maith bhí bun á chur ar láthair mhargaidh i Lios Tuathail agus bhí baile mór trádála á dhéanamh de Thairbeart agus ba léir go raibh mórán daoine agus nach raibh an gorta ag luí chomh trom sin orthu. Ba léir chomh maith go raibh cíos á dhíol ag daoine le tiarnaí talún i gcónaí.

Chuaigh slua mór de mhuintir na tuaithe go Lios Tuathail ag deireadh mhí Mheán Fómhair agus rinne siad teach na mbocht a thimpeallú go bagarthach agus ghabh siad trí na sráideanna i slí a chuir sceimhle ar mhaithe an bhaile. Glaodh amach ar na póilíní agus cuireadh fios ar lucht airm agus rinne siad an tsíocháin a chur ar a bonna arís.

Tamall roimh Nollaig bhí trí mhíle duine ag iarraidh cead isteach a fháil i dteach na mbocht i Lios Tuathail. Ní raibh slí acu dóibh, dar ndóigh, agus tugadh fóirithint baile do na fir a bhí láidir acmhainneach agus tugadh mar obair dóibh bheith ag briseadh cloch. Díoladh na clocha sin ina dhiaidh sin le conrathóirí bóthar.

3.3 An Gorta: 1848

Le teacht na bliana 1848 ní haon bhogadh ach a mhalairt a bhí á dhéanamh ar an saol, i dtuaisceart Chiarraí ach go háirithe. I mí Eanáir gearradh téarma príosúin ar thríocha duine ag seisiún cúirte i Lios Tuathail agus cuireadh seachtar acu sin an loch amach as caoirigh a bheith á ngoid acu. I dtosach mhí Feabhra bhí breis agus míle duine i dteach na mbocht i Lios Tuathail agus fóirithint bhaile á fáil ag 22,373 duine. I tús an Mhárta bhí tairiscintí á lorg chun ospidéal fiabhrais a thógáil i mBéal Átha Longfoirt.

Nuair a bhí deireadh tagtha le córas na *soup kitchens* mar chóras dáilithe bia ar dhaoine a bhí i ngátar bhí deireadh tagtha chomh maith le láimh an rialtais in imeachtaí na dúiche ach níor fhág sin nach raibh lámh áirithe ag an rialtas i gcónaí in imeachtaí ar leith. Bhí airgead á chur ar fáil ag an rialtas do na tiarnaí talún ar mhaithe le feabhsú a ngabháltas agus ar mhaithe le draenáil. Níor mhiste a rá mar sin na daoine a bhí i dtrioblóid de

172

bharr an ghorta, go raibh siad fágtha faoi luí na bíse ag tiarnaí talún agus ag údaráis áitiúla.

Roimh dheireadh na bliana 1846 bhí geallúint tugtha ag an rialtas go gcuirfí airgead ar fáil d'oibreacha bisiúla (*productive works*), do dhraenáil agus do fheabhsú talún agus ag cruinniú i Lios Tuathail bhí na tiarnaí talún sásta an scéim sin a bhí molta ag an rialtas a fheidhmiú agus bhí mórán díobh den tuairim go dtabharfadh an méid airgid a bhí molta cheana féin don scéim sin obair do dhaoine ar feadh trí mhí.

Bhí na daoine mífhoighneach faoin gceist sin i rith na bliana 1847, iad ag gearán nach raibh tús á chur leis an obair; agus fiú i dtús na bliana 1849 bhí nuachtáin ag cásamh go raibh mórán de mhuintir thuaisceart Chiarraí dífhostaithe i gcónaí nuair a bhí iarratais mhóra ag lorg airgid curtha faoi bhráid an rialtais agus an t-airgead sin le húsáid chun gabháltais a fheabhsú agus chun fostaíocht a thabhairt do dhaoine. Thosaigh an obair sin ar 25 Márta 1848 agus feasta bheadh roinnt mhaith de na tiarnaí talún ag tarraingt an airgid sin an rialtais chun feabhas a chur ar a n-eastáit agus chun fostaíocht áirithe a thabhairt do dhaoine. Níor mhiste a rá gur iomaí acht a ritheadh i dteach na bhfeisirí i Londain ag cur airgid ar fáil do na cuspóirí sin.

Fuair *Blacker Douglas* naoi míle punt do *Tullahinell*, Cill Gharbháin, Bhaile Uí Mhacasa agus Dhrom Liobháin chun claíocha a thógáil, draenáil a dhéanamh, abhainn a dhoimhniú agus chun feabhsúcháin talún eile a dhéanamh. Loirg *Pierce Mahony* breis is £34,000 agus fuair sé míle punt dá eastát in *Gunsborough*. Fuair *Meade Dennie* £1,500 agus £700 do Dhromain, Fhearann Phiarais, Bhaile Uí Aogáin, Churrach an tSuasáin agus Phailís. Bhí 150 fear ag obair aige i nDromain agus i bhFearann Phiarais san am gur cuireadh deireadh leis an obair ansin Lá Bealtaine 1849. Fuair *George Gun* £5,000 do Ghallán, Thriopall, Dhoire, Bhrú Mór, Thulach Beag, Thulach Mór, *Rahavanig,* Leath Sheisreach, Leaca Buí, Leaca agus Guth Ard. Fuair sé £149/11/9 ina dhiaidh sin do *Rahavanig* agus Thulach Mór agus céad punt eile do Leaca. Fuair *the Earl of Listowel* £450 do Bhiaille agus Cheathrú an Chaisleáin. Fuair *Lord Burgheish* £4,000 do Locháin, Chill Eithne agus do roinnt bailte i gClann Mhuiris. Fuair *George Cashel* £250 do Bharra Dubh agus £200 punt eile ina dhiaidh sin. Fuair *James Raymond* £500 do Dromain agus £114/13/9 ina dhiaidh sin. Fuair *Maurice Hennessy* £200 do Leathardán agus fuair *Sam Raymond* £400 do Chnoicíneach agus do Chúil Ard.

Bhí pinginí maithe i gceist ansin sa saol úd ach ní raibh sé chomh maith is a mheasfá mar bhí na tiarnaí talún righin go maith á gcaitheamh. Ní raibh, cuir i gcás, ach leath den £9,000 caite ag *Blacker Douglas* faoi dheireadh na bliana 1855; ní raibh ach £200 den mhíle caite ag *Pierce Mahony* faoin tráth céanna; ní raibh ach £600 den £1,500 caite ag *Meade Dennis.* Bhí £2,200 den £4,000 caite ag *Lord Burgheish* faoi dheireadh na bliana 1855. Ní raibh ach £240 as £400 caite ag *Sam Raymond* faoi dheireadh na bliana 1849.

Ach mar sin féin chaith airgead den saghas sin faoiseamh éigin a thabhairt ar feadh tamaillín do dhaoine a bhí i ngátar. Tá leid tugtha i gcás amháin nach ndearna sé ach greim a choimeád le béal tionóntaí a bhí curtha as seilbh roimhe sin agus nach raibh ach ag fanacht le seans chun dul ar imirce. Ina theannta sin ní raibh san airgead ach iasacht ón rialtas agus b'iad na tionóntaí sa deireadh a bheadh thíos lena aisíoc.

I dtosach an Aibreáin theastaigh ó Choimisinéirí Dhlí na mBocht i mBaile Átha Cliath go leanfaí ar aghaidh leis an socrú faoina raibh fóirithint bhaile á tabhairt do dhaoine agus mhol siad cloí leis go dtí Lá Bealtaine. Ní raibh na gairdiain i Lios Tuathail sásta leis an gcinneadh sin agus chinn siad féin ar é chur ar ceal ar fad i dTairbeart, i nDubháth, i mBéal Átha Longfoirt agus é a íslíu go dtí a leath i gCill Chonla, i gCill Eithne agus i Lios Eiltín. Ach bhí litir acu ó na coimisinéirí 25 Aibreán á chur in iúl dóibh nach raibh siad sásta leis an gcóiriú sin faoi leath ciondála.

Faoi dheireadh an Aibreáin ní ocras ná ceal fostaíochta a bhí ag déanamh tinnis do na tiarnaí talún ach na hairm a mheas siad a bhí ag a dtionóntaí. Rinne siad achainí speisialta ar dhaoine a gcuid arm a thabhairt suas agus buíochas a ghabháil leis an rialtas faoin gcabhair éachtach a tugadh don chontae i rith na bliana 1846-47. Cuireadh i gcuimhne do dhaoine gur thug an rialtas £23,000 do *Union* Lios Tuathail chun bia a chur ar fáil do na daoine faoin acht faoi chabhair shealadach. Cuireadh i gcuimhne dóibh freisin nár mhór dóibh bheith buíoch do mhuintir Shasana agus do mhuintir na hAlban as a n-iarrachtaí galánta ''chun cuidiú linn le linn na tubaiste go déanach agus tá a leithéid ag bagairt orainn arís''. Ina theannta sin bhí cairde á lorg acu faoin íocaíocht a bhí le déanamh ag an dúiche as an airgead a bhí faighte acu. Rinne siad achainí chomh maith go mbeadh an té a rinne draenáil, agus feabhsú ar thalamh saor ó cháin agus ó dheachúna ar feadh seacht mbliana.

Bhí obair curtha ar fáil in áiteanna ag gairdiain Dhlí na mBocht do na daoine a bhí ag fáil fóirithint bhaile. Bhí daoine i *Union* Lios Tuathail ag obair ar na bóithre a d'fhág Bord na nOibreacha Poiblí gan críochnú an bhliain roimhe sin. Bhí claíocha á dtógáil acu agus clocha á mbriseadh acu agus bhí ard-dóchas ag daoine go ndéanfaí bóithre maithe de na bóithre a fágadh an-leachta nuair a cuireadh deireadh leis an obair ar na bóithre.

Timpeall an ama sin bhí imní ar mhuintir Chiarraí i gcoitinne agus ar mhuintir thuaisceart Chiarraí go speisialta faoi na seanreiligí, na seanláithreacha adhlactha, nach raibh siad mór a ndóthain, gur cheart píosa a chur leo nó reiligí nua ar fad a chur ar fáil toisc gan dóthain nirt a bheith sna daoine chun coirp a ndaoine muinteartha a chur i dtalamh i gceart.

Roimh dheireadh an Aibreáin bhí an *Jeannie Johnson*, an t-árthach álainn le muintir Dhonnabháin ó Thrá Lí, ag seoladh ó Thrá Lí go *Quebec* agus dhá chéad duine ar bord inti, feirmeoirí gustalacha agus ceardaithe a bhformhór. Ach ní raibh ar fhan sa bhaile cloíte fós. Chuir na daoine chuige go dícheallach in earrach na bliana sin chun curadóireacht na bliana

174

a dhéanamh agus chuir siad an-chuid prátaí an bhliain sin. Bhí dóchas nua agus misneach nua múscailte iontu ag fómhar na bliana 1847. Bhí siad den tuairim go láidir go raibh an lá ba mheasa feicthe acu maidir leis an bpráta agus go mbeadh fómhar fairsing flúirseach acu an bhliain sin agus sa dóchas sin acu bhí roinnt mhaith nár bhac puinn le haon bharr eile.

I dtosach an Mheitheamh bhí cuma an-sláintiúil ar an bpráta go speisialta, agus cé go raibh níos mó talún faoi bharraí in Oireacht Uí Chonchubhair an bhliain sin ná mar a bhí aon bhliain eile le fiche bliain, tugadh faoi deara go raibh líon na ndaoine a raibh prátaí curtha acu laghdaithe toisc laghdú an-mhór a bheith déanta ar na prátaí a bhí curtha i dtalamh scóir i gcomparáid le blianta eile.

Bhí na prátaí ar fad nach mór curtha roimh dheireadh na Bealtaine agus uime sin ba ar éigean a bhí fáil ar aon obair eile i dtuaisceart Chiarraí i dtreo is go raibh na daoine a bhí ag brath ar a bpá lae i gcruachás nuair nach raibh obair ann dóibh agus gan fáil acu ar bhia gan airgead.

Ach bhí daoine sa dúiche a raibh obair acu sa saol úd. Bhí an *Ferry Bridge* á thógáil an uair úd agus é tógtha faoi Mheán Fómhair na bliana 1848, agus bhí giúistísí den tuairim gur chois abhann a bheadh láthair na babhtála feasta, mar theastaigh uathu na póilíní a bhí sa Bhaile Dubh a aistriú i leith go dtí an *Ferry Bridge*, ach ní raibh an rialtas sásta é sin a cheadú. Ina ionad sin chuirfí deichniúr póilíní sa bhreis ar fáil dóibh chun dhá stáisiún nua a bhunú, ceann acu i Leic Snámha agus an ceann eile i nDubháth.

Bhí daoine imníoch i dTairbeart freisin timpeall an ama chéanna agus chuir *William Sands* agus *Stephen Collis* iarratas chuig an rialtas ag achainí orthu póilíní a chur ar ais go Tairbeart. Bhídís ann tráth, a dúirt siad ach aistríodh as iad. Dúirt siad go raibh beairic acu i dTairbeart a bhí mór go leor do 80 nó 100 saighdiúir agus bhí an bheairic suite mar a bhféadfaí glaoch a chur uaidh chuig na hárthaí cogaidh sa chuan.

Ach faoi dheireadh mhí Lúnasa ba róléir do dhaoine go raibh buille na tubaiste buailte orthu arís. Bhí an barr prátaí ar a raibh a seasamh ar fad, nach mór, ag meath go tiubh agus go forleathan os comhair a súl. Bhí an bhliain 1846 ina cruth aonair arís acu, bhí na gais chomh léirithe céanna agus a bhí siad sa bhliain 1846, an méid céanna prátaí luatha lofa sna goirt; agus sna goirt a cuireadh go déanach bhí na prátaí chomh mion agus chomh fánach agus a bhí siad sa bhliain dhólásach 1846. Bhí an barr cruithneachta leathchuíosach ach ní raibh oiread talún faoi agus bhí an bhliain roimhe sin. Ní raibh an barr coirce fiú cuíosach agus é ar fad luite faoin tráth sin. Thuig na daoine go mbeadh orthu gabháil arís trí chruatan, ainnise is angair, dhealús agus ocras agus gan oiread acmhainní acu agus a bhí nuair a chaith siad aghaidh a thabhairt ar ghorta na bliana 1846-47. Bhí siad go domheanmnach, ní cás a rá, agus iad ag féachaint arís ar ainnise agus ar dhealús na bliana 1846 ag leathadh arís agus ag géarú. Dá chomhartha sin bhí na bailte móra chomh plódaithe le bacaigh agus a bhí siad in earrach na bliana 1847. Ach bhí difir eatarthu. Ba iad na heasláin, na seandaoine, na dílleachtaí agus na baintreacha, bacaigh na bliana sin. Ní raibh obair le fáil ag a leithéidí sin ná fóirithint á fáil sa tslí sin mar nach dtabharfaí obair dóibh ar scéimeanna Bhord na nOibreacha Poiblí. Ach sa bhliain 1848 is ar na daoine láidre agus ar a gclann is troime a luigh an ainnise mar i gcoitinne ní lámhálfadh an dlí soláthairtí bia dóibh toisc nár cheadaigh an dlí a leithéid ach do dhaoine dearóile.

Faoi Shamhain bhí deireadh na bprátaí ídithe agus gan obair d'aon sórt le fáil ag sclábhaithe agus gan súil acu le fóirithint ó áit ar bith. Bhí gach cuma ar an scéal go mbeadh cás na ndaoine níos truamhéilí ná a gcás sa bhliain mhí-ámharach sin 1846-47. Cheana féin bhí na daoine ag plódú isteach i dteach na mbocht. Bhí an teach féin lán go doras agus ordú faighte ag na gairdiain bheith ag lorg tithe oiriúnacha i ngach cuid den *Union*. Rinne siad amhlaidh. Cuid den saol i dtuaisceart Chiarraí sna blianta sin ab ea na tithe bocht breise sin; bhí siad i mbéal na ndaoine toisc a raibh de dhaoine muinteartha leo iontu. Is as na tithe sin a chuaigh mórán ar imirce. Is sna tithe sin a fuair an-chuid daoine bás go háirithe sa bhliain 1851.

3.4 An Gorta: 1849

Faoi dheireadh na bliana 1848 bhí rabharta ainnise ag líonadh ar fud thuaisceart Chiarraí ar fad agus trá ní dhéanfadh sé go ceann dhá bhliain eile ar a laghad. Bhí feidhmeannaigh an *Union* agus na gairdiain ag ullmhú don rabharta a bhraith siad chucu. I mí na Samhna 1848 rinne na gairdiain cinneadh go n-úsáidfí an muileann a bhí lámh le teach na mbocht chun slí a sholáthar do na daoine ar fad a bheadh ag lorg bheith istigh. Timpeall an ama thóg siad teach Uí Airtnéide ar an mbaile leis an gcuspóir céanna; bhí teach Uí Chonchúir ar an mbaile in úsáid acu faoi Shamhain agus slí ann do 300 duine. I dtosach na Feabhra bhí slí do thrí chéad duine sa mhuileann, slí do sheasca duine i dteach Uí Airtnéide agus do chaoga duine i dteach Lís *Stokes* i Lios Tuathail. Bhí an teach sin freisin tógtha ar cíos acu faoin tráth sin. Bhí tithe á dtógaint le húsáid mar sin ar aghaidh go 1851. Bhí slí do chaoga sé duine san ospidéal fiabhrais agus mí ina dhiaidh sin bhí sé plódaithe agus ní thógfaí a thuilleadh daoine ann cheal slí agus mí ina dhiaidh sin arís bhí seantáin á gcur suas sa chlós i dteach na mbocht do na daoine a raibh fiabhras orthu. Ar 21 Márta tógadh léas ar theach Bhean Uí Shíocháin i mBaile Gabhlóg chun ospidéal sealadach fiabhrais a dhéanamh de. San Aibreán tógadh teach Eoghan Uí Dhubhda i mBaile Gabhlóg ar cíos chun ospidéal do lucht calair a dhéanamh de. Sa mhí céanna thóg na gairdiain teach Uí Mhaoilmhichil i dTairbeart mar ospidéal do lucht calair. Timpeall an ama chéanna bhí an dochtúir *Scollard* á cheapadh chun cúram a dhéanamh de lucht calair i mBaile an Bhuinneánaigh. Bhí deireadh leis an ráig calair sin faoi thosach an Mheithimh agus an dochtúir á scaoileadh chun siúil toisc gan aon chúram a bheith ann dó a thuilleadh.

Lá 'le Pádraig na bliana sin bhí príosún Thrá Lí ag cur thar maoil le daoine – 582 duine ansin istigh agus 36 duine díobh sin le cur an loch amach. Ní raibh slí sa phríosún le ceart ach do 86 duine.

Bhí an imirce faoi lánseol i rith na bliana 1849 ar fad. I mí an Aibreáin bhí sé á thuar go mbeadh ceithre oiread nó cúig oiread daoine ag seoladh ó Thrá Lí seachas mar a bhíodh, go mbeadh dosaon árthach ar a laghad tar éis seoladh ó Thrá Lí go háiteanna difriúla i Meiricea faoi Lá Bealtaine. Bhí sé á thuiscint an uair sin go raibh Trá Lí níos áisiúla do dhaoine ná Corcaigh, nó Luimneach agus go raibh fonn breise ar dhaoine seoladh ó Thrá Lí ná mar a bhí nuair a bhí orthu bailiú leo ina sluaite go Corcaigh, fiú go Learpholl Shasana chun dul ar bord. Bhí daoine mórálach as cuid de na hárthaí sin: Sheol an *Eliza* agus í ceartfhostaithe ag muintir Dhonnabháin ó Thrá Lí go *Quebec* agus céad fiche sé duine ar bord inti: níor thóg sé ach lá is fiche ón *Heather Bell* seoladh ó Thrá Lí go Nua Eabhrac i mí na Bealtaine. Bhain an *Jeannie Johnson Quebec* amach tar éis tríocha trí lá ar an bhfarraige agus gach éinne ar bord ina sláinte. Ní raibh orthu dul i dtír i *Grosse Island*.

Faoi thosach na Bealtaine bhí daoine á gceapadh ar fud an *Union* ar fad chun stór bia a choimeád ina dtithe féin agus chun bia a ullmhú agus a roinnt ar dhaoine. Ceapadh Tomás de Stac don chúram sin i mBaile an Bhuinneánaigh, Séamas Ó Lionnáin (*Leonard*) i Lios Eiltín agus Séamas Ó Maoldomhnaigh do Bhaile an Bhuinneánaigh freisin agus Eoghan Ó Conchúir do Chill Chonla. Timpeall an ama chéanna bhí ag dul do Micheál *Langford* rátaí na mbocht a bhailiú i Lios Eiltín, i gCill Chonla agus i gCill Eithne – comhartha eile ar chúngrach an tsaoil. Tamall roimhe sin bhí *John James* sa chás chéanna i gcuid eile den *Union* ach bhí sé tar éis bailiú leis agus ceist le cur ag daoine faoin airgead a bhí bailithe aige.

I rith na bliana sin freisin bhí togra tosaithe ag na gairdiain chun daoine a sheoladh ar imirce agus faoi Dheireadh Fómhair na bliana bhí sé cailíní dhéag ar a slí chun na hAstráile. Bhí scéal tagtha faoi mhí Lúnasa 1850 gur shroich siad caladh ansin slán sábháilte.

Faoi mar a tharla gach bliain eile bhí súil na muintire in airde ag brath leis an bhfómhar a bhí chucu agus nuair a bhí an fómhar bailithe isteach bhí dóchas ag daoine go raibh dóthain prátaí ar fáil do na daoine go léir; ach níorbh fhada go bhfuair siad amach nach raibh dóthain prátaí i roinnt paróistí i dtuaisceart Chiarraí; bhí an barr arbhair níos fearr ná mar a bhí sé le tamall de bhlianta. Ach faoi mhí Dheireadh Fómhair ba léir do chách cás dearóil mórán den mhuintir; tuigeadh chomh maith go raibh an scéal ag éirí níos ainnise in aghaidh an lae. 21 Samhain bhí 1,377 duine i dteach na mbocht i Lios Tuathail, 24 Samhain bhí 2,071 duine ann agus 22 Nollaig bhí 2,191 istigh agus bhí fiche duine tar éis bháis i gcaitheamh seachtaine.

Chaith na gairdiain féachaint chuige go tapaidh chun slí a sholáthar do na daoine go léir a bhí ag tarraingt ar theach na mbocht; bhí tithe oiriúnacha á lorg acu ar fud an *Union* ar fad chun go mbeadh siad ina dtithe cúnta bocht; bhí tairiscintí dá réir á lorg agus iad á bhfáil. Bhí *Sam Raymond* sásta *Garryard House* agus 25 acra talún a thabhairt uaidh ar £80 sa bhliain. Bhí Donnabhánach i mBaile an Bhuinneánaigh agus £52/10 sa bhliain á lorg aige ar theach. Bhí *Pierce Mahony* sásta Cnoicíneach, teach agus 30 acra talún, a scaoileadh ar cíos chuig an *Union* ar £70 sa bhliain. Roimh dheireadh mhí Dheireadh Fómhair bhí na coimisinéirí ag ordú do na gairdiain glacadh lena thairiscint. I mí Dheireadh Fómhair freisin bhí an dochtúra *Raymond* ag tairiscint teach ar chaoga punt sa bhliain agus ag deireadh an mhí glacadh lena thairiscint, .i. *Bedford House*, clós, bothán, gairdín agus acra talún, agus slí 15 troigh ar leithead síos go dtí abhainn na Gáille, ar £55 sa bhliain; faoi lár na Samhna bhí deichniúr fear agus céad buachaill ar a slí go hÁth an Turais. Deineadh £30 sa bhliain a thairiscint do *Mrs. Sands* ar a teach in Áth an Turais agus é ar aigne an teach sin agus teach an dochtúir *Raymond* a chur le chéile agus a úsáid mar aonad. Ghlac *Mrs. Sands* leis an tairiscint agus amhlaidh sin bunaíodh teach na mbocht Áth an Turais. Ag tarraingt ar dheireadh na bliana bhí margáintíocht ar bun ag na gairdiain ag iarraidh teach na mbocht a bhunú i dTairbeart. Chuige sin fuair siad teach *Lindsey* ar £21 sa bhliain agus clós agus stóras le muintir *Hill* ar £40 sa bhliain. Bhí siad sa soláthar freisin don *Pottery* i dTairbeart ach ní bhfuair siad é go dtí tosach na bliana 1850.

I bhfómhar na bliana 1849 bhí daoine ag cuimhneamh agus ag smaoineamh ar cad a bhí imithe ar an saol agus ar cad a thug an cor ainnis sin ar a muintir. Go luath i mí Dheireadh Fómhair bhí gairdiain Dhlí na mBocht i Lios Tuathail ag cur cás na muintire ina *Union* féin os comhair na gcoimisinéirí i mBaile Átha Cliath le súil go ndéanfadh siad sin tathant ar an rialtas teacht i gcabhair ar na daoine a bhí i ngátar san *Union*. Bhí siad cinnte glan de nárbh é meath an phráta amháin ba bhun leis an dealús go léir, ach go raibh mionroinnt na talún leis freagrach— bhí a fhios acu go maith go raibh siad ag plé le tubaiste náisiúnta agus nach raibh aon dul air mar sin go bhféadfadh acmhainní logánta déileáil leis. Bhí an-mhilleán á chur ar Choláiste na Tríonóide a raibh, a dúradh, an t-ochtú cuid de thalamh an chontae acu agus an tríú cuid de thalamh an *Union* féin, agus gurbh é an t-easnamh a bhí i gceist i gcúrsaí seilbhe ba bhun leis an dealús. Chríochnaigh an bhliain le scéal úafáis: bhí na gairdiain ag lorg trí acra talún mar ionad adhlactha do bhochtáin.

3.5 Deascaí an Ghorta: 1850

I dtosach na bliana 1850 bhí na sluaite móra ag triall ar theach na mbocht i Lios Tuathail agus gan slí ann dóibh go léir. Cé go raibh na gairdiain ar a ndícheall ó 1849, agus cé go raibh roinnt mhaith slí breise faighte acu níor leor sin do na daoine go léir a bhí ag lorg foscaidh agus dídine. Ar an gcéad lá 'bhliain nua ghlac na gairdiain ar cíos teach Eibhlín Bean Uí Mhuiris ar £30 sa bhliain. Roimh dheireadh an mhí bhí teach Éamainn Bhreatnaigh sa chearnóg á thógáil ar cíos acu agus aon teach amháin á dhéanamh de sin agus de theach Uí Airtnéide chun otharlann a dhéanamh do leanaí breoite nach raibh dóthain slí dóibh ina dteach bocht féin toisc a raibh de shluaite ansin istigh faoin tráth sin. Ag deireadh an mhí bhí na gairdiain ag glacadh le tairiscint *George Sands*: acra Gaelach talún i gCurach an tSuasáin mar reilig bhochtáin.

I rith mhí Eanáir bhí teach *Lindsey* agus stóras mhuintir *Hill* á n-ullmhú mar theach bocht cúnta; bhí sin ullamh 23 Eanáir agus moladh déanta gur cailíní óga ó theach na mbocht i Lios Tuathail a rachadh ann; bhí cigire Dhlí na 'mBocht ina choinne sin agus é á moladh gur mná meánaosta a chuirfí go Tairbeart agus glacadh leis sin agus cuireadh 150 díobhsan go Tairbeart. Ag deireadh an mhí fuair na gairdiain seilbh ar an *Pottery* ó *Blacker Douglas* ar £37/10 sa bhliain. Caoga punt a bhí á lorg aige roimhe sin.

I mí Feabhra fuair na gairdiain seilbh ar *Garryard House* ó *Sam Raymond*. Coróin as gach duine a bheadh ansin istigh an cíos a bheadh le díol ag na gairdiain ach ní chaithfí aon airgead ar an bhfoirgneamh féin ná ar dheisiúcháin. Ghlac siad chomh maith le teach Dhónaill Uí Lionáin i gCliabhrach agus le teach Uí Chatháin (*Cains*) ar an mbaile.

6 Feabhra bhí a n-acmhainní á meas ag na gairdiain: bhí slí i dteach na mbocht féin do 800 duine, slí i dteach na gConchúrach do 300 eile, slí i dteach Uí Airtnéide do 60 duine, slí i dteach *Stokes* do 50 duine, slí sa mhuileann do 300 duine, slí san ospidéal fiabhrais do 56 duine. San iomlán bhí slí acu do 1566 duine, ach níor leor an méid sin agus roimh dheireadh an mhí bhí na gairdiain ag cuimhneamh ar stóras Uí Ríordáin i dTrá Lí a thógáil ar cíos, ach ní cheadódh na coimisinéirí dóibh dul lasmuigh den *Union*.

Ag deireadh mhí Feabhra fuair na gairdiain *Bawnmore House* ar cíos ó *Robert Palmer* ar £17/10 sa bhliain, agus bhí cinneadh á dhéanamh go seolfaí 180 leanbh chuig an teach sin. I mí Feabhra freisin, bhí seantáin a dtógáil i dteach na mbocht féin chun breis slí a dhéanamh.

Bhí na gairdiain sásta glacadh le *Gunsborough* roimh dheireadh na bliana 1849 agus ba ríléir ó thosach na bliana 1850 go raibh ardfhonn ar *Pierce Mahony* teach agus talamh a scaoileadh ar cíos chuig na gairdiain ach níor ghlac siad siúd seilbh go dtí Márta na bliana agus sa Mheitheamh bhí cinneadh déanta gur buachaillí amháin, faoi bhun 15 bliain a chuirfí go *Gunsborough*. I ndeireadh na dála cuireadh 180 buachaill idir seacht mbliana agus 15 bliain d'aois ann.

I mí Bealtaine 1850 bhí iniúchadh á dhéanamh ag na gairdiain ar *Bally-bunion House* le *George Hewson* féachaint an mbeadh sé oiriúnach mar theach bocht cúnta agus féachaint cad a chosnódh sé é chur i dtreo. Roinnt laethanta ina dhiaidh sin socraíodh go rachadh Iníon Uí Cheallaigh, oide scoile, agus leanaí idir dhá bhliain d'aois agus naoi mbliana go Baile an Bhuinneánaigh, agus tugadh ordú don fheidhmeannach tithíochta an teach a bheith ullamh ina gcomhair. Roimh dheireadh an mhí bhí fiabhras ar thriúr leanbh díobh agus bhí dinnireacht ag cur as do sheisear eile acu, ''ach

179

lasmuigh den méid sin bhí an chuid eile go breá sláintiúil''. I lár an Mheithimh bhí an dochtúir ag gearán go bhfuair cúigear leanbh bás ó bhí sé sa teach go déanach, agus seachtain ina dhiaidh sin tugadh ordú do *George Hewson* fear a fhostú chun uisce a tharraingt chucu agus chun na mairbh a chur ar chostas nach rachadh thar sé pingin sa tseachtain. Ar an ochtú lá de Lúnasa fuair Tomás de Paor £2/13 as na mairbh a chur agus sa mhí chéanna bhí na coimisinéirí ag achtú nach gcuirfí leanaí breoite go Baile an Bhuinneánaigh.

Bhí iniúchadh á dhéanamh leis ar stóras *Blair* agus ar stóras Uí Mhaolchatha agus ar an ospidéal fiabhrais i mBéal Átha Longfoirt, féachaint an mbeadh puinn slí iontu agus féachaint an mbeadh siad oiriúnach mar thithe bocht cúnta agus 11 Bealtaine thóg na gairdiain stóras Uí Mhaolchatha ar cíos ocht bpunt, as sin go deireadh mhí Dheireadh Fómhair. Thug *S. Sands* an t-ospidéal fiabhrais dóibh ar choróin sa tseachtain agus ag deireadh an mhí ceapadh Eibhlín Nic Uileagóid, O.S., le dul go Béal Átha Longfoirt le cailíní idir naoi mbliana agus cúig bliana déag. Ocht bpunt sa bhliain an tuarastal a bhí dlite do Eibhlín.

Faoi dheireadh an Aibreáin ní raibh deireadh fós leis an éileamh a bhí ar thithe agus bhí na gairdiain sa soláthar dá thuilleadh tithe fós, teach *Mrs. Stokes*, teach Uí Ruairc, teach Éamainn Uí Chionnaola, teach na gCeallach agus san am céanna bhí seantáin le tógáil in Áth an Turais do idir dhá chéad agus trí chéad duine.

Bhí súil ghéar ar an bhfómhar agus bhí sé de chuma ar na barraí faoi dheireadh mí Iúil go raibh siad ag déanamh go maith. Láithreach bonn, ardaíodh an gháir ''iaigh ar na tithe bocht cúnta''. 11 Iúil bhí *George Hewson* ag tabhairt fógra uaidh go molfadh sé i gceann coicíse go gcuirfí deireadh leis an bhfóirithint bhaile toisc gan é ar chumas an *Union* a chuid fiacha a ghlanadh cheal airgid; 8 Lúnasa mhol *William Hartnett* go gcuirfí deireadh le fóirithint bhaile agus chuidigh *George Hewson* leis an moladh. Glacadh leis.

Ach bhí an t-ordú na tithe bocht cúnta a iamh roimh am, mar ag deireadh na Lúnasa ní maith an cuntas a bhí le léamh faoi fhómhar na bliana sin:

> Our prospects are bad, our hopes so high and sanguine, last June and July are blasted, gone and we must go through another bitter season.

Ach bhí daoine eile ag déanamh ar airgid:

> The corn crops will be fair average. A large quantity of wheat and oats brought into Tarbert market every day.

Cé go raibh an ainnise leata go forleathan i dtuaisceart Chiarraí i dtús na bliana 1850 agus níos fairsinge fós faoi dheireadh na bliana fág nach raibh oiread ag fáil bháis, tá fianaise ar fáil a thugann le tuiscint nach raibh riamh sa dúiche sin Cnoc an Fhómhair, ná i dtuaisceart Chiarraí, oiread dealúis, dífhostaíochta agus léin agus a bhí sna luathchaogaidí. B'shin é an tráth ar thosaigh na tiarnaí talún ar dhaoine a dhíshealbhú. D'fhan cuimhne na laethanta sin go beo in aigne na ndaoine ar feadh i bhfad agus ba mhinic tagairt dóibh i bpáipéir agus i gcáipéisí na linne. Ní nach iontach sin, mar bhain ainnise na haimsire le mórán den mhuintir; n'fhéadfadh daoine a gcroí a chruachan agus daoine á gcur as seilbh. Spreag an daonnacht iontu fóirithint ar a ngaolta agus ar a ndaoine muinteartha agus ar a gcairde nuair a bhí siad caite amach ar thaobh an bhóthair.

Tugaimid áit ar leith do litir chumasach an Athar Maitias Mac Mathúna agus uafás air faoi iompar na dtiarnaí talún. Litir atá ann a sheol sé chuig eagarthóir *The Nation* agus é ag iarraidh maolú éigin a dhéanamh ar na tiarnaí talún.

Ballybunion, Listowel,
28 April 1850

To
Charles Gavan Duffy Esq.

Dear Sir,
In this miserable and disastrous time the poor man's best protection lies in the advocacy of an able and honest Press. Claims perseveringly and powerfully urged cannot fail in the end to be recognised, and even a cruel and bloodstained Irish landlord cannot be insensible to the scorn and execration to which an exposure of his atrocities must surely subject him. This is especially true of absentees. Unsustained by the countenance and support of their brothers in iniquity in Ireland they will be often thrown into the company of the generous and humane in other lands, who will regard wholesale murder in its true light and hold its authors in abhorrence. I shall therefore trespass on a portion of your valuable space while I bring before the notice of the public the conduct of the landlords and condition of the people in this locality.

The landlords here may be classed among the worst in Ireland, justice and humanity are alike forgotten by them. The most malignant fiend in hell could not evince more indifference for the sufferings of human-beings. Widespread desolation but too plainly attests their ruinous policy. Energy is paralysed, industry crushed and improvement prevented by their plundering exactions. These sharks appear to have no notion of helping their tenantry over the present dreadful crisis. The screw is tightened while anything remains to be squeezed out. According as the poor man's pocket grows empty, the robber's hand is thrust more deeply into it. As soon as a tenant shows the smallest sign of breaking down he is immediately overwhelmed. He has no indulgence to expect. Arrears which he thought were perhaps forgiven or at least would not be claimed till better times, are required, and because at a time when he has neither money nor means to make it – he cannot work a miracle to meet the monstrous demand – the crops which he toiled to raise are taken away, his cattle are driven off, and at one swoop he is reduced to beggary with a respectable family. This has already befallen many and I shudder to think is but too often to befall many more. Numbers there are in this doomed district who at no distant period shall be pining in a workhouse, or starving, or wandering over their own land and all owing to the barbarity of the landlords. By a system of detestable injustices an incoming tenant will get abatement which if the former got he might hold on respectably. No matter how much of his labour and capital he may have sunk in the land he is cast out without a farthing compensation. A stranger who can advance a gale's rent has all the benefits of his improvements. Only two or three landlords have made abatements to the occupying tenants, but these are not up to the requirements of the time. True to their instincts they have given allowances on a scale so grudging and niggardly as to keep their serfs still trembling on the brink of ruin and hopelessly in their power. There is a large tract of Trinity College property here which like everything connected with that rotten and pestilent institution is a veritable curse.

A Mr. St. John Blacker holds immediately under the college. Middlemen hold under him. A legion of creditors hold under them or have claims on them. The demands of all must be met out of the land. The college to be sure must be paid, Mr. Blacker must be paid, the middlemen must be paid, the creditors must be paid. Between them all the unfortunate tenant is confounded and fleeced. As each finds it his interest to fleece all he can out of him, he has no abatement to get and of course improvement and prosperity are out of the question. The rate collector to whom he at first looked upon as amenable completes his ruin.

This Mr. Blacker is a perfect example of your cold blooded grasping Irish landlord. He requires the old rent without any regard to the altered circumstances of the times. This tenantry must pay the entire or give up the land. No struggling man can well exist under him, and the poor are allowed almost no footing in his estate. His example is followed by a Mr. Meade Denis another of our proprietors. No abatement, no encouragement for his tenantry. Extermination and ruin await them if they fail in their payments. The tenantry on the property of Mr. Raymond which is under the management of a Mr. Hartnett an attorney are similarly treated, and unless the times mend of which there is very little appearance their pauperism is inevitable. Besides these there are several other landlords whose names I shall not now mention as I am not in a position to speak with certainty of them. In a short time though I intend doing so. For the present I shall merely observe of these in general text. I don't think there is within the compass of the four parishes to which I am attached, Gale, Liselton, Killeheny and Kilconly, a single landlord who has done his duty to his tenantry, that is who has given an abatement proportioned to the times, and encouraged their industry by security of tenure and fair compensation for improvements.

As may be expected under such landlords our tenant farmers are on an inclined plane to beggary with nothing to arrest their course. The circle of distress is growing wider and wider and embracing them all. The ratepayer of yesterday is the pauper of today. The dark shadow of destitution is already at their doors announcing the immediate approach of dismal reality. With expensive support, reduced markets and overwhelming taxation they feel it impossible to hold on under their present rents. Despair of maintaining themselves and their destitute families in this unfortunate country has seized them and turned their attention to the free and flourishing shores of America, where away from the extermination and plunderers created and sustained by the infernal policy of England they make sure of having full security for their lives and a certain reward for their industry.

Extermination to an appalling extent has been systematically pursued here for years. Entire villages have disappeared before it. Within the past two years thirty-six families were evicted by Mr. Meade Denis. Ten heads of these he had sent to America. It must however in justice to him be said that he has given very considerable employment, not very liberally paid for I am told yet sufficiently to keep many from starving. If all of his class in this locality did as much things would certainly be in a better state. Within the past eighteen months or so Mr. Hartnett evicted thirty-two families from the Raymond estate above mentioned with the concurrence if not by the orders of his employer. Last November Mr. Blacker demolished a village of twenty houses and sent the inhabitants adrift. Last February he dispossessed fifty-eight families on a property from which he ejected a middleman who held under him a Mr. O'Connor a most excellent man. These were readmitted by him into their houses as caretakers at a nominal rent. The property was since redeemed by some of Mr. O'Connor's creditors a Mr. Neligan of Tralee and most of the poor people are still in their homes. Whether or not they will be left so I cannot say. A month ago in the adjoining townlands of Balybunion and Killeheny twenty-six families comprising 120 souls were evicted from the one and thirty-five families of 160 souls from the other. The former of these belongs to a Mrs. Harenc, the latter to a Lady Burgeish, both absentees. Their respective agents are a Mr. Collis and a Mr. Coffey who acted in this business

183

it must be supposed with their sanction. When oppressed with the ennui of high life, desolated homesteads, shrieking widows, screaming orphans, groaning invalids, broken-hearted wretches and pale-faced starvelings will form a refreshing picture for their contemplation. Nor does extermination cease here. It is projected on a more sweeping scale still. Destruction is pending over three large townlands in the neighbourhood. In fact all the head landlords embrace with wolfish avidity their opportunity of extirpating the pauper population from their properties. But there is a good God over them whose ears are not closed against the cries of distress – for "the oppression of the poor and the sighing of the needy now will I arise saith the Lord". Even in this world their crimes shall meet a just retribution.

The government is well aware of these murderous proceedings. The police constables of the district took a list of the parties lately evicted. It clearly intends by means of the landlords to exterminate the masses whose ominous gatherings in '43 carried terror to their hearts and which if wisely and vigorously directed might have rescued Ireland from their robber grasp. Some 200 years ago our ancestors were legally murdered in "Cromwell's slaughter houses". Posterity will recognise the workhouse boards of these times as "the landlord slaughter houses". Since the spread of destitution the workhouse system has been found to be destructive of human life. But among all the workhouses in Ireland the Listowel one enjoys an inglorious pre-eminence in this respect. Throughout the winter until within the last fortnight the mortality there had been awful and it is still great. A ticket of admission to it is regarded as a passport to eternity. This mortality is sought to be accounted for by saying that paupers are all but dead when they enter. The defence only aggravates the charges. If certain death awaits them inside why not give them a chance of living by relieving them outside, the more especially as outdoor relief is by half cheaper than indoor. But the commissioners do not allow it where house room is to be had. Again it is said that the workhouse test must be applied to avoid imposition.

Yet the tottering gait, emaciated frames and the livid countenances of the poor creatures but too truly evince the direst destitution. The truth is they are crammed into pest houses in order that they may perish and taxation diminish. Every spare house around Listowel that could be at all rendered fit for the purpose is taken as an "auxiliary". Even cowsheds are pressed into the service. In Tarbert an old barrack condemned as unfit for the military was made a house for women. Females, ill clad, ill fed, shivering and starving are supposed by our humane guardians to be all right in a place deemed unsafe for the well supported mercenaries who are the vile instruments of our oppression.

In the middle of this desolation proselytism rears its shameless and

BÓITHRE NUA

impious head. An organised hypocrisy is set up and a market for the sale of conscience opened. A base advantage is taken of the distress of our people to effect their perversion. It is not enough for them to be crushed in body but they must be damned in soul. Fearful indeed is the trial to which they are subjected. When they are devoured by hunger and their famishing children crying to them for food then the grinning fiend holds out his bribe before their eyes. This is a searching ordeal, a cruel temptation still blessed be God do they in general, true sons of St. Patrick, worthy descendants of those who braved and baffled the fury of the penal laws, nobly reject the foul advances of the tempter. Still do they prefer principle to perfidy and religion to apostacy. It must be said to the honour of the respectable Protestants of the neighbourhood that with the exception of two old maids, they give this disgraceful and abominable system no countenance.

Such then Sir is the state of this locality. It may be compressed in these four words – extermination, emigration, hunger and proselytism. Alas! that we can put no check upon the perpetrators of these calamities save that of public opinion. Yet is some consolation to think that a fearless and powerful Press will scathe and stigmatise them and hold them up to the indignant reprobation of the virtuous, the principled and the good the wide world over.

I have the honour to remain, with sincerest sentiments of esteem and respect, your obedient servant.

Mathias McMahon R.C.C.

3.6 Deascaí an Ghorta: 1851-56

Bhí 3,120 duine i dteach na mbocht ar an gceathrú lá 'bhliain nua, 1851. Seachtain ina dhiaidh sin bhí 3,814; bhí 4,060 duine ann 18 Eanáir, agus seachtain ina dhiaidh sin arís bhí 4,258. Bhí sé ag éirí soiléir do na gairdiain go mbeadh orthu breis slí fós a sholáthar gan mhoill. Chuir siad chuige a thuilleadh tithe a lorg agus a fháil ar fud an *Union* agus a chur i dtreo do na daoine go léir a bheadh ag lorg dídine agus fóirithinte orthu. Níor chás dóibh a bheith ag cásamh an luais lenar dhún siad tithe ag deireadh na bliana 1850, mar anois bhí orthu gabháil tríd an dua céanna a bhí cheana acu chun tithe a fháil agus a oscailt arís, tithe mar theach Roibeaird Uí Mhaolomhair i mBán Mór, *Gunsborough*, le *Pierce Mahony, Ballybunion House* agus teach E. Uí Chatháin ar an mbaile. 19 Feabhra tháinig orduithe ó na coimisinéirí bheith sa tsoláthar dá thuilleadh slí agus ní cás a rá gur chuir a litir sin dlús le hiarrachtaí na ngairdiain. Ghlac siad le teach *Stokes* agus le teach Dhónaill Uí Lionáin sa chearnóg i dtosach an Mhárta, agus leis an ospidéal fiabhrais agus le stóras Uí Mhaolchatha i mBéal Átha Longfoirt tamall ina dhiaidh sin.

Roimh dheireadh an Mhárta bhí siad ag glacadh le teach *Henry Clancy, Ballygrenan House*. Bhí slí do 140 duine ansin. Ghlac siad le teach agus 31

Faithfully yours
Richard Griffith

FROM A PHOTOGRAPH BY T. CRANFIELD, DUBLIN.

acra le *John Adams* i gCliabhrach chun oideachas níos fearr i gcúrsaí talamhaíochta a thabhairt do bhuachaillí agus chun ábhar a dhéanamh chun féachaint chuige go mbeadh teach na mbocht ag íoc as féin. Bhí slí do 110 duine i dteach *Adams*. Faoi 29 Márta bhí slí i dteach na mbocht do 5,207 duine ach níor leor an méid sin féin do na sluaite a bhí ag déanamh ar an áit sin. Ghlac siad le teach *David Gun* agus le teach Sheáin Uí Ghealbháin i Lios Tuathail. Bhí col áirithe ag na gairdiain an bhliain sin le Béal Átha Longfoirt mar láthair do theach na mbocht agus bhí fonn orthu glacadh le *Ballybunion House* de rogha ar Bhéal Átha Longfoirt sa deireadh mar go raibh breis slí ann. Mar fhaoiseamh ar an éileamh sin ar thithe tugadh ordú do na gairdiain slí a sholáthar ar thailte theach na mbocht do idir **800** agus míle duine; ach ní raibh an t-airgead ann chuige sin agus chaith siad **an** scéim sin a chur ar an méar fhada.

Níor bheag an líonrith a bhí ar dhaoine i rith na bliana 1851 i dtuaisceart Chiarraí, ach bhí níos measa i ndán dóibh mar i rith na bliana sin rinne tiarnaí talún an-iarracht go deo chun a n-eastáit a ghlanadh i dtreo is nach mbeadh siad freagrach. Is fíor go raibh iarracht dá leithéid ar bun acu sa bhliain 1850 agus sa bhliain 1849 féin: tá cuntas i gCaisleán Átha Cliath a deir gur chuir *Pierce Mahony* ocht líon tí dhéag, 117 duine, as seilbh sa bhliain dár chríoch 30/9/1850, gur scaoileadh sé líon tí díobh, 109 duine, ar ais; i rith an ama chéanna dhíshealbhaigh *St. John Thomas Blacker*, trí líon tí déag, 38 duine, scaoileadh trí líon tí ar ais agus leagadh go talamh trí cinn de thithe; chuir *Meade Dennis* naoi líon tí, 55 duine, as seilbh: scaoil sé trí líon tí ar ais. Má chuir an díshealbhú úd uafás ar dhaoine a bhí an uair sin go domhain san ainnise, ba mhó go mór a n-uafás sa bhliain 1851, mar i rith na bliana dár chríoch 30/9/1851 chuir *Mrs. Alicia Wren* daichead líon tí as seilbh; chuir *George Gun* deich líon tí, 62 duine, chun fáin: scaoil sé aon líon tí amháin ar ais; chuir *Sam Julian* fiche cúig líon tí – 130 duine – as seilbh: scaoil sé aon líon tí amháin, 3 dhuine, ar ais, agus leag sé ar lár naoi gcinn déag de thithe; cuireadh 753 líon tí, 4,300 duine, as seilbh as tailte Choláiste na Tríonóide i gCiarraí: scaoileadh cúig chéad agus a dó líon tí, 2,964 duine, ar ais. Chuir *Lady Burgheish* fiche a dó líon tí, 111 duine, as seilbh: scaoil sí cúig líon tí ar ais agus leag sí sé cinn déag de thithe go talamh; chuir *Sir John Benn Walsh* daichead líon tí, 272 duine, as seilbh: scaoil sé tríocha trí líon tí, 226 duine, ar ais agus leag sé ar lár dosaon teach.

Bhain cuid de na daoine sin teach na mbocht amach agus bhí a rian sin le feiceáil sna sluaite a bhí ag plódú isteach sna tithe sin go háirithe i dtosach na bliana. Ach níor chuaigh a bhformhór isteach; fuair mórán díobh foscadh agus dídean i measc a ndaoine muinteartha ar fud thuaisceart Chiarraí agus iad ag fanacht go cíocrach le seans chun dul ar imirce. Bhí de thoradh ar an gcor sin gur bhain an ainnise le mórán Éireann daoine a raibh a ndóthain le déanamh ag cuid acu chun a ngreim a choimeád.

Bhí an-iarracht ar bun ag na gairdiain i rith na bliana ag cur daoine ar imirce agus ag cabhrú leo sin ar theastaigh uathu dul ar imirce. Bhí liostaí móra á gcur ar fáil de dhaoine ar theastaigh uathu imeacht. Bhí na gairdiain ag tarraingt as aon chiste airgid a bhí ann chun freastal ar an iarracht sin. I lár mhí Eanáir bhí an Captaen *Home*, aidhbhéardaí *Lord Listowel*, agus £660 á thabhairt aige as ciste *The Old Relief Committee* i Lios Tuathail chun cabhrú leis an imirce. I mí Bealtaine seoladh 28 cailín go *Quebec*. I mí Lúnasa bhí sé á thuiscint ag na gairdiain go raibh sé ródhéanach sa bhliain chun daoine a sheoladh go *Quebec*. Cuireadh go *New Orleans* iad mar sin. 26 Meitheamh bhí £150 den £600 fágtha fós agus chinn na gairdiain ar é a úsáid chun cabhrú le daoine lasmuigh de theach na mbocht chun dul ar imirce. Mar mhaithe leis an imirce bhí tairiscintí á lorg ag na gairdiain ó dhaoine a raibh long nó loingeas acu chun daoine a thabhairt ar imirce. Bhí fear amháin, Braonánach, sásta 36 bean a thabhairt go *Quebec* ar thrí phunt an duine agus ar tháille breise d'oiriúintí cócaireachta. Lean na gairdiain orthu ar a ndícheall in 1852 ag seoladh daoine ar imirce. Bhí siad suite meáite de nár cheart cabhrú le héinne chun dul chun na hAstráile ach le daoine a bhí cheana féin i dteach na mbocht. I dtosach an Mheithimh bhí siad chun *"female domestic and farm servants of genuine good and moral character"* a chur ann.

I dtosach na Bealtaine bhí cead á thabhairt do na gairdiain buachaillí a chur ar phrintíseacht chuig an cabhlach. Ní ionadh mar sin go raibh laghdú tagtha ar uimhir na ndaoine i dteach na mbocht, laghdú suntasach, i dtús mí Iúil, agus go mbeadh laghdú ar na huimhreacha gach mí as sin go deireadh na bliana. Bhí laghdú leis ar uimhir na ndaoine a bhí ag fáil bháis. Faoi mhí Lúnasa bhí an gháir á hardú "iaigh", "iaigh", "iaigh Cliabhrach", "iaigh *Gunsborough*", "iaigh Bán Mór". Moladh *Gunsborough* a iamh cheana agus iadh é i Meán Fómhair na bliana 1850, ach osclaíodh arís é i Mí Eanáir 1851 chun freastal ar na buachaillí a cuireadh ansin amach ó theach na mbocht Lios Tuathail. Tamaillín ina dhiaidh sin bhí an gearán á dhéanamh agus é á rá nach raibh an scéal ar fónamh acu:

The boys in Gunsboro are very uncomfortable, the soup was bad, the place is badly furnished and 45 children were left three weeks in their own clothes. They have no teacher or any sort of instruction.

Cuireadh troscán ar fáil agus seoladh an seanmháistir scoile, an Dubhdach, ansin amach agus ábhar de na buachaillí ba staidéartha agus ba chéimiúla in Áth an Turais chun cabhair a thabhairt le hoiliúint na mbuachaillí. Cáineadh go géar na feidhmeannaigh a cheadaigh a leithéid sin de éagóir. Iadh *Gunsborough* sa deireadh 29 Méan Fómhair 1851 nuair a tugadh an eochair ar ais don Stacach, gníomhaire *Pierse Mahony*.

Bhí mórán daoine ag fáil bháis i dteach na mbocht i dtosach na bliana 1851 agus bhí an-mhíshuaimhneas ar dhaoine dá bharr agus an milleán á roinnt:

The cause of mortality in the workhouse of this Union is particularly great this year in consequence of the inclement weather, the absence of outdoor relief and the complete failure of the potato crop of last summer . . . a large number of applicants for relief are brought to the workhouse by their friends in a dying state in order that in the event of death they may be in buried coffins.

Ag tosach mhí Mheán Fómhair bhí fir láidre acmhainneacha agus buachaillí óga imithe isteach go teach na mbocht nuair nach raibh an dara rogha acu; ní raibh aon tithe ag a bhformhór nuair a cuireadh as seilbh iad.

8 Lúnasa 1852 bhí sé de scéal ag cruinniú na ngairdian go raibh slí i dteach na mbocht féin do 2,084 duine gan seomraí scíste a bhac agus ná raibh sa teach ar fad ach 925 duine. Níor chás dóibh mar sin bheith ag dúnadh na dtithe eile a bhí tógtha ar cíos acu. Ina theannta sin bhí na foirgintí nua nach mór ullamh agus chuirfeadh sin go mór leis an tslí. Faoi 26 Lúnasa bhí uimhir na ndaoine sa teach laghdaithe go mór arís agus bhí na gairdiain i bhfabhar na dtithe eile ar fad a iamh ach amháin teach *Adams*. Iadh teach bocht cúnta in Átha an Turais 16 Meán Fómhair agus bhí dóchas ann nach n-úsáidfí go deo arís mar sin é ach ar an lá céanna tugadh léiriú ar chomh dealbh agus a bhí an córas ar fad: *"Boys and girls and women have to stay undressed while their clothes are being replaced by the tailor from want of a few spare suits."* Ag tosach Dheireadh Fómhair bhíothas ag tagairt i gcónaí don laghdú an-mhór a bhí ag imeacht ar uimhir na ndaoine i dteach na mbocht ach nach raibh aon chinnteacht acu go mbeadh an cor sin buan. Iadh Áth an Turais faoi dheoidh 16 Nollag 1853. Bhí sé chomh déanach le 1856 nuair bhí na tithe bocht cúnta iata faoi dheireadh.

Bhí feabhas éigin ag imeacht ar chás na muintire sna blianta tosaigh de na caogaidí ach níor mhór é dáiríre. Ní beag de chomhartha air sin diúltú a thug an Banc Náisiúnta agus an Banc Proibhinseach nuair a d'iarr gairdiain *Union* Lios Tuathail sa bhliain 1854 orthu araon brainse dá mbanc a oscailt i Lios Tuathail. Ach ar leibhéal eile bhí an-fheabhas imithe ar chás na muintire i gcomparáid lena gcás deich mbliana roimhe sin, sa bhliain 1846.

The crop [potatoes] is riper and better grown now than usual at this date [15/8/56] and gives good reason to hope that we have more food secured in the crop of 1856 than we have had for ten years . . . it is most gratifying to compare this day with this day ten years. The staring consternation of every class at the total destruction of the provisions of a teeming population and not a bit of cheap corn in the country – never to be forgotten by those who witnessed it – contrasted with the present opulent state of the farming and labouring classes is, to say the least of it, a surprising change to those men who billowed up their pockets and became absentees in 1847 and 1848 exclaiming that the country was gone – nothing could save it.

190

1

Féach James S. Donnelly Jnr., "The Rightboy Movement in 1785" in *Studia Hibernica* (1976-78) lgh 120-202; "The Whiteboy Movement" in *Irish Historical Studies* 20 (1976-77) lgh 20-54. Maurice J. Brick, "Richard Townsend Herbert's 'Information on the State of Tithe in Kerry (1788)' " in *ICSSC* (1984); "Popular Protest Movements in Kerry 1770-1890" in *ICSSC* (1985), lgh 170-188. An téarma *Right* in *Rightboy* "signifies the rebels' conviction of the legitimacy of their aims and methods". "The name Rightboy came into general usage during the first half of 1786 though it never entirely replaced the older term Whiteboys" – James S. Donnelly Jnr.

1.1

1. Archives National, Páras, cote 451. **2.** HO 100 99. **3.** *DEP* 17/3/1787.

1.2

1. Annaly 14/6/1799 in SP 63 456, lch 123. **2.** SP 63 465, lch 19. **3.** HO 100 5, lgh 1-21. **4.** *Times*, Londain, 13/9/1786. **5.** *A View of Ireland Statistical and Political* (Londain 1812). **6.** HO 100 147. **7.** *LC* 6/1/1783. **8.** *CWH* 9/5/1806. **9.** HO 122 6 19/4/1803, lch 314. **10.** TP Éir. 620/64/160 (i gCaisleán BÁC). **11.** SOC 1809 1230/16. **12.** HO 122 8 12/8/1808. **13.** HO 100 147 lgh 214-215. Féach HO 100 4, lgh 142, 144, 148.

1.3

1. *Dublin Gazette*, 5, 8 Samhain 1783. **2.** SOC 2/5/1805. **3.** *LC* 8/12/1785. **4.** *DEP*. **5.** Maurice J. Brick in *ICSSC* 1985, lch 172. **6.** ADMI Captain Allen in PRO na Br. **7.** *LC* 20/4/1786. **8.** *LC* 11/5/1786. **9.** 8/6/1786 i gCaisleán Átha Cliath. **10.** ADM 1 1 M in PRO na Br. **11.** *LC* 14/8/1786, 4/9/1786. **12.** Maurice J. Brick in *ICSSC* 1985, lch 177. **13.** *LC* 18/9/1786. **14.** HO 122 6, lgh 163-166. **15.** *LC* 4/9/1786. **16.** *Times*, 16/9/1786. **17.** HO 100 22, lch 148.

1.4

1. An namhaid: Bhí "an namhaid" go mór i mbéal daoine sna blianta sin: agus ba í an Fhrainc an namhaid a raibh oiread sin eagla ar dhaoine roimhe. **2.** CO 904 2 1/1/1796 PRO na Br. **3.** Abercrombie Ceannaire Arm Shasana 23/2/1798. **4.** HO 100 1/7, 23/9/1803; féach HO 100 127, 5/8/1803. Bhí sé beartaithe go mbeadh ceann acu ar Cheann Chiarraí agus ceann eile ar Cheann Léime. **5.** HO 100 122, 10/8/1808. Bhí sé beartaithe ag an rialtas go mbeadh ceann acu in Inbhear na Sionainne. **6.** HO 100 132, lgh 25-51 agus rl. **7.** HO 100 10 5/8/1807. **8.** WO 55 2478 agus ADM 31 iad araon in PRO na Br. **9.** LS 35924, lch 21, i Leabharlann na Breataine. **10.** Féach Pádraig Ó Snodaigh in *ICSSC* 1971, lgh 48-70.

1.5

1. 17/4/1805; féach SOC 1805 1031/27-30 agus 1032/2-4. **2.** 17/4/1805; SOC 1805 1031/27. **3.** 24/4/1805; SOC 1805. **4.** 12/4/1805; 28/4/1805 SOC 1805 1032/2. **5.** Féach SOC 1030/16. **6.** Cáin na dtinteán agus na bhfuinneog i bhfeidhm 1806 – 5/7/1822. **7.** HO 100 142, lch 388, 13/10/1807.

1.6

1. SOC 1808 1188/12. **2.** *FJ* 13/1/1808. **3.** *TC* 15/6/1860. **4.** Bhí cónaí ar *John Raymond* i nGarraí Ard an uair sin. **5.** SOC 1808 1188/15. **6.** *FJ* 18/3/1808, *LG* 15/3/1808. **7.** *LG* 18/4/1808. **8.** Diarmaid Ó Cionnaola, Áth an Turais, a d'eachtraigh ar 3/11/1937 agus é ceithre bliana is ceithre scór an uair úd. An cuntas le fáil i Roinn Bhéaloideas Éireann COB, fiteáin 1171-73.

1.7

1. Tá mórán dá bhfuil i *Lasair sa Bharrach* bunaithe ar SOC 1188. **2.** HO 100 148, lch 209, 24/8/1808. **3.** HO 100 148, lgh 245-246; HO 100 149, lch 95, 31/10/1805. **4.** HO 100 148 10/9/1808. **5.** SOC 1802 1188/22. **6.** HO 100 148. **7.** HO 100 149, lgh 92-93, 31/10/1808. **8.** HO 100 149, 1/11/1808. **9.** *LG* 15/11/1808, HO 100 149, lgh 114-115. Féach HO 100 148. **10.** HO 100 149; 1808 SOC 1188/22. **11.** *CJ* 17/11/1808. **12.** HO 100 148, lgh 287-288; 325-326. **13.** HO 100 149, 11/8/1808. **14.** HO 100 148. **15.** *CJ* 5/11/1808. **16.** 28/4/1805.

Féach SOC 1032/2. **17**. HO 100 148, lch 285, 4/9/1808. **18**. HO 100 148, lgh 309-310, 348-349. **19**. HO 100 149 29/10/1808, lch 86.

1.8
1. Ardeaspag Protastúnach Chaisil in HO 100 148, 27/8/1808, lgh 236-237. **2**. HO 100 148, lgh 236-237. **3**. HO 100 202. **4**. HO 100 149, lgh 368-369, 4/3/1808. **5**. HO 100 148, lgh 249-250. **6**. HO 100 148, lgh 402-411. **7**. HO 100 148, lgh 287-288, 3/9/1809.

1.9
1. SOC 1809 1230/17, 23/2/1809. **2**. 4/12/1808. **3**. SOC 1815 6341/48. **4**. *LC* 17/8/1822. **5**. *LC* 7/5/1814. **6**. HO 100 122, 2/2/1814. **7**. HO 100 204, 1/5/1822.

1.10
Scéal an Choileánaigh le fáil in SOC 1813, 1532/10, 16, 18-20, agus in SOC 1815, 1716. 1, 2, 3, 4, 5, 6, 8, 9, 10, 13-23.

1.11
Féach Roinn Bhéaloideas Éireann COB, LS 559, lgh 335-6.

1.12
1. *CWH* 26/6/1822, 29/6/1822. **2**. Wellesley go Peel 1/5/1822. **3**. *CWH* 7/6/1822; 29/6/1822. **4**. T 91 205 17/7/1834 in PRO na Br. **5**. SOC 1822 2349/22. **6**. SOC 1822 2348/22. **7**. *LC* 2/2/1822; SOC 1822 2348/18. **8**. *LC* 6/2/1822. **9**. *KEP* 13/2/1822; 1822 SOC 2295/1-10; 2349/1-40.
10. Proclamation. **11**. SOC 1822 2349/71. **12**. *LC* 9/7/1823; 16/7/1823. **13**. HO 100 204, 17/2/1822. **14**. HO 100 208. **15**. Clárlann na nGníomhas 577.356; 584.382. **16**. *CWH* 2/6/1823. **17**. SOC 1823 2519/33. **18**. HO 100 209, lgh 335-337. **19**. *CWH* 2/6/1823. **20**. *CWH* 27/8/1823.

1.13
1. HO 100 202; 9/10/1821, 25/11/1821. **2**. HO 100 202; lch 347; 21/12/1821. **3**. HO 100 46; lch 75; 18/7/1793. **4**. HO 100 208. **5**. Cruinniú 25/11/1821, *CWH* 3/12/1821. **6**. HO 100 202, lgh 346-347; cruinniú agus moltaí Fhionnúig, lch 348; cruinniú agus moltaí Lios Tuathail HO 100 202; 348-349. **7**. *LC* 12/12/1821. Féach *LC* 11/11/1821; 9/12/1821; 22/12/1821. **8**. SOC 1822 2348/58. **9**. *CWH* 3/8/1825.
10. *CWH* 3/7/1824. **11**. *CWH* 23/6/1824. **12**. *CWH* 11/8/1824. **13**. *CWH* 29/9/1824. **14**. *CWH* 15/12/1824. **15**. *CWH* 14/3/1824; *CWH* 10/4/1824. **16**. *CWH* 29/6/1825.

2.1
1. *CWH* 22/5/1824; féach HO 100 148, lgh 236-7, 27/8/1808. **2**. *CWH* 3/8/1825. **3**. *CWH* 3/8/1825. **4**. *CWH* 10/5/1826. **5**. *CWH* 12/11/1824. **6**. *CWH* 13/7/1825. Féach *CWH* 3/4/1824. **7**. *CWH* 19/3/1829. **8**. *WH* 4/5/1829. **9**. *WH* 16/7/1829.
10. Lua air i *WH* 9/5/1832. **11**. *WH* 25/5/1829. **12**. *WH* 16/7/1829. **13**. *KEP* 17/12/1828. **14**. Féach *KEP* 21/1/1834. **15**. *WH* 29/11/33; 5/12/1833. **16**. *WH* 25/12/1833. **17**. *WH* 31/1/1833; HO 100 245.

2.2
Féach Edward J. Herbert, "The Cooleens and the Lawlors" in *Irishman's Annual* (Trá Lí 1955); Cuntas Mhichíl Uí Ghrífín in LS 597 in Roinn Bhéaloideas Éireann, COB; agus cuntas D. Uí Chionnaola ó Áth an Turais; Patrick O'Donnell, *The Irish Faction Fighters of the 19th Century* (BÁC 1975); Outrage Papers, Caisleán BÁC 1834/951/32, 3, 4, 5, 6, 18, 20; 1834/954/21; i nuachtáin na haimsire sin bhí lua fada fairsing ar imeachtaí an lae úd i mBaile Uí Fhiaich, e.g. *WH, KEP, LC, Times*.

2.3
PRO TÉ D585/64, 65 ESORP/1839/54/6394 i gCaisleán BÁC. Níor mhiste a rá go raibh lua coitianta go maith ar *Pierce Mahony* i nuachtáin na haimsire sin, e.g. *TM* 10/10/1837, 13/7/1839; agus tá cur síos minic go maith air sna cáipéisí atá i gCaisleán BÁC.

3
Tá an cuntas seo ag brath go mór ar na cuntais i nuachtáin Chiarraí sa saol úd agus in áiteanna tá sé bunaithe ar mhiontuairiscí *Board of Guardians Union* Lios Tuathail:

BG/112A/1 Bealtaine 1846–Samhain 1845
BG/112A/2 Samhain 1849–Meán Fómhair 1850
BG/112A/3 Meán Fómhair 1849–Iúil 1850
BG/112a/4 Iúil 1850–Feabhra 1851
BG/112A/5 Feabhra 1851–Meán Fómhair 1851
BG/112A/6 Meán Fómhair 1851–Aibreán 1851

Is trua linn nach bhfuil fáil ar mhiontuairiscí trí mbliana.

Ceadaíodh freisin: Tráchtais T. P. O'Neill, *State, Poverty and Distress in Ireland 1815-1845* agus *The Famine of 1822*. Thug leabhair mar iad seo a leanas breis tuisceana dúinn ar an gceist seo: *Why Ireland Starved* le Joel Mokeyr (Londain 1985); *The Famine in Ireland* le Mary E. Daly (BÁC 1986); *Éire roimh an nGorta* le Cormac Ó Gráda (BÁC 1985).

Teacht i Seilbh a gCoda

1 FONN MAIREACHTÁLA AGUS COMHRÉITIGH

Luigh an Gorta go trom ar mhuintir Chnoc an Fhómhair agus ar mhuintir thuaisceart Chiarraí i gcoitinne. Bhí taithí chráite ag an muintir ar fad na blianta sin ar angar, ar ghátar, ar ocras, ar ainnise agus ar an mbás féin. Cailleadh an-chuid le heaspa bia, cailleadh mórán san ainnise agus iad ag iarraidh a ngreim a choimeád, iad ag iarraidh an ainnise ina raibh siad gafa a chroitheadh díobh. Cailleadh mórán eile de bharr na n-aicídí a phrioc siad suas agus iad go tréithlag. Cailleadh iad i dtithe na mbocht, cailleadh ar an bhfarraige iad agus iad ag dul go Meiriceá, cailleadh iad san ainnise a bhuail leo i Meiriceá. Chaill daoine a lucht aitheantais, chaill siad daoine muinteartha leo, chaill siad comharsain leo; agus murar mhór sin de léan bhí a thuilleadh i ndán do dhaoine nuair a thosaigh na tiarnaí talún ag glanadh a n-eastát chun bheith réidh lena ndaoine bochta.

Buille coscrach dár muintir ab ea an gorta agus chuir sé cor cinniúnach i saol na muintire. Chuir sé deireadh go deo le haon iarrachtaí a bhí ar bun ag Dónall Ó Conaill chun reipéil a fháil. Agus iad buailte leis an ngorta chun reipéil a fháil. Agus iad buailte leis an ngorta thug muintir thuaisceart Chiarraí agus muintir Chnoc an Fhómhair a dtacaíocht go láidir do Dhónall Ó Conaill sa chruinniú ar mhaithe le reipéil a bhí i Lios Tuathail aige sa bhliain 1843. Phlódaigh caoga míle díobh, ar a laghad, isteach sa chearnóg agus i sráideanna Lios Tuathail don chruinniú sin.[1] Ach chuir bás Uí Chonaill agus an gorta deireadh leis an dóchas sin. Níorbh aon chabhair ach chomh beag bheith ag siúl le cabhair ó mhuintir Chnoc an Fhómhair agus ó mhuintir thuaisceart Chiarraí do Éirí Amach na nÉireannach Óg sa bhliain 1848. Fiú amháin dá mba mhian leo tacaíocht a thabhairt don iarracht sin bhí na daoine róléirithe agus greim ródhocht ag an ainnise orthu.

Iad sin a thug na cosa leo ón ainnise uafásach, bhí fonn maireachtála orthu i gcónaí agus iad suite meáite de go gcaithfí teacht ar shlí éigin chun cás na muintire a fheabhsú, i dtreo nach mbeadh orthu féin ná ar a sliocht, ina ndiaidh, gabháil tríd an ainnise a bhí feicthe fulaingthe acu féin sna daicheadaí.

Nuair a bhí an chuid ba mheasa den ghorta curtha tharstu ag daoine tuigeadh dóibh gurbh í sealbhaíocht na talún "an gad ba ghaire don scornach" agus go gcaithfí leasú a dhéanamh air sin ar dtús agus chuige sin go caithfí eagrú a dhéanamh ar fheirmeoirí agus ar thionóntaí i gcoitinne. Bhí glactha go forleathan an uair úd leis an tuiscint sin ar fud na tíre agus bhí muintir Chnoc an Fhómhair ag siúl cois ar chois leis an aigne sin. I bhfad na haimsire tháinig Cumann na dTionóntaí as an mbeartúchán go léir a bhí ar bun agus bhí fáilte is fiche roimhe i ndúiche Chnoc an Fhómhair. Bhí trí sprioc ar leith ag an eagras .i. cíos cóir, buaine seilbhe agus cead saor don tionónta a léas ar a ghabháltas a dhíol ar an bpingin is airde (*Fair Rent, Fixity of Tenure and Freedom of Sale*).

Ag cruinniú poiblí den eagras sa chearnóg i Lios Tuathail 17 Deireadh

Fómhair 1850 ceapadh an tAthair Séamas Breatnach, S.P., Lios Eiltín, mar chathaoirleach i gcomhair an lae. Bhí breis is trí mhíle duine i láthair. Tá cuntas fada ar an gcaint a rinneadh i rith an chruinnithe ar fáil[2] agus tugann sé an-léargas dúinn ar ainnise na dtionóntaí i dtuaisceart Chiarraí an uair úd. Ag seo leanas leagan achomair de chaint an chathaoirligh:

A chairde dhil, ní chun cur isteach ar chearta aon duine atáimid anseo inniu, bíodh an duine sin ina thiarna talún nó ina thionónta. Níl á lorg againn ach ceart don tionónta, agus i bhfad na haimsire sé ceart an tionónta an chosaint is fearr a bheidh ar leas an tiarna talún. Is mian linn luach a chuid airgid a thabhairt don tiarna talún. Is mian linn go mbeadh sé de shochar ag an tiarna talún go ndéanfaí a shealúchas a mheas go cóir agus go mbeadh luach cóir curtha ar thoradh saothair an tionónta. Is áil linn go mbeadh buanseilbh i ndán don tionónta ionraic treallúsach, is é sin le rá nach gcuirfí as seilbh é fad is atá an cíos – ar ar socraíodh – á dhíol aige. Táimid ag éileamh chomh maith go mbeadh sé de cheart ag an tionónta díol amach le haon duine is mian leis agus go ndéanfaí cúiteamh leis as a mbíonn caite aige más féidir leis a thaispeáint gur chaith sé airgead agus obair ar fheabhsú na talún fad is a bhí sé ina sheilbh – ach thar aon ní eile táimid ag éileamh nach gcaithfí amach é fad is tá cíos cóir cothrom a dhíol aige. Is chuige seo atáimid tagtha le chéile anseo inniu chun iarraidh ar Oireachtas na tíre bille a thabhairt faoi bhráid na parlaiminte sa chéad seisiún eile a threoreoidh an caidreamh nár mhór a bheith idir an tiarna talún agus a thionóntaí. Táimid ag lorg go bunreachtúil dlí a thabharfadh luach a chuid talaimh don tiarna talún agus slí bheatha réasúnta don tionónta, dá bhean agus dá gclann. Is chuige sin atáimid cruinnithe le chéile anseo inniu.

Is fiú linn cuntas sin an chathaoirligh a thabhairt toisc an éachtaint a thugann sé ar aigne an tsagairt féin faoin gceist sin agus toisc a dtugann sé de thuiscint dúinn ar chás an tionónta sa saol úd.

Ba é Saorbhreathach Suipéil, dlíodóir agus cróinéir, an chéad duine eile a labhair agus dúirt sé:

A mhuintir Chlann Mhuiris agus a mhuintir Oireacht Uí Chonchubhair, lig dom, gan an croí a scalladh agaibh, a bhfuil tite amach le naoi nó deich de bhlianta a thabhairt os comhair bhur n-aigne. Fiafraím díbh cá bhfuil an t-athair nó an mháthair in bhur measc nár chaill mac nó iníon, cá bhfuil an leanbh nár chaill tuismitheoir? Nach iomaí sin duine san am sin a luathaíodh leis don uaigh nó atá . . . i gceann de na *Bastilles* (tithe na mbocht) a bhfuil droch-chaoi orthu?

Thagair sé ansin do chlásal san *Encumbered Estates Act* a raibh

198

dlúthbhaint aige leis an bhfeabhsú a bhí déanta ag tionónta ar a ghabháltas ach gur scrios parlaimint tiarnaí talún an clásal sin amach as, d'aon ghnó mar go dtabharfadh sé cothrom na Féinne don tionónta. Chuir sé ar a súile do na daoine nach raibh sásta bheith i láthair agus onóir a thabhairt don chruinniú - thug sé seoiníní orthu - gurbh é a leas agus a leas go léir go dtiocfaí ar réiteach cóir ar an gceist sin. "Ní sheasódh na daoine sin ar an ardán seo i láthair na ndaoine ach tá cuid acu ag cúléisteacht laistiar de na fuinneoga." Chuir sé chuige ansin chun roinnt fírinní folláine a insint do roinnt de na "fir ghaimbín" - mar a thug sé orthu - a bhí, b'fhéidir, dar leis, laistiar de na cruitíní ag éisteacht leis.

Thagair sé ansin, go mion, do na daoine go léir a bhí curtha as seilbh le tamall ar fud thuaisceart Chiarraí agus i gCnoc an Fhómhair agus chríochnaigh sé an chuid sin dá aitheasc leis na bréithre seo a leanas:

A Dhia na nGrást! an bhfuil díothú déanta san aga sin ar an méid sin? trí mhíle trí chéad fiche haon duine, an bhfuil dísciú déanta orthu as an talamh a bhí á saothrú ag a sinsear mar ar mhair siad féin óna mbreith go dtí sin agus nach bhfuil a fhios acu de thalamh an domhain cá bhfiaghidh siad foscadh nó dídean.[3]

Tháinig an tAthair Maitias Mac Mathúna, S.C., chun tosaigh ansin, agus na gártha molta á gcur suas ag lucht an chruinnithe in ómós dó agus cneadanna dímheasa orthu siúd i mBaile an Bhuinneánaigh a bhí ag cur daoine as seilbh, "lucht cróite Bhaile an Bhuinneánaigh". Labhair an sagart agus dúirt:

Tá mo chroí ag bualadh le mórtas nuair a fheicim an cruinniú taibhseach seo, mar tháinig mé anseo agus mé den tuairim nach mbeadh oiread sin daoine ann, agus toisc go bhfuil an oiread sin daoine ag fulaingt faoi sceimhle mínádúrtha go n-imreodh an tiarna talún ansmacht orthu; mheas mé go dtiocfadh sin idir an-chuid daoine agus bheith i láthair. Tá áthas an domhain orm go bhfuil sibh tagtha i láthair go mórtasach neamhspleách agus sibh deimhin de nach mbeidh sibh ag caint níos mó le glór caointeach ceolánach an sclábhaí ar an éagóir a rinneadh oraibh; agus go bhfuil na mílte móra daoine, a fheicim os mo chomhair, daingean dearfa de nach dtabharfadh sibh suas go deo an aidhm uasal a thug anseo le chéile sibh ach go mbeidh sibh buanseasmhach nó go mbeidh sin tabhartha i gcrích agaibh. Ní fheiceann sibh aon *gentry* ón áit ar an ardán. Bíodh sé mar sin. Is beag an tallann ná dínit ná an mheasúlacht a d'fhéadfadh siad a thabhairt d'aon chúis. *The only advantage their presence could confer would be in the omen it would suggest, for as we are told that with a somewhat prophetic instinct, certain analogous vermin named rats are sure to desert a falling house.*

Gheall sé dóibh nár chás dóibh bheith cinnte dearfa de go mbeadh siad buailte leis an mbua nuair a thiocfadh na tiarnaí talún chun bheith páirteach leo. Bhí áthas air a fheiceáil go raibh spiorad nua éirithe i measc na ndaoine agus go mbainfeadh glór Éire aontaithe dúiseacht as parlaimint na Breataine chun tacaíocht a thabhairt do chás na dtionóntaí. Bhí sé cinnte de go gcuirfeadh na daoine agus iad aontaithe le chéile, iachall ar fheisirí na parlaiminte cás na dtionóntaí agus ar bhain leis a phlé agus géilleadh dá n-éilimh réasúnta. Chuir sé i gcuimhne dá lucht éisteachta go ndúirt breitheamh cáiliúil gur chuir an pharlaimint i gcoinne gach dlí a bhí i bhfabhar saoirse in Éirinn, agus go ndearnadh neamhshuim de na tionóntaí, ach gur ritheadh gach dlí a bhí i bhfabhar leasa eisiataigh an tiarna talún.

Lean sé air:

Tá cumhacht ráscánta dílsithe sna tiarnaí talún. Tá taithí léanmhar agaibh ar an gcumhacht sin agus bhain siad úsáid aisti gan trua gan taise chun sibh a mhilleadh. Mura ndéanfar leasú de réir dlí go tapaidh ar an gcaidreamh idir tiarna talún agus tionónta, tiomáinfidh an dealús togha agus rogha na tíre amach as an tír, an méid díobh nach bhfuil san uaigh nó i dteach na mbocht.

Bhí eagla air go ndéanfaí dísciú ar an bpobal ar fad i dtreo is nach mbeadh éinne fágtha chun forbairt a dhéanamh ar acmhainní na tíre. Ghoillfeadh an cor sin ar na tiarnaí talún freisin, dar leis. Bhí sé den tuairim go mbeadh gátar agus gorta ag cur as do na daoine a raibh díothú ar bun acu le tamall agus iad ag glanadh a n-eastát. Mheabhraigh sé don chruinniú go raibh go leor ainnise sa dúiche ina raibh sé ar dualgas chun áiteamh ar aon fheisire parlaiminte an dlí a leasú maidir le caidreamh tiarna talún agus tionónta, agus go raibh sin fíor fiú dá mba rud é nach raibh aon ainnise in aon áit eile in Éirinn. Thagair sé ansin don ainnise ar fad a bhí i réim sa dúiche de bharr an dí-shealbhú a bhí á chleachtadh an uair úd ag tiarnaí talún áirithe.

Mhol an tAthair Maitias Mac Mathúna ansin go n-iarrfadh an cruinniú ar na feisirí parlaiminte tacú le cuspóirí Chumann na dTionóntaí nó éirí as; agus mhol sé rún dá réir agus glacadh leis ar chuidiú Sheáin Uí Chiardha (*Carey*), feirmeoir. Ansin mhol Saorbhreathach Suipéil rún:

Go ndéanfaí – mar cheist ghéar-riachtanais – na talúintí a mheas gan spleáchas don tiarna talún ná don tionónta agus amhlaidh sin go dtiocfaí ar chíos cóir, agus go bhféachfaí chuige ansin go mbeadh buaine seilbhe ag an tionónta fad is a bhí an cíos sin á dhíol aige agus go mbeadh cead saor aige a léas ar a ghabháltas a dhíol ar an bpingin ab airde agus go ndéanfaí cúiteamh leis as aon fheabhsúchán a bheadh déanta aige ar a ghabháltas.

200

Cuidíodh leis an rún agus ghlac an slua leis agus scoir an cruinniú.

Bhí daoine ann agus drochmheas á chaitheamh acu ar a raibh ar siúl i gcruinnithe dá leithéid agus ar na daoine a bhí i mbun an chruinnithe sin: *"it is too bad that the quiet of our county and its industry should be interrupted by the insane ravings of the men who are carrying out this pernicious agitation"*.[4]

Bhí an-dóchas ag daoine go ndéanfadh Cumann na dTionóntaí anghaisce ar son na muintire ach múchadh an dóchas sin nuair a rinne *Sadlier* agus *Keogh* feall ar an iontaoibh a bhí astu. Ghlac siad le postanna sa rialtas in ainneoin na ngeallúintí a bhí tugtha acu. Bhí daoine den tuairim an uair úd go mba dheacair feall níos mó sa saol polaitíochta a aimsiú. D'imir beart sin *Sadlier* agus *Keogh* an riach ar an gcumann.

2 AN IMIRCE

Bhí taithí riamh, is dócha, ag daoine in Éirinn ar an imirce.[1] Bhí beochuimhne ag daoine, ar feadh i bhfad, ar dhaoine muinteartha leo féin agus iad ag bailiú leo chun na hEorpa chun seirbhís a thabhairt in airm thíortha éagsúla. Nach i dtuaisceart Chiarraí a scríobhadh "Ach colours na Fraince os cionn mo leapan agus píce agam chun sáite"? Ba chuimhin le daoine chomh maith daoine a bheith ag dul chun na hEorpa ar thóir an léinn nuair a bhí cosc ar a leithéid sa bhaile. Cuireadh mórán daoine thar farraige amach aimsir Chromail agus ní dócha go ndearnadh dearmad air sin go tapaidh.

Ach níorbh lena dtoil a d'fhág daoine a ndaoine muinteartha agus a ndúchas lá den saol. Bhí lé rómhór acu le dúchas chun fiú cuimhneamh ar imeacht. Is fadó riamh a breacadh na bréithre: "Is scaradh coirp le hanam do dhuine scaradh lena bhráithre agus dul go tíortha imchiana." Ba í sin an íobairt ba mhó a bhí ar cumas an Éireannaigh lá den saol; agus tá sé maíte ar Phádraig féin go mbíodh sé ag déanamh iontais den ghrásta a bronnadh air go raibh sé sásta scaradh lena dhúchas agus lena thuismitheoirí. Ag deireadh an 18ú céad agus ag tosach an 19ú céad bhí an tseanlé a bhí ag daoine lena ndúchas go beathach beo i gcónaí agus is iomaí tagairt atá ar fáil ón uair úd ag cur síos ar chomh luite agus bhí an tÉireannach lena dhúiche dhúchais agus lena mhuintir. Fiú agus sceon ar dhaoine sa bhliain 1866 faoi líon na ndaoine a bhí ag bailiú leo as an tír bhí nuachtóirí ag tagairt don lé go léir a bhí ag an Éireannach lena dhúchas agus bhí sé á mheas mar cheann de iontais an tsaoil.

Ach bhí athrú á thuar go láidir, go speisialta faoi dheireadh an 18ú céad. Sa bhliain 1782 bhí an dealús ag cur ar dhaoine agus iad in áiteanna in angar thar mar a bhí siad riamh. Thug an cor sin ar dhaoine bailiú leo thar sáile ar thóir na beatha nach raibh fáil sa bhaile uirthi. Bhí sé ghiní le díol an uair úd as an bpasáiste go Meiriceá agus bhí sé laghdaithe go dtí a leath dá gcothódh daoine iad féin ar an aistear. Bhí mórán ag seoladh leo an uair úd ó Luimneach. An riachtanas sin a thug ar dhaoine dul ar imirce bhí sé i ndán dó an lé ar fad a bhí ag an Éireannach le gach ar bhain le dúchas a réabadh amach as a chroí geall leis dá mb'fhéidir sin.

Bliain chinniúnach ab ea an bhliain 1822 i mórán slite. D'fhág gátar na bliana sin na mílte daoine gan tigh gan treabh agus bhí orthu dá bharr tabhairt faoi dhúichí iasachta chun beatha a thuilleamh. Chuir an cor sin dlús le gluaiseacht na himirce arís agus faoin mbliain 1823 bhí an imirce faoi lánseol athuair.

Tá lua ar an mbruig *Maria* ag seoladh ó Thrá Lí i mí Lúnasa 1825 le caoga duine go Nova Scotia. "Is é sin an chéad tagairt atá ar eolas againn do aon chruinniú daoine ó Chiarraí ag dul ar imirce ó Chiarraí féin."[2] Nuair a bhí an bruig *Union* le hÉamann agus Seán *Hickson* ag seoladh ó Thrá Lí i mí Aibreáin na bliana 1827 ag tabhairt faoi Mheiriceá bhí an imirce chuig na cóilíneachtaí á moladh ag an rialtas agus bhí daoine den tuairim go mba mhór an buntáiste agus an tsábháilt airgid é do dhaoine bochta i gCiarraí áit a bheith chomh cúnláisteach sin dóibh chun dul ar bord loinge agus iad ag imeacht as a dtír féin agus as a ndúiche dhúchais.[3] An taithí a fuair daoine an uair sin ar bhreith ar an mbád imirce i dTrá Lí bhí sé ina nós sean-bhunaithe faoin mbliain 1830 nuair a bhí an *Sarah* ag seoladh amach ó Thrá Lí chun céad tríocha duine a thabhairt ó Thairbeart go *Quebec*.[4] Ach ní go Meiriceá agus go Ceanada a bhí a dtriall ar fad mar sa bhliain 1823 d'imigh 3,169 duine ón tír seo go Rio de Janeiro sa Bhrasaíl. Chuaigh ceithre chéad díobh sin isteach in arm an impire agus fuair roinnt mhaith de na daoine a chuaigh ansin amach bás de bharr an iomarca rum a ól. Bhí rum an-saor ansin.[5]

Ní raibh an rialtas díomhaoin ach oiread na blianta sin ach é go gníomhach ag soláthar daoine do na cóilíneachtaí, é ag friotháil ar iarsmaí an ghátair a bhí ar dhaoine chun soláthar do na cóilíneachtaí, le cabhair na ndaoine a raibh cúis orthu faoi shárú dlí na tíre. Bhí siad á gcur an loch amach, an méid díobh nach raibh á gcrochadh agus ná raibh teite cheana féin.

Dé Céadaoine aistríodh 180 daoránach ón soitheach príosúntachta *Surprise* go dtí an long iompair *Medina* i gCorcaigh agus í ar tí seoladh chomh luath agus ab fhéidir go *New South Wales*. Dé hAoine cuireadh seachtó daoránach ar aghaidh ón iosta i gCorcaigh go dtí an soitheach príosúntachta. Tá súil in aghaidh na huaire le long iompair eile i gcuan Chorcaí chun céad daichead eile a thabhairt amach agus nuair a chuirtear san áireamh an dá chéad duine a tugadh amach san *Isabella* le déanaí tá cúig chéad fiche duine díbeartha as a dtír dhúchais mar gheall ar choireanna atá déanta acu.[6]

Sa bhliain 1824 bhí cuntas ar chuid eile den soláthar sin do na cóilíneachtaí:

Tá súil go mbeidh an *Almorah* ag seoladh laistigh de sheachtain le céad bean a ciontaíodh i mbriseadh an dlí agus le triúr ban déag ar fhichid nach bhfuil aon chúis orthu ag dul amach chuig a gcéilí, agus nócha naoi leanbh faoi bhun dhá bhliain déag.[7]

Roimh dheireadh na bliana 1827 bhí na tiarnaí talún tosaithe ag glanadh a n-eastát agus ag cur daoine as seilbh. Rinne an cor sin méadú mór ar uimhir na ndaoine a bhí ag dul ar imirce. Bhí an cíos á éileamh ag an tiarna talún i gcónaí agus gan ar chumas daoine é a dhíol.

The unfeeling and inconsiderate conduct of landlords in endeavouring to keep up the price of land to nearly the maximum obtaining during the late war although the value of produce has been reduced nearly 50%. This has tended to create a large portion of difficulties under which the unfortunate people labour . . . the dreadful exhibition of the misery resulting from the system of high rents.[8]

Na hainniseoirí bochta a cuireadh as seilbh sna cúinsí sin bhailigh siad isteach sna bailte, mar ar mhair siad i suarachas agus iad ag faire ar a seans chun dul go Meiriceá. Na daoine nár éirigh sin leo, chaith siad a ndícheall a dhéanamh slí éigin a fháil dóibh féin ar eastát eile agus chuir sin dlús le gluaiseacht a bhí ar bun le tamall: botháin á dtógáil ag daoine bochta go hard ar chliatháin na gcnoc agus ar imill na bportach[9] agus na daoine féin i dtaobh le paiste de thalamh gharbh nó de mhóinteán chun greim a choimeád ina mbéal. Bhí sé i ndán do chuid acu féin leanúint orthu an cnoc in airde nó isteach níos sia sa phortach de réir mar a bheadh cúngrach á dhéanamh orthu. Ansin a dhéanfadh siad an seasamh déanach, a gcúl le falla acu ach fonn chun maireachtála go láidir iontu i gcónaí in ainneoin a raibh feicthe, fulaingthe, acu.

I mí Bealtaine na bliana 1828 bhí an cúram céanna á dhéanamh i gcónaí ag an rialtas dá chóilíneachtaí nuair a bhí árthach mór iompair ag seoladh ó Chóbh Chorcaí agus trí chéad caoga bean ar bord, iad á dtabhairt go *New South Wales* chuig a gcéilí. Bhí a gclann i dteannta cuid acu agus iad á dtabhairt amach chuig a n-aithreacha agus é ar fad ar chostas an rialtais.[10]

Faoin mbliain 1827 bhí slí níos tapúla agus níos saoire aimsithe ag na húdaráis chun daoránaigh a thabhairt go Corcaigh go dtí an soitheach príosúntachta: bhí cairt an phoist á dtabhairt go Corcaigh agus bheadh siad slán sábháilte faoi ghlas i gCorcaigh laistigh de dhá uair a chloig déag tar éis dóibh Trá Lí a fhágáil.[11] Go dtí sin is i gcairteacha a thugtaí go Corcaigh iad agus fórsa saighdiúirí á dtionlacan. Thógadh sé ceithre lá ar a laghad uathu an seasca hocht nó an seasca naoi míle de thuras a dhéanamh roimhe sin.

21 Nollaig 1829 d'fhág árthach cuan Chorcaí agus daoránaigh ar bord inti agus í ag tabhairt faoi *New South Wales*, áit a bhain sí amach 17 Eanáir

1830, agus bhí scéal nua aici le hinsint: Ní bhfuair ach duine amháin de na príosúnaigh bás i rith an aistir.[12] Ach bhí scéal tagtha ó fhear a cuireadh ansin amach roimhe sin a dúirt:

Dá mbeadh a fhios ag mo chomrádaithe faoin sclábhaíocht atá orainn gabháil tríd sa dúiche seo ní bheadh aon choir á déanamh in Éirinn. Crochadh ceathrar fear is fiche sa chóilínteacht seo i rith mhí Feabhra seo caite.[13]

Bhí nuachtán i *Van Diemen's Land* ag cásamh, sa bhliain 1830, nach raibh aon mháistir rince i measc na n-imirceoirí a raibh an áit sin bainte amach acu, agus bhí geallúint á tabhairt aige go gcuirfí an-fháilte roimh a leithéid dá ráineodh ann é.[14]

Faoi dheireadh mhí Mheán Fómhair bhí an rialtas ag cur chuige chun dhá mhíle fear – gan mná a áireamh – chur go dtí *Van Diemen's Land "where it appears that the colonists are generally in need of working hands for agricultural and other purposes."*[15]

Ach níor dhaoránaigh na daoine go léir a bhain *New South Wales* amach na blianta sin; bhí *James Raymond ó Riversdale* tar éis dul ansin amach agus bhí Ardmháistir Poist *New South Wales* déanta de nuair a rinne seirbhíseach leis iarracht ar é a mharú tamall roimh dheireadh na bliana 1831.[16]

Fiú sna fichidí agus na tríochaidí den 19ú céad nuair a bhí an rialtas agus cúram ar leith á dhéanamh aige don iascach agus é á thuiscint ag daoine go mba mhór an chabhair do phobal urrúnta treallúsach an *bounty* a bhí á chur ar fáil ag an rialtas, agus an *bounty* sin á mheas mar an áis ba thapúla a bhí ar fáil chun feabhas a chur ar chás na ndaoine cois cósta fairsing an chontae seo tríd an iascach, *"that great and useful branch of national industry amongst our hardy and laborious population"*, a bhí gan leath a ndóthain le déanamh acu. Bhíothas á chásamh nach raibh slite ann chun freastal ar an éileamh a bhí ag cabhlach Shasana ar dhaoine chun a cuspóirí a chur i gcrích. Níor thaitin sé go raibh neamhshuim á déanamh in ionaid oiliúna do fhir chumasacha *"for the future nurseries of England"*.[17]

Níor chás a rá gur chuir gorta na bliana 1822 dlús an-mhór leis an imirce agus ón mbliain sin amach go speisialta bhí daoine ag bailiú leo ar imirce de réir mar a bhí géarchéim eacnamaíochta ag breith orthu. Bhí nós agus pátrún na himirce bunaithe tar éis na bliana sin. Ach ní raibh ann ach iarracht scáinte go dtí gur mheath an práta sna daicheadaí. Thosaigh daoine ag bailiú leo ina sluaite an uair úd agus uafás an ghorta á dtiomáint amach.

Ag deireadh na Márta 1853 bhí daoine ag cásamh na sluaite móra d'fheirmeoirí treallúsacha a bhí ag imeacht lena mná agus a gclann agus a dtroscán, ag gabháil trí Thrá Lí agus iad ag déanamh ar na *Samphires* mar a raibh long ag feitheamh leo.

Ag deireadh na Márta freisin sheol an *Lismahgow* ó Thrá Lí agus í ag dul go Nua-Eabhrac agus í lán ar fad; bhí trí cinn d'árthaí eile ar tí seoladh ann leis an uair chéanna. Tamaillín ina dhiaidh sin bhí dhá árthach eile ag seoladh ó na *Samphires* le paisinéirí ag dul go Meiriceá, an *Jeannie Johnson* agus í ag tabhairt 148 nduine go *Quebec* agus an *New Brunswick* le 324 duine go Nua-Eabhrac. Go luath an tseachtain ina dhiaidh sin bhí an *Miami* ag seoladh go Nua-Eabhrac agus nuachtóirí ag meabhrú do dhaoine go mbeadh míle duine imithe ó Chiarraí faoi Lá Bealtaine. Bhí a thuilleadh imithe ó Cóbh Chorcaí, ó Luimneach agus ó Learpholl.

I dtosach an Aibreáin d'fhág an *Lady Russell* Trá Lí agus 387 nduine ar bord. Thóg sé fiche hocht lá uirthi an turas go Meiriceá a dhéanamh mar bhí an aimsir sceamhach garbh agus an ghaoth go láidir. Bhí lua ar árthaí eile freisin a bhí ag freastal ar an imirce na blianta sin. I lár an Aibreáin 1857 bhí an *Toronto* tar éis seoladh ó Thrá Lí agus bhí an turas déanta aici i seacht lá dhéag – gaisce nach ndearnadh cheana – agus bhí a paisinéirí curtha i dtír aici agus iad ar fad ina sláinte. I dteannta na sluaite móra a bhí tar éis seoladh ó Chóbh Chorcaí agus ó Learpholl bhí breis is cúig céad imithe ó Thrá Lí i dtrí cinn d'árthaí móra, an *Jeannie Johnson* le muintir Dhonnabháin, an *Toronto* agus an *Stambouli* le muintir Chionnaola. Bhí an uair úd dhá árthach eile ar tí seoladh ó Thrá Lí go dúichí éagsúla i Meiriceá agus bhí leapacha loinge á gcur in áirithe go tiubh tapaidh.[18]

Ní fada a thóg sé ar an rialtas léamh a dhéanamh ar ghluaiseacht na himirce agus ar an riachtanas chun imeachta a bhí ar dhaoine. Chun luathú leis an iarracht, cheap siad oifigigh ar fud na dúiche chun eolas a thabhairt do dhaoine a bhí ar tí imeachta agus chun comhairle a chur ar na tiarnaí talún agus ar a n-aibhéardaithe faoin gceist ríthábhachtach sin.

Bhí tamall ann agus bhí oiread sin daoine ag bailiú leo nach raibh na gníomhairí taistil ábalta slí a fháil dóibh ar fad sna hárthaí a bhí ag friotháil ar chúram na himirce.

D'imigh an-chuid daoine blianta úd an ghorta. Bhailigh siad leo toisc gur tuigeadh dóibh nach raibh i ndán dóibh sa tír seo ach ainnise agus anró agus d'imigh siad nuair a bhraith siad nach mbeadh siad ábalta a gcuid fiacha a dhíol. D'imigh an-chuid de na daoine nach raibh acu ach paistí beaga talún; d'imigh mórán den sórt sin den bhfód ar fad agus mar aon leo d'imigh an-chuid de na daoine a bhí ag brath ar thalamh scóir. D'imigh sclábhaithe toisc nach raibh an dara rogha acu nuair a theip ar na prátaí. Ba ar na prátaí a bhí a seasamh ar fad agus nuair nárbh ann dóibh sin a thuilleadh chaith na daoine a bhí ag brath orthu bailiú leo gan mhoill; níor thráth moille dóibh sin é ach go háirithe.

D'imigh an-chuid feirmeoirí beaga nuair a thuig siad nach mbeadh siad ábalta an cíos agus a gcuid fiacha a dhíol. Thug cuid acu sin a gcuid talún suas don tiarna talún agus bhailigh siad leo. Ach daoine eile a bhí sa chás céanna, ní dhearna siad an méid sin féin ach a raibh acu de stoc agus de bharraí agus a spéis sa talamh a dhíol ar phinginí suaracha agus bailiú leo. Ba mhinic na nuachtáin sa saol úd ag gearán faoi na daoine sin a bhí ag dul ar imirce agus gan aon easpa airgid orthu. Daoine eile ag canrán go raibh a leithéidí ag bailiú leo le hairgead (cíos) an tiarna talún. Agus minic go maith fágadh an talamh díomhaoin ar fad ina ndiaidh mar nár fhéad an tiarna talún déileáil ach leis an áirithe sin. Ina theannta sin ba mhinic amhras ar dhaoine faoi thalamh a bhí fágtha ina ndiaidh ag daoine a bhí imithe ar imirce; ní bhainfeadh éinne leis agus bhí eagla ar dhaoine na cánacha a bhí ag gabháil le talamh tréigthe a thógáil orthu féin. D'imigh daoine eile toisc nach raibh aon iontaoibh acu as na bainc ón uair gur theip bainc áirithe sna fichidí. Nuair a theip ar an saol mar a chonacthas dóibh é, ní raibh le déanamh acu ach bailiú leo. D'imigh an-chuid de barr eagla roimh an aisíoc a bheadh le déanamh as airgead a caitheadh i scéimeanna Bhord na nOibreacha Poiblí; d'imigh feirmeoirí a bhí compordach go maith nuair a thuig siad go ndéanfaí fóirithint ag baile ar dhaoine a bhí i gcruachás de bharr theip na bprátaí. D'imigh daoine eile toisc go raibh daoine muinteartha leo féin imithe cheana agus toisc go raibh siad sin ag tathant ar a ndaoine muinteartha féin iad a leanúint agus toisc go raibh cabhair phraitinniúil á cur ar fáil acu dá muintir ag baile chun díol as a bpasáiste.

Más aisteach le rá é is beag a bhain an gorta le feirmeoirí a raibh paiste maith talún acu; bhí arbhar acu agus ba bainne agus uime sin im le díol acu agus b'fhéidir airgead tirim acu. Chuir cuid acu sin lena bhfeirmeacha na blianta sin agus chuir siad breis stoic ar a ngabháltais agus bhí roinnt acu agus é ar a gcumas obair agus fostaíocht a sholáthar i gcónaí do sclábhaithe.

Cuireadh go mór le gluaiseacht na himirce nuair a thosaigh na tiarnaí talún ag "glanadh" a n-eastát. I dtuaisceart Chiarraí sna blianta sin cuireadh na mílte as seilbh agus minic go maith leagadh go talamh an bothán a bhí acu mar fad is a bhí an bothán ina sheasamh bhí an tiarna talún freagrach as, agus bheadh air cíos na mbocht a dhíol as; nuair a bhí an bothán á leagadh aige bhí sé ag féachaint chuige nach bhféadfadh an té a bhí curtha as seilbh filleadh go deo. Na daoine a caitheadh amach ar thaobh an bhóthair mar sin ní bheadh fáilte rompu in aon eastát eile; bhí siad beo bocht agus ní raibh aon obair ann dóibh. Fuair cuid acu bheith istigh ó ghaolta leo agus ó dhaoine muinteartha leo, go háirithe i mbailte ar nós bhaile Lios Tuathail; mhair siad go mífhoighneach sna háiteanna a thug dídean is foscadh dóibh, agus iad ag faire ar a seans chun dul ar imirce. Ba shin a raibh de rogha acu, bás nó imirce. Chuaigh formhór na ndaoine sin a d'imigh, go Meiriceá, cuid eile acu go Sasana.

Chuaigh a thuilleadh de na daoine a bhí curtha as seilbh go teach na mbocht chun bás a fháil ansin de bharr na heaspa agus an ocrais a bhí fulaingthe acu roimhe sin; a thuilleadh acu ar thug na haicídí a bhuail leo ansin istigh an bás dóibh. B'fhéidir nár mhór an cur i gcoinne aicíde a bhí iontu de bharr an lagú a bhí déanta orthu ag ocras agus galar le blianta. Agus cé déarfadh nach raibh aicídí marfacha i dteach na mbocht rompu, i dteach na mbocht a bhí plódaithe le daoine, le truáin, le lucht aicíde agus le lucht tinnis. Ba é an fiabhras an chúis bháis ba mhó agus bhí saghas andíobhálach de sin ann. Ghabh dinnireacht agus gorta riamh le chéile agus thug sin an bás do mhórán. Bhí tráth áirithe i dteach na mbocht i Lios Tuathail nuair a bhí na haicídí marfacha seo ar fad ag goilliúint ar dhaoine: oftailme, an bholgach Fhrancach, fiabhras agus dinnireacht; agus fiú an fuacht féin thug sé an bás do roinnt daoine.

Ach thug cuid acu na cosa leo in ainneoin na n-aicídí go léir. Faoi Dheireadh Fómhair na bliana 1849 bhí iarracht ar leith ar bun ag na gairdiain chun daoine a sheoladh ar imirce agus é á thuiscint acu go luath:

That we deem it a matter of incalculable advantage to the Union to promote by every means the emigration of some of the paupers . . . not only as a means of providing for the most deserving of those persons but as an ultimate relief of the Union.

San iarracht sin ag na gairdiain níorbh é a ndearmad gan freastal a dhéanamh ar chóilíneachtaí Shasana i gCeanada agus san Astráil, e.g. 21 Meitheamh 1854 chuir an tEaspag *David Moriarty* 15 cailín faoina láimh agus iad ar tí seoladh go Ceanada. Faoi Bhealtaine na bliana 1851 bhí na gairdiain go dícheallach ag soláthar daoine do Cheanada agus ag lorg tairiscintí ó lucht loinge chun tríocha bean a thabhairt go *Quebec* ó Chorcaigh. Bhain fiche a hocht nduine acu sin *Quebec* amach i mí Iúil agus ní fada ina dhiaidh sin go raibh fir, mná agus páistí á seoladh ansiúd amach, líon tithe iomlána uaireanta. I mí Lúnasa bhí na gairdiain á mholadh go gcuirfí na buachaillí ar phrintíseacht chuig cabhlach Shasana. I gceann tamaillín eile bhí lucht árthach á fhéachaint lena chéile chun daoine as teach na mbocht a thabhairt go Ceanada. Sa bhliain 1854 bhí muintir *Gibson* ó Chill Rois sásta daoine a thabhairt go *Quebec* ar £6.25 an duine, muintir *Lindsay* ó Thairbeart ar £6 an duine, na deartháireacha *Sidley* ó Luimneach, bhí siad sásta tríocha bean agus seisear buachaillí a thabhairt go Ceanada ar £165.75 agus is orthu sin a cuireadh an cúram.

Ach ní fonn imeachta a bhí ar a lán dá raibh ag imeacht mar bhí cuntais ag teacht abhaile á chur i dtuiscint do dhaoine nach raibh an saol ar a dtoil ag na daoine go léir a d'imigh, dála an chuntais a bhí in *Times* Londain 24 Márta 1853 *cri du coeur* a bhí ann ó Éireannach i Nua-Eabhrac:

In the name of God and humanity, I entreat you to use your powerful and influential paper to stop the emigration of my miserable countrymen from dear old Ireland . . . They are suffering all kinds of privations here . . . Are the people mad that they rush to death and destitution. The scene is heartrending.

Rinne cuntais dá leithéid maolú áirithe ar an bhfonn imeachta a bhí ar dhaoine – más fonn a bhí ann – mar bhí tuiscint agus taithí á fháil ag daoine ar chuid eile de shaol an imircigh. Bhí ar dhaoine, agus iad ag imirce, bheith ag broic le searbhas agus le daoine a bhí go nimhneach ina gcoinne. Bhí orthu bheith ag broic le héagóir nach bhfaighfeá i Sasana féin. Ghoill an crá croí sin go mór orthu agus bhí na céadta míle Éireannach *"who would ask for no greater boon from heaven this side of the grave than an opportunity . . . to regain a foothold in their native soil"* nó faoi mar a dúirt duine eile: "Dá mbeadh bóthar as seo go Meiriceá is mó i bhfad a bheadh ag teacht anall ná mar bheadh ag dul sall ach ós rud é nach bhfuil an bóthar ann ní féidir leo teacht."

Ba shin é saol an airgid ó Mheiriceá, saol ina raibh airgead á chur abhaile ag daoine a bhí imithe cheana chuig daoine muinteartha leo chun cabhrú leo dul ar imirce, saol ina raibh an-chuid airgid á chur abhaile chuig a muintir ag daoine, airgead a bhí ina chuid an-mhór de theacht isteach daoine, airgead a chabhraigh go mór chun buanú a dhéanamh ar dhaoine sa seanphaiste, airgead a chabhraigh go mór le daoine chun a ngreim a choimeád:

> These figures are large, powerfully large. These offerings are sent from husband to wife, from father to child, from child to father, mother, grand-parent, from sister to brother and the reverse, to those united by all the ties of blood, and friendship which binds us together upon earth.

Chuir Cogadh Cathartha Mheiriceá isteach go mór ar an airgead sin agus is beag de a tháinig ó 1861 go dtí 1865.

Na daoine a chuaigh ar imirce go Sasana bhí cuid acu á seoladh bocht dealbh abhaile má bhí sé de mhísheans leo cabhair a lorg ar an údarás áitiúil. Agus bhí an beart sin ina chúis mhór mhíshásaimh sna blianta sin. Bhí cáil áirithe ar dhúiche *Poplar* i Londain sna cúrsaí seo, e.g. *Thomas Lawley* ó Lios Eiltín, cuireadh ar ais é as an *Poplar Union*. Sa bhliain 1872 bhí fear darbh ainm *George Gun* á chur abhaile ó Pharóiste *St. George in the East*. Ceithre bliana ina dhiaidh sin bhí fear de leithéid *George Church* ó Lios Tuathail ag lorg cabhrach chun dul don Astráil. Bácaer ab ea é ach níor fhéad sé aon fhostaíocht a fháil i Lios Tuathail. Tugadh £4 dó chun cabhrú leis. Ba mhór an cor sa saol é!

Dúradh i dtosach mhí Feabhra na bliana 1860: "Ní raibh riamh sa tír seo, le haon bhliain déag, oiread dealúis, dífhostaíochta agus léin agus atá i láthair na huaire." Tháinig borradh an-mhór go deo ar ghluaiseacht na himirce. D'imigh mórán Éireann daoine go Meiriceá na blianta sin, fiú teaghlaigh iomlána.

Bhí an samhradh an-fhliuch gach bliain de na blianta 1860, 1861, 1862; bhí an fómhar déanach dá réir agus barraí eorna, cruithneachta, agus coirce go héadrom, agus an méid sin féin a bhí ann bhí sé i ndroch-chaoi. Bhí ar na feirmeoirí a gcuid arbhair a dhíol go tapaidh ar aon airgead a gheobhadh siad. Níor leor in áiteanna an t-airgead sin chun an cíos a dhíol agus bhí ar fheirmeoirí stoc a dhíol chun teacht suas le farasbarr an chíosa nó dul ar imirce. Ní mór an rogha a bhí ag daoine nuair a bhí trí bhuille thubaisteacha buailte orthu i ndiaidh a chéile. Bhí mórán nach raibh na prátaí síl féin acu ná síol coirce don athbhliain i Lios Tuathail ag deireadh mí Iúil na bliana 1860:

> Arís eile fós tá uaill an dóláis á chloisteáil ar ár sráideanna: daoine ag caoineadh a ndaoine muinteartha – fir agus mná ár dtíre – agus iad ag imeacht uainn. Agus arís tá an croí á scalladh ionainn ag an radharc léanmhar: daoine muinteartha ag scaradh lena chéile. Ó thosach an earraigh tá siad ag bailiú leo, na céadta acu ón taobh seo dhúiche agus fós féin tá siad ag imeacht leo siar amach agus briseadh go deo á dhéanamh acu ar a snaidhm lena dtír dhúchais . . . Is iad na tiarnaí talún atá á dtiomáint amach, amhail agus dá mba ainmhithe allta iad agus iad fágtha gan foscadh gan dídean. Tá na bailte móra lán de dhaoine atá curtha as seilbh. Má leanann na tiarnaí talún orthu leis an bhfuadar atá fúthu ní fada go mbeidh feirmeoirí beaga agus lucht oibre glanta as an tír ar fad.[19]

I lár mhí Mheán Fómhair bhí bánú na dúiche ar siúl i gcónaí . . . "agus go deimhin is dóigh linn go bhfuil oiread ag imeacht agus a bhí ag bailiú leo blianta ainnise an Ghorta".

Bhí siad ag imeacht chomh tiubh sin go raibh sé á thaibhreamh do dhaoine go mbeadh an tír ar fad ina bhán, go mbeadh deireadh go deo leis an Éireannach ina thír dhúchais: *"There is something unquestionably touching in the final disappearance of a people which has preserved its hope and hates through a struggle of six centuries."*

Bhí na nuachtáin i Sasana ag fógairt go n-aistreodh pobal uile na hÉireann sula fada go Meiriceá agus ar aon nós gurbh é Meiriceá dúiche dhílis cheart na nGael. Bhí ardionadh orthu daoine a bhí chomh dílis sin riamh dá ndúchas a bheith ag bailiú leo ina sluaite móra; dar leo bhí daoine ag breathnú ar cheann de iontais mhóra na staire.

Bhíodh na nuachtóirí ag cur síos ar na sluaite a bhí ag bailiú leo na blianta sin, e.g.:

> Le coicíos anuas tá na céadta daoine gafa trí Lios Tuathail agus iad ar a slí siar amach, daoine ó Pharóiste Lios Eiltín agus ó Pharóiste Mhaigh Mheáin agus iad ag cur le tonn tuile na himirce . . . ár n-imirceoirí bochta agus iad á mbrú amach as tailte a sinsear ag mírialú agus ag reachtú aicmiúil chun an tslí bheatha atá á ceilt orthu sa bhaile a bhaint amach i dtír iasachta.

Sa bhliain 1864 ní raibh aon sámhnas tagtha fós, ach na daoine ag imeacht i gcónaí:

209

amhail arm a raibh an cath briste orthu, iad ag teitheadh ó pháirc an áir, an comhrac caite in airde acu leo féin feasta, a misneach imithe ar fad agus iad ag teitheadh lena n-anam toisc gur tuigeadh dóibh nach mbeadh beatha i ndán dóibh abhus. Don chéad uair riamh bhí siad ag géilleadh gan achrann ar bith mar bhí an cogadh ar son na talún caite in airde acu leo féin.

Bhí deascaí áirithe den imirce blianta sin agus ba mhaith mar a thóg an t-easpag *David Moriarty* ceann dóibh. D'fhág sé cuntas againn ar chás Chnoc an Fhómhair sna blianta sin ó 1860 go dtí 1863.

Sa bhliain dar críoch Céadaoin an Luaithrigh 1861 phós caoga sé lánú i gCnoc an Fhómhair. Sa bhliain dar críoch Céadaoin an Luaithrigh 1862 phós tríocha naoi lánú agus sa bhliain dar críoch Céadaoin an Luaithrigh 1865 phós fiche seacht lánú.

Níor imigh sé i gan fhios don easpag ach oiread go raibh slí aimsithe ag feirmeoirí faoin tráth sin chun iad féin a chosaint ar an díshealbhú. Nuair a bhí an bhliain go holc agus gan iad ábalta an cíos a íoc, ba nós le feirmeoirí dá leithéid a gcuid talún nó ábhar de a thabhairt dá n-iníonacha mar spré agus nuair a phósfadh na hiníonacha ansin dhíoladh an cliamhain isteach na riaráistí cíosa agus amhlaidh sin bhí siad ag féachaint chuige nach gcuirfí amach iad. Na feirmeoirí a raibh mic ionphósta acu thabharfaí an talamh dóibhsean agus gheibheadh an feirmeoir cuid de spré na mná agus bheadh ar chumas an fheirmeora an cíos a íoc agus iad féin agus a gcuid a chosaint ar an díshealbhú.

Drochbhlianta ab ea na blianta 1877, 1878 agus 1879. Bhí drochfhómhar gach bliain de na blianta sin, trí cinn acu as a chéile agus bhí daoine á gcur as seilbh ar dalladh. Tháinig borradh ar ghluaiseacht na himirce na blianta sin dar ndóigh. D'imigh an-chuid go Meiriceá sa bhliain 1880, fiú teaghlaigh iomlána.

Sa bhliain 1887 bhí Cogadh na Talún á throid go tréan i dtuaisceart Chiarraí agus i gCnoc an Fhómhair agus bhí taoide thréan déanta de ghluaiseacht na himirce. Bhí a leithéid seo de scéal le léamh ag daoine coitianta go maith i rith an bliana sin:

Seven trans-Atlantic liners called here [Cóbh Chorcaí] today and yesterday and embarked 978 emigrants *en route* to various American ports. Amongst the seven was the *Samaria*, an extra ship specially run to meet the exigencies of the exodus. Cunard Liners have all berths full for a fortnight.

Ach faoin tráth sin cuid den saol ab ea an imirce, cuid thábhachtach de shaol na dúiche agus bheadh sé amhlaidh ag gach glúin dá dtiocfadh;

bheadh gluaiseacht na himirce feasta ag borradh agus ag trá de réir cúinsí na haimsire.

Bhí tionchar cinniúnach mar thoradh ar ghluaiseacht na himirce ó Éirinn. Bhí naimhdeas i leith Shasana préamhaithe go domhain i ndaoine in Éirinn le fada. Ach bhí sé i ndán don ghorta géarú agus fairsingiú thar na bearta a dhéanamh ar an naimhdeas seanbhunaithe sin. Go dtí aimsir an ghorta níor chás don duine a bhí brúite faoi chois an milleán ar fad a chur ar an tiarna talún a bhí ina dhuine deoranta agus é go minic gan trua gan taise. Tar éis an ghorta ba léir d'Éireannaigh éagumas an rialtais i mbun gnímh agus gan é ábalta déileáil le géarchéim mhuintire. Bhí daoine ann chomh maith a d'áiteodh ar an saol go raibh córas Shasana sa dúiche bunaithe ar chlaontuairimí, ar an éagóir agus ar an bhfeall féin; bhí siadsan suite meáite de gurbh é córas an tSasanaigh faoi deara an ainnise ar fad ina raibh siad gafa agus gurbh é chomh maith faoi deara a ndrochbhail phearsanta féin.

Ach tar éis an ghorta bheadh an fuath diamhair sin, an drochiontaoibh sin, á thabhairt thar sáile, go speisialta go Meiriceá ag na millúin daoine, fir, mná agus páistí, bliain ina ndiaidh bliana – glúin ar ghlúin díobh a bhí ag imeacht óna ndúchas – ar feadh caoga bliain tar éis an ghorta agus go dtí seascaidí na haoise seo féin. Na daoine sin a bhí ag imeacht de shíor agus a bhí ina naimhde go buan do chóras Shasana sa dúiche, ba dheacair an díobháil pholaitiúil a rinne siad a thomhas. Ach an t-eagar a chuir siad orthu féin i Meiriceá, i gCeanada, san Astráil, sa tSeálainn Nua agus sa Bhreatain féin rinne sé cás idirnáisiúnta de chás na hÉireann agus tá sé amhlaidh i gcónaí.

Bhí de thoradh ar an eagar sin go mba léir do dhaoine ar fud an tsaoil go raibh an ghoimh ag Éireannaigh chuig Sasana. Ina theannta sin bhí spéis bhuan domhain acu sin a d'imigh in imeachtaí a ndúchais féin agus in Éirinn i gcoitinne. Thug an spéis sin orthu cabhair mhór airgid a thabhairt do na gluaiseachtaí a bhí ag saothrú leo gan traochadh, os íseal go minic, chun cás na hÉireann a fheabhsú. Bhí de thoradh ar sin go léir go raibh tionchar díreach cinniúnach acusan a d'imigh ar gach gluaiseacht a bhí ag saothrú ar son leas na hÉireann.

Bhí tráth ann nuair a bhí na daoine sin ag imeacht ina sluaite móra go raibh na focail seo leanas ag imeacht le gaoth . . . *"They'll come back in ships with vengeance on their lips"*, ach is beag duine acu riamh a tháinig thar n-ais ach an fodhuine a thug turas abhaile. Bhí, mar sin, an daonra ag dísciú agus bhí sin le feiceáil i ngach daonáireamh dá ndearnadh go dtí nach raibh i gCnoc an Fhómhair ach dlús beag daoine i dtosach na haoise seo.

3   AN TAOIDE AG CASADH

Bhí cruinniú poiblí i Lios Tuathail 27 Nollaig 1869 agus é ag plé le ceist na talún chomh maith. Bhí cás na dtionóntaí ag dó na geirbe ag muintir thuaisceart Chiarraí i gcónaí agus iad sásta tacaíocht a thabhairt do dhaoine a thabharfadh faoi fheabhas a chur ar chás na dtionóntaí. Tá cuntas spreagúil ar fáil ar imeachtaí an chruinnithe sin: *"The Magnificent Tenant Right and Labourers' Right Demonstration in Listowel"*.[1] Ba mhór an difir a bhí idir an cruinniú sin agus cruinniú na bliana 1850. Bhí brainse den Bhanc Náisiúnta oscailte i Lios Tuathail ón mbliain 1860. In Aibreán na bliana sin bhí siad ag cur chuige chun é sin a thabhairt i gcríoch; comhartha nár bheag ab ea an t-athrú aigne ar an dul ar aghaidh eacnamaíoch a bhí á dhéanamh ag an dúiche le roinnt blian. Go dtí sin ní raibh aon bhanc níos cóngaraí do mhuintir thuaisceart Chiarraí ná Cill Rois agus Trá Lí; ba mhór an áis dóibh ceann a bheith i Lios Tuathail. Sa bhliain 1860 bhí daoine ag cuimhneamh ar iarnród a dhéanamh idir Trá Lí agus Tairbeart. Chun cabhrú leis an iarracht tugadh le fios gur díoladh 48,430 buiséal arbhair i margadh Thairbirt sa bhliain 1859-60 agus gur díoladh 27,600 fircíní ime i margadh Lios Tuathail san am céanna agus gur díoladh oiread eile ó thuaisceart Chiarraí in áiteanna eile.[2] Sa bhliain 1863 bhí an cuntas seo a leanas le léamh mar gheall ar Lios Tuathail:

> Baile bláfar, rafar; lucht trádála agus gnótha ann ag déanamh go maith; aonach na muc an Luan seo caite an ceann ab fhearr riamh. Níl sárú margadh ime Lios Tuathail sa chontae ar fad; tá trí cinn d'aontaí móra in aghaidh na bliana, margadh uair sa choicís agus slua maith á thaithí agus riar maith soláthairtí bia agus tís ann.[3]

Agus i mí Lúnasa bhí aonach capall á bhunú acu, agus bheadh sé ann uair sa ráithe ar an mbaile, "toisc go mbíonn ar fheirmeoirí dul an-tamall ó bhaile agus bheadh aonach capall an-áisiúil don bhaile agus don dúiche".[4] Cé go raibh an eisimirce ar bun go tréan na blianta sin bhí daoine den tuairim go raibh an dealús glanta as tír seo na hÉireann. Go deimhin is mó cor a bhí curtha de ag an saol sna blianta sin agus níor bheag de chomhartha air sin na tiarnaí talún a bheith i láthair ag cruinniú na bliana 1869, murab ionann agus cruinniú na bliana 1850 nuair a braitheadh go mór in easnamh iad. Bhí tagairt déanta ag an Athair Maitias Mac Mathúna don easnamh sin sular scoir cruinniú na bliana 1850 agus gheall sé dá lucht éisteachta go mbeadh an bua ag na tionóntaí nuair a bheadh na tiarnaí talún agus iad féin ar aon ardán amháin; ba gheall le fáistine an gheallúint sin ag an am, agus bhí dáiríre déanta den fháistine sin sa bhliain 1869. Mura raibh an bua fós ag na tionóntaí bhí siad ag druidim le bua, cé gur iomaí cath a chaithfeadh siad a throid go fóill. Bhí an abairt a úsáideadh sa bhliain 1850 ábhar níos soiléire anois "go raibh sé de chuma ar na tionóntaí go raibh siad ag teacht amach as a n-uaigheanna agus go raibh sé de chuma ar na tiarnaí talún go raibh siad ag déanamh ar an uaigh". Bhíothas ag druidim le deireadh ré.

Bhí breis agus fiche cúig mhíle duine i láthair ag an gcruinniú sin; bhí cuimhne an ghorta ag leá agus na daoine go spleodrach. Bhí stáitse mór fairsing tógtha sa chearnóg in aice leis an eaglais Phrotastúnach don slua mór tiarnaí talún agus *gentry* i gcoitinne, do fheidhmeannaigh stáit agus do mhaithe eile an dá bharúntacht. Orthu sin a bhí i láthair bhí *William Creagh Hickie*, Cill Eiltín, An Donnchúch, *M.P., George Hewson, J.P.,* ó Inis Mór agus ó Bhaile an Bhuinneánaigh, Tomás Ó Conchúir, *J.P., Beale Lodge,* mórán den chléir; orthu sin bhí an Athair Muireartach Ó Conchúir, S.P., Lios Eiltín. Bhí an tOirmhinneach Seoirse *Morris* ann agus slua mór de dhaoine ionadaíocha ón dá bharúntacht a raibh spéis acu i gceist na talún agus a raibh cuireadh faighte acu. Bhí an *R.I.C.* ann go láidir, céad duine acu tugtha ó Luimneach an tráthnóna roimh ré agus oiread eile ó Thrá Lí. Ach is beag cúram a bhí ann dóibh. Bhí ord agus eagar thar na bearta i réim.

Ceapadh *William Creagh Hickie* ina chathaoirleach; d'éirigh sé ina sheasamh agus chuir tús leis an gcruinniú leis an ngáir: *"God speed tenant right!"* Is fada a bheifí ag súil le ráiteas dá leithéid ó thiarna talún. Lean sé air:

A mhuintir thuaisceart Chiarraí, cuirim na briathra sin mar thús lena bhfuil le rá agam. Táimid cruinnithe le chéile anseo inniu chun tacaíocht a thabhairt don rialtas chun bille nua talún a rith. Nuair a iarradh orm bheith i mo chathaoirleach ar an gcruinniú seo thoiligh mé leis go fonnmhar toisc go gcreidim i gcothroime na cúise agus toisc gur mhaith liom mo dhícheall a dhéanamh chun aitheantas a thabhairt di. Nílim ag dearmad ach oiread an déileáil chaoin a rinne muintir thuaisceart Chiarraí liom riamh, agus tá mórtas orm iad a áireamh ar mo chairde. Tá a fhios agam go bhfuil croí teolaí cneasta ag fear na hoibre. Tabhair "Cothrom na Féinne dó", bí i do cheann maith dó agus ní bhfaighidh tú in aon áit cara níos fearr agus níos dílse. Táim den tuairim nár mhór do na tiarnaí talún bheith ag siúl cois ar chois leis na daoine chun an cheist mhór seo a réiteach. Maidir leis an mbille a chuirfear faoi bhráid na parlaiminte go luath, beidh sé sásúil ní amháin don fheirmeoir ach don sclábhaí chomh maith agus cearta sealúchais á gcur san áireamh i gcónaí. Tá sé ráite go minic nach bhféadfadh Éireannaigh aontú fiú eatarthu féin. Ní aontaím leis sin. Iarraim oraibh go léir atá anseo i láthair inniu a thaispeáint le bhur n-iompar go bhfuil ar ár gcumasna, Éireannaigh, muintir thuaisceart Chiarraí, aontú le chéile agus aontaímid.

Is é an Donnchúch, *M.P.,* an chéad duine eile a labhair. Bhí carbhat uaithne á chaitheamh aige. Dúirt sé go raibh siad ag éileamh cheart na ndaoine ar thalamh a dtíre.

Tá an ceart sin á éileamh againn ar choinníollacha áirithe a chaithfear a chomhlíonadh ar shlí amháin nó ar shlí eile i ngach pobal ina ndeintear sealúchas a riaradh de réir dhlíthe daoine sibhialta. Nuair

213

CNOC AN FHÓMHAIR

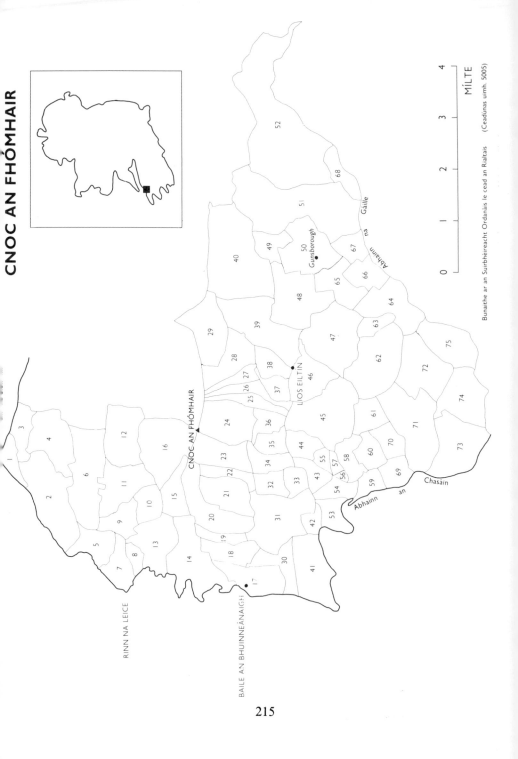

RINN NA LEICE

BAILE AN BHUINNEÁNAIGH

CNOC AN FHÓMHAIR

LIOS EILTIN

Guntsborough

Abhainn na Gáille

Abhainn an Chasáin

MÍLTE

0 1 2 3 4

Bunaithe ar an Suirbhéireacht Ordanáis le cead an Rialtais
(Ceadúnas uimh. 5005)

a bhí mé i mo fhear óg níor tugadh aon toradh ar na daoine a raibh *Tenant Right* á lorg acu; bhí meas bithiúnach réabhlóideach orthu, dúradh nach raibh aon toradh acu ar dhlí Dé ná duine, gur theastaigh uathu an saol ar fad a iompú tóin thar cheann; is é a bhí uainn dáiríre ná an saol a chur ar an mbonn sin a bhí ceaptha riamh dó ag Dia domheallta féin, deimhin a dhéanamh de go bhfaigheadh a chréatúirí uile a gceart de na tabhartais sin atá anois go héagórach ina bpribhléid ag aon aicme amháin.

Bhí sé féin riamh i bfabhar *Tenant Right*, dúirt sé, agus é den tuairim freisin go raibh na daoine i dteideal gach buntáiste a mhéadódh a sonas, agus b'fhiú leis orthu a leithéid. Bhí sé cinnte go n-aontódh lucht an chruinnithe leis go raibh caidreamh tiarnaí talún agus a dtionóntaí in Éirinn tógtha ar bhonn a bhí éagórach thar na bearta, agus dúirt sé go raibh an tuairim sin ag mórán daoine; bhí, dar leis, mórán den tuairim go raibh a lán de na tionóntaí ina dtionóntaí ar toil. Ba é ba bhrí leis an tionóntacht ar toil, dar leis, ná go bhféadfadh an tiarna talún an tionónta a chur as seilbh aon uair ba mhian leis ach fógra sé mhí a thabhairt dó nó an cíos a ardú air. Dúirt sé go gcuireann an chumhacht dúbalta sin atá ag an tiarna talún ar a chumas buntáistí uile a fheabhsúcháin a cheilt ar an tionónta tríd an gcíos a ardú. Ní fhéadfadh sé a thuiscint conas a d'fhéadfadh éinne a áiteamh go raibh beart dá leithéid cóir nó ceart.

Tá an dlí maidir le tiarna talún agus tionónta bunaithe ar an tuiscint go bhfuil sé de chumhacht, agus de cheart, ag an tiarna talún na háitritheoirí ar fad a ghlanadh, de réir dhlí de thalamh na hÉireann. Chuala Aire Rialtais ag bagairt go ndéanfaí sin. Tá a fhios agam go ndearnadh éagóir ar na mílte de bharr na teoirice sin agus tá a fhios ag gach aon duine go mbeadh sé féin, b'fhéidir, ar an gcéad duine eile. Deineann an baol agus an t-eagla go dtarlódh a leithéid an riach le sonas agus le meanma na muintire. Táimid ag admháil go fonnmhar go bhfuil teideal dearfa ag an tiarna talún chuig luach cóir a chuid talún. Ach san am céanna níl mé ag cúlú ón tuairim go bhfuil teideal ag an tionónta freisin chuig a chuid talún fad is tá cíos cóir á dhíol aige. Sea mar sin, a chomhthíreacha, . . . creidim nach réiteoidh aon bhille ceist seo na talún in Éirinn mura mbeidh sé bunaithe ar an dá phrionsabal sin buaine seilbhe agus cíos de réir luachála.

Ansin mhol an Donnchúch an chéad rún:

Go bhfuilimid den tuairim ónár dtaithí féin, agus ó thaithí daoine ionraice ábalta eile a rinne staidéar ar an gceist, go bhfuil gá práinneach le hathrú sa dhlí a rialaíonn caidreamh tiarna talún agus tionónta in Éirinn mar sa riocht éagothrom ainrialta ina bhfuil sé déanann sé díobháil mhór do dhaoine agus cuireann sé isteach go tubaisteach ar dhul chun cinn, ar dhúthracht agus ar threallús náisiún seo na hÉireann.

Chuidigh an tAthair Gearóid Mac Gearailt, Leic Snámha, leis an rún agus dúirt sé:

> Admhaíonn gach éinne ach amháin iad siúd atá gafa ag páirtíocht dhúr gur cheart leasú a dhéanamh ar na rialacha a rialaíonn caidreamh tiarna talún agus tionóntaí; agus má tá sé fíor i leith na slí ina n-oibríonn siad ar fud Éireann i gcoitinne, deirim i láthair an chruinnithe mhóir seo nach bhfuil droch-iarsmaí na ndrochdhlíthe sin chomh soiléir in aon áit eile in Éirinn, agus nach ngoilleann siad chomh mór sin orthu agus a ghoilleann siad ar mhuintir Chlann Mhuiris agus Oireacht Uí Chonchubhair . . . Anois maidir le heaspa buaine seilbhe cén fáth, in ainm Dé, go luífeadh éinne amach air féin nuair nach bhfuil léas aige chun é féin agus a chuid a chosaint, go speisialta nuair a chuirtear i gcuimhne dó – faoi mar a dhéantar go minic – go bhfuil sé gan léas . . . Leis na muirir sin, easpa buaine seilbhe, agus cíos iomarcach ag goilliúnt chomh mór sin oraibh, agus sibh ag brath chomh mór sin ar thoil an tiarna talún, agus ar a aibhéardaithe, ní aon iontas é go bhfuil sibh tagtha anseo in bhur ndeicheanna de mhílte chun iarratas a chur chuig an Oireachtas leigheas a dhéanamh ar an díobháil atá déanta daoibh. Ná déanadh ár gceannairí stáit dearmad ar an bhfírinne go bhfuil sé cheád míle feirmeoir in Éirinn nach féidir a shásamh agus nach sásófar nó go rithfear acht talún a phréamhóidh iad in ithir a ndúchais agus a thabharfaidh dóibh an phribhléid atá ag an duine sibhialta ar fud an tsaoil .i. spéis phraitinniúil sa saibhreas agus sa sonas a bhaineann le seilbh talún.

Má bhí cuid den lucht éisteachta ag an gcruinniú sin den tuairim go raibh óráid an Donnchúigh mion, casta go maith, ní raibh sé i ndán dóibh bheith i bhfad san aigne sin mar gheobhadh siadsan freisin beothuiscint go luath ar dhéileáil mhí-thrócaireach. Bhí an bheochuimhne sin ag formhór an lucht éisteachta de bharr a dtaithí féin sna blianta 1849-51 nuair a bhí a n-eastáit á nglanadh ag na tiarnaí talún.

Ritheadh acht talún na bliana 1870 tamall ina dhiaidh sin agus bhain an chuid ba thábhachtaí den acht sin le buaine seilbhe agus le cúiteamh leis an tionónta as aon fheabhas a bhí déanta aige ar a ghabháltas. Más ea féin gur bheag an tairbhe a rinne an t-acht sin do chás na dtionóntaí bhí prionsabal sa bhille faoina mbainfí an bonn ó chóras na dtiarnaí talún agus faoina réiteofaí ceist talún na hÉireann ar deireadh. Na socruithe a bhí déanta faoin mbille faoi cheannach na talún ba bheag an fheidhm a bhí leo mar bhí an-leisce go fóill ar na tiarnaí talún díol agus b'fhánach tionónta a bhí ábalta trian den chostas a sholáthar.[5]

Ach caithfear géilleadh gurbh é an t-acht sin dícheall *Gladstone* an tráth úd. Níor fhéad sé ach an méid sin a bhaint amach i bparlaimint ina raibh na tiarnaí talún agus a gcairde chomh láidir sin go fóill. Uime sin, toisc nach raibh aon réiteach ar a gcás, agus toisc gur bheag an ciorrú a bhí déanta ar chumhachtaí na dtiarnaí talún, ní raibh an dara rogha ag na tionóntaí ach leanúint ar aghaidh ag éileamh a gceart; bhí sé i ndán dóibh tamall fada eile fós a thabhairt sula ngéillfí na cearta sin dóibh.

4 *GEORGE SANDS* AGUS MÍFHOIGHNE MHUINTIRE

Bhí na tionóntaí ar a ndícheall i gcónaí ag iarraidh teacht chun réitigh leis na tiarnaí talún agus lena gcóras ach ba dheacair sin a dhéanamh i gCnoc an Fhómhair mar bhí greim docht ag tiarnaí talún ar an saol go fóill. Ón mbliain 1866 bhí, ní miste a rá, scáil *George Sands* anuas ar an saol ar fad, é á shamhlú ina amhailt ag luí ar shaol na dúiche. Ceapadh é an bhliain sin ina aibhéardaí ar eastát *Lord Ormathwaite* agus i gceann tamaill bhí roinnt eastát eile chomh maith faoina cheannas agus bhí taithí á fháil ag daoine ar a mbeadh i ndán dóibh le linn fheidhmeannas an fhir sin. Bhí sé tosaithe ar dhaoine a chur as seilbh agus bheadh an saghas sin ina chuid den saol as sin amach. Chuir sé an-chuid as seilbh i rith na bliana 1868 ionas go raibh ar dhaoine coiste fóirithinte a bhunú ar mhaithe leis na daoine a bhí díshealbhaithe aige. Rud coitianta ab ea é sa saol úd liosta de na síntiúis sin a bheith le léamh sna nuachtáin in aghaidh na seachtaine.

Ach má bhí daoine á mbrú faoi chois féin ní duairceas ar fad a bhí mar anlann lena mbeatha ag daoine na blianta sin. Bhí dea-scéal freisin acu ar uaire agus thug sin ardú meanman dá réir dóibh. Sa bhliain 1869 rinneadh Eaglais na hÉireann a dhíbhunú agus feasta ní bheadh aon eaglais ina eaglais stáit in Éirinn; don chéad uair ón athrú creidimh bheadh Caitlicigh ar chomhchéim leis na Protastúnaigh a bhí taobh leo. Chuir an beart sin an-éirí croí ar mhuintir Chnoc an Fhómhair mar bhí siad ag cur i gcoinne imeachtaí na hEaglaise sin roimh dheireadh an 18ú céad agus i dtosach an 19ú céad agus go speisialta sa bhliain 1822 agus déanach go maith sna tríochadaí féin. Thug an cor sin léiriú dóibh go bhféadfaí an córas ina raibh siad greamaithe a scor ar fad agus go raibh tosú déanta air sin; bhí an tosú sin ina thuar dóchais acu go mbogfaí greim na dtiarnaí talún freisin agus go mbeadh parlaimint dhúchais arís sa tír.

Bhí ábhar sásaimh ag daoine freisin in Acht Talún na bliana 1870 mar caithfear a rá gur thug an t-acht sin feabhas éigin i gcrích ar chás na muintire, mar rinne an rialtas, san acht sin, a fheagracht i leith an tionónta a admháil don chéad uair riamh; tosú ab ea é agus ciorrú éigin ar chumhacht na dtiarnaí talún.

Chuir Acht na Ballóide sa bhliain 1872 feabhas eile freisin ar a gcás, mar faoin acht sin bheadh vótáil don pharlaimint faoi rún feasta agus ní bheadh ar dhaoine, uime sin, rud a dhéanamh ar an tiarna talún lá na vótála. Ba chúis misnigh do dhaoine an ciorrú sin ar chumhacht pholaitiúil na dtiarnaí talún.

Ach bhí daoine tar éis éirí an-mhífhoighneach faoin tráth sin maidir leis an bhfeabhsú, nó a laghad de, a bhí á dhéanamh ar a gcás agus go speisialta faoina laghad a géilleadh dóibh in Acht Talún na bliana 1870 agus bhí siad tosaithe ar bheith den tuairim nach réiteodh aon ní ceist talún na hÉireann ach parlaimint dhúchais. Bhí *Isaac Butt*, a saolaíodh in aice le hÁth Dara, contae Luimnigh, den tuairim sin ó bheith ag féachaint ar ainnise uafásach na ndaoine aimsir an ghorta agus faoin mbliain 1870 bhí *The Home Rule Association* bunaithe aige agus i mí Lúnasa 1871 bhí *"North Kerry all for Home Rule"* agus bhí an tAthair Muireartach Ó Conchúir ag tathant ar dhaoine taobhú leis an ngluaiseacht sin agus d'iarr sé ar mhuintir thuaisceart Chiarraí i gcoitinne gan vóta a thabhairt do éinne ach amháin don té a bhí i bhfabhar *Home Rule.*

Mar chuid den mhífhoighne sin ar dhaoine bhí an-iarracht go deo ar bun ag cuid acu chun bheith ina máistrí ar a gcás féin. Sa chéad sheachtain de Mheitheamh na bliana 1872 rinne muintir Mhaigh Bile an-iarracht go deo ar a gcuid talún a cheannach, ach bhí orthu praghas an-ard a thairiscint mar bhí an hAirtnéideach, foshirriam, istigh leo cé gur tugadh faoi deara go raibh Sítheach a bhí tar éis teacht ó *California* i láthair agus fiche míle punt aige. Bhí spéis ag Ríseach freisin sa cheant, ach nuair a bhraith sé féin agus an fear ó *California* go raibh fonn ar na tionóntaí a ngabháltais a cheannach níor chuir siad isteach orthu. Bhí ar mhuintir Maigh Bile dul chomh fada le £4,825, nó an cíos méadaithe faoi dhaichead a haon. D'éirigh leis na tionóntaí £3,300 a chur le chéile ach níor fhéad siad teacht suas leis an bhfarasbarr.[1]

Tugadh faoi deara go raibh an tAthair Ó Conchúir i láthair ag an gceant ar mhaithe le leas na dtionóntaí. Bhí an saol go deas suaimhneach ag daoine eile i gcomharsanacht Lios Eiltín go fóill. Bhí ceiliúradh agus rírá i dteach *George Hewson* i mBaile an Bhuinneánaigh nuair a bhí an fómhar istigh agus saothar na bliana tugtha chun críche go sásúil; bhí lucht oibre *Hewson* ar fad agus a gclann i láthair agus ceol agus rince ar bun agus iad ar fad agus *Hewson* an-chairdiúil lena chéile.[2] Dhá bhliain ina dhiaidh sin bhí a leithéid ar bun arís sa *Castle Hotel*, ag deireadh mhí Dheireadh Fómhair 1874[3] ach bhí mífhoighne ar dhaoine an uair úd le tiarnaí talún agus bhí na tionóntaí ar bís mar bhí eagla orthu go mbeadh *George Sands* ina aibhéardaí acu agus bhí sé ina chathaoirleach an oíche sin. Bhí *James Good* acu go dtí sin agus bhí ráfla amuigh go raibh fear nua le ceapadh. Bhí gach ní ag dul ar aghaidh go maith nó gur iarradh ar fhear darbh ainm *Silles* sláinte *George Sands* a mholadh. D'éirigh sé ina sheasamh agus dúirt go raibh a leithéid á dhéanamh aige go mór i gcoinne a thola. Lean sé air: *"Mr. Sands was a kind and considerate landlord and agent. There were never any capricious evictions in any place over which he had control. He never put rack-rents on anybody."* Ba dheacair don lucht éisteachta géilleadh do fhianaise a gcluas. Mar bhuille scoir d'iarr sé ar a lucht éisteachta glacadh go searbhasach lena raibh ráite aige. Tógadh raic láithreach. D'fhág *Sands* an chathaoir agus mhol an cruinniú go rachadh *Silles* sa chathaoir, rud a rinne sé agus ansin dúirt sé lena lucht éisteachta go raibh aibhéardaí nua le ceapadh ar an eastát, tíoránach *"we are to have an agent over us who is an exterminator . . . we will not be trampled upon"*. Tugadh an scéal go léir os comhair na cúirte sa Mhárta 1875 agus os comhair athchomhairce i mí Iúil agus ní cás a rá go raibh *Sands* mínithe go maith san am go raibh *Silles* réidh leis.[4] Ba léir do dhaoine sa bhliain 1875 go raibh suaitheadh ar dhaoine i gCnoc an Fhómhair. Ba ábhar iontais i mbéal daoine go raibh daoine chomh fadsaolach sin i dtuaisceart Chiarraí in ainneoin an tsaoil ina raibh siad gafa. San Aibreán 1875 bhí cuntas sa *Tralee Chronicle* faoi seo agus é á rá dá mba an-chomhartha ar shláintiúlacht na dúiche aos an-mhór daoine gur cheart dóibh bheith an-sásta leo féin.

Go dtí le fíordhéanaí ní raibh sárú thuaisceart Chiarraí le fáil sa Mhumhain ar fad maidir leis an méid daoine a bhí céad bliain d'aois nó breis. Bhí Séamas Ó Ciosáin ó Mhaigh Bile 114 bliain d'aois nuair a chuaigh sé de shiúl chos go Lios Tuathail chun vóta a chaitheamh ar son *R. P. Blennerhassett* a bhí i bhfabhar *Home Rule*. Bhí hUallachánach i mBaile Uí Dhonnchú agus é 104 bliain d'aois; cailleadh fear de mhuintir Choisteala ó Chúil Chaorach tamall de bhliainta roimhe sin agus é 106 bliain d'aois. Bhí Éamann de Barra, an pábhálaí aitheanta, 105 bliain d'aois agus dúradh go raibh duine de mhuintir Chionnaola ó Bhiaille 114 bliain d'aois nuair a cailleadh é.[5]

I mí na Nollag 1877 is i mBaile Uí Thaidhg a bhí *harvest home Hewson*, i lochta ansiúd mar a raibh áirse mhór chuilinn i lár an tseomra agus faoi bhun na háirse bhí greanta: Céad Míle Fáilte agus *God Save the Queen* agus *Prosperity to Ireland*. Bhí lucht oibre uile *Hewson* i láthair. Bhí *Cruikshanks* ó Ghort na Sceiche i láthair agus Éamann Ó hArgáin, stíobhard Ghort na Sceiche – timpeall céad duine ar fad, agus b'annamh a bhí níos lú ná ocht *set* ar an úrlár in éineacht agus lean sé sin ar aghaidh go dtí timpeall a dó a chlog ar maidin, é go léir ag léiriú don saol go raibh *Hewson* agus a thionóntaí agus a lucht oibre cairdiúil lena chéile.[6]

5 DEALÚS NA hAIMSIRE

Bhí blianta maithe curtha isteach ag feirmeoirí i gcoitinne ó aimsir an ghorta go dtí na luath-sheachtóidí agus feabhas suntasach imithe ar a gcás. Bhí drochbhlianta freisin feicthe acu ach théarnaigh siad go tapaidh agus thosaigh go láidir ag breith ar a ngreamanna arís. Faoi thosach na seachtóidí bhí breis curtha ag cuid acu lena ngabháltais agus breis stoic ar an talamh acu. Faoin tráth sin bhí muintir thuaisceart Chiarraí luite go mór le déiríocht, a gcúl á thabhairt acu le curaíocht agus a ndúthracht ar fad á caitheamh acu le ba bainne agus le déanamh ime.

Ach rinne na blianta 1877, 1878 agus 1879 an-lagú ar fheirmeoirí trína chéile agus don chóras beatha sin acu. Bhí drochfhómhar acu gach bliain de na blianta sin, trí cinn acu as a chéile.[1] Bliain an-fhliuch ab ea an bhliain 1879 ar fad agus níor chuimhin le héinne bliain a bhí chomh fuar. Ní rómhaith, mar sin, a d'éirigh le cúrsaí fáis agus chuir síorbháisteach agus gaotha láidre formhór na bprátaí ó mhaith – bhí dhá dtrian díobh lofa ar fad agus rinneadh an-díobháil chomh maith do chruithneacht agus do choirce na bliana sin.

Faoi dheireadh na bliana bhí sé á thuiscint ar fud na tíre nach raibh cúrsaí ar fónamh i gCiarraí. Chuir an *Freeman's Journal* nuachtóir anuas go Ciarraí chun an cheist ar fad a fhiosrú. Dúirt sé ina thuarascáil gur ar éigean a d'fhéadfadh an scéal a bheith níos measa i gCiarraí; go raibh na feirmeoirí bocht dealbh toisc praghsanna a bheith tite chomh mór sin de bharr olcas an fhómhair.

The decline in the price of all produce with an absolutely deficient harvest in a country where famine has been all too prevalent has left nothing in the hands of the farmer.

Dúirt sé go raibh na barraí teipthe, go raibh teipthe ar an im, nach raibh an tabhairt sa talamh. Rinne sé iontas den fhaillí a bhí á déanamh i gcuraíocht fiú sa chuid ab fhearr den chontae agus léirigh sé go raibh an fhaillí sin á déanamh ar mhaithe le ba bainne agus stoc tirim; go raibh an talamh spíonta amach agus gan aon ní á dhéanamh chun é a leasú. Dúirt sé chomh maith go bhféadfadh duine dúichí iomlána a shiúl agus gan oiread agus aon acra amháin curaíochta a fheiceáil.

Tugann cuntas talmhaíochta na mblianta sin le fios dúinn chomh mór agus a bhí an laghdú a bhí imithe ar tháirgí feirmeoireachta. Bhí titim an-mhór imithe ar thalamh curaíochta, ach go raibh talamh féaraigh déanta de mhórán de sin faoi dheireadh na bliana 1879. Bhí breis áirithe acraí faoi chruithneacht agus laghdú dá réir ar líon na n-acraí a bhí faoi phrátaí. Bhí méadú imithe freisin ar an méid acraí a bhí faoi eorna ach laghdú suntasach imithe ar líon na n-acraí a bhí faoi choirce. Bhí breis turnapaí á gcur na blianta sin ar mhaithe leis na ba bainne. Bhí laghdú suntasach imithe chomh maith ar an méid acraí a bhí ina móinéir.

Bhí an titim chéanna le sonrú maidir le stoc agus bhí laghdú ar uimhir na gcapall. Bhí méadú ar uimhir na gcapall óg, capaill faoi bhun bliana. Bhíothas á dtógáil sin le díol nó le heaspórtáil. Bhí méadú ar uimhir na gcaorach, ach bhí praghas níos lú orthu. Bhí uimhir na mba bainne ag titim freisin sna blianta sin agus iad tite i bpraghas. Bhí méadú ar uimhir na n-ainmhithe ar fad; ach stoc faoi bhun bliana a bhí sa mhéadú sin agus stoc de phór an-suarach féin. Bhí praghas maith ar ainmhithe dá leithéidí le tamall de bhlianta, aon sórt ainmhí acu ag déanamh ó dhaichead scilling go dtí caoga scilling agus an-éileamh ag ceannaithe orthu. Ach sa bhliain 1878 ní dhéanfadh an saghas sin fiche scilling. Bhí áireamh na muc sa dúiche – an-chomhartha ar chás na muintire, go háirithe ar chás na muintire ba lú gustal – ag titim sna blianta sin. Bhí an mhuc á tréigean ar mhaithe leis an stoc tirim de phór an-suarach. Cor mí-ámharach ab ea é sin mar bheadh an gnáthphraghas le fáil ar mhuc dá mbeadh sí ann le díol.

Bhí aon earra amháin nach raibh aon lua air sna cuntais talamhaíochta sna blianta sin agus ba é sin an t-im agus tionscal an ime; agus tionscal ab ea é sin a bhí fíorthábhachtach i gCiarraí ar fad, an uair úd, agus gan aon lua ar a fhairsinge agus a bhí sé agus gan aon lua ach oiread ar an airgead a rinneadh air. Ach ní raibh ord ná eagar ar an tionscal agus bhí an iomaíocht idirnáisiúnta ag goilliúint air.

Bhí airgead á chailliúint ag feirmeoirí i slite eile freisin. Luann *Stubbs Gazette* agus an *Official Gazette* gur tugadh breithiúnais i gcoinne fheirmeoirí ó Chiarraí go mb'fhiú iad £746 sa chéad trí ráithe den bhliain 1869 agus sa tráth céanna sa bhliain 1879 b'fhiú £14,180 na breithiúnais sin – agus b'shin méadú an-mhór. Níorbh aon an-tuar é do dhea-bhail na muintire agus éigeandáil agus ainnise ag teannadh orthu ar dalladh. Faoin mbliain 1880 bhí aon phort amháin le cloisteáil in aghaidh na seachtaine: gátar, galar agus ainnise. 24 Feabhra chuaigh an tAthair Muireartach Ó Conchúir i láthair cruinnithe a bhí ag *Bord of Guardians Union* Lios Tuathail ag tathant orthu fóirithint a dhéanamh ar a pharóisteánaigh; dúirt sé go raibh an ainnise go forleathan sa dúiche, go raibh trí mhíle duine i riocht an-ainnis, go raibh mórán díobh buailte leis an dealús agus mórán eile stiúgtha leis an ocras, ach mar sin féin go mb'fhearr leo gabháil le huafás an ocrais ná a líon tí a bhriseadh suas agus dul go teach na mbocht; nár theastaigh ó dhaoine aon chuid a bheith acu den truailliú a bhainfeadh le dul go teach na mbocht ina mbochtáin; agus nach ndéanfadh sé féin aon ní chun cur i gcoinne na tuisceana sin i measc na ndaoine bochta.

Mhol an tAthair Ó Conchúr do na gairdiain bun a chur ar oibreacha poiblí ina pharóiste mar shlí chun fostaíocht a thabhairt do sclábhaithe, agus luaigh sé na dúichí éagsúla ina raibh géarghá le hoibreacha dá leithéid sin chun seanbhóithre a bhí tréigthe le blianta ag Bord na nOibreacha Poiblí a oscailt agus a chríochnú.

Thagair sé freisin do ghnéithe eile den ainnise a bhí le feiceáil ar leanaí an pharóiste. Bhí easpa éadaigh ag cur as dóibh agus bhí roinnt mhaith acu chomh mór sin in uireasa éadaigh go rabhthas á gcoimeád sa bhaile ón scoil agus gan cead acu dul amach as an teach fiú. De bharr easpa sin an éadaigh is ar éigean a bhí leath den mhíle cúig céad leanbh – a bhíodh cheana ag freastal ar na scoileanna – sa pharóiste ar scoil.[2] Thagair sé ansin dá thábhachtaí agus a bhí sé go gcuirfí prátaí síl ar fáil do fheirmeoirí beaga, do choiteoirí agus do sclábhaithe, toisc nach raibh siadsan ábalta ar iad a cheannach dóibh féin. Tuigeadh dó gurbh í an tslí ab fhearr a bhí acu chun ocras a sheachaint an bhliain dár gcionn ná cabhrú leis na daoine bochta chun a ngarraithe a chur. Ag seisiún cúirte an tsamhraidh 1880 ceadaíodh suimeanna éagsúla chun droichead a dhéanamh nó a chríochnú, chun seanbhóthar le Bord na nOibreacha Poiblí a chríochnú agus chun bóithre nua a dhéanamh in áiteanna éagsúla ar fud an pharóiste.[3]

Tar éis an chruinnithe sin i Lios Tuathail glaodh cruinniú le chéile sa *Castle Hotel*, Baile an Bhuinneánaigh, chun coiste fóirithinte a bhunú a rachadh i mbun fóirithinte ar na daoine a bhí i ngátar. Is iad seo a leanas baill an choiste sin: Cathaoirleach, an tAthair Micheál *Godley*, S.C.; Leas-Chathaoirleach, an tOirmhinneach *G. G. S. Read*; Cisteoir Oinigh, Conchúr E. Mac Síthigh; baill eile an choiste, *George Hewson, J. E. Leonard,* an Dochtúir *Jackson*, S. Breatnach, gairdiain Dhlí na mBocht, *A. Cruickshank*, Gort na Sceiche, agus P. Ó Cearúill.

Ba dhólásach an cuntas a cuireadh os comhair an choiste fóirithinte maidir leis an ocras agus an ainnise a bhí sa dúiche. Tugadh ordú don rúnaí airgead a lorg ar na coistí fóirithinte chun fóirithint a dhéanamh ar dhaoine gan mhoill, nó gur iomaí líon tí bocht a gheobhadh bás le hocras i gceann beagán laethanta. Bhí a n-acmhainní uile caite ag na daoine bochta, an práta déanach ite, easpa fostaíochta ag cur as dóibh, agus gach ruainne creidiúna ídithe. Bhí seasamh na sclábhaithe le fada ar fheirmeoirí móra d'obair agus d'fhostaíocht, ach bhí na feirmeoirí féin freisin dealbh agus gan ar a gcumas déirc a thabhairt. Mar bharr ar an donas bhí fiabhras de shaghas an-olc ag réabadh roimhe agus bhí triúr nó ceathrar marbh aige le coicís. Bhí sceimhle ar dhaoine roimh fhiabhras faoin tráth sin mar thuig siad chomh furasta agus a bhí sé dóibh é a thógáil agus iad tréithlag.

Ag an gcruinniú sin i mBaile an Bhuinneánaigh ghoill sé go mór ar an Athair Ó Conchúir go raibh oiread sin daoine ag lorg fóirithinte agus gan iontu ach na cnámha, iad stiúgtha leis an ocras, cé go raibh siad tráth breá calma láidir. Bhí aithne aige ar fhear amháin, Liam Stac, ó Chúil Chaorach, baile le *Mrs. Fosberry*, agus leathbhliain roimhe sin bhí sé ina fhear chomh breá agus a gheofá ach gan ann an lá sin ach creatlach de bharr ocrais; ar éigean a bhí sé ábalta siúl.

In ainneoin an ghátair agus an laghdú ar phraghsanna, bhí na tiarnaí talún agus a n-aibhéardaithe ag éileamh an chíosa agus gan aon lacáiste á thabhairt acu. Ní raibh na feirmeoirí ábalta díol agus uime sin bhí daoine á gcur as seilbh go tiubh, agus bhí a leithéid ar siúl ar fud na tíre uile. Bhí trangláil ag baint le cúrsaí talún an uair úd thar mar a bhí riamh cheana in Éirinn agus bhunaigh an pharlaimint coimisiún speisialta (Coimisiún *Bessborough*) chun iniúchadh a dhéanamh ar cheist na talún in Éirinn; nuair a bheadh a thuarascáil á chur ar fáil ag an gcoimisiún sin dhéanfadh sé roinnt mhaith chun a thaispeáint don saol chomh ceart agus cóir agus a bhí éileamh na dtionóntaí; thug an tAthair Ó Conchúir fianaise os comhair an choimisiúin sin agus glacadh le roinnt dá mholtaí agus cuireadh sa tuarascáil iad.

223

I mí Eanáir 1880 cuireadh dhá líon tí nó trí as seilbh i nGort na Sceiche; bhí ceithre líon tí nó cúig líon tí curtha as seilbh ansin le bliain. Timpeall lár an Mheithimh foilsíodh litir ó *"Rusticus"* sa *Kerry Sentinel* agus tugann an litir seo agus na litreacha a spreag an litir sin an-tuiscint dúinn ar chás na muintire sna blianta sin. Glactar leis gurbh é an tAthair Ó Conchúir féin *"Rusticus"*:

Is dóigh liom, go bhfuil cás na ndaoine atá ag plé le feirmeoireacht agus cás na sclábhaithe feirme níos measa anois ná mar a bhí sé le linn an ghorta sna daicheadaí. Tá fógraí díshealbhaíochta ag titim ar dhaoine amhail cáithníní sneachta. Chun an scéal sin a dhéanamh níos measa fós tá na fógraí sin á bhfáil sna hardchúirteanna i mBaile Átha Cliath agus na tionóntaí á gcreachadh ag an gcostas. Bhí an-mhilleán ag daoine tamall ó shin ar *the earl of Listowel* agus ar a aibhéardaithe; dúradh go raibh cluas bhodhar á tabhairt ag an *earl* do éagaoineadh na dtionóntaí agus go raibh sé tosaithe ar iad a dhíothú. Nuair a chailleadh an t-aibhéardaí, *Major Home*, dúradh nár chuaigh aon aibhéardaí riamh roimhe sin don uaigh agus oiread mallacht á chaitheamh leis; go raibh sé lena bheo bog go maith le fear go raibh céad acra aige ach gur chuaigh sé sa tóir ar an bhfear bocht, ar an sealbhóir beag le fuath neamhthrócaireach; nach raibh rian dá chlann le fáil i dtuaisceart Chiarraí faoin tráth sin; go raibh aibhéardaithe eile leis an *earl* i mbun oibre le "briogáid an chró" i mBiaille, sa chuid is gleoite de eastáit *the earl of Listowel* agus gur ar éigean a bhí siad fillte ar ceanncheathrú nuair a bhí cith d'fhógraí díshealbhaíochta ag titim ar thuaisceart Chiarraí.

Bhí díshealbhú ar siúl go fada fairsing i dtailte *George Gun Mahony* i n*Gunsborough*, é níos déine ansiúd ná mar a bhí sé in aon áit eile b'fhéidir. Bhí *George Sands* ina bhainisteoir ar an eastát sin freisin. Tógadh an-cheann do na daoine go léir a cuireadh as seilbh i gCúil Ard – baile fearainn fairsing ar eastát *George Gun Mahony*. Nuair a bhí na daoine sin á gcur as seilbh dhóbair don sirriam Ó hAirtnéide go scólfaí ina bheathaidh é nuair a dhoirt bean óg ón áit stealladh maith uisce beirithe anuas sa cheann air. Agus na tionóntaí a bhí i seilbh i gcónaí fuair siad fógra bheith amuigh nuair a ghabh báille le *George Sands* ina measc le dorn fógraí díshealbh-aithe. Bhí, dar le *"Rusticus"*, roinnt de thionóntaí *George Gun Mahony* chomh dealbh sin faoin tráth sin go raibh siad i dtaobh le déirc ón gcoiste fóirithinte, chun iad a chosaint ar an ocras.

Scríobh *"Rusticus"* litir eile 19 Meitheamh agus léirigh don saol go raibh triúr curtha as seilbh i mBiaille le tamall anuas; dúirt go raibh cás na dtionóntaí ar thalamh *the earl of Listowel* go huafásach, go raibh roinnt mhaith acu i dtaobh go hiomlán le déirc; go raibh bean feirmeora i mBiaille ar tí dul le buile toisc nár fhéad sí bheith ag broic le dealús uafásach a clainne; dúirt *"Rusticus"* freisin go raibh seanóir agus leanaí anbhanna fágtha gan dídean agus nach raibh barbaracht den sórt sin le fáil in aon áit a raibh an t-éileamh is lú ar shibhialtacht aige.

Thug an ainnise ar fad a bhí ag baint le cúrsaí talún Micheál Daibhéad i láthair na babhtála agus é tagtha den tuairim go raibh sé in am go maith ag muintir na hÉireann trína chéile ceist na talún a réiteach sa deireadh agus uime sin bhunaigh sé Conradh na Talún sa bhliain 1879. Tosaíodh ar Chonradh na Talún a bhunú i gCnoc an Fhómhair agus cé go raibh an tosú sin lag go maith ar dtús neartaigh sé i ndiaidh a chéile nó go raibh an cumann sin láidir go maith. Cuid den deacracht, b'fhéidir, a bhí ag an gcumann ar dtús ab ea na Fíníní a bhí thall agus abhus ar fud na dúiche agus iad amhrasach faoin ngluaiseacht sin, ach thug siad a dtacaíocht go láidir don chumann ina dhiaidh sin.[4]

Faoi dheireadh na Samhna bhí neart an chumainn sin á bhailiú laistiar den éileamh go mbeadh na tionóntaí ina n-úinéirí ar a ngabháltais féin. Bhí sin i gceist go mór ag cruinniú i Lios Tuathail 28 Samhain nuair a mhol an tAthair Ó Conchúir an rún seo a leanas don chruinniú:

Fágann córas talún na hÉireann an tionónta i dtaobh le trócaire an tiarna talún agus é uime sin ina bhun le hainchíosanna, le díshealbhú taghdach agus le gorta ó am go ham, cúrsaí a thugann ainnise thar na bearta agus léan anuas ar dhaoine agus uime sin beidh síocháin sa tír nuair a chuirfear deireadh leis an gcóras sin; agus nuair a bheidh na tionóntaí ina n-úinéirí ar a ngabháltais réiteofar ceist talún na hÉireann agus ní dhéanfar saothrú ceart ar an ithir ná forbairt cheart ar a hacmhainní go dtí sin.

Chuidigh an Donnchúch, *M.P.*, leis an rún agus dúirt sé gur chuala sé i bparlaimint Shasana tamall roimhe sin go raibh Ciarraí an-suaite, ach nár chuir an ráiteas sin aon mhairg air mar nach raibh á rá ach nach raibh muintir Chiarraí sásta cur suas a thuilleadh le hansmacht an chórais talún. Dúirt sé go raibh an saol go léir ag faire ar a raibh ag titim amach in Éirinn mar a raibh deich míle nó dosaon míle ar thaobh amháin agus iad ag comhrac leis an náisiún uile ar an taobh eile.

Ní raibh sé i gceist, ag na daoine imeagla, ansmacht, ná scanradh a chur ar na tiarnaí talún, ach nuair a d'fhéad deich míle nó dosaon míle duine a rá leis na milliúin nach raibh aon chúram eile acu do thalamh ach chun dóthain airgid a chur ar fáil dóibh féin, n'fhaca sé aon rud bunoscionn le hÉirí Amach na ndaoine trí chéile in aghaidh ansmachta dá leithéid. Roimhe sin deirtí, gurbh iad na tionóntaí Éireannacha agus lucht agóide agus iad sin amháin a bhí ag caitheamh drochmheas ar an gcóras talún.

225

Bhí áthas air, dúirt sé, a fheiceáil go raibh Sasanaigh ag aontú leo ag daoradh an chóras talún . . . nach raibh aon tír eile ar domhan a cheadódh don tiarna talún toradh iomlán na talún a ghabháil chuige féin i bhfoirm chíosa, agus an tionónta a fhágáil faoi ocras. Dúirt sé gur admhaigh an príomhrúnaí féin go raibh córas talún na hÉireann éagórach i gcónaí in ainneoin Acht Talún na bliana 1870 agus go ndúirt an príomhaire gurab ionann cur as seilbh na dtionóntaí Éireannacha agus bás le hocras a thabhairt dóibh; gur chuma le dlí na tíre ocras a bheith ar an tionónta nó gan a bheith; nach raibh ag déanamh tinnis do dhlí na tíre ach go bhfaigheadh an tiarna talún an cíos. Mar bhuille scoir dúirt an Donnchúch gur namhaid dá thír aon duine a thógfadh feirm as a raibh duine eile curtha as seilbh agus nach bhféadfadh cumhachtaí uile rialtais Shasana teacht idir é agus náire shaolta.

Mhol an tAthair Micheál *Godley*, S.C., Baile an Bhuinneánaigh, rún tábhachtach ansin:

Nach mbeidh aon réiteach a déanfar ar cheist talún na hÉireann iomlán ná sásúil mura bhféachann sé do chás na sclábhaithe feirme agus tithe córa agus paiste talún a chur ar fáil dóibh agus go raibh dóthain de thalamh báin sa tír chun é chur ar chumas rialtais le deamhéin na háiseanna sin a sholáthar do lucht oibre na tíre.[5]

Cuidíodh leis an rún agus rinneadh tacú leis agus dúradh go raibh na sclábhaithe feirme i dteideal go dtabharfaí tacaíocht dóibh mar go raibh drochbhail orthu an uair sin, agus go raibh mórán acu ag brath ar fhóirithint bhaile agus é sin suarach go maith. Bhí na feirmeoirí féin ar an gcaolchuid an tráth sin freisin ionas nár fhéad siad fostaíocht a thabhairt, ach gur cheadaigh feirmeoirí dá lucht oibre féin bothán a thógáil ar a gcuid talún agus gur dhíol na sclábhaithe as le laethanta oibre. Ach má bhí paiste talún ag dul leis an mbothán bhí ar an sclábhaí go minic cíos níos mó a íoc ná an cíos a bhí leagtha ag an tiarna talún ar an bhfeirmeoir.

Tháinig feabhas ar chás na sclábhaithe, a bhuíochas don chléir agus do Chonradh an Talún. Níorbh aon rud neamhchoitianta ag cruinniú de Chonradh na Talún sa saol úd feirmeoirí ag ofráil paiste talún agus bothán dá sclábhaithe féin. Bhíothas buíoch go maith do sclábhaithe an uair úd mar ba mhinic a dhiúltaigh siad glacadh le feirm as a raibh daoine eile curtha as seilbh. Ba mhór an cathú orthu é sa riocht beo bocht ina rabhadar.

Sa saol a bhí an uair sin ann ba bheag an difear a bhí idir cás na bhfeirmeoirí agus cás na sclábhaithe. Bhí siad araon i dtaobh le neamhbhuaine seilbhe agus le drochchaighdeán maireachtála, ach gur lú a bhí le cailliúint ag an sclábhaí.

Cé gur sheas an cumann go láidir i gcoinne anfhorlainn de gach sórt, agus cé go raibh sin á dhéanamh go coitianta ar ardáin an chumainn agus ón altóir ag na sagairt, bhí bearta anfhorlainn agus sárú ar chearta daoine eile á ndéanamh minic go maith ar fud na dúiche, bhí stoc á speireadh agus á marú, tithe agus áirnéis á ndó; bhí imeaglú ar bun i gcomharsanacht Lios Eiltín agus Bhaile an Bhuinneánaigh. Bhí *George Hewson* thíos le mórán den saghas sin sna blianta sin; dódh teach leis i nGort na Sceiche sa bhliain 1877; rinneadh damáiste do inneall gaile leis i mí Feabhra 1880 agus 13 Meán Fómhair dódh dhá chruach féir leis agus cruach mhóna agus ábhar de chruach eorna i mBaile an Bhuinneánaigh agus bheadh an scéal níos measa aige murach an tAthair Ó Conchúir. Snaidhmeadh cairdeas eatarthu arís an tráthnóna sin; bhí siad in earraid lena chéile go dtí sin. Ag deireadh na bliana dódh stalla do stoc agus iothlann ar *Hurst, Evans* agus *Curley* i Maigh Bile.

Caithfear a rá go raibh na daoine an-mhíshásta, iad imeartha ag an díshealbhú ar fad a bhí ar bun. Bhí grabálaithe talún ag cur as do dhaoine chomh maith agus bhí déileáil mhíthrócaireach lucht údaráis ag goilliúint go mór orthu. Ní cás a rá go raibh bun á chur ar ré uafáis sa dúiche. Is i saol teannais dá leithéid a ritheadh Acht Talún na bliana 1881. Fuair *Gladstone* tuarascáil Choimisiún *Bessborough* i Márta na bliana sin agus rinne sé rud dá réir go tiubh tapaidh nuair a "rinne sé an gaisce ba mhó riamh ina shaol". D'admhaigh sé ina dhiaidh sin nach rithfí an t-acht sin go deo murach Conradh na Talún agus a imeachtaí. Rinne an t-acht sin maolú éigin ar an teannas agus chuaigh an saol chun suaimhnis go fóill ach go háirithe i gcomharsanacht Lios Eiltín agus Bhaile an Bhuinneánaigh.

6 DAOINE AG ÉIRÍ DIONGBHÁILTE

Rinne Acht na Talún 1881 athrú bunúsach ar staid na dtionóntaí agus thug dóibh gach a mbíodh á lorg acu sular tháinig Conradh na Talún ar an saol. Thuig na tiarnaí talún go raibh an-chiorrú ar fad déanta ar a gcumhachtaí, nó ar a gcearta, mar a déarfadh siad féin. Thuig siad gurbh ionann an bille agus breith bháis ar a gcóras féin agus orthu féin mar aicme agus chuir siad go láidir ina choinne.

Cé go mba an-acht go deo é ó thaobh na dtionóntaí bhí laigí ag baint leis agus ní fada go raibh na laigí sin soiléir go maith do na daoine i dtuaisceart Chiarraí. Thuig an tAthair Ó Conchúir, láithreach, gurbh é an laige is mó a bhain leis an acht nach ndearna sé aon ní maidir le riaráistí cíosa; thuig sé go mbeadh an-chuid dá pharóisteánaigh féin i gcruachás go luath dá bharr mar bhí sé á ghéilleadh go fada fairsing le tamall go raibh ain-chíosanna á ndíol ag formhór na dtionóntaí i mórán de na heastáit sa pharóiste fiú suas go sé oiread luacháil an rialtais (*Griffith's Valuation*). Bhí an cíos a bhí le díol ag a pharóisteánaigh iomarcach an lá is fearr a bhí an saol; ach sa bhliain 1880 bhí an-chuid de na tionóntaí agus gan aon chíos díolta acu le trí nó a ceathair de bhlianta, agus gan ar a gcumas é a dhíol, mar bhí teipthe ar na barraí, mórán stoic caillte acu agus laghdú imithe ar phraghsanna.

227

Óna thaithí féin thuig an tAthair Ó Conchúir go mbeadh na tiarnaí talún go teann ag éileamh a gcíosa agus gur beag an trócaire a bheadh le fáil uathu ag éinne nach bhféadfadh a riaráistí cíosa a ghlanadh. Ní fada a thóg sé ó na tiarnaí talún an lúb ar lár sin san acht a aithint agus is iad a bhainfeadh feidhm dhiamhair as, iad ag dul go dtí na cúirteanna ab airde sa tír (i mBaile Átha Cliath) chun fógraí bheith amuigh a fháil, agus iad á roinnt ansin go tiubh agus go forleathan ar fud na dúiche. Bhí roinnt áirithe tionóntaí briste cheana féin agus iad teite leo as an tír agus an-eagla ar an gcuid eile go mbeadh orthu féin gabháil an treo céanna. Ní raibh de rogha ag daoine ach bailiú leo ar fad amach as an tír nó leanúint ar aghaidh le Cogadh na Talún agus seo ar siúl arís an cur as seilbh agus gan aon lámháilt á dhéanamh do olcas na bliana agus na mblianta agus bhí na daoine ag fulaingt faoin éagóir agus faoin míthrócaire agus pé áirnéis a bhí acu á díol chun na costais a ghlanadh. Níorbh aon iontas go raibh na daoine imeartha agus gur tháinig borradh ar shárú dlí.

In Aibreán na bliana 1881 cuireadh cor cinniúnach i saol thuaisceart Chiarraí ar fad. Bhí toghchán ann tamall roimhe sin chun gairdiain nua a thoghadh agus nuair a tháinig na daoine a toghadh le chéile i Lios Tuathail dá gcéad chruinniú tosaíodh láithreach ar chúrsaí a shocrú faoi mar a socraíodh riamh iad ón gcéad lá ó bunaíodh an córas: *"Mr. Cussen proposed H. Cooke, J.P., for the chair and Mr. Goodman, Gentleman, seconded the proposal."* B'shin mar a bhí riamh, ach an lá sin mhol M. S. Ó Conaill agus chuidigh S. Ó Nualláin leis an rún go mbeadh R. Ó Baoill ina chathaoirleach. Nuair a cuireadh ar vóta é fuair *Cussen* trí vóta agus an Baoilleach dosaon vóta agus d'fhág sin ina chathaoirleach é. Ansin: *"Mr. Brown, J.P., proposed R. Cussen for vice-chairman and Mr. Goodman, Gentleman, seconded the proposal."* Mhol C. Ó Catháin go mbeadh M. Ó Síocháin ina leas-chathaoirleach agus chuidigh R. Mac Muiris leis an rún. Arís bhí an vótáil 3 i gcoinne 12. Dealraíonn sé gurbh é *Major Sands* is tapúla a thuig an cor a bhí curtha ar an scéal agus mhol sé M. S. Ó Conaill mar ionadaí don leaschathaoirleach agus chuidigh S. Stac leis an rún agus glacadh leis gan vótáil.[1]

Níor chás don *Tralee Chronicle* an cor sin sa saol a fhógairt go luath ina dhiaidh sin:

The people of North Kerry pitted themselves today in the Listowel Boardroom of the Board of Guardians against landlordism on the occasion of the election of officers for the ensuing year and obtained a victory along the whole line.

Bhí an taoide casta sa deireadh agus is ag neartú agus ag borradh a bheadh an spiorad a gineadh an lá sin i seomra an *Board of Guardians.*

Cúpla lá nó mar sin roimh eachtra sin an *Board of Guardians* dúirt an tAthair M. Ó Conchúir, S.P.:

Táim i mo bhainisteoir ar cheithre cinn deág de scoileanna náisiúnta: chuir an Stát dhá dtrian dá gcostas tógála ar fáil agus na paróisteánaigh an farasbarr. Tá oideachas a ndóthain á thabhairt do dhaoine anois chun go dtuigfidh siad go dtiocfaidh córas talún na haimsire seo chun deiridh agus go bhfaighimid ár bparlaimint féin.[2]

Drochbhliain ab ea an bhliain 1881; bhí riaráistí cíosa ag cur as do dhaoine, daoine á gcur as seilbh, méadú mór ag imeacht ar shárú dlí sa cheantar agus na daoine meáite ar leanúint ar aghaidh le Cogadh na Talún. Tar éis na heachtra úd i bPáirc an Fhionnuisce inar maraíodh an príomhrúnaí nua rith an rialtas acht eile comhéigin; agus toisc go raibh Ciarraí ar fad an-suaite an uair úd cuireadh é faoi dhlí míleata agus níorbh fhada go raibh sin ag goilliúint go mór ar mhuintir thuaisceart Chiarraí: "Pé áit ina bhfuil aindlí i bhfeidhm i measc na muintire is suarach é i gcomparáid leis an aindlí atá á cleachtadh ag feidhmeannaigh na síochána." Seachtain i ndiaidh na seachtaine bhíodh constáblaí ó Bhaile an Bhuinneánaigh agus ó Lios Tuathail ag tabhairt ruathar faoi thithe feirmeoirí, sclábhaithe agus daoine síochánta, muintir an tí á dtabhairt le lámh láidir amach as a dtithe i lár na hoíche agus iad á dtabhairt os comhair bhinse mhíleata. I ruathar den saghas sin a rinne constáblaí ó Bhaile an Bhuinneánaigh gabhadh seachtar fear creidiúnach agus tugadh go Lios Tuathail iad. Ba iad sin Séamas Ó Catháin agus Seán Ó Catháin, beirt dearthár ó Chill Chonla, Seán Stac, Brú Mór, Conchúr Ó Doghair (*Dore*) agus Pádraig Ó Doghair, beirt dearthár ó Bhaile Uí Fhiaich, Tadhg Thaidhg Ó Foghlú ó Dhoire agus Tomás de Brún ó Ghort na Sceiche. Tugadh os comhair an Chaptaen *Massey* iad agus é de chúis orthu go raibh clampar ar bun acu. Labhair duine acu i nGaeilge! *"Who brought that . . . before me,"* arsa *Massey* agus scaoil sé saor é. Labhair beirt eile acu á gcosaint féin agus dúirt siad nach raibh siad ciontach in aon ní dá raibh curtha ina leith agus gearradh daichead punt sa bhreis orthu seachas na daoine eile a d'fhan ina dtost.[3] An-ábhar suilt ab ea *Massey* agus imeachtaí na cúirte sin ag muintir thuaisceart Chiarraí ina dhiaidh sin.

Cuid mhór de Acht Talún na bliana 1881 ab ea "cíos cóir" agus ní fada a thóg sé don smaoineamh dul i bhfeidhm ar na daoine i gcomharsanacht Lios Eiltín agus Bhaile an Bhuinneánaigh agus chuir siad chuige gan mhoill chun rud a dhéanamh mar gheall air. Roimh dheireadh an Mhárta 1881 chuaigh tionóntaí *Wilson Gun* mar aon lena sagart paróiste, an tAthair Ó Conchúir, chuig *George Brown*, aibhéardaí *Wilson Gun*, chun a gcíos a dhíol. Thairg *George Brown* laghdú de 15% ar gach ceann de dhá ghála, ach níor leor leo é agus bhailigh siad leo abhaile.[4] Trí seachtaine ina dhiaidh sin chuaigh tionóntaí Bhaile Uí Aogáin, Bhaile an Ghabhann, Chill Ó Míorua, Fhearann Phiarais agus Dhromainn chuig *Daniel Hilliard*, aibhéardaí *Meade Dennis*, an tiarna talún; bhí siad sásta an cíos a dhíol ach lacáiste 30% a fháil, ach ní ghlacfaí lena dtairiscint agus chuaigh siad abhaile.[5]

I dtosach na Bealtaine bhí an cúram céanna ag déanamh tinnis do thionón-taí *Lord Ormathwaite* agus bhailigh siad go léir le chéile i Lios Tuathail chun cinneadh a dhéanamh maidir le cíos cóir don tiarna talún. Bhí siad suite de go raibh deireadh go deo acu le bheith ag díol ainchíosanna. Tar éis dóibh ceist an chíosa a mheá chinn siad go ndíolfadh siad de réir luacháil an rialtais móide 25%. Ansin chuaigh siad ag triall ar *George Sands*, aibhéardaí *Lord Ormathwaite*, agus rinne siad an méid ar a raibh socair acu a thairiscint dó. Ní raibh sé sásta glacadh leis agus ní thabharfadh sé de lacáiste dóibh ach 15%. Agus iad ag imeacht abhaile uaidh dúirt sé leo go labharfadh sé le *Lord Ormathwaite* faoin gceist agus go gcuirfeadh sé scéala chucu.

Ag an gcruinniú sin acu sular chuaigh siad chuig *George Sands* chuir siad in iúl go mba chás leo go mór an íde a bhí tugtha ar dhá thionónta darbh ainm an Ciosánach agus an Bruadarach. Bhí siad curtha as seilbh le tamall toisc nach ndíolfadh siad cíos a bhí iomarcach amach agus amach. Rinne an cruinniú comhbhrón leis an mbeirt mhí-ámharach a bhí i dtaobh le fóirithint bhaile le tamall roimh dheireadh na bliana 1881. "Bhí siad féin agus a gclann anbhann caite amach ar thaobh an bhóthair tar éis dóibh a saol a bheith caite acu ag obair do thiarna talún éagórach nár shuim leis a gcás."

Trí lá ina dhiaidh sin thug Conradh na Talún i dtuaisceart Chiarraí ar fad a dtacaíocht don bheirt a bhí díshealbhaithe: "9 Bealtaine tharla ceann de na cruinnithe ba mhó riamh i dtuaisceart Chiarraí, i mBaile Uí Dhonnchú.[6] Measadh go raibh deich míle i láthair agus bhí cuid acu ann go luath ar maidin chun cur in aghaidh an díshealbhú taghdach éagórach a bhí á dhéanamh in aghaidh an lae ar shealúchas *Mahony* agus i sealúchas eile ar a raibh *George Sands* ina aibhéardaí orthu. *George Sands* a raibh sé de nós aige gach ócáid a fhriotháil chun an cíos a ardú, bíodh an ócáid sin ina bhaisteadh, ina phósadh, ina bhás nó ina aon athrú eile i saol an duine."

Nuair a bhí na daoine ar fad cruinnithe chuir siad iad féin in eagar ina gceathrair agus chuaigh siad i mórshiúl go dtí an portach agus bannaí ceoil práis Lios Tuathail agus an Bhaile Dhuibh ag seimint rompu amach. Sa phortach dóibh bhain siad móin na bliana do Mhicheál Bruadair a bhí cur-tha as seilbh; bhí an cúram ar fad déanta acu i leathuair a chloig agus d'fhill siad ansin san eagar céanna ar Bhaile Uí Dhonnchú mar a raibh seastán cur-tha suas agus daoine éagsúla ann chun labhairt leo. Rinneadh achainí dhíograiseach orthu aontú le chéile agus seasamh le chéile agus gan aon bhaint a bheith acu le haon fheirm as a raibh duine a bhí curtha as seilbh toisc nach raibh sé ábalta ar ainchíos a íoc. "Nuair a bheidh na feirmeacha sin ina mbán agus ina gcoimín tuigfidh an tiarna talún agus *George Sands* féin gur fearr trí cheathrú de bhuilín ná bheith gan arán." Ansin nuair a scoir an cruinniú chuaigh an slua ar fad abhaile go ciúin mánla.

Ach níorbh é sin deireadh na heachtra. Bheadh an focal deireanach, dar leis féin, ag *George Sands*. Uime sin chuir sé an dlí ar roinnt fear, é curtha ina leith go ndearna siad treaspas toisc gur chuaigh siad isteach go neamh-dhlisteanach i dtalamh *George Gun Mahony* i nGluaire agus gur bhain siad móin ann.

Bhí an chúis le héisteacht i dteach na cúirte in *Gunsborough* 19 Bealt-aine.[7] De ghnáth ní thógfaí aon cheann do na cúiseanna a bhíodh os comhair na cúirte in *Gunsborough*; níor dhíol suime iad ach amháin do na daoine a bhí páirteach iontu, ach ar an lá úd áirithe bhí na sluaite ag bailiú go luath ar maidin; bhí teannas le brath nuair a tháinig buíon mhór saighdiúirí agus póilíní ar an láthair um mheán lae, daichead *Huzzars* ó Luimneach agus céad póilín ó Chorcaigh, ó Chaisleán Nua Thiar, ó Thrá Lí agus ó áiteanna eile. Thóg na saighdiúirí ionad ar thaobh an bhóthair tamall ó theach na cúirte. Bhí na póilíní bailithe ina sraoillíní laistigh den bhalla. Nuair a shuigh an chúirt bhí *Massey* agus *Hewson* ar an mbinse, *Creagh* agus an hAirtnéadach ag cúisiú, iad fostaithe ag *George Sands*, agus D. B. Ó Súilleabháin agus S. Mac Uileagóid ag seasamh cirt do na daoine a bhí á gcúisiú. Bhí *George Sands* féin i láthair chomh maith.

Glaodh ar dtús ar Dhiarmaid Ó Duilleáin ó Chúil Ard ach sular tosaíodh ar an gcúis d'iarr an Súilleabhánach go dtarraingeofaí siar an chúis mar nach raibh aon dealramh leis an gcúram agus ar aon nós nár bhua polaitiúil a bhí ag teastáil uaidh. Ní raibh an taobh eile sásta é sin a dhéanamh agus iad á rá dá dtiocfadh na daoine a bhí á gcosaint ag an Súilleabhánach i láthair chun a rá go raibh aithreachas orthu faoin díobháil a bhí déanta do chuid *Gun Mahony* agus dá dtabharfadh siad geallúint uathu nach gcuirfeadh siad isteach arís air bheadh siad sásta ansin an chúis a tharraingt siar. Ach ní ghéillfeadh an Súilleabhánach go raibh aon díobháil déanta. Bhí an mhóin a baineadh ansiúd ar an bportach. Dúirt *George Sands* go mba choir throm do dhaoine dul isteach i dtalamh duine eile agus móin a bhaint agus gan cead dlí acu chun sin a dhéanamh. Dúirt sé dá gcuirfí an chúis ar athló go ceann coicíse go rachadh sé i dteagmháil le *George Mahony* agus b'fhéidir go bhféadfaí an cheist a réiteach gan teacht os comhair na cúirte athuair. Ach ní aontódh an Súilleabhánach leis an gcóiriú sin agus chuathas ar aghaidh leis an gcúis. Glaodh ar Mhicheál Breatnach agus ansin ar Phádraig Breatnach agus ansin ar Liam Ó Cróinín, buachaill óg dhá bhliain déag d'aois, chun fianaise a thabhairt. Ach níorbh aon chabhair é. Ní fhéadfaí éinne a chiontú as an bhfianaise a tugadh. Thuig *Creagh* ansin nach bhféadfaí aon ní a chruthú agus dúirt sé go raibh sé sásta an chúis a tharraingt siar. Ach bhí an Súilleabhánach faoin tráth sin teann san éileamh go gcaithfí diúltú don chás. Rinne an chúirt dá réir, ach ní thabharfadh siad a chostais don Súilleabhánach.

Nuair a fógraíodh breith na cúirte bhí an slua an-tógtha agus chuir siad na gártha molta astu, ceann i ndiaidh a chéile, agus rinneadh amhlaidh arís agus arís eile don Súilleabhánach, abhcóide, agus don Uileagóideach dlíodóir ó Lios Tuathail, agus don chléir a bhí i láthair, de réir mar a tháinig siad amach as teach na cúirte, agus bhí ochláin agus faíreach do *George*

Sands agus dá dhlíodóirí. Ba é an dála céanna é i Lios Tuathail nuair a bhain siad an baile amach agus garda armtha á dtionlacan. Bhí bannaí ceoil ag seimint ar fud na sráideanna agus níor scoir na sluaite nó gur labhair an Súilleabhánach leo ó fhuinneog sa teach ósta. Bhí tinte cnámh ar Chnoc an Fhómhair agus ar chnoic uile thuaisceart Chiarraí an oíche sin.

7 DHÁ CHÚIS DLÍ

Bhí dhá cheist mhóra dlí[1] a rinne suaitheadh ar mhuintir thuaisceart Chiarraí agus ar na daoine i gCnoc an Fhómhair go speisialta agus fiú ar dhaoine chomh fada ó bhaile le hiarthar Luimnigh sna blianta ó 1862 go dtí 1880 timpeall; agus ós rud é go raibh baint ag muintir *Harenc* leo araon níor mhiste b'fhéidir a gceangalsan le tuaisceart Chiarraí a lua anseo. Nuair a bhí *Francis Thomas* iarla Chiarraí go domhain i bhfiacha sa bhliain 1769 thosaigh sé ar a eastát a dhíol ina phíosaí agus dhíol sé píosaí de le *Benjamin Harenc* agus le *William Locke* ó Londain. Cheannaigh *Harenc* aon roinn amháin den eastát ar £18,000 agus roinn eile ar £10,000, agus cheannaigh *William Locke* roinn ar £30,000. Bhí cuid *Harenc* den eastát a bheag nó a mhór lastuaidh de Lios Tuathail agus bhí tailte *Locke* laisteas de Lios Tuathail seachas Locháin agus Cill Eithne. I bhfad na haimsire thit tailte *William Locke* le banoidhre, *Augusta Selina Elizabeth Locke*. Sa bhliain 1849 phós sí sin *Lord Burgheish*. Is as a tailte siúd i gCill Eithne a bhí an-chuid daoine á gcur as seilbh nuair a bhí an tAthair Maitias Mac Mathúna ag tabhairt faoin saghas sin sa bhliain 1850. Ceann de phríomhthionóntaí *Harenc* ab ea *Hewson* ó Inis Mór.

Ar na bailte a bhí ceannaithe ag *Harenc* bhí Baile an Bhuinneánaigh agus fuair *John Hewson* greim áirithe ar an mbaile sin sa bhliain 1828. Bhí muintir *Creagh* i seilbh na dtailte sin ón mbliain 1742 nó gur cuireadh as seilbh iad sa bhliain 1828. Rinne *Hewson* athnuachan ar a léas sa bhliain 1843, ach choimeád *Harenc* a ghreim ar an trá agus sa bhliain 1845 thosaigh *Hewson* ag tobhach airgid agus oibre agus úsáid capall ar mhuintir na dúiche as an ngaineamh agus as an bhfeamainn a bhí á tarraingt acu chun leasú agus feabhsú a dhéanamh ar a ngabháltais. Sa chúram sin bhí *Hewson* ag feidhmiú mar ionadaí *Harenc* agus é i gceist aige cearta *Harenc* chun na trá a chosaint. Ach bhí bóthar poiblí chun na trá déanta faoin tráth sin. Chuir muintir na dúiche suas don éileamh a bhí á dhéanamh ag *Hewson* agus sa bhliain 1857 cuireadh an dlí ar Thomás Ó Leighin (*Lyons*) agus ar Sheán Stac. Cúisíodh iad as bheith ag déanamh treaspas ar an trá. Triaileadh an chúis ag na *Petty Sessions* in *Gunsborough* agus tugadh an bhreith i gcoinne Thomáis Uí Leighin agus Sheáin Stac. Rinne siad achomharc in aghaidh na breithe sin agus bhuaigh siad. Ach faoin mbliain 1862 bhí muintir Chnoc an Fhómhair ag cur le chéile chun a gceart a phlé, an ceart a bhí acu ar ghaineamh agus ar fheamainn na trá. Thug na daoine, beo bocht agus a bhí siad, síntiúis airgid uathu chun an chúis a chosaint agus chun *Harenc* a

TRÁ BHAILE AN BHUINNEÁNAIGH

chomhrac. Sa bhliain 1863 cuireadh an dlí ar roinnt eile d'fheirmeoirí na háite faoin gcúis chéanna, go raibh treaspas á dhéanamh acu ar an trá idir barra taoide agus lag trá. Bhí sé i ndán don chás dlí sin *Henry B. Harenc* v. Pádraig Mac Con Mara ó Mhaigh Bile an-cháil a thuilleamh, mar bhí muintir na dúiche gafa leis an gcúis sin go deireadh na seascaidí fad agus bhí siad féin agus a gcúis á dtarraingt ó chúirt go chéile nó gur tugadh breithiúnas críochnaitheach ar an gcás.

Bhunaigh *Harenc* a éileamh ar an teideal a fuair sé nuair a cheannaigh sé an gabháltas ina raibh Baile an Bhuinneánaigh agus Baile Uí Fhiaich ó iarla Chiarraí sa bhliain 1769 agus bhí a theideal chun na trá, dúirt sé, bunaithe ar phaitean a thug an rí Séamas I do iarla Chiarraí sa bhliain 1609; ach ba í breith na cúirte sin nach bhféadfadh an paitean sin deireadh a chur le cearta an phobail chun na trá. Dúradh san fhianaise a tugadh le linn na cúirte go bhfuair *Hewson*, ionadaí *Harenc*, airgead agus obair agus iasacht capall mar dhíolaíocht ar an ngaineamh agus as an bhfeamainn a bhí á tarraingt; ach rialaigh an chúirt go mba leis an bpobal an gaineamh agus an fheamainn agus nach raibh sé de cheart ag *Hewson* ná ag éinne eile baint le cearta an phobail, gur iarracht a bhí ann chun daoine a chur as a gceart. Thóg an chúirt an-cheann don bhóthar poiblí a bhí déanta chun na trá agus dúirt nach raibh aon seans go ndéanfaí a leithéid dá mba le duine aonair an trá. De bharr breith na cúirte, mar sin, bhí cead saor ag muintir na dúiche ar fad chun na trá agus chuig an gaineamh agus an fheamainn sin a bhí ina gcabhair chomh mór sin dóibh ina n-iarrachtaí chun beatha a thuilleamh dóibh féin.

Ach dealraíonn sé go ndearna *George Hewson* iarracht eile ar chuid den trá a ghabháil chuige féin nuair a rinne sé iarracht na daoine a choimeád amach as an trá i mBaile Uí Fhiaich. Cuireadh ina choinne ag cruinniú agóide ar fhaiche an chaisleáin i mBaile an Bhuinneánaigh ar an Domhnach, 18 Meitheamh 1880. Ba é an tAthair Ó Conchúir an príomh-chainteoir. Duírt sé go raibh sé á bheartú ag an rialtas oidhreacht ársa na ndaoine, an trá i mBaile Uí Fhiaich, a bhronnadh ar *George Hewson* dá fhairsingiú pearsanta áibhéil féin. Chuir sé i gcuimhne dá lucht éisteachta go ndearna na cúirteanna cearta na ndaoine chun na tránna a shuíomh blianta roimhe sin. Ba é an gaineamh agus an fheamainn ó na tránna sin na hábhair mhóra leasaithe do thuaisceart Chiarraí agus do iarthar Luimnigh. Bhí tionscal an iascaigh leis i gceist. "Tá na céadta teaghlach ag brath dá slí bheatha ar iascach na mbradán in abhainn an Chasáin. Má éiríonn leo port a thógáil ar thaobh na trá loitfear an t-iascach, báfar an dúiche máguaird faoi na tuiltí agus tiomáinfear na mílte amach as a dtithe." Dúirt sé nach raibh aon leisce air a rá go raibh beart sin an rialtais i gcoinne an dlí agus i gcoinne an bhunreachta.

Tá na cladaigh seo dílsithe don choróin ach is ar mhaithe leis an mhaith phoiblí é. Go deimhin féin, dá mbeadh cuid den chladach ag

234

teastáil do iarracht phoiblí, chun caladh a thógáil, cuir i gcás, níor chás don rialtas seilbh a ghabháil ar an méid sin ar choinníollacha áirithe ach go gcaithfidh siad cúiteamh iomlán a dhéanamh leis na daoine a raibh cearta chun na trá acu. Dealraíonn sé, go bhfuil an rialtas as a meabhair sa chás seo. Tá a fhios ag an saol go léir gur tharla bearta móra anfhorlainn sa dúiche seo le déanaí. Ar cheart dúinn iontas a bheith orainn má dhéanann na daoine a gcearta a chosaint le láimh láidir nuair a chuireann an rialtas chuige chun a gcearta sinseartha agus a slí bheatha a bhaint díobh. Má dhéantar an trá i mBaile Uí Fhiaich a iamh isteach ní bheidh aon tionónta sna bailte fearainn máguaird ábalta cíos a dhíol mar nach mbeidh aon tslí acu chun a ngabháltais a leasú. Beidh an rialtas freagrach os comhair an tsaoil as an anfhorlann a dhéanfar má thugann sé chun críche an scéim buile éagórach seo.

Mhol T. Silles an rún: Ó chuir na tiarnaí talún san áireamh i gcónaí – agus iad ag socrú cíos – gaineamh agus feamainn na trá, agus toisc go bhfuil iascach fíorthábhachtach bradán le taobh an chladaigh trína ritheann an Casán chun farraige, agus toisc gur coigistiú scanrúil éagórach an trá a bhronnadh ar *George Hewson* gur ceart cur ina choinne le gach beart dlist-eanach a bhí ina gcumas.

Bhain an dara cúis dlí le muintir *Harenc* chomh maith, bhain sé le díolachán an eastáit féin, eastát ina raibh 60,875 acra agus é suite i gcúig cinn déag de bhailte fearainn i dtuaisceart Chiarraí. Sa bhliain 1874 cailleadh *Henry Benjamin Harenc* gan sliocht. Chuir an bás sin agus ar lean é cor cinniúnach i saol na muintire i dtuaisceart Chiarraí agus chuir tús le trangláil a lean ar feadh na mblianta fada.

San uacht a bhí déanta ag *Harenc* bhí trí dhuine dhéag ainmnithe agus é ceaptha do gach duine acu a chandam féin den eastát a fháil. Ní raibh aon mhuirir ar an eastát agus tuigeadh do dhaoine gurbh é an tslí is fearr chun déanamh de réir na huachta, an t-eastát ar fad a dhíol agus an t-airgead a roinnt amach ar na daoine a bhí ainmnithe san uacht. Rinneadh cinneadh dá bhrí sin an t-eastát a dhíol agus loirgíodh cead cúirte chuige sin agus tugadh an cead. Bhí *George Hewson* ó Inis Mór agus ó Bhaile an Bhuinn-eánaigh ina thionónta ar an eastát agus bhí *Goodman Gentleman* ó Bhaile Uí Argáin ina aibhéardaí. Bhí sé ina thionónta freisin. Nuair a leath an scéal go raibh talúintí *Harenc* le díol chuaigh *George Hewson* agus *Goodman Gentleman* i gcomhairle le chéile, mar bhí fonn orthu araon a ngabháltas féin a cheannach. Níor tháinig aon ní as an teacht le chéile sin ach gur chuir *Hewson* agus *Goodman Gentleman* caimiléireacht i leith a chéile ina dhiaidh sin.

Rinne fear darbh ainm *Osborne* ó Chorcaigh £57,000 a thairiscint ar an eastát ar son duine nár ainmnigh sé. Fuarthas amach ina dhiaidh sin go raibh *Osborne* ag feidhmiú ar son *Hewson*. Tamall ina dhiaidh sin rinne

Goodman Gentleman £65,000 a thairiscint ar an eastát. Idir an dá linn bhí *Stokes*, suirbhéir chontae Chiarraí, tar éis meastachán a dhéanamh ar an eastát ar iarratas ó sheiceadóir le *Harenc* agus bhí *Stokes* den tuairim go mb'fhiú £50,000 an eastát. Uime sin glacadh le tairiscint *Goodman Gentleman* toisc go raibh sé go hard os cionn £50,000. Ach faoin tráth sin bhí cuimhnithe ag duine éigin ar chlásal *Bright* in acht talún na bliana 1870. Thug na clásail sin de cheart do na tionóntaí a leithéid de thalamh a cheannach ar dtús. Thug an chúirt, *The Landed Estate Court*, fógra do na tionóntaí teacht i láthair na cúirte i mBaile Átha Cliath 2 Samhain 1877 chun tairiscintí a dhéanamh ar a ngabháltais. Chuaigh siad go Baile Átha Cliath ag déanamh ruda ar an gcúirt, ach ní bhfuair siad de thoradh ach go ndúradh leo go raibh an eastát díolta go príobháideach le *Goodman Gentleman* ar £65,000.

Thairg na tionóntaí £75,000 ar an eastát agus tugadh an cheist go léir os comhair na cúirte arís agus thug an breitheamh *Ormsby* breithiúnas i bhfabhar na dtionóntaí agus lámháil sé a gcostais dóibh agus thug ordú uaidh an t-eastát a roinnt suas i ngabháltais a d'oirfeadh do na tionóntaí agus gheall sé go gcuirfí ar ceant é sa gnáthshlí ansin. Chuaigh na tionóntaí abhaile ón gcúirt agus lúcháir orthu agus iad á cheapadh "nach mbeadh éinne bocht ar a gcine go deo arís". Ach níorbh fhada go raibh fios a mhalairt acu nuair a fógraíodh dóibh go raibh an t-eastát ceannaithe go príobháideach ag *Sam Hussey* ar £80,500.

Chuir an fógra sin alltacht ar dhaoine, mar tiarna talún agus aibhéardaí ar eastáit éagsúla i gCiarraí ab ea *Sam Hussey* agus ní raibh aon an-cháil air mar aibhéardaí ná mar thiarna talún. Glaodh cruinnithe poiblí agóide ar fud an chontae ag tacú leis na tionóntaí. Cáineadh beart *Hussey* go tréan agus iarradh air a thairiscint a tharraingt siar, rud nach ndéanfadh sé agus nach ndearna sé. Tagraíodh an uair sin d'iarracht a bhí déanta ag *Hewson* chun na daoine a choimeád amach as faiche an chaisleáin ach nár éirigh leis toisc gur chuir an tAthair Ó Conchúir agus muintir na háite na choinne.

Tháinig an cás os comhair na cúirte arís 4 Bealtaine 1878. Bhí *Isaac Butt* ag pléideáil don Athair Ó Conchúir agus do na tionóntaí; agus na dlíodírí *Lombard and Murphy* ag tacú le *Butt* agus iad ag tairiscint £81,000 ar son na dtionóntaí. Tar éis éisteacht chealgánta go maith a thabhairt don chás d'fhógair an breitheamh *Ormsby* go raith an t-eastát ceannaithe ag *Lombard and Murphy* ar son na dtionóntaí. Bhí an breitheamh *Ormsby* ag plé leis an gcúis sin gach lá nach mór le sé mhí faoin tráth sin.

Rinne *Hussey* achomharc in aghaidh na breithe agus thug an chúirt achomhairce breith ina fhabhar agus thug an t-eastát agus a thionóntaí dó. Ina theannta sin chaith na tionóntaí luí lena gcostais féin.

Rinne na tionóntaí achomharc in aghaidh na breithe sin agus thug sin iad os comhair theach na dtiarnaí i Londain i Lúnasa na bliana 1879 agus caitheadh amach an chúis ar chúis theicniúil dlí agus bhí ar na tionóntaí luí lena gcostais féin. Agus fianaise á thabhairt ag an Athair Ó Conchúir os

236

comhair an *Bessborough Commission* fuair sé amach dá rachadh *Lombard and Murphy* os comhair theach na dtiarnaí leis na tionóntaí go mbeadh, b'fhéidir, a mhalairt de bhreith á tabhairt:

Had these gentlemen [*Lombard and Murphy*] persevered, the position of the tenants would have been different but they withdrew from the contest and the tenants . . . could not now recommence a litigation there on an issue they had never raised in the court below.

De bharr na gcúinsí sin ar fad bhí *Sam Hussey* ina thiarna talún ar Bhaile an Bhuinneánaigh ar feadh tamaill nó gur ceannaigh *Hewson* uaidh é. Cheannaigh *Hewson* Baile Uí Dhonnchú, an baile fearainn ba rathúla ar an eastát ar fad, timpeall an ama chéanna. De bharr na tranglála agus de bharr na gcostais dlí ar fad bhí an tAthair Ó Conchúir agus na tionóntaí dá mhíle dhéag nó trí mhíle dhéag punt i bhfiacha. De bharr olcas na mblianta sin ní raibh aon dul ag tionóntaí *Harenc* ar na fiacha a bhí orthu a ghlanadh ina n-aonar. Bunaíodh coiste speisialta chun síntiúis a bhailiú chun cabhrú le tionóntaí *Harenc* na costais troma a bhí orthu de bharr a n-iarrachtaí chun a ngabháltais a cheannach.

Tháinig síntiúis isteach go dtí an coiste sin ó gach aird i gCiarraí agus ó áiteanna éagsúla ar fud na Mumhan i gcoitinne, agus ábhar ó áiteanna eile in Éirinn. Tháinig síntiús amháin ó Mheiriceá. Chuaigh an tAthair Ó Conchúir go Sasana ag tabhairt léachtanna i gcathracha ina raibh mórchuid Éireannach agus bhailigh airgead chun cabhrú le glanadh na gcostas. Chuaigh sé go Meiriceá leis an intinn chéanna sa bhliain 1881. D'imigh sé 26 Meitheamh agus d'fhill sé abhaile 29 Bealtaine 1882. Bhí cuntais ar imeachtaí an Athar Ó Conchúir i Meiriceá ina chuid den saol abhus an uair úd. Bhí siad le léamh sna nuachtáin, e.g. cuntas an KS ar 9/8/81 agus é ag cur síos ar a gcéad chaint a rinne an tAthair Ó Conchúir le Gaeil Mheiriceá. 7/10/81 bhí cuntais ag an *Times* ar an Athair Ó Conchúir agus Chicago sroichte aige. Agus dar leis an *Boston Daily Globe* bhí sé i mBostún i ndeireadh an Aibreáin 1882.

8 SAIGHDEADH LUCHT ÚDARÁIS

Faoi Fheabhra na bliana 1880 bhí cuaille comhraic á dhéanamh ag daoine de phribhléid a bhí á héileamh riamh ag na *gentry*, gur leo féin amháin a bhain sé géim a fhiach. I dtosach mhí Feabhra bhailigh slua mór fear le chéile ar thailte *Robert Leslie* i nDún Ard láimh le Tairbeart.[1] Bhí a n-aghaidh smeartha agus maidí á n-iompar acu agus cúnna lena gcois. Thug an fiach a bhí á dhéanamh acu isteach iad ar thailte *Robert G. Gentleman* chomh maith. Bhíothas den tuairim an uair úd go mba strainséirí iad "mar nach mbeadh aon duine ón dúiche gafa in iompar dá leithéid". Agus tá cuntas ar fáil faoi eachtra eile dá leithéid chéanna sa chomharsanacht chéanna. Bhí a fhios ag an saol le fada nach gceadódh céile *William Hickey*, tiarna talún a raibh cónaí air i gCill Eiltín, aon ghadhair in aon áit ar an eastát. Ach maidin amháin dúisíodh í ag gadhair de gach sórt agus iad ag amhastraíl ar fud na háite. Bhí daoine tar éis na fallaí a bhearnadh agus gabháil isteach ar an eastát agus madraí go flúirseach acu; thug siad an lá ag fiach ar fud an eastáit.[2]

Bhí sé ag éirí soiléir faoin mbliain 1882, ach go háirithe, go raibh sé ag cur as do dhaoine nár fhéad siad fiú giorria a fhiach ar a gcuid talún féin. Bhí sin ina phribhléid le sinsearacht ag na *gentry* agus is iad a rinne an phribhléid sin a chosaint gach lá riamh. Ach le tamall anuas, go háirithe ón lá úd i seomra na ngairdian i Lios Tuathail bhí sé ag éirí soiléir go raibh cumhacht na dtiarnaí talún ag trá. I ndeireadh thiar thall chinn na daoine ar rud éigin a dhéanamh maidir leis an bpribhléid sin na dtiarnaí talún chun géim a fhiach agus a mharú, agus gheobhadh siad amach san am céanna cad a dhéanfadh lucht údaráis faoin sárú sin ar a gcearta. Socraíodh ar 12 Eanáir 1882 mar sprioclá d'fhiach an *Land League* agus rinne siad Micheál Ó Maoldomhnaigh, callaire, a fhostú chun poiblíocht a thabhairt don ócáid i Lios Tuathail lá aonaigh. Gabhadh é sin ina dhiaidh sin; ach ní raibh an constábla ábalta mionn a thabhairt gur úsáid an Maoldomhnach na focail *"Land League"*.

Maidin Déardaoin, 12 Eanáir, bhailigh na sluaite le chéile i nGort na Sceiche.[3] Bhí siad ann ó dhúichí éagsúla i dtuaisceart Chiarraí agus a ndóthain gadhar acu. Lean fórsa mór póilíní ansin amach iad ach níor chuir siad isteach ar an bhfiach féin.

Go luath tar éis an lá fiaigh sin i nGort na Sceiche cuireadh fógra suas ar gheata an tséipéil in Iorra Mór ag fógairt go mbeadh fiach sa dúiche sin an Domhnach dár gcionn agus san fhógra sin iarradh ar na fir go léir ó na dúichí máguaird bheith i láthair tar éis Aifrinn agus bheith gléasta san fheisteas náisiúnta chun tús a chur leis an bhfiach.[4] Thuigfeadh éinne ón iarratas teacht i láthair san fheisteas náisiúnta nach raibh sa rud ar fad ach magadh. Is beag duine an uair úd a d'fhéadfadh teacht chun Aifrinn i gculaith éadaigh a bhí fiú cuíosach maith gan feisteas naisiúnta – pé brí a bhí leis sin – a bhac.

Ach bhí lucht údaráis an-tógtha suas leis an bhfiach sin an *Land League* an uair úd, níor thuig siad nach raibh san ócáid a bhí beartaithe do Iorra Mór ach magadh agus nach mbeadh iontu féin ach sás magaidh ag muintir na dúiche, mar bhí an-sult á bhaint ag daoine sa saol úd as cás lucht údaráis.

Tar éis Aifrinn, an lá a bhí ceapaithe, chruinnigh roinnt daoine le chéile chun bheith ag féachaint ar an mustar ríoga agus gan cuimhneamh dá laghad acu páirt a ghabháil san fhiach. Níor cuireadh aon díomá orthu; ar leathuair tar éis a deich tháinig fórsa láidir míleata agus póilíní ar an láthair agus *Captain Massey* ina dteannta. D'ordaigh sé sin go postúil do na daoine bailiú leo abhaile in ainm na banríona nó go gcuirfí iachall orthu é sin a dhéanamh le ionsaí beaignití. Chúlaigh an lucht féachana chuig an claí a bhí

POBAL BHAILE AN BHUINNEÁNAIGH
(ag teacht as an séipéal 26.6.1988)

239

taobh leo mar a raibh radharc níos fearr acu ar an gclibirt. Ba ghearr gur tháinig fear óg i radharc na ndaoine, é ar ard agus seacht gcinn de ghadhair lena chois. Sheol *Captain Massey* trí cinn de chonstáblaí amach chun é a ghabháil. B'sheo leis an bhfear agus lena ghadhair sa rás agus na constáblaí go dian ar a thóir. Bhí sé de chuma orthu ar dtús go raibh siad ag teacht suas leis; ach ní raibh ansin ach cleas chun iad a mhealladh sa tóir; ansin shín sé amach air féin agus cad é gártha molta agus liúirí a bhí le cloisteáil nuair a bhí sé ag bailiú leis uathu agus iad sin agus saothar orthu á leanúint. I ndeireadh thiar thall thuig siad nárbh aon mhaith dóibh é bheith leis agus d'fhill siad ar ais agus an lucht féachana ag scigireacht fúthu.

Tamaillín ina dhiaidh sin tharla eachtra eile dá leithéid chéanna. Tháinig fear féasógach i láthair agus maide fuinseoige i ngach lámh leis agus dhá ghadhar lena chois. B'sheo leis ag bualadh na dtor agus ag béicíl, mar dhea gur theastaigh uaidh giorria a chur amach as a ghnáthóg. Seoladh triúr con- stáblaí eile amach chun é a ghabháil agus bhí babhta eile seoigh ag muintir na háite. Chuir na mná deiredh le sult an lae lena gcleithmhagadh faoi lucht míleata. Le tamall roimhe sin bhí cáil réice agus fhear ban ar R.M. áirithe. Rinne na mná dífheistiú mion agus iomlán air an lá sin agus scaoil leis. "I ndeireadh thiar thall d'fhill fórsaí dlí agus eagair ar Lios Tuathail."

Nuair a bhí an fiach i nGort na Sceiche thart d'fhan roinnt de na daoine a bhí páirteach san fhiach i mBaile an Bhuinneánaigh agus bhí suaitheadh áirithe ar shráideanna an bhaile an tráthnóna sin, idir muintir na háite agus na póilíní; iad sin go míchéatach agus go mífhoighneach ag guailleáil ar dhaoine agus ag brú daoine creidiúnacha ar fud na sráideanna. Gabhadh fear darbh ainm Seán Béaslaí agus a bhean agus roinnt eile agus tugadh os comhair na cúirte in *Gunsborough* iad 27 Eanáir ar an gcúis go raibh ionsaí á dhéanamh acu ar na póilíní agus iad i mbun a ndualgas. Agus an chúis á plé bhí fórsa láidir míleata ar dualgas lasmuigh de theach na cúirte. Gearradh mí príosúin ar na príosúnaigh trína chéile.

Timpeall lár na Bealtaine bhí *Massey* ag tabhairt aghaidh a chraois ar roinnt eile ó chomharsanacht Bhaile an Bhuinneánaigh: Tomás de Brún, Micheál Béaslaí, Seán Mac Ionrachtaigh agus Seán Ó Riain. Bhí comhcheilg curtha ina leith agus dúradh nach raibh siad sásta fianaise a thabhairt faoina n-imeachtaí. Gearradh téarma príosúin orthu sin freisin.

I dtosach mí Lúnasa chuir *Massey* an ghoimh ar an-chuid de mhuintir thuaisceart Chiarraí le breith a thug sé. Bhí daoine ó chomharsanacht Chnoicíneach os a chomhair agus é curtha ina leith go raibh siad ag teacht le chéile go mídhlistineach agus ag déanamh ionsaí ar na póilíní. Ba iad na daoine a bhí os comhair na cúirte: Tadhg Ó hEaithírn, Tomás Ó Dúllaing, Pádraig Ó Dúllaing, Dónall Ó Cinnéide, Dónall Ó Grífín, Micheál Ó Buinneán, Risteard Ó Ciosáin agus ceathrar girseach, Nóra Ní Bhuachalla agus triúr deirféar léi, Eibhlín, Lís agus Máiréad. Iníonacha le Labhrás Ó Buachalla ó Chnoicíneach ab ea iad sin. Ghearr *Massey* mí príosúin faoi dhianphionós ar na fir agus ghearr sé coicíos faoi dhianphionós ar na girseacha agus chuir an-olc ar dhaoine dá bharr.

Ag deireadh na Samhna 1887 bhí daoine i gcónaí ag gearán faoi iompar an chaptaein *Massey*. Bhí na daoine an-chráite na blianta sin, bhí dealús na haimsire ag cur as dóibh. Bhí daoine á gcur as seilbh go tiubh agus a bhfeirmeacha á gcur ar ceant ag an sirriam i dTrá Lí. I dtosach mhí Feabhra bhí ceant den saghas sin ar bun i dTrá Lí, agus ar na tailte a bhí in airde an lá sin bhí: talamh Éamainn Uí Chonchúir ó Thulach Mór, talamh Mhuiris Uí Ghealbháin ó Inse Thoir, talamh Labhráis Uí Bhuachalla ó Chnoicíneach, talamh Liam Uí Chiosáin ó Ghluaire, talamh Thomáis Uí Dhuilleáin ó Gharraí Ard.

Cheannaigh an *emergency man* dhá fheirm déag. Tháinig dosaen eile daoine chun réitigh le *George Sands* agus cheannaigh na tionóntaí an chuid eile. Bhí daoine imeartha ag déileáil lucht dlí is cirt leo. Bhí airnéis á dó agus á lot. Dódh féar agus tuí agus teach ba le *Melville Keay* i nDromainn. Cuireadh clocha ar an mbóthar iarainn in Inis Mór mar olc ar *Hewson*. Chun an scéal a dhéanamh níos measa gabhadh Parnell agus an Daibhéadach i bhfómhar na bliana 1881. Agus nuair a scaoileadh saor iad in Aibreán na bliana 1882 bhí lúcháir an-mhór ar na daoine i gcomharsanacht Bhaile an Bhuinneánaigh agus Lios Eiltín: "Ní raibh oiread agus aon fhuinneog amháin, fiú oiread agus aon phána amháin gloine, nach raibh coinnle ar lasadh iontu i mBaile an Bhuinneánaigh an oíche sin. Bhí bairillí tarra ar lasadh ar an gcaisleán agus ar Chnoc an Fhómhair agus ar na cnoic eile máguaird agus na mílte i láthair ar an mbaile chun an ócáid a chomóradh."[6] I mí Eanáir 1882 thiomáin cúigear ógfhear capall agus cairt trí bhuíon saighdiúirí agus póilíní i mBaile Uí Dhonnchú ag cur iachall orthu teitheadh as an tslí uathu. Bhí siad gafa tríothu nach mór nuair a d'éirigh le saighdiúir nó le póilín breith ar cheann an chapaill á stop. Gabhadh an cúigear agus orthu sin bhí fear darbh ainm Micheál Ó hAnracháin. Scaoileadh amach ar bhannaí iad ina dhiaidh sin.[7]

Tamall níos déanaí bhí port eile ag imeacht le gaoth:

We're where we have a right to be
And here we shall remain
If men must fly from Ireland
Let the landlords go.[8]

Ba mhór an cor sa saol é, an smaoineamh a bheith ag préamhú in aigne daoine gurab iad na tiarnaí talún a bheadh ag bailiú leo.

9 DIONGBHÁILTEACHT MHUINTIRE

Sna hochtóidí den naoú haois déag bhí muintir Chnoc an Fhómhair ag treabhadh leo i gcónaí, iad sásta de shíor feidhm a bhaint as gach cor dá

241

gcuirfeadh an saol de chun iad féin a ardú aníos as an ainnise. Ach ba gheall iad le daoine a raibh radharc faighte acu ar cheann sprice agus go raibh diongbháilteacht ag roinnt leo anois thar mar a bhí le fada riamh. Bhí bille faoi riaráistí cíosa rite ag an rialtas ón mbliain 1882 agus ba mhór an chabhair an bille sin do na daoine a bhí i dtrioblóid ag riaráistí cíosa agus is iomaí duine acu a bhí amhlaidh. Ach fiú an maitheas sin féin cuireadh i bhfaighid é ar dhaoine. Orthu sin bhí Bean Uí hEaithírn ó Chúil Ard. Ba dheacair léi sin an t-acht sin a thuiscint agus loirg sí comhairle ar a aibhéardaí *George Sands*. Níor thuig sí a dearmad nó go raibh sé ródhéanach agus cuireadh í féin agus a clann óg as seilbh in Aibreán na bliana 1883. D'imigh an íde chéanna ar Thadhg Ó Buachalla, a bhean, agus a n-ochtar clainne. Ba é *George Sands* an t-aibhéardaí sa chás truamhéalach sin freisin. Rinne Acht na nOibrithe a tugadh isteach sa bhliain 1883 tairbhe don lucht oibre, agus feasta bheadh Bord na nGairdian ina gcúram ag soláthar tithe oiriúnacha agus paistí talún dóibh. Níorbh fhada go raibh an tairbhe seo a leanas á fhógairt agus cur síos á dhéanamh ar thithe do lucht oibre i ndúichí éagsúla i gCnoc an Fhómhair.[1]

Dúiche	Tithe Ceadaithe	Tithe Tógtha
Baile Uí Chonaire	3	3
Biaille	4	4
Gallán	4	2
Gunsborough	4	4
Cill Eithne	3	1
Lios Eiltín	4	4
Srón Abhann	3	3
Urlaí	6	3

Thug Acht na dTrambhealaí a thuilleadh uisce chun a muilinn nuair a thug sé an *Lartigue* don dúiche.

Bhí Conradh na Talún imithe i léig sa dúiche le tamall agus i mí Iúil na bliana 1885 bhí craobh den *Irish National League* á bhunú i mBaile Uí Dhonnchú[2] agus muintir na dúiche ag teacht go hiomlán le príomhchuspóir an eagrais sin .i. *Home Rule*. Glacadh le slua mór daoine san eagras an lá úd i mBaile Uí Dhonnchú agus bhí timpeall is leathdhosaon ball den *R.I.C.* i láthair ag an gcruinniú agus iad faoi cheannas an tsáirsint *McCoy*. Bhí luathscríobhaí ón rialtas i láthair chomh maith chun cuntas a bhreacadh síos ar imeachtaí an chruinnithe. Ní raibh an tAthair Ó Conchúir sásta bheith ina chathaoirleach ar an gcraobh, toisc nach raibh muintir Bhaile an Bhuinneánaigh tagtha isteach san eagras go fóill. Ach nuair a chuaigh muintir Bhaile Uí Dhonnchú go Baile an Bhuinneánaigh i mí Mheán Fómhair 1885 chun craobh den eagras – craobh *Robert Emmet* – a bhunú ann,[3] thoiligh an sagart bheith ina chathaoirleach, agus d'iarr ar na baill go léir tacú le Parnell. D'iarr sé ar na paróisteánaigh ar fad dul isteach san eagras agus gheall sé dóibh gur eagras do gach éinne a bheadh ann, eagras do fheirmeoirí, do sclábhaithe, do mhúinteoirí, do shiopadóirí agus don sagart féin, go mbeadh a gcabhair go léir ag teastáil chun cuspóirí an chonartha a thabhairt i gcrích. Bhí trí chéad caoga duine sa craobh go luath.

Ach bhí *George Sands* agus a leithéidí ag cur amach leis an tráth úd.[4] Bhí an cur as seilbh ar siúl i gcónaí agus é ag goilliúint go mór ar dhaoine gur chomharsain agus daoine muinteartha le cuid acu a bhí sa chéad is fiche duine a cuireadh as seilbh in eastát *William Stoughton* ag deireadh na bliana 1883,[5] agus an chéad seisear a chuir *Mason* as seilbh sa bhliain 1884.[6] Thug cuir as seilbh dá leithéidí sin ar mhuintir Chnoc an Fhómhair teannadh chucu féin agus slí a dhéanamh do dhaoine muinteartha leo a bheadh ag lorg dídine. Bhí fear amháin i ndúiche Chnoc an Fhómhair agus ba gheall le maíomh aige é gur cuireadh as seilbh é trí huaire, i mí na Márta 1877 agus san Aibreáin 1882 agus arís eile fós in Aibreán na bliana 1884.

In Aibreán na bliana 1885 thug an tAthair Ó Conchúir a thuairim dá pharóiste:

> Tá mórán den pharóiste seo ina fhásach chomh fada agus a bhaineann le daoine de. Tá díothú déanta ar na daoine, scaipeadh na mionéan imithe orthu: le dhá sheachtain nó trí tá trí líon tí curtha ar seilbh, iad caite amach as thaobh an bhóthair.[7]

Thuig sé go maith gurbh ainnis an réiteach ar chás na ndaoine a bhí díshealbhaithe iad a dhul go Meiriceá:

> Tá taithí áirithe agam ar dheascaí na himirce. Chonaic mé daoine ón tír seo i gcathracha agus in *prairies* Mheiriceá; tá siad ina n-ainniseoirí bochta. Ba dheacair aon chur síos cruinn a dhéanamh ar ainnise agus ar léan sclábhaithe agus imirceoirí ó Éirinn i Meiriceá.[8]

I mí Deireadh Fómhair bhí tionóntaí *Lord Ormathwaite, Wilson Gun, Meade Dennis* agus *G. P. Gun Mahony* ag triall go líonmhar ar na cúirteanna talún agus cíos cóir á lorg acu.[9]

Ag deireadh na bliana 1885 tháinig *the earl of Listowel* agus a aibhéardaí go Gort an Aird chun seachtain a thabhairt ann ag bailiú cíosa. Ach níor mhór a bhí á fháil acu agus bhailigh an *earl* leis abhaile ar an Aoine dár gcionn.

Tamall ina dhiaidh sin tháinig tionóntaí *the earl of Listowel* le chéile i seomraí an *National League* i Lios Tuathail chun réiteach a dhéanamh faoin gcíos a dhíolfadh siad. Bhí roinnt mhaith sagart freisin i láthair, sagairt pharóiste na ndúichí éagsúla san eastáit, agus orthu bhí an tAthair Ó Conchúir, S.P., Baile an Bhuinneánaigh, agus an Canónach Dáibhis, S.P., Lios Tuathail, agus é ina chathaoirleach ar an gcruinniú agus an tAthair Ó hUrdail, uachtarán Choláiste Mhichíl. Bhí Seán Stac, M.P., ó Lios Tuathail, i láthair chomh maith. Tar éis dóibh an cheist a phlé shocraigh na tionóntaí nach ndíolfadh siad aon chíos mura mbeadh lacáiste le fáil acu, agus mura bhfaigheadh siad lacáiste chuirfeadh siad an cíos ar a raibh siad socair isteach sa Bhanc Náisiúnta i Lios Tuathail in ainm shagairt pharóiste na dúiche faoi seach.

Nuair a bhí an cinneadh sin déanta chuaigh na tionóntaí, agus a gcléir mar cheann orthu agus Seán Stac, ina dtoscaireacht go dtí oifig cíosa an *earl* i nGort an Aird. Tar éis tamaill tháinig an t-aibhéardaí amach chucu agus chuir an Canónach Dáibhis in iúl dó go raibh sé féin agus na sagairt eile a bhí i láthair ceaptha ag na tionóntaí chun a rá leis go raibh súil acu le lacáiste tríocha faoin gcéad a fháil agus dúirt siad leis go gcloífeadh siad go docht leis an gcinneadh sin.[9] Ach ní raibh an t-aibhéardaí sásta leis an socrú sin agus theastaigh uaidh go dtiocfadh na tionóntaí chuig an oifig ina nduine agus ina nduine. Ní raibh na tionóntaí sásta é sin a dhéanamh. D'fhág an toscaireacht Gort an Aird ansin agus chuaigh ar ais go Lios Tuathail agus bhí cruinniú eile ansin acu faoin gcúram. Labhair duine éigin ó lár an tseomra agus dúirt sé: "Tá an leigheas in bhur lámha féin, is ag na daoine atá an chumhacht. Is sibse a choinníonn suas na tiarnaí talún" – briathra fáigiúla, ní cás a rá agus tháinig an tuar faoin tairngreacht i bhfad na haimsire. Labhair an tAthair Ó hUrdail (*Harrington*) agus d'iarr sé ar na tionóntaí cúram a dhéanamh ní amháin dá leas féin ach chomh maith do leas na dtionóntaí eile i dtuaisceart Chiarraí a bhí ag broic le tiarnaí talún eile agus le haibhéardaithe eile. Thagair sé ansin do *George Sands* agus dá thionóntaí:

> Cén trua a bheadh le fáil agaibh ón siorc sin má théann sibh chuige in bhur nduine agus in bhur nduine. An bhfaigheadh sibh fiche faoin gcéad, deich faoin gcéad nó fiú cúig faoin gcéad?

Dúirt sé chomh maith go raibh Éamann Stac ó Bhiaille ag díol deich bpunt níos mó ná an ceart in aghaidh na bliana le *the earl of Listowel* agus lean sé air:

> Cén toradh a thabharfar air, an dóigh libh, má théann sé ina aonar chuig an oifig; seasaígí le chéile, ná bíodh aon chúlsleamhnánaí in bhur measc agus beidh an lá libh toisc go bhfuil sibh go dlúth i bpáirt lena chéile.

Bhí tábhacht ar leith leis an gcruinniú sin agus leis an gcaint a rinneadh ag an gcruinniú sin mar bheadh *The Plan of Campaign* ar bun sa chomharsanacht fós agus bheadh sin bunaithe ar na prionsabail agus ar an gcaint a bhí cloiste ag daoine ag an gcruinniú sin.

Bhí taithí ag muintir Chnoc an Fhómhair ar *George Sands* le blianta fada. Faoi thosach na bliana 1886 bhí muintir thuaisceart Chiarraí in ísle brí agus in ísle acmhainní, go háirithe an méid díobh a bhí ina dtionóntaí in aon eastát ina raibh *George Sands* ina aibhéardaí. Bhí díogha na hainnise sroichte acu faoin tráth sin agus deascaí na hainnise ag luí go trom orthu agus tuigeadh dóibh nach bhféadfadh siad bheith ag broic a thuilleadh le *George Sands* agus leis an gclaonadh a bhí ann chun an cíos a ardú gach seans a gheobhadh sé; ócáid bhaisteadh nó bháis nó eile bhain sé úsáid astu go léir chun a thuilleadh airgid a fháisceadh as na daoine i bhfoirm cíosa. Ní gá ach sampla nó dhó a thabhairt chun a thaispeáint nárbh aon ní suarach an t-ardú sin a chleacht sé: bhí fear áirithe i bhfeidhmeannas *Sands* ag díol £33 sa bhliain as 35 acra talún nó gur ardaigh *Sands* é go dtí £57 agus nuair a phós sé sa bhliain 1876 ardaíodh an cíos go dtí £64 agus nuair nach raibh sé ábalta an cíos a dhíol a thuilleadh caitheadh amach é, é féin, a bhean agus a gclann óg. Bhí fear eile sa dúiche chéanna ag díol £54 in aghaidh na bliana as 58 acra talún nó gur ardaíodh an cíos go dtí £95/12/6 sa bhliain 1877. Ach ag tosach na bliana 1886 bhí deireadh na foighne caite ag muintir thuaisceart Chiarraí le *George Sands* ach tuigeadh dóibh go gcaithfeadh siad é chomhrac feasta le súil go bhféadfadh siad bheith réidh leis ar áis nó ar éigean.[1]

Ach níorbh é *Sands* an t-aon duine amháin a bhí luite leis an nós ardaithe cíosa sin. Bhí tiarnaí talún eile chomh maith ag ardú cíos ar a dtionóntaí agus á gcur as seilbh nuair nach raibh siad ábalta díol a thuilleadh. Bhí *Hurst, Curling* agus *Evans*, a raibh tionónta leo ag díol £60 sa bhliain as paiste talún tar éis an Ghorta. Ardaíodh an cíos go dtí £75 agus bhí £100 fíneála anuas air sin. Bhí fear eile ag díol £18 sa bhliain as paiste talún a raibh luacháil £9/5/0 air de réir luacháil an rialtais.

Mar gheall ar an bhfonn sin a bhí ar *George Sands* an cíos a ardú bhí an mhuintir a bhí ina dtionóntaí faoi i sáinn, an leasódh siad a ngabháltais agus seans eile a thabhairt dó siúd an cíos a ardú a thuilleadh, nó an bhfágfadh siad a ngabháltais gan leasú gan feabhsú agus iad san am céanna ag iarraidh oiread agus ab fhéidir a bhaint as. Ba é rogha an dá dhíogha acu é, ach bhí roinnt de dhrochbhlianta agus de dhrochfhómhair tar éis an riach ar fad a dhéanamh leo agus lena ndóchas; de bharr olcas na bhfómhar agus na mblianta sin bhí mórán stoic caillte ag feirmeoirí agus gan aon chrích ar bharraí agus san am céanna bhí laghdú mór imithe ar phraghsanna táirgí feirme. Agus bhí sé i ndán don bhliain 1886 bheith an-olc ar fad: "an bhliain ba mheasa aimsir ó thús an chéid". Laghdaigh ar an méid stoic a bhí sa dúiche agus ní mór na barraí a bhí ag daoine an bhliain sin. Bhí a rian sin le feiceáil i rith na bliana ar fad, bhí mórán daoine á gcur as seilbh toisc nach raibh ar a gcumas an cíos a dhíol. Bhí daoine chomh imeartha ag dealús agus uafás go dtiocfadh an sirriam agus a bháillí chun iad a dhíshealbhú go mba gheall le faoiseamh acu é an cur amach féin nuair a tharlaíodh sé, mar feasta ní bheadh siad i ngreim chomh mór sin ag iarraidh an cíos a chur le chéile.

Riamh ó ritheadh acht talún na bliana 1881 bhí an-chuid de tionóntaí na dúiche, dála tionóntaí in áiteanna eile, ag dul i leith na gcúirteanna talún chun go socrófaí a gcíos de réir dlí agus fuair siad lacáiste fiche faoin gcéad ar an meán ar a gcíos. Cé go mba mhaith an lacáiste é, ní raibh sé chomh maith lena dhealramh do dhaoine a raibh ainchíosanna á ndíol acu. Na daoine a raibh cíos cóir bainte amach acu idir 1881 agus 1885 bhí siad i sáinn de réir dhlí mar bhí a gcás imithe in olcas an-mhór ag cúinsí na haimsire sin.

Ach fiú an iarracht sin a bhí ar bun ag tionóntaí chun feabhas a chur ar a gcás trí dhul i leith na gcúirteanna talún chun laghdú a fháil sa chíos, bhí cruth eile á chur ar an iarracht sin acu. Bhí tiarna talún ón dúiche .i. *Sam Hussey* agus é cinnte de go raibh na tionóntaí ag spíonadh na talún d'aon ghnó; go raibh siad ag cur cuma na hainnise ar a ngabháltais chun go dtabharfadh na coimisinéirí laghdú dóibh sa chíos mar go ndéanadh na coimisinéirí talamh a mheas mar a d'fheicfidís é; bheadh an cíos bunaithe ar a meastachán sin tar éis dóibh an talamh a bhreathnú agus bhí, dar le *Sam*, sochar le baint amach ag an té a raibh faillí á dhéanamh aige ina ghabháltas. Bhí *Sam* cinnte freisin go raibh saineolaithe gairmiúla ag gabháil timpeall, agus iad á ndíol go maith, ag cur comhairle ar thionóntaí faoin tslí ba thapúla chun dochar a dhéanamh dá ngabháltas. Dúirt sé:

Is deacair liom a chreidiúint nach obair gan ganntar í mar nach bhfuil aon ghá ag aon tionónta ceanndána sa Deisceart ná san Iarthar le haon oiliúint in aon ní a bhaineann le claidhreacht.

Bhí fear eile ag cur síos ar chás dáiríre mhuintir thuaisceart Chiarraí i dtosach na bliana 1886:

Perhaps it would be difficult to find throughout the length and breadth of this impoverished country a more desolate waste than those lands over which George Sands acts as agent. They are situated in various parts of North Kerry and may be at once recognised by the barren appearance they present. There are no comfortable dwellings . . . no well-thatched hay ricks or commodious cattle stalls for there are no cattle . . . no signs of tillage that would devote a supply of potatoes or other staple provender . . . nothing but a few horses scattered here and there . . . the woe begone appearance of the inhabitants . . . of these hovels is quite in keeping with their wretched surroundings. But when one hears that they are paying rent that would be exorbitant in the best lands of the Golden Vale and that the rent screw is relentlessly squeezed by the agent who is more deeply hated than Sam Hussey . . .[2]

"Nuair is cruaidh don chailleach caitheann sí rith" agus níl aon amhras ná go mba chruaidh do dhaoine i dtuaisceart Chiarraí ag tosach na bliana 1886, ach bhí siad ag cur chuige chun an greim a bhí orthu ag *George Sands* a bhogadh. Faoi 22 Eanáir bhí ciste cosanta bunaithe acu chun cosaint a dhéanamh ar na tionóntaí a bhí in aon eastát de na naoi n-eastát a bhí faoina bhainistíocht agus ceapadh ionadaithe as gach eastát díobh chun bualadh le *George Sands* chun a dtuairimí faoin gcíos a chur in iúl dó. Ba iad an triúr a ceapadh as eastát *Lord Ormathwaite* ná Diarmaid Ó Ríordáin, Seán Treant agus Dónall Ó Laoire. Ceapadh Séamas R. Ó Conchúir mar ionadaí as eastát *Fosberry*. Bhí siad sásta an cíos lúide tríocha faoin gcéad a dhíol ach ní raibh *George Sands* sásta bualadh leo. Ina dhiaidh sin chuir sé in iúl nach dtabharfadh sé an lacáiste tríocha faoin gcéad a bhí á éileamh acu.

Tamall tar éis an chiste cosanta a bhunú bhí na mílte daoine ag plódú isteach ar shráideanna Lios Tuathail, buíonta daoine ó bhailte uile thuaisceart Chiarraí agus bannaí ceoil práis ina dteannta agus iad ag tabhairt tacaíocht do thionóntaí *George Sands* agus iad ag cur chuige chun déileáil i ndeireadh thiar thall leis an té a bhí ag scriosadh na dúiche. Bhí daoine i láthair i Lios Tuathail an uair úd a raibh seantaithí acu ar bheith i ngleic le *George Sands*, daoine a bhí gafa i gcomhrac leis nuair nach raibh aon eagras d'aon sórt ann chun tacú leo, ná chun iad a mhisniú, daoine a bhí ag troid go hionraic ar son an chirt nuair nach raibh "sna tionóntaí ó Dhroichead Gáille go Drom Ó Lucht ach mogha *cloíte anbhanna i láthair* na bhfógraí a bhí á n-eisiúint ag oifig a onóra". Tamall roimhe sin ní raibh ach aon fhear amháin a raibh sé de mhisneach aige cur i gcoinne *"mhór-gacht"* thuaisceart Chiarraí agus ba é an tAthair Ó Conchúir an fear sin.[3]

I mí an Mhárta bhí an pobal uile ag seasamh go teann lena chéile agus iad ag tacú lena chéile. Ag deireadh na míosa bhí cruinniú i mBaile Uí Dhonnchú chun féachaint chuige go roinnfí amach go hionraic na prátaí agus an t-airgead a bhí bailithe don lucht oibre; roinneadh trí chéad mála prátaí agus ábhar airgid ar dhaoine bochta an lá sin agus chuir an beart sin an-sásamh ar mhórán daoine.

I dtosach an Aibreáin bhí na daoine teann diongbháilte i gcónaí faoin seasamh a bhí á thógáil acu in aghaidh *George Sands* agus an-mhisniú á dhéanamh orthu de bharr na síntiús a bhí á gcur isteach sa chiste cosanta. I mí Lúnasa d'fhógair *George P. Gun Mahony* go raibh sé chun a eastát a dhíol agus chuir an nuacht sin an-mhisneach ar dhaoine.[4]

Timpeall lár mhí Bealtaine bhí cruinniú mór i Lios Tuathail ag plé le cúrsaí cíosa agus mhol an tAthair Ó Conchúir dá lucht éisteachta glacadh le comhairle Pharnell agus greim docht a choimeád ar a ngabháltais.[5] Ach ba dheacair do chuid acu é sin a dhéanamh mar nach raibh *George Sands* ag ligint a mhaidí le sruth ach oiread ach é go grithealánach ag leathadh go fada fairsing fógraí bheith amuigh ar dhaoine nach raibh sásta an cíos a dhíol, no ábalta air.

Faoi 25 Bealtaine bhí mórchuid daoine curtha as seilbh in eastát *Lord Ormathwaite*. Toisc eagla a bheith ar dhaoine go raibh trioblóid ag boirbeáil tugadh fórsa mór póilíní isteach go Lios Tuathail ó Thrá Lí i ndeich gcinn de chóistí. Ach bhí sé deacair lóistín a fháil dóibh i gcomhair na hoíche, Mar bharr ar a mí-ádh ní fhéadfaí na capaill a ghléasadh ar maidin mar sciobadh gach ní a bhain leis an gcúram chun siúil i rith na hoíche; níor fhéad na póilíní aon chóir iompair eile a fháil sa dúiche do chúram dá leithéid agus bhí orthu tabhairt faoi ag máirseáil chun na dúiche ina raibh an cur as seilbh le déanamh agus bhí ar na húdaráis na póilíní breise sin, 160 díobh, a choimeád i Lios Tuathail ar feadh na seachtaine ar fad "mar bhí mórán le díshealbhú ag *George Sands* an tseachtain sin".[6] Ag deireadh mhí Dheireadh Fómhair bhí sé ag cur daoine as seilbh gach lá den tseachtain.

Ach uaireanta ní mór a bhíodh dá bharr aige i ndeireadh an lae. Bhí ceithre cinn de thithe le hÉamann Ó Conchúir ó Thulach Mór a ndíol aige i mí Aibreáin in éiric cíosa. Cheannaigh an tAthair Ó Conchúir iad ar scilling i dteannta an chíosa. Agus tóir ag *Sands* ar stoc ba mhinic a tharla sé nach raibh faic roimhe mar bhí an saol eagraithe ag daoine sa tslí go dtabharfaí fógra dóibh siúd a bhí le cur amach, nuair a bhí an sirriam agus a bháillí ag déanamh orthu. Uaireanta thugadh séideadh adhairce an fógra sin do na daoine, uaireanta eile bheadh an capall ba mhire sa dhúiche i bhfearas go coitianta chun teachtaire, leis an drochscéal a thabhairt chuig na daoine a bhí le díshealbhú. De bharr an fhógra seo bheadh aga ag daoine chun an stoc a thiomáint isteach i dtalamh na gcomharsan.

Chuir nuachtóir ó Shasana cuma áibhéileach ar an nós sin nuair a thagair sé ina thuarascáil do mhacántacht agus do chlisteacht na ndaoine a bhí tar éis na ba féin a mhúineadh chun teitheadh ar a ndícheall agus chun claíocha a léimeadh chomh luath in Éirinn agus a thabharfaí fógra go raibh an namhaid ag déanamh orthu.

Ní mór an rogha a bhí ag na hainmhithe nuair a scaoiltí na madraí lena sála.

Uair dár thug *George Sands* faoi stoc Bhean Uí Bhuachalla a ghabháil bhí sé ródhéanach. Bhí a cuid stoic ar fad bailithe amach as a gabháltas aici faoin am gur shroich *George* an láthair.[7] Ba é an dála céanna ag Bean Uí Dhanchair i gCill Arada a raibh luach ceithre céad punt de stoc bailithe léi aici san am gur tháinig na báillí ar an láthair. I mí na Samhna agus báillí agus póilíní ag gabháil thar Tulach Mór le stoc a bhí gafa acu sa chomharsanacht thug slua mor fúthu agus baineadh díobh an stoc ar fad in ainneoin dícheall na bpóilíní.[8]

I mí na Nollag 1886 bhí sé á thuiscint ag tionóntaí *George Sands* go mbeadh orthu feachtas eile a chur ar bun féachaint an bhféadfadh siad ar ais nó ar éigean bheith réidh le *George Sands*. Bhí a lán fulaingthe acu uaidh go háirithe le bliain anuas. Bhí an-chuid tiomáinte le fuacht agus le fán i rith na bliana agus bhí fógraí díshealbhaíochta á bhfáil go tiubh i gcónaí sna hardchúirteanna i mBaile Átha Cliath chun daoine a chrá a thuilleadh agus chun a thuilleadh costais a chur ar dhaoine; agus ní raibh sé de chuma ar an saol go dtiocfadh aon mhaolú go deo ar fhuadar nimhneach *George Sands*. Ag cruinniú mór dá thionóntaí i mBaile an Bhuinneánaigh i mí na Nollag thoiligh na tionóntaí feidhm a bhaint as *the Plan of Campaign* ina n-iarrachtaí chun cothrom a bhaint de *George Sands*. Ina gcruachás ní miste a rá nach mór an rogha eile a bhí acu agus iad ag plé le hamhailt a bhí ag luí ar an dúiche ar fad, amhailt a raibh a scáil leata thar an saol ar fad. Cé nach raibh *the Plan of Campaign* i bhfad ar bun an tráth úd bhí an-iontaoibh go deo ag daoine as agus ard-dóchas acu go ndéanfadh sé an beart ar *George Sands* faoi mar a bhí sé i ndán dó cuid de na tiarnaí talún ba mhó sa tír a mhíniú.

Ag tosach na bliana bhí an *Grand Jury* ag canrán faoi choireanna troma a bheith ar siúl go coitianta, daoine á marú, ionsaithe le hairm tine á ndéanamh, bascadh, imeaglú agus baghcatáil á dhéanamh ar dhaoine, ruathair oíche ar bun ag lorg arm, tine á tabhairt do airnéis, stoc á ngoid agus á milleadh. Faoi dheireadh na bliana is beag feabhas a bhí imithe ar chúrsaí i dtuaisceart Chiarraí; go luath i mí na Nollag tugadh tine do ochtó tonna féir i ngabháltas *Melville Keay* i nDromainn. Timpeall an ama chéanna tugadh tine do thrí stalla stoic, do iothlann agus do timpeall trí thonna déag féir le *Hurst, Curling* agus *Evans* i Maigh Bile. Bhí Pádraig Ó Scanláin curtha as seilbh acusan agus a mhuintir scaoilte le fán an tsaoil.[9]

11 THE PLAN OF CAMPAIGN

Ba é 1887, Bliain *The Plan of Campaign*, bliain a d'fhan go beo i gcuimhne na muintire go ceann i bhfad. "Bliain an-tirim ab ea í, níor thosaigh na prátaí ag fás go dtí mí Lúnasa agus bhí siad faoi bhláth do rásaí Lios Tuathail; ba bheag an stoc a bhí sa dúiche an bhliain sin."[1]

Bliain ocrach ab ea í do mhórán daoine agus iad ar an ngannchuid; ach mar sin féin chaith daoine cíos a dhíol agus is iomaí duine ar theip sin air agus nach raibh i ndán dó ach é a chaitheamh amach ar thaobh an bhóthair; agus na tionóntaí a bhí in eastáit a bhí faoi bhainistíocht *George Sands* ba chrua é a gcás go deimhin mar nach raibh trua ná taise aige siúd dóibh agus é ag tobhach cíosa. Lacáiste ní thabharfadh sé cé gur iomaí toscaireacht a chuaigh chuige ag lorg a leithéid. Bhí daoine á gcur as seilbh ar dalladh i rith na bliana sin ar fad, agus an mhuintir go cráite agus ag coipeadh le fearg. Ach ní ghéillfeadh *Sands* agus b'sheo ar siúl an díshealbhú le cabhair póilíní agus airm. Rinne na coistí fóirithinte a bunaíodh a ndícheall chun fóirithint a dhéanamh orthu sin a bhí curtha amach agus úsáideadh seifteanna uile an Chonradh Náisiúnta i gcoinne *Sands* agus i gcoinne na ndaoine a bhí i bpáirt leis.

I dtosach na bliana bhí *George Sands* i mbéal an phobail go láidir, ní cás a rá, agus é beag beann ar aon ní a chaithfí leis; agus bheadh sé teann láidir go fóill ach go háirithe. I mí Feabhra ceapadh é ina shirriam ar chontae Chiarraí agus tharraing sé aghaidh craois an *Pall Mall Gazette* air féin agus ar an gcóras a cheap é ina shirriam. B'ionann an beart sin, dar leis an *Gazette*, agus sagart paróiste teasaí tapaidh a cheapadh i bhfeidhmeannas dlíthiúil i measc na nÓráisteach díograiseach i *Sandy Row*; agus lean nuachtóir an *Gazette* air:

I láthair na huaire tá sé gafa go diamhair in achrann le mórán dá thionóntaí. Níl sé ach arú inné ó chuir sé duine acu as seilbh faoi scáth raidhfilí lódálta na gconstáblaí . . . I gcomharsanacht Lios Tuathail tá fraoch nimhneach ag roinnt le Cogadh na Talún. "Ní raibh aon phobal bocht riamh chomh clipthe sin ina mbeatha," a dúirt an sagart paróiste. Ní féidir leo suaimhneas a ghlacadh i rith an lae ná codladh a dhéanamh istoíche. D'fhéadfaí an adharc a shéideadh aon nóiméad agus bheadh ar mhuintir an tí brostú leo chuig na goirt chun a gcuid stoic a thiomáint chun siúil as an slí. Tá an capall is mire sa dúiche á choimeád ullamh i gcónaí chun an diallait a chur air le deabhadh agus déantar é a ghreadadh le lasca agus le spoir feadh cnoc is gleann chun fógra a thabhairt do dhaoine atá i mbaol go bhfuil an sirriam agus a chuid fheidhmeannach ag déanamh orthu. Is nimhní Cogadh na Talún sna heastáit atá faoi bhainistíocht *George Sands* ná in aon áit eile in Éirinn agus anois tá sé ceaptha ina shirriam contae. B'fhéidir nach raibh aon rogha eile ag an rialtas ach é a cheapadh . . . Má tá sin fíor nach gann atá fir ag an gcóras a cheap an príomhthiarna talún i dtuaisceart Chiarraí ina shirriam ag uair seo na cinniúna i gcontae dá leithéid. An bhfuil aon rogha eile acu ach é? Ní beag de fhianaise é sin ar chruachás an rialtais in Éirinn.[2]

Ag cruinniú taibhseach i mBaile an Bhuinneánaigh 20 Márta 1887 fógraíodh go raibh *the Plan of Campaign* i bhfeidhm ar eastát *Fosberry* agus ar eastát *Lord Ormathwaite* agus bhí *George Sands* ina aibhéardaí ar an dá eastát sin. Bhí eolas éigin ag na póilíní roimh ré go mbeadh cruinniú in áit éigin agus bhí siad ar a ndícheall ag iarraidh eolas a fháil faoi láthair an chruinnithe ach theip orthu. Níor fhéad siad an cruinniú a fhógairt mar sin. Cuireadh scéal timpeall os íseal go mbeadh cruinniú ann agus ó mheán lae 20 Márta bhí buíonta ó Lios Tuathail, ó Bhéal Átha Longfoirt, ó Mhaigh Meáin, ó Bhaile Dhubh, ón Tóchar, ó Leic Snámha agus ón gcomharsanacht ag plódú isteach i mBaile an Bhuinneánaigh. Bhí banna ceoil práis i láthair ó Lios Tuathail agus ceann eile ón Tóchar. Nuair a bhí na daoine cruinnithe is ansin a fuair na póilíní fios faoi ionad an chruinnithe agus bhí sé ródhéanach acu chun aon ní a dhéanamh chun stop a chur leis an gcruinniú. Bhí Dáith Mac Síthigh, *M.P.*, sa dúiche le seachtain agus é ag spreagadh na ndaoine chun tacú le *the Plan of Campaign*.

Ba iad na príomhchainteoirí an tAthair Muireartach Ó Conchúir, S.P., agus an Sítheach.

Dúirt an tAthair Ó Conchúir leis an lucht éisteachta go raibh dhá chuspóir ag an gcruinniú: (1) Cur i gcoinne na mbearta anfhorlainn a bhí ina gcúis náire don chontae; (2) Iarraidh ar na daoine go léir seasamh gualainn ar ghualainn sa choimhlint chinniúnach leis na tiarnaí talún ina raibh siad gafa. Lean sé air:

Má luíonn sibh súil ar an gcnoc úd thall, Cnoc an Fhómhair, tabhar-faidh ar tharla ar shleasa loma an chnoic sin tuairim daoibh ar an athrú atá tagtha ar mhuintir thuaisceart Chiarraí, daoine a bhí tráth sítheach agus umhal don dlí. Is cuimhin liom nuair nach raibh ina shleasa sin ach talamh bán gan tairbhe ar bith. Feiceann sibh anois go bhfuil paistí glasa thall i abhus ó bhun go barr. Tiomáineadh mórchuid daoine amach as na tailte méithe i ndúichí eile agus bhí ar na daoine sin dídean a lorg sa dúiche lom sceirdiúil sin. Le mórchuid saothair thug siad roinnt mhaith den chnoc chun tíoraíochta agus tharraing orthu féin súile santacha an tiarna talún, duine nár chaith oiread agus feoirling riamh leis an áit; thug seisean ar na daoine mí-ámharacha sin punt cíosa in aghaidh na bliana a dhíol as gach acra. De réir dhlí Dé bhí oiread teidil aige chun cíosa agus a bhí aige do na héadaí atá á gcaitheamh agaibh. Mar sin féin ní tharlaíonn coir ar bith ar an gcnoc sin mar tá oideachas ar a mhuintir, tá siad eagraithe agus dóchas cinnte acu ach bheith dílis dá chéile go gcuirfear deireadh leis an gcóras náireach sin atá chomh éagórach sin. Agus tá ar tharla le déanaí san eastát is mó sa pharóiste, ag teanntú go tréan leis an dóchas sin acu. An tiarna talún atá i gceist agam tíoránach cruthanta mídhaonna ab ea é dá thionóntaí. Toisc nár fhéad siad sin cíos iomarcach amach is amach a dhíol caitheadh mórán acu amach as a ngabháltais agus scaipeadh iad sna ceithre hairde. Tá mórán den eastát ina bhán ó shin, ach bhí Conradh na Talún préamhaithe go domhain san ithir sin agus toisc go bhfuil *the National League* amhlaidh inniu tá meas ionad aicíde anois ar gach feirm as ar cuireadh daoine as seilbh. Ní amháin go bhfuil an talamh gan tairbhe ar bith ann don tiarna talún ach tá an tiarna talún ag cailliúint airgid dá bharr mar níl aon chíos á fháil aige agus tá air *cíos agus íoc* a dhíol. Tháinig alltacht air, thit na gainní óna shúile agus chuir sé sceitimíní ar an taobh seo dhúiche maidin amháin nuair a d'fhógair sé go raibh sé sásta an t-eastát ar fad a dhíol leis na tionóntaí. Creidim go bhfuil an margadh déanta agus go bhfuil na téar-maí réasúnta. Bhí sé ina choinníoll docht sa mhargadh go gcaithfí a gcuid feirmeacha a thabhairt ar ais do na daoine ar fad a cuireadh as seilbh. Tá déanta dá réir agus ba aoibhinn an radharc é, agus ba thaitneamhach, na daoine a bhí teite leo thar lear ag lorg dídine, a fheiceáil ag filleadh ar a ndúchas agus iad ina saoránaigh agus ina

251

n-úinéirí ar an talamh ar ar tógadh iad. Seo libh mar sin do bhur n-eagrú féin, cuirigí le chéile, seachnaígí an choirpeacht agus bearta anfhorlainn agus beidh an bua agaibh.

Labhair an Sítheach ansin agus thagair sé do na hiarrachtaí a bhí ar bun i rith na seachtaine chun eolas a fháil ar a raibh á bheartú do Lá 'le Pádraig i dtuaisceart Chiarraí. Mhol sé an tAthair Ó Conchúir agus an saothar a bhí déanta aige ar mhaithe leis an bpobal agus dúirt sé go raibh an pobal aontaithe dea-eagraithe agus gan aon chuid acu den drochamhras a bhí ag daoine as na *Moonlighters*. Thuig siad chomh tábhachtach agus a bhí sé go gcoinneodh daoine guaim orthu féin agus go mbeadh siad diongbháilte agus calma. Chuir sé i gcuimhne dá lucht éisteachta go raibh *the Plan of Campaign* de réir dlí ar fad agus gur áis dhlisteanach a bhí ann a d'fhéadfadh na daoine a úsáid i gcoinne na dtíoránach. Bheadh toradh air; nuair a bheadh siad réidh le *George Sands* bheadh ciall cheannaithe aige. Dúirt sé go raibh spiorad agus misneach na ndaoine go maith i ngach dúiche ina raibh sé in Éirinn agus go raibh an rud céanna le rá faoi mhuintir thuaisceart Chiarraí freisin; nach raibh uathu ach go ndéanfaí eagrú orthu chun go n-aithneodh siad na slite is fearr chun dul i ngleic leis an namhaid. Ar a thaisteal ar fud na tíre níor bhuail aon dream daoine leis a fuair an oiread-san sciúrsála agus a bhí faighte ag na tionóntaí a raibh orthu bheith ag plé le *George Sands*; níor thuig sé conas nár éiligh siad lacáiste mór groí nuair a chuaigh siad ceangailte in *George Sands* mar go raibh cúig oiread díolta acu as an talamh thar mar a tugadh air an chéad lá. Dúirt sé go mba cheart an cíos a laghdú oiread agus a chuirfeadh ar a gcumas maireachtáil i riocht níos fearr ná mar a bheadh ag daoir.

I ndeireadh Aibreáin bhí sé á reic i measc na ndaoine nach raibh an scéal ar fónamh ag na póilíní; go raibh ordú tugtha ag údarás na bpóilíní gan glacadh le hearcaigh ó chontae Chiarraí a thuilleadh cé go raibh oiread agus an ceathrú cuid de na póilíní á n-earcú sa chontae go dtí sin. Caithfear géilleadh go raibh roinnt mhaith de na póilíní ag éirí an-mhíshásta, an-bhailithe de na dualgais a bhí le comhlíonadh acu, go speisialta agus daoine á gcur as seilbh. De chlann mhac feirmeoirí ab ea a bhformhór, agus ní raibh sé ag teacht lena ndúchas ná lena n-oiliúint a bheith ag tabhairt cabhrach chun daoine mar a muintir féin a chur as seilbh. Bhí laghdú suntasach imithe ar an líon fear a bhí ag iarraidh dul isteach sna póilíní ionas go raibh ar na húdaráis daoine a thabhairt go discréideach anall ó Albain agus iad a scaoileadh amach chomh discréideach céanna, gan puinn oiliúna orthu, go dtí stáisiúin éagsúla ar fud na tíre.[3] Bhí roinnt acu ag éirí as a bhfeidhmeannas cé nach raibh sin á rá os ard. Ach nuair a d'éirigh trí dhuine dhéag in éineacht amach as an bhfórsa in Oileán Ciarraí agus ina chomharsanacht tugadh le fios don saol go léir go raibh míshásamh na bpóilíní méadaithe an-mhór. Ar an Luan 18 Aibreán d'éirigh seachtar constábla as; bhain cúigear acu sin le stáisiún Oileán Ciarraí agus beirt le stáisiúin eile sa chomharsanacht. An lá ina dhiaidh sin d'éirigh seisear eile as in Oileán Ciarraí agus chuaigh a mbeart go mór i bhfeidhm ar dhaoine agus ní fada a thóg sé ó dhaoine a meas ar na constáblaí a léiriú. Nuair a leath an scéal in Oilean Ciarraí féin bhailigh na sluaite daoine le chéile chun a meas as na constáblaí a thaispeáint; d'fhág na hathphóilíní an baile go luath ina dhiaidh sin agus iad ag dul go Meiriceá agus bhí sluaite bailithe ag gach stáisiún traenach idir Oileán Ciarraí agus Corcaigh agus na gártha molta á gcur suas acu á moladh; agus ag mórán stáisiún léadh dileagraí poiblí ag moladh a gcrógachta. D'fhan siad in Óstán an *Victoria* i gCorcaigh an oíche sin; nuair a leath an scéal go raibh siad ann, chruinnigh muintir na cathrach chun a ndea-mheas a léiriú. Nuair a shroich a n-árthach Nua-Eabhrach bhí daoine rompu agus níor bhfada go raibh fostaíocht oiriúnach faighte dóibh ag cumainn cheannasacha Éireannacha sa chathair sin. Chuir an triúr déag sin éirí croí ar mhuintir thuaisceart Chiarraí agus ba chabhair a mbeart chun cás na muintire a réiteach i ndeireadh thiar thall. Is fiú a n-ainm agus a mbeart a bhuanú i gcuimhne na ndaoine mar chúiteamh as an gcomaoin a chuir siad ar dhaoine. Ba iad: Liam Mac Giolla Phádraig, Donncha Ó hÁinle, Séamas Mac an Ultaigh, Tomás Ó Cochláin, Tomás F. Ó Fallúin, Tadhg Ó Ruairc, Mánas Ó Fríl, Pádraig Ó Néill, Pádraig Mac Donncha, Micheál Ó hIcí, Séamas *Sparkes*, Micheál Mac Loingsigh agus Liam Mac an tSaoi.

I dtosach an Mheithimh ní raibh sé de chuma ar an saol go dtiocfadh aon fheabhas ar chás na dtionóntaí, go fóill ach go háirithe:

This dreary work of devastation is still likely to be, for some time, the order of the day in this neighbourhood (Lios Tuathail). The wrecking of hearths and homes is carried on day after day with sickening and horrifying brutality. Whole families and groups of families are being pitched helpless, homeless and pennyless on the roadside, almost hourly. Sundered from everything their hearts hold dear, they are left to starve on the countryside while pampered hirelings of landlordism carry on their fiendish work of extermination.[4]

I dtosach mhí Mheán Fómhair fógraíodh comharsanacht Lios Tuathail. Bhí taobh eile na díshealbhaíochta faoi lánseol an uair chéanna. Bhí taoide rabharta déanta de ghluaiseacht na himirce.[5]

Agus Cogadh na Talún á throid go fraochmhar i dtuaisceart Chiarraí ní raibh aon fheabhas ag dul ar chás na muintire, agus ní raibh aon fheabhas ag dul ar chás na dtiarnaí talún ach oiread. Bhí cruinniú díobh san i mBaile Átha Cliath ag deireadh mhí Lúnasa agus bhí cuid acu éadóchasach go maith agus bhí a thuilleadh acu á cheapadh go mba shórt raice a dtailte in Éirinn. Timpeall an ama chéanna bhí ardeaspag Bhaile Átha Cliath, Liam Breatnach – gurbh ó Thairbeart i dtuaisceart Chiarraí dó ó dhúchas – ag moladh go dtabharfaí comhchomhairle de ionadaithe na dtiarnaí talún agus na dtionóntaí le chéile chun ceist na talún a réiteach. Thiocfadh sin i gcrích ina am tráth agus réitigh a mholtaí an bóthar do bhille talún na bliana 1903.[6]

I lár mhí na Samhna bhí cás thuaisceart Chiarraí ag déanamh tinnis don *Manchester Guardian* gur chuir siad nuachtóir chun na dúiche chun tuairim éigin a fháil faoin oideachas a bhí á thabhairt don aos óg sa dúiche. Agus é ag iarraidh a aigne a dhéanamh suas chuaigh sé isteach go dtí scoil an chlochair i Lios Tuathail, áit a bhfuair sé gach comhoibriú ó na mná rialta. Nuair a bhí a thuarascáil á scríobh aige ina dhiaidh sin d'admhaigh sé go raibh oideachas den scoth á fháil ag daltaí scoile ach nach raibh siad sásta ná ábalta *"God Save the Queen"* a chanadh. Lean sé air:

> Six hundred girls are being educated by the nuns where the lower and middle classes are much together in a way that would be impossible in England . . . asked to sing "God Save Ireland" the girls sang as if they would lift themselves off the ground. When asked to sing "God Save the Queen" nobody knew it and it was plain nobody cared to sing it.

Bhí seo ag *Times* Londain faoin gceist chéanna:

> Listowel convent where the girls are trained in systematic disloyalty to her majesty so much so that they could not or would not sing a single verse of the national anthem . . .

Ach níorbh é *George Sands* ba bhun le hainnise uile na bliana. Tamall eile bhí *Blacker Douglas* ag díshealbhú daoine i Léansachán, *Meade Dennis* i gCúil Chaorach, *Wilson Gun* i Leaca Buí, *the Earl of Listowel* i mBiaille, i Seanaphóna agus i gCill Chonla.

Nuair a foilsíodh na figiúirí díshealbhúcháin i gCiarraí bhí a scéal féin le hinsint acu:[8]

> 28 cur as seilbh sa bhliain 1878
> 70 cur as seilbh sa bhliain 1879
> 191 cur as seilbh sa bhliain 1880
> 192 cur as seilbh sa bhliain 1881
> 293 cur as seilbh sa bhliain 1882
> 403 cur as seilbh sa bhliain 1883
> 410 cur as seilbh sa bhliain 1884
> 358 cur as seilbh sa bhliain 1885

agus sa bhliain 1887 ba líonmhaire na cuir as seilbh i gCiarraí ná sa tír ar fad trína chéile agus sciar mór díobh sin i dtuaisceart Chiarraí ní foláir.

Bhí daoine á gcur as seilbh i gcónaí i dtuaisceart Chiarraí sa bhliain 1888 agus leithéidí *Lord Ormathwaite, Wilson Gun, George R. Browne, G. P.*

O'Mahony, the Earl of Listowel, George Hewson ag tabhairt bóthar do dhaoine éagsúla i nDún, i mBrú Mór, i gCill Chonla, i mBaile an Bhuinneánaigh, i nGuth Ard, i dTulach Bheag, i dTulach Mhór, i Múchán agus i nDrom Beag.

I mí Meán Fómhair bhí sé soiléir do dhaoine go raibh córas na dtiarnaí talún ag titim as a chéile. Bhí feirmeacha as ar cuireadh daoine as seilbh agus gan éinne i mbun iad a thógáil. Níorbh ionann sin agus a rá nach raibh daoine ann a sháraigh toil *the Plan of Campaign* mar bhí daoine ann a ghlac seilbh ar fheirmeacha dá leithéid i gcoinne toil an eagrais; cuid acu a dhíol as, cuid acu nár dhíol. Roimh dheireadh na bliana 1888 bhí an-mhaolú go deo imithe ar an bhfonn a bhí ar na tiarnaí talún bheith réidh le cuid dá dtionóntaí.

Ba léir do dhaoine le tamall, go háirithe ón gcruinniú i mBaile an Bhuinneánaigh i Márta na bliana 1887 go raibh náire agus ceann faoi ar ar an Athair Ó Conchúir faoina raibh ar bun ag eagras ar a dtugtaí na *Moonlighters*. Chuir a dteacht sin i láthair na babhtála cor nua i saol na dúiche agus tá fáil againn ar chuntais ar roinnt dá n-imeachtaí i ndúiche Chnoc an Fhómhair. I mí Dheireadh Fómhair 1884 thug buíon díobh cuaird ar chúigear sclábhaithe a bhí ag obair ar fheirm i mBaile Uí Fhiaich, as a raibh Donnchadh Ó Conchúir curtha as seilbh ag *George Hewson*, chun rabhadh a thabhairt dóibh agus chun comhairle a chur orthu. Bliain ina dhiaidh sin thug roinnt díobh cuaird ar roinnt tionóntaí le *the Earl of Listowel* agus tugadh fógra do na tionóntaí gan aon chíos a dhíol mura bhfaighdís lacáiste a bheadh ar aon dul le hainnise na haimsire. Bhí bréagriocht orthu agus iad armtha. Níor loirg siad aon airgead agus bhí siad caoin cineálta leis na daoine a bhuail leo. Ag deireadh mhí Márta 1886 thug buíon díobh cuaird ar eastát *Lord Ormathwaite* agus bhagair siad ar thionóntaí gan aon chíos a dhíol mura mbeadh lacáiste de tríocha faoin gcéad le fáil acu. Bhí fear ón dúiche a bhí ag maíomh sular cailleadh é gurbh é féin agus daoine eile dá leithéid a chuir tús le himeachtaí na *Moonlighters* sa dúiche sa bhliain 1880 agus nach raibh siad róchneasta leosan a tharraing agaidh a gcraois orthu.

Ar aon nós bhí sé á éileamh ag a leithéidí gur bhain siad le sinsearacht na mBuachaillí Bána. Ach tá a fhios againn gur bhain roinnt de na daoine, i mbuíon amháin a ciontaíodh, leis an tsinsearacht sin agus go raibh a sinsear an-ghníomhach agus aitheanta an bhliain a crochadh an Gabha Beag agus ina dhiaidh sin, agus sa bhliain 1822 féin.

Spreag siad an naimhdeas céanna agus a spreag na Buachaillí Bána, agus é á rá nach raibh iontu ach sclábhaithe agus gan fód de thalamh na hÉireann acu, nó nach raibh iontu ach boicíní agus mic le feirmeoirí a raibh an saol imithe ina gcoinne. Bhí daoine eile ag tuairimiú ina dtaobh agus iad á rá gurbh iad sin na daoine a bhí ag baint úsáid as imeaglú agus baghcatáil chun uafás a chur ar dhaoine chun go mbeadh rud á dhéanamh ar mholtaí Chonradh na Talún.

Tháinig siad ar an saol nuair a bhí dlí Chonradh na Talún ag leathadh amach ar fud na dúiche agus chabhraigh siad le neamhshuim a chothú i leith dlí na tíre. Bhí a fhios ag daoine cérbh iad ach ní bheadh sé de mhisneach ag éinne a n-ainmneacha a thabhairt do lucht údaráis. Bhí rann i mbéal na ndaoine an uair úd agus an-bhlas air, ní foláir, ag daoine:

> The difference of moonlight and moonshine
> The people at last understand
> The Moonlight's the law of the League
> And moonshine's the law of the land.[9]

12 TRÁTH BISIGH IS TÓGÁLA

Cé go raibh muintir thuaisceart Chiarraí gafa i gcomhrac cinniúnach le *George Sands* sna blianta déanacha de na hochtóidí den naoú haois déag, bhí sé cinnte go maith go mbeidís féin ar an láthair sa deireadh. Bhí bonn á leagan acu faoin saol a bheadh á chaitheamh acu san am le teacht. 28 Feabhra 1888 ghabh an *Lartigue* amach ó Lios Tuathail agus é ag tabhairt faoi cheann cúrsa i mBaile an Bhuinneánaigh. Leis an mbeart sin bhí muintir thuaisceart Chiarraí ag féachaint chuige go mbeadh cóir iompair acu agus iad ag taisteal idir Bhaile an Bhuinneánaigh agus Lios Tuathail. Bhí daoine eile chomh fada ó bhaile le Dubháth ag déanamh deimhin de go mbeadh áis ar fáil dóibh chun feabhas a chur ar a ngabháltais le gaineamh na trá ó Bhaile an Bhuinneánaigh mar bheadh an gaineamh sin ina chuid mhór de thogra an *Lartigue*. Cúig mhí a thóg sé an *Lartigue* a chur le chéile agus an líne a réiteach dó[1] agus thug an obair sin fostaíocht do roinnt mhaith daoine nuair a theastaigh sin go géar agus bhí na daoine suite meáite de an obair sin a fháil.[2] Bhí an obair tosaithe le tamall nuair a bhuail constaic léi, bhí oiread agus triúr b'fhéidir a raibh talamh acu san áit a bhí beartaithe don líne, don *Lartigue*, agus níor theastaigh uathu an talamh a thabhairt don chúram; thug céad caoga sclábhaí cuairt oíche ar dhuine den triúr agus leanadh ar aghaidh leis an líne.[3]

Sa bhliain 1889 tharla dhá eachtra a raibh baint acu araon leis an dúiche. Bhí *Melville Keay* ag díol a thailte i nDromainn, i gCill Eithne agus sna dumhacha, dhá chéad nócha dó acra Gaelacha ar fad, agus cailleadh *Captain Massey*, an fear a ghoill chomh mór sin ar dhaoine le blianta anuas toisc an tslí inar chuir sé an dlí míleata i bhfeidhm.[4]

Bhí draenáil á dhéanamh an bhliain sin ar abhantrach an Chasáin, na Féile, na Gáille, na Bruice agus an Chrompáin.[5] Bhí an obair sin ar siúl ón mbliain 1886 agus bhí breis agus deich míle punt le caitheamh leis an obair. B'fhada a bhí muintir thuaisceart Chiarraí ag fanacht leis an draenáil sin. Sa bhliain 1818 bhí an rialtas ag beartú ar na portaigh agus ar na corraigh in Oireacht Uí Chonchubhair agus i gClann Mhuiris a dhraenáil ach ag cruinniú tiarnaí talún i Lios Tuathail roimh dheireadh na bliana sin chuir

LISSELTON STATION, LATTICE RAILWAY

siad in iúl go mbeadh siad féin go feillmhaith ábalta a ngabháltais a fheabhsú. Ar na daoine a chuir a n-ainm leis an bhfógra sin bhí: *William Ponsonby, James Raymond* ó Dromainn, *James Julian* ó Thulach Mór agus *Alexander Elliott* ó Chúil Chaorach. Níorbh aon rud nua ag an dúiche ciotaí uisce ó phortaigh, ó chorraigh agus ciotaí tuilte na n-abhann agus na farraige ag barr taoide agus ag taoidí rabharta. Sa bhliain 1768 bhí iarla Chiarraí sásta duaiseanna a bhronnadh ar a thionóntaí ach draenáil áirithe a dhéanamh ar phortaigh agus ar chorraigh. Tá cuntas ar fáil faoi chuid de eastát iarla Chiarraí a bhí á cheannach faoin tráth sin ag *Locke*; bhí *William Montague* ceaptha aige sin chun cúram ar leith a dhéanamh den draenáil agus bhí poirt á dtógáil aige leis na haibhneacha in áiteanna agus costais na hoibre sin ar chostais reachtála an eastáit sa bhliain 1823. Bhí *Garret Joy* ag cabhrú leis an obair sin an bhliain chéanna agus arís sa bhliain 1831. Sa bhliain 1839 bhí feabhsú dúiche an Chasáin ar na bioráin arís agus an costas á roinnt amach ar an rialtas, ar mhuintir na dúiche agus ar na tiarnaí talún. Bhí sé ceaptha do gach dream acu sin trian den chostas a dhíol ach bhí an obair á cur ar an méar fhada i gcónaí agus bheadh muintir na dúiche ag broic le ciotaí uisce na bportach agus na gcorrach go fóill, bheadh orthu glacadh go fóill i bpáirt mhaitheasa le tuilte ag sceitheadh thar bhruacha.

Bhí an-dhóchas ag muintir Oireacht Uí Chonchubhair agus ag muintir Chlann Mhuiris sna blianta 1847-49 go gcuirfí chuige i gceart chun déileáil leis an mbroid a bhí ar dhaoine ag na haibhneacha sin an Casán, an Fhéile, an Gháille, an Bhruic agus an Crompán[6] agus bhí dóchas acu go dtabharfadh an obair a chuirfí ar bun dá bharr mórán fostaíochta tráth a raibh siad féin go domhain san ainnise ag an ngorta. Cé gurbh é an feitheamh fada ar chosa laga a bhí i ndán dóibh, faoi dheoidh bhí an obair dhraenála ar bun sa bhliain 1886 agus na sluaite fear ón gcomharsanacht ag obair agus na sluaite eile ag lorg oibre. Trí pingine san uair an chloig an pá a bhí á fháil acu. Chuaigh siad ar stailc ag lorg tuistiúin san uair an chloig nó punt sa tseachtain.

Faoin tráth sin bhí poirt tógtha feadh seacht míle déag de chúrsa na n-aibhneacha. Bhí cuid de na poirt sin tógtha le fada agus cuid eile acu tógtha le tríocha bliain anuas agus bhí timpeall is naoi míle dhéag de na haibhneacha ina n-aibhneacha taoide.

Bhí sé i gceist an uair úd go ndéanfaí grinneall na n-aibhneacha a dhoimhniú, go háirithe i mbéal an Chasáin, agus amhlaidh sin an t-uisce a thaoscadh ó na portaigh agus ón talamh riascach. Bhí sé ceaptha dóibh freisin cur go mór lena raibh de phoirt tógtha cheana féin. Mar chuid den obair a bhí le déanamh rinneadh cúrsa nua ar fad do chuid de na haibhneacha; díríodh iad in áiteanna agus bhí sé i gceist go ndéanfaí dhá ghearradh i mbéal an Chasáin. Tógadh falla suiminte le béal na habhann ar thaobh Chill Eithne chun an t-uisce a threorú chun farraige. Ach déarfadh an saol agus an aimsir go raibh an obair ar fad in aisce agus an t-airgead ar fad a chaitheadh leis in aisce, nach ndearna an obair ar fad aon ní chun broid na muintire maidir le tuiltí a réiteach. Déarfadh an saol agus an aimsir chomh maith nárbh aon chabhair an obair a bhí déanta a chríochnú, nach bhféadfaí aon fheabhas a chur ar an scéal nó go gcuirfí geataí tuile agus loc-chomhlaí sna poirt chun uisce na n-aibhneacha agus na farraige a cheansú agus a rialú. Chaith muintir na dúiche luí leis an gcostas agus iad ag stracadh leis an saol. Ba mheasa a gcás déanach mar sin ná a gcéad chás agus is mó lá eile a thabharfaidís ag fanacht nó go ndéanfaí fóirithint orthu agus iad ag broic le ciotaí an dtuilte.

Rinneadh an-lagú ar dhaoine sa bhliain 1890 nuair a theip barr prátaí na bliana. Bhí scéimeanna ar leith á moladh ag daoine chun cabhrú le daoine a bhí i ngátar. Ghabh an tAthair Ó Conchúir os comhair na ngairdian arís in *Union* Lios Tuathail chun a áiteamh orthu oibreacha poiblí a chur ar bun arís le hobair agus fostaíocht a thabhairt do dhaoine ionas go mbeadh siad ábalta ar bhia a cheannach dóibh féin agus dá muirear.

Bhí saol príobháideach *George Sands* go mór os comhair na ndaoine an bhliain sin agus fios á fháil ag an saol go léir faoina imeachtaí i leith na mban.

Ach sa bhliain 1891 bhí téarnamh déanta ag an mhuintir arís agus iad ag breith ar a ngramanna go láidir. Bhí taispeántas de thine ealaíne (*fireworks*) i mBaile an Bhuinneánaigh i Lúnasa na bliana sin agus na mílte daoine i láthair chun taitneamh a bhaint as an ócáid. I mí Mheán Fómhair bhí siad i láthair i Lios Tuathail ag fáiltiú roimh Parnell nuair a thug sé cuairt ar an mbaile trí seachtaine sular cailleadh é, agus chuala siad na bréithre fáidhiúla sin uaidh: *"No man has a right to limit the aspirations of a nation."* I bhfómhar na bliana sin freisin bhí *Hewson* ag iarraidh a choiníní a chosaint agus a choimeád chuige féin;[8] ach bhí sé ródhéanach aige; níorbh leis féin amháin ná lena leithéidí coiníní ná géim i gcoitinne a thuilleadh.

Sa bhliain 1891 bhunaigh an rialtas Bord na gCeantar gCúng chun freastal a dhéanamh ar na dúichí bochta cois cósta an iarthair; agus sa bhliain 1892 ghabh an tAthair Ó Conchúir os comhair na ngairdian arís agus é ag lorg go ndéanfadh an bord sin freastal ar mhuintir Bhaile Uí Chonaire. Bhí pobal mór iascairí i mBaile Uí Chonaire an uair úd agus theastaigh báid agus fearas iascaigh uathu, ach rachadh sin fiche cúig phunt orthu agus gan iad ábalta ar an airgead sin a sholáthar.

Na blianta sin ba chás leis an mhuintir cois cósta, go háirithe i gcomharsanacht an Chasáin, an t-iasc go léir a bhí á mharú ag iascairí ó Mhanainn, ó Albain, ón bhFrainc, agus ó Shasana, tamaillín amach ón gcósta agus iad féin ag cásamh nach raibh cé amháin idir an bhFianait agus Tairbeart a thabharfadh cosaint dá mbáid dá mbeidís acu. Bhí siad, dar leo, á gcoimeád amach as an saibhreas a bhí le baint as iascach toisc go raibh siad gan báid ná cé. Ghoill an easpa sin go géar orthu i dtosach an Aibreáin 1892 nuair a tógadh claiseanna móra éisc tamall amach ó chósta an Chláir agus nuair a cuireadh i dtír é i mBaile an Bhuinneánaigh chun é chur ar an *Lartigue* agus ar an iarnród go margaí Shasana.

Níorbh aon ionadh é mar sin go raibh cé iascaigh go mór faoi chaibidil ag muintir na dúiche sna blianta sin. Rinneadh scrúdú ar na Carraigeacha Dubha féachaint an mbeadh siad oiriúnach agus fuair daoine amach go raibh scairbh ag síneadh amach go dtí na Carraigeacha Dubha ó bhun Bhóthar na hAille, ach mar sin féin is i Mín Ó gCatháin a tógadh an cé i ndeireadh na dála.

Sa bhliain 1893 bhí uachtarlanna go mór faoi chaibidil agus bheadh go fóill. Sa bhliain 1897 bunaíodh uachtarlann i Lios Eiltín tar éis do mhuintir na háite bheith ag plé na ceiste sin le stáir, gach Domhnach le trí bliana roimhe sin. Bhí an cheist sin faoi chaibidil ag muintir na dúiche nó gur fhógair Risteard *Cantillon* ag deireadh an Aibreáin go dtógfadh sé féin uachtarlann ar a chostas féin agus bhí an-dóchas ag daoine go mbeadh sí faoi réir faoi Lá Bealtaine. I bhfad na haimsire bhí uachtarlanna ar fud na dúiche ar fad, i dTriopall, i nGallán, i mBaile Uí Chonaire, i Leath Sheisreach, i gCúil Ard; bhí im á dhéanamh ag *George Hewson* agus luach trí mhíle punt in aghaidh na bliana á dhéanamh aige as; bhí ocht bpunt sa bhreis á fháil aige ar im i margadh Londain thar mar a bhí á fháil ag éinne ón Danmhairg nó ó aon tír eile san Eoraip. Is aige chomh maith a bhí an chéad deighilteoir uachtair i gCiarraí.

Nuair a bhí na chéad iarrachtaí ar bun ag iarraidh uachtarlann a bhunú i Lios Tuathail bhí na siopadóirí agus lucht gnó ina choinne agus i gcoinne a leithéid a bhunú in aon áit sa chomharsanacht mar loitfeadh sé, dar leo, an lá margaidh, an gnó is fearr a bhí acu[9] mar bhí margadh ime Lios Tuathail sa chéad áit i gCúige Mumhan maidir le táirgiú ime an uair úd.

Sa bhliain 1893 bhí na Bord na nGairdian i Lios Tuathail ag déanamh cúraim ar leith do sclábhaithe. Bhí fiche seacht dteach ar na bioráin acu an bhliain sin do dhúiche Chnoc an Fhómhair agus a bhformhór tógtha. Faoin mbliain 1901 bhí sé beartaithe 444 teach dá leithéid a thógáil agus bhí 310 teach díobh sin tógtha acu faoin tuaith in *Union* Lios Tuathail ar fad.

Sa bhliain 1894 bhí cor nua sa saol, cor nárbh fhéidir a shamhlú tamall roimhe sin; bhí tionóntaí ag cur an dlí ar an sirriam agus ar *George Sands*; agus níos iontaí fós bhí ag éirí leo. I rith na bliana chuir Diarmaid Ó Ríordáin an dlí ar shirriam an chontae agus ar *George Sands* toisc gur chuir siad as seilbh é go héagórach i dTulach Mór. Chaith an sirriam cúig phunt a dhíol leis agus chaith *George Sands* seasca punt a dhíol leis.[10]

Faoin mbliain 1895 bhí oifig poist i Lios Eiltín – comhartha eile ar an dul ar aghaidh a bhí á dhéanamh ag an dúiche – agus Muircheartach ina mháistir poist.[11] 30 Deireadh Fómhair fuair *George Sands* bás ina theach cónaithe i Lios Tuathail agus scaoil muintir thuaisceart Chiarraí racht faoisimh go raibh siad réidh leis sa deireadh.

Bhí an-fheabhas ag imeacht ar chás na dúiche sa chéad leath den bhliain 1895; i mí Feabhra na bliana sin bhí lua ar aonach na muc i Lios Tuathail agus é á rá go raibh sé ar cheann de na haontaí ba mhó i gCúige Mumhan – bhí míle muc á ndíol ar an aonach sin lá áirithe. Bhí Baile an Bhuinn-

POBAL BHAILE UÍ DHONNCHÚ
(ag teacht as an séipéal 26.6.1988)

eánaigh ag méadú agus ag feabhsú go tiubh tapaidh, cumann gailf agus leadóige á bhunú an bhliain sin ar mhaithe leis na cuairteoirí go léir a bhí ag triall ar an mbaile agus mórán dá bhuíochas ar an *Lartigue*.

Ach bhí tubaiste buailte leis an dúiche i gcoitinne, faoi fhómhar na bliana nuair a theip barr prátaí na bliana agus ghabh an tAthair Ó Conchúir os comhair na ngairdian arís i Lios Tuathail chun áiteamh orthu bail níos fearr a chur ar an seanbhóthar a bhí déanta ag Bord na nOibreacha Poiblí idir Lios Eiltín agus Bhaile Uí Aogáin. Mhol sé an scéim sin ar mhaithe leis na daoine go léir a ndéanfadh an bóthar sin áis dóibh agus leis na daoine go léir a gheobhadh fostaíocht ag obair air. Ghlac na gairdiain lena mholadh agus rinne siad dá réir.

Níor chás bliain na cinniúna a thabhairt ar an mbliain 1898 trí chéile i ndúiche Chnoc an Fhómhair mar is iomaí cor cinniúnach a cuireadh i saol na muintire i rith na bliana sin. Bhí céad bliain imithe ó bhí Éirí Amach na bliana 1798 ann agus rinne muintir na dúiche comóradh céad bliain na hócáide a cheiliúradh. I dtosach na Bealtaine i lochta Sheáin Uí Bheoláin i bhFearann an Stacaigh thug T. D. Ó Súilleabháin léacht ar Éirí Amach na bliana 1798 i dtuaisceart Chiarraí agus bhí coirm cheoil ina dhiaidh ag comóradh an Éirí Amach sin.[12] Ag deireadh na míosa cuireadh a leithéid céanna ar bun i mBaile an Bhuinneánaigh.[13] Rinne imeachtaí dá leithéid sin daingniú ar rún na ndaoine agus mhisnigh iad don chomhrac a bhí rompu fós.

I rith na bliana 1895 freisin bhí daoine i gcomharsanacht Bhaile an Bhuinneánaigh ag cásamh nach raibh an séipéal a bhí tógtha ar an mbaile críochnaithe go fóill, nach raibh sé i riocht agus go bhfeadfaí é a oscailt don chúram a bhí ceaptha dó.[14] Sula bhféadfaí é sin a dhéanamh chaithfí urlár suiminte a chur síos agus altóir shealadach a sholáthar. Ina theannta sin ní raibh an tAthair Ó Conchúir féin ar fónamh. Bhí lánstop curtha leis an obair ar an séipéal ó cailleadh *Mrs. Young*; ach chuir na daoine chuige chun airgead a bhailiú don séipéal neamhchríochnaithe agus fuair siad an-tacaíocht; léigh an tAthair Ó Conchúir an chéad aifreann sa séipéal ar an 8 Lúnasa 1897, ach níor éirigh leis an t-aifreann a críochnú. Cailleadh é 27 Iúil 1898. Cailleadh an tAthair Maitias Mac Mathúna mí ina dhiaidh sin. Chuir bás na beirte sin deireadh le ré a bhí an-suaite go deo i ndúiche Chnoc an Fhómhair. Bhí an fear a bhí ina chéile comhraic go minic ag an Athair Ó Conchúir .i. *George Hewson*, marbh ó mhí na Nollag 1896. Go deimhin bhí deireadh ré tagtha. Níor ghá é chur i dtuiscint d'aon duine go raibh ceannaireacht láidir chinnte tugtha ag an Athair Ó Conchúir don saol i dtuaisceart Chiarraí riamh ó tháinig sé na measc sa bhliain 1866. "Is leor a rá," arsa fógra báis an Athar "Murty", "go bhfuil an tAthair Murty marbh. Go dtuga Dia suaimhneas síoraí dá anam."[15] Bhí an-tacaíocht tugtha freisin ag an Athair Mac Mathúna do thionóntaí i dtuaisceart Chiarraí agus in áiteanna nárbh é agus na tionóntaí sin ag iarraidh feabhas a chur ar a gcás. Bhí an tAthair Mac Mathúna ina shagart paróiste i mBóthar Buí, Contae Chorcaí, nuair a cailleadh é.[16]

Tharla beart chinniúnach ar leith eile sa bhliain úd 1898, beart a chabhraigh go mór chun deireadh go deo a chur le cumhacht agus le ceannas na dtiarnaí talún agus na ndaoine a bhí i bpáirt leo. Ba é an tAcht um Rialtas Áitiúil an beart sin; chuir sé an chaidhp bháis ar shaol agus nósmhaireacht na ndaoine sin sa tír.

Chuir acht parlaiminte na bliana 1898 deireadh leis an tionchar a bhí acu ar chúrsaí áitiúla, mar chuir an t-acht sin deireadh le córas an *Grand Jury* agus feasta bheadh a fheidhmeanna sin mar chúram ar na comhairlí contae agus ar na comhairlí baile; is iad na daoine i gcoitinne a thoghfadh na comhairleoirí contae agus is iad a bheadh feasta i gcúram cúrsaí áitiúla agus sa tslí sin bhí *Home Rule* á thuar. Buille na tubaiste ab ea gach buille díobh sin do chóras na dtiarnaí talún.

I mí na Samhna 1900 bhí cruinniú ag an *United Irish League* i mBaile Uí Dhonchú.[17] Bhí athaontú na gluaiseachta náisiúnta mar chuspóir ag an gcumann sin ó bunaíodh é agus sa chruinniú sin i mBaile Uí Dhonnchú bhí lucht an chruinnithe ag teacht le chéile i slí thar na bearta, agus bhí dáiríre agus díograis ar leith ag roinnt leis an gcruinniú. Bhí suntas eile ag baint leis an gcruinniú sin chomh maith. Labhair Tomás Ó Dónaill, *M.P.*, leis an gcruinniú i nGaeilge agus ba léir ón mbualadh bos a tugadh dó, agus ón bhfreagairt a mhúscail sé i measc a lucht éisteachta gur thuig siad go binn a raibh á rá aige. Chuir taithí an lae sin tús le dóchas áirithe maidir le hathbheochan na teanga ach bhí na daoine imithe rófhada síos bóithrín an Bhéarla chun filleadh ar ais gan dua ar shlí mhór na Gaeilge. Ar aon nós bhí glúin daoine ann faoin tráth sin nárbh fheadar aon ní puinn faoi aon saol ach an saol a brúdh orthu nuair a thosaigh daoine ag tabhairt a gcúl le Gaeilge agus leis an saol a ghabh riamh leis an teanga sin. Agus an cúram a bhí á dhéanamh ar ócáidí poiblí áirithe don Ghaeilge chaith daoine éirí as i ndiaidh a chéile.

Ach bhí báidh acu i gcónaí le teanga a sinsear agus sa bhliain 1909 nuair a bhí ceist na Gaeilge san ollscoil go mór faoi chaibidil bhí muintir Chnoc an Fhómhair lánsásta go mbeadh Gaeilge ina hábhar riachtanach d'Ollscoil na hÉireann.[18] Thaispeáin siad a ndea-thoil i gcruinniú i mBaile Uí Dhonnchú.

13   CEANNACH NA TALÚN[1]

Sna blianta déanacha den aois seo caite bhí sé á thuiscint ag daoine go raibh deireadh ré na dtiarnaí talún ag druidim leo agus is ag neartú a bhí an tuiscint sin le himeacht na mblianta. Bhí an dóchas ginte i ndaoine go mbeadh siad fós ina n-úinéirí ar a ngabháltais féin. Bhí an dóchas sin á chothú ag an rialtas leis na hachtanna talún a bhí á rith acu. Rinne Acht Talún na bliana 1870 – dá lochtaí é – ábhar áirithe chun greim na dtiarnaí talún a scaoileadh agus bhog Acht Talún na bliana 1881 a ngreim a thuilleadh; cuireadh cúig mhilliún punt ar fáil faoi Acht *Ashbourne*, agus a thuilleadh ina dhiaidh sin, chun cabhrú leis na tionóntaí a ngabháltais a cheannach ach is beag duine i ndúiche Chnoc an Fhómhair a raibh sé ar a chumas feidhm a bhaint as ceachtar den dá acht sin, agus iad ag iarraidh a ngabháltas a cheannach mar nach raibh an t-airgead acu chuige. De réir acht na bliana 1870 chuirfeadh an rialtas oiread agus dhá dtrian den chostas ceannaithe ar fáil ar chúig faoin gcéad agus bhí tríocha cúig bliain acu chun é dhíol ar ais. Bheadh ar an tionónta an tríú cuid den chostas a chur ar fáil. Chuir acht na bliana 1881 feabhas áirithe ar an scéal sin toisc go raibh an rialtas sásta de bharr an achta sin trí cheathrú den chostas a chur ar fáil. Bhí formhór mhór na dtionóntaí sáinnithe cheal airgid, ach chuir Acht Talún na bliana 1885, Acht *Ashbourne*, cruth eile ar fad ar an scéal. De bharr an achta san bhí an rialtas sásta an costas ar fad a chur ar fáil do na tionóntaí ar a ceathair faoin gcéad agus bhí daichead a naoi mbliain acu chun an t-airgead a dhíol ar ais. Chuir Acht Talún na bliana 1903, Acht *Wyndham*, feabhas an-mhór eile ar an scéal sin nuair a chuir sé an t-airgead ceannaithe ar fad ar fáil ar trí agus ceathrú faoin gcéad agus bhí seasca hocht mbliain acu chun an t-airgead a dhíol ar ais.

Cé go raibh an t-airgead a bhí riachtanach faoi Acht Talún na bliana 1870 agus faoi Acht Talún na bliana 1881 mór agus an-mhór féin, níorbh fhál go haer é do thionóntaí i ndúiche Chnoc an Fhómhair dá mhéid a bhí fulaingthe feicthe acu. Bhí léiriú ar sin tugtha ag tionóntaí Maigh Bile sa bhliain 1872 nuair a bhí siad sásta cíos daichead a haon bhliain a thairiscint agus iad ag iarraidh bheith ina n-úinéirí ar a ngabháltais féin. Bhí an sirriam san iomaíocht leo agus ag ardú orthu i gcónaí.

Sa bhliain 1879 bhí tionóntaí *Harenc* i dtuaisceart Chiarraí i gcoitinne, agus i ndúiche Chnoc an Fhómhair go háirithe, chomh maith céanna le muintir Mhaigh Bile ag iarraidh a ngabháltais a cheannach agus iad á dtarraingt ó chúirt go chéile, fiú go teach na dtiarnaí i Londain, ach bhí *Sam Hussey* rómhaith dóibh ar deireadh. Cheannaigh Conchúr Ó Maoilmhichil sé acra go leith geall leis sa bhliain 1877 ar £140 faoi chlásal in Acht Díbhunú na hEaglaise in Éirinn. Bhí ábhar eile a raibh iarracht déanta acu faoin mbliain 1876 ar a ngabháltais a cheannach nó a raibh a ngabháltais ceannaithe acu. Ach tar éis Acht *Ashbourne* chuir daoine chuige le fonn ag ceannach a ngabháltais agus an bhliain dár gcionn thug tionóntaí *George Gun Mahony* £37,338 ar sheachtó gabháltas ina raibh 3,464 acra ar fad. Cíos cúig bliana déag go leith a dhíol siad sin. Sa bhliain 1887 cheannaigh tionóntaí *Fosberry*, tríocha hocht nduine acu, a ngabháltais; an bhliain ina dhiaidh sin cheannaigh fiche sé tionóntaí eile a ngabháltais. Bhí *the Plan of Campaign* i bhfeidhm san eastát sin an uair úd.

Idir 1885 agus 1890 ceannaíodh breis agus céad acra ag tionóntaí le *the Earl of Listowel* faoi Acht *Ashbourne*. Cheannaigh tionóntaí *Stephen Huggard* ábhar freisin sna blianta sin. Bhí *Hewson* briste agus fonn dá réir air díol. Dhíol sé Baile Uí Dhonnchú leis na tionóntaí sa bhliain 1901 agus d'fhéadfadh duine stráice mór de Baile an Bhuinneánaigh a cheannach an uair úd ar ochtú punt ach ní raibh an t-airgead ann. Fuair feidhmeannaigh le *Hewson* talamh mar dhíolaíocht nuair nach raibh ar a chumas iad a íoc. Bhí *the Scottish Provident Institution* tar éis greim a fháil ar Bhaile an Bhuinneánaigh toisc go raibh an áit faoi mhorgáiste ag *Hewson* agus bhí siad sin freisin ag díol.

Ach bhí col áirithe ag tiarnaí talún le díol a n-eastát. Ní mó ná sásta a bhí siad leis an airgead a bhí á fháil acu agus bhí súil acu le breis. Bhí súil ag tionóntaí chomh maith le téarmaí níos fearr agus iad ag ceannach. Rinne Acht *Wyndham* freastal ar an dá shórt in éineacht. De bharr an achta sin gheobhadh na tiarnaí talún praghas níos fearr, agus ina theannta sin gheobhadh siad bónas de dó dhéag faoin gcéad den chostas díolacháin ar fad dá ndíolfadh siad a n-eastát go léir; rinneadh na tionóntaí a bhogadh leis an trí agus ceathrú faoin gcéad, agus leis an tréimhse de sheasca hocht mbliain. Ina theannta sin ar fad bhí an rialtas freagrach as na costais a bhain le haistriú an talaimh.

Chuir Acht *Wyndham* tús le margaíocht cheart i dtuaisceart Chiarraí agus ba faoi théarmaí an achta sin a ceannaíodh an chuid is mó de thalamh thuaisceart Chiarraí.

Sa bhliain 1903 scríobh gairdiain *Union* Lios Tuathail chuig tiarnaí talún éagsúla faoin dul ar aghaidh a bhí déanta acu chun a n-eastát a dhíol agus fuair siad freagraí a bhí éagsúil go maith. Dúirt *the Earl of Listowel* nach raibh aon an-fhonn air féin a thailte i dtuaisceart Chiarraí a dhíol ach má theastaigh a bhfeirmeacha ó na feirmeoirí d'fhéadfaí tosú ar an margaíocht agus aon tairiscintí réasúnta a mheas. Dúirt *E. M. Stack, Caragh Lake,* go raibh teagmháil phearsanta déanta aige lena thionóntaí talamhaíochta maidir le ceannach a ngabháltas agus gur chuir sé in iúl dóibh go raibh sé sásta díol dá mbeadh siad sin sásta téarmaí a bhí réasúnta – ina thuairim – a thairiscint. Dúirt *W. T. Jackson Gun* go raibh sé féin sásta ag deireadh mhí Mheán Fómhair 1902 díol lena thionóntaí. Dúirt *Richard Justice Rice* gur chuir fiosracht na ngairdian olc air. Bhí an rud céanna le rá ag feidhmeannach Choláiste na Tríonóide agus rinneadh stair a n-eastát a mheabhrú dóibh. Dúirt *Lord Ormathwaite* go ndíolfadh sé a thailte ar fad ach nach ndíolfadh sé aon ghabháltais ar leith. Ní raibh sna freagraí sin ach tús, thosaigh an mhargáil ansin agus bhí sí ar siúl in eastáit ar feadh na mblianta fada agus tiarnaí talún ag iarraidh an phingin ba mhó a fháisceadh as a gcuid tionóntaí i gcónaí agus na tionóntaí ag iarraidh a dtailte a cheannach ar an bpingin ba lú. Chuir *the Earl of Listowel* bun ar an margaíocht go luath sa bhliain 1904 nuair a sheol sé litir chuig gach tionónta ar leith leis ag lua na dtéarmaí faoina ndíolfadh sé agus thug sé fógra de bhreis ar choicís dá thionóntaí chun glacadh lena thairiscint.

Timpeall an ama chéanna fuair tionóntaí *Blacker Douglas* a leithéid céanna de litir agus é ráite inti go raibh *Blacker Douglas* sásta díol dá bhféadfaí teacht ar réiteach agus thug sé go dtí 23 Márta do na tionóntaí chun síniú. 4 Márta bhí cruinniú mór de thionóntaí *the Earl of Listowel* i

Lios Tuathail chun téarmaí an tiarna talún a mheas agus socraíodh go n-iarrfaí ar *the Earl of Listowel* lacáiste tríocha faoin gcéad a thabhairt do thionóntaí áirithe agus daichead faoin gcéad do thionóntaí eile agus mhol an cruinniú an cóiriú sin mar bhonn don díolaíocht nó don cheannach agus chinn sé cruinniú eile a bheith acu nuair a gheobhaidís freagra ón iarla.

Tá sé ráite riamh "go ndéanann seilbh sásamh" agus i dtús na haoise seo bhí muintir thuaisceart Chiarraí sásta go maith ní foláir, cuid áirithe díobh ag baint taitnimh as an nuaíocht seilbhe a bhí tite leo, an chuid eile díobh agus iad cinnte glan de go mbeadh siad féin freisin ina n-úinéirí ar a ngabháltais féin go luath, agus a fhios acu go léir trína chéile go raibh deireadh ré na dtiarnaí talún buailte leo. Ag seisiún cúirte an tsamhraidh sa bhliain 1903 i Lios Tuathail bronnadh lámhainní bána ar an mbreitheamh toisc nach raibh aon choireanna le héisteacht. Dúirt an breitheamh agus é ag gabháil buíochais go raibh sé an-sásta faoina laghad a bhí le déanamh ag na póilíní sa taobh tíre sin. Rinne gach éinne gáire. Ba annamh agus ba fhada ó bhí muintir na dúiche chomh socair sásta.

Le linn aifrinn i mBaile Uí Dhonnchú 13 Márta 1904 mhol an sagart paróiste, an Canónach Ó Maolagáin (*Molyneux*) dá phobal cur le chéile agus labhairt d'aon ghuth leis an tiarna talún mar go raibh praghsanna móra á lorg aige ar a thailte. Mhol sé go láidir dá pharóisteánaigh dul isteach san *United Irish League* chun go mbeadh eagraíocht acu chun a gcás a phlé. Mheabhraigh sé dá lucht éisteachta go mbeadh orthu praghas iomarcach ar fad a thabhairt ar a ngabháltais mura mbeadh siad aontaithe le chéile agus iad ag plé leis an tiarna talún.

Glacadh lena chomhairle mar tar éis aifrinn cuireadh cruinniú ar bun agus chuaigh mórán daoine isteach san *United Irish League*. Ag an gcruinniú bhí ardionadh ar dhaoine faoin airgead mór a bhí á lorg ag *Blacker Douglas* ar chuid den talamh ba mheasa i gCúige Mumhan. Ba bheag leis an gcruinniú an aga a tugadh agus bhí siad den tuairim go dteastódh aga níos mó ná sin ó dhaoine chun a n-aigne a dhéanamh suas faoi cheist a bhí chomh tábhachtach sin. Shocraigh an cruinniú teacht le chéile arís féachaint cad a d'fhéadfaí a dhéanamh.

Bhí cruinniú eile i Lios Tuathail 18 Márta agus bhí an Canónach Ó Maolagáin sa chathaoir agus chinn an cruinniú sin ar thairiscint a dhéanamh do *Blacker Douglas*; bhí siad sásta cíos naoi mbliana déag a dhíol agus bhí súil acu go bhfaigheadh siad teideal saor in aisce chun móin a bhaint san áit a raibh móin le fáil agus bhí na tionóntaí cinnte go raibh rud maith á thairiscint acu ar an talamh a bhí ann. Ainmníodh beirt as gach baile chun an tairiscint a chur faoi bhráid *Blacker Douglas*.

7 Aibreán 1904 bhí cruinniú eile ag tionóntaí *the Earl of Listowel* sna seanseomraí a bhíodh ag Conradh na Talún i Lios Tuathail chun cur chuige agus tairiscint ceannaithe a dhéanamh don tiarna talún; mhol an cruinniú do na sagairt paróiste cruinniú a ghlaoch ina bparóistí féin chun seisear

ionadaithe nó mar sin a thoghadh chun freastal ar ollchruinniú na dtionóntaí i Lios Tuathail 22 Aibreán.

Bhí *M. J. Flavin, M.P.*, i láthair agus labhair sé leis an gcruinniú á chur i gcuimhne dá lucht éisteachta go raibh uair na cinniúna tagtha maidir le ceist na talún; go rabhthas ag iarraidh margaí a dhéanamh a mbeadh baint acu lena gcás féin agus le cás a gclainne, agus chomh maith, le cás na nglúnta a bhí le teacht in Éirinn. Mhol sé dóibh margaí a dhéanamh nach ndéanfadh aon éagóir orthu féin agus a bheadh réasúnta cóir freisin don tiarna talún agus dúirt go bhfuair *the Earl of Listowel* níos mó as a eastáit ná mar a fuair an-chuid tiarnaí talún eile ach mar sin féin go raibh an tairiscint a bhí déanta aige éagothrom ar fad, gan trua ná taise. Bhí súil aige go raibh misneach fágtha i gcónaí i dtionóntaí *the Earl of Listowel*. Chuir sé i gcuimhne dá lucht éisteachta go gcaithfí cúram a dhéanamh de na tionóntaí a bhí curtha as seilbh, go gcaithfí iad a bhunú arís ina seanghabháltais nó i ngabháltais a bhí chomh maith céanna. Mar fhocal scoir, mhol sé dóibh seasamh go dána lena chéile agus iad ag iarraidh ceart agus "cothrom na Féinne" a bhaint amach.

Ach ní raibh bogadh ná sá á dhéanamh ag an iarla agus cuireadh i gcuimhne dó go raibh sé imithe thar fóir ar fad leis na téarmaí a bhí fógartha aige; nach raibh puinn áiteanna eile sa Mhumhain a raibh oiread sin cíosa á bhailiú iontu, agus nach raibh sa tír ar fad tionóntaí níos treallúsaí, "agus gur mhinic a tharla sé le blianta anuas agus na tionóntaí i gcruachás, go raibh orthu beart i gcoinne a dtola a dhéanamh chun an cíos sin a chur le chéile. Ach díoladh an cíos go tráthúil pé áit ar tháinig sé as." Moladh dó déanamh de réir mar a bhí á dhéanamh ag tiarnaí eile agus feidhm a bhaint as Acht *Wyndham* agus teacht suas le breis de dó dhéag faoin gcéad den airgead díolacháin ar fad.

Dúradh ag an am go ndearnadh imeaglú náireach ar na tionóntaí chun go nglacfadh siad le tairiscint an tiarna talún. Bhí ráflaí ag imeacht timpeall go gcaillfeadh na tionóntaí na buntáistí a bhí á bhfáil ag tionóntaí i ngach eastát eile mura síneoidís agus nár cheart d'aon tionóntaí a raibh aon sprid iontu cur suas le hiompar den sórt sin. Cuireadh i gcuimhne do na tionóntaí go raibh Acht *Wyndham* ann ar mhaithe leo agus gur cheart dóibh féachaint chuige go bhfaighidís a thairbhe fiú dá mbeadh orthu fanacht tamall. Bhí an-mhilleán ar an aibhéardaí, é á rá gurbh é a bhí ag teacht trasna ar na tionóntaí agus é ag iarraidh an phingin is airde a bhaint amach. Thuig siad le stuaim agus le foighne go mbeadh an bua acu ar chlaonbhearta an namhad agus go mbainfidís amach a raibh á lorg acu.

Bhí cás na ndaoine a bhí curtha as seilbh go mór os comhair an tsaoil san am úd agus é á éileamh gur cheart iad a bhunú arís ina seanghabháltais nó ar fheirmeacha eile dá mba rud é nach raibh fáil a thuilleadh ar a seanghabháltais. Ghéill an rialtas don éileamh sin agus dúirt go mba cheart fiú na tithe a bhí leagtha le láimh láidir a atógáil agus crích a chur arís ar an talamh a bhí imithe chun raice.

267

Ach bhí an t-am ag imeacht agus gan na tailte á gceannach agus a misneach á chailliúint ag tionóntaí agus ag teip ar a bhfoighne. Bhí an *United Irish League* ag trá go tapaidh agus ag teip ar fad in áiteanna. Ag deireadh an Aibreáin 1905, bhí cruinniú den eagras i Lios Tuathail chun iarracht a dhéanamh atheagrú a dhéanamh ar an eagras i dtuaisceart Chiarraí. Bhí *M. J. Flavin* tar éis teacht ó Londain d'aon ghnó chun labhairt ag an gcruinniú agus níor chuir sé fiacail ina raibh le rá aige: gur cheart do mhuintir thuaisceart Chiarraí cur le chéile agus eagrú a dhéanamh orthu féin, ní amháin ar mhaithe lena gcuspóirí féin ar leithligh ach ar mhaithe leis an leas náisiúnta chomh maith. Chuir sé i gcuimhne dá lucht éisteachta go raibh tráth ann nuair a bhí muintir thuaisceart Chiarraí chun tosaigh sa ghluaiseacht náisiúnta agus anois, ar uair na cinniúna, go raibh súil aige go mbeadh siad amhlaidh arís go luath. Chuir sé síos ar an gciotaí a dhéanfaí d'obair na bhfeisirí Éireannacha i bparlaimint Shasana dá mbeadh na daoine a thogh iad gan bheith aontaithe le chéile. Bhí, dar leis, an-fheabhas imithe ar cheist na talún toisc gur sheas na daoine lena chéile; b'oth leis go raibh an áirithe sin de na tionóntaí sásta a ngabháltas a cheannach ar aon airgead agus gan cuimhneamh dá laghad acu ar dheascaí a mbeart. Dúirt sé go raibh sé ag caint tamall roimhe sin le *the Earl of Listowel*, i Londain, agus go ndúirt sé leis go raibh formhór na dtionóntaí ag glacadh leis na téarmaí a bhí fógartha aige. Thagair sé (*Flavin*) ansin do thionóntaí *Gunsborough*, a cheannaigh a ngabháltais ar chíos cúig bliana déag go leith agus go raibh siad i sáinn cheana féin faoin aisíoc a bhí dlite uathu in aghaidh na bliana.

Mar bhuille scoir rinne sé tathant ar na daoine cur le chéile agus eagrú a dhéanamh orthu féin "mar gan aontas agus díongbháilteacht nach raibh aon dul acu ar 'chothrom na Féinne' a fháil".

Nuair a thángthas chun na socruithe praitinniúla a dhéanamh maidir le díol thailte Choláiste na Tríonóide fuarthas amach go raibh na tailte sin an-chasta go deo ó thaobh dlí de agus b'éigean coimisiún speisialta a chur ar bun chun an cheist ar fad a iniúchadh agus chun réiteach a dhéanamh i gcomhair an díolacháin. Bhí spéis ar leith ag daoine difriúla sna tailte sin agus ar na daoine sin i ndúiche Chnoc an Fhómhair bhí *Wilson Gun* agus *Stephen Huggard*; bhí *Gun* tar éis a thailte sa dúiche a dhíol le *Huggard* faoin tráth sin. Ach bhí breis is 9,756 acra ag *Blacker Douglas* sa dúiche; is aige a bhí an chuid ba chasta de na heastáit go léir a bhí le fiosrú ag an gcoimisiún.

I ndeireadh thiar thall, 19 Nollaig 1907, dhíol *the Earl of Listowel* tailte leis i nDrom Iarainn agus rinne úinéirí ar a ngabháltais féin de thionóntaí leis ar an mbaile sin. 16 Eanáir 1908 rinne úinéirí de mhuintir Acraí, Chorcas agus na Dumhacha, Bhiaille, Cheathrú an Chaisleáin agus Chill Chonla.

24 Márta 1910 dhíol *Blacker Douglas* le muintir Chill Gharbháin, Chúil Choiligh, Ladhair, Ráth Thamhnach, Dhrom, Léinseacháin agus Mhaigh Bile thuaidh.

268

Sa bhliain 1906 agus sa bhliain 1907 bhí *William T. Jackson Gun* ag díol le muintir Leaca, Chill Mhothláin, Leaca Buí, Leath Sheisreach. Bhí daoine thall agus abhus ar fud na n-eastát sin nár cheannaigh a ngabháltais i dteannta na ndaoine eile a bhí ag ceannach, ach i ndiaidh a chéile bhí siadsan freisin ag ceannach.

Cheannaigh tionóntaí *Meade Dennis* a dtailte i mBaile Uí Aogáin, i gCill Ó Míorua agus i bhFearann Phiarais i mí na Nollag 1912.

Bhí *Lord Ormathwaite* righin go maith ag díol. Dhíol sé tailte leis i dTulach Mór 1 Iúil 1913 agus 21 Iúil bhí sé ag díol le muintir Dhrom Ó Lucht, Chill Arada, Chill tSiodháin agus Thulach Mór; 22 Iúil 1915 bhí sé ag díol i gcónaí agus daoine i dTulach Mór agus i nDrom Ó Lucht ag ceannach a dtailte. 5 Feabhra bhí *James Fitzjames Raymond* ag díol 203.0.38 le seisear tionóntaí i nDromainn leis ar £2,292; agus 26 Samhain na bliana céanna dhíol sé féin agus *Annie E. Raymond* 33.0.4 ar £284.

Bhí muintir Bhaile Uí Chonaire agus ardfhonn orthu le fada a ngabháltais a cheannach ó *Eyre Massey Stack*; rinneadh sin in 1911.

Bhí de thoradh ar an margaíocht sin go léir go mba bheag iad na tailte a bhí i seilbh na dtiarnaí talún i ndúiche Chnoc an Fhómhair faoin am gur bunaíodh Saorstát Éireann sa bhliain 1922. Faoin am sin bhí Cogadh na Talún thart agus deireadh tagtha le ré na dtiarnaí talún.

NÓTAÍ

1

1. *KEP* 15/6/1843; 21/6/1843. **2.** *TC* 2/11/1850. **3.** Féach litir ó Mhaitias Mac Mathúna. **4.** *KEP* 9/10/1850.

2

1. Tá an aiste seo ag brath go mór ar nuachtáin Chiarraí do na blianta sin agus ar mhiontuairiscí le *Bord of Guardians Union* Lios Tuathail. **2.** *CWH* 27/8/1825. **3.** *CWH* 28/4/1827. **4.** *WH* 15/4/1830. **5.** *CWH* 2/7/1828. **6.** *CWH* 3/9/1823. **7.** *CWH* 17/3/1824. **8.** *HO* 100 205; 17/7/1822. **9.** *CWH* 2/6/1821; 12/6/1824. **10.** *CWH* 8/2/1828. **11.** *CWH* 23/5/1827. **12.** *WH* 4/1/1830. **13.** *WH* 4/1/1830. **14.** *WH* 27/7/1830. **15.** *WH* 27/7/1830. **16.** *CWH* 27/9/1831. **17.** *CWH* 3/4/1824. **18.** *TC* 17/5/1857. **19.** Féach Nuachtáin Chiarraí na mblianta sin.

3

Féach: Joseph Lee, *The Modernisation of Irish Society 1848-1914* (BÁC 1973). **1.** *TC* 31/12/1869. **2.** *TC* 3/4/1860. **3.** *TC* 3/11/1863. **4.** *TC* 25/8/1863. **5.** J. C. Beckett, *The Making of Modern Ireland 1603-1923* (Londain 1966) lch 373.

4

1. *TC* 15/5/1875. **2.** *TC* 8/10/1872. **3.** *TC* 30/10/1874. **4.** *TC* 19/2/1875; 9/3/1875; 23/3/1875 . . . 4/8/1875. **5.** *TC* 2/4/1875. **6.** *TC* 14/12/1877.

5

Féach: Samuel Clarke, *The Social Origins of the Irish Land War*; Samuel Clarke and James Donnelly Jnr. (eagarthóirí), *Irish Peasant Violence and Political Unrest 1886-1914.* **1.** *KEP* 6/2/1884. **2.** *TC* 24/2/1880. **3.** 24/7/1880. **4.** *The Special Commission Act 1884* (Londain 1880) iml III, lch 407. **5.** *TC* 30/11/1888.

6

1. *TC* 12/4/1881. **2.** *KS* 28/4/1882. **3.** *KS* 4/7/1882. **4.** *KS* 25/3/1881. **5.** *KS* 15/4/1881. **6.** *KS* 13/5/1881. **7.** *KS* 24/5/1881.

1. Bhí na cásanna seo dlí go mór i mbéal an phobail sna blianta sin: *"for over two years the court has been almost continuously occupied with the cause"* a d'eachtraigh an *Irish Times* sa bhliain 1878. Go speisialta mhair cúis dhlí *Harenc* go mór in aigne na ndaoine go dtí le déanaí. Bhí na nuachtáin tógtha suas go mór leis an gcás sin sna blianta úd, an *TC*; *KEP*; *Cork Examiner*, *The Irish Times* agus nuachtáin nárbh iad, e.g. TC 14/12/1887; 15/3/1878; 2/5/1878; 22/4/1879; 27/5/1879; 1/8/1879; 8/8/1879; *KEP* 31/12/1879 agus bhí na daoine buíoch go maith go ndearnadh a gceart chun na trá a chosaint agus gur sheas na cúirteanna do chearta na muintire.

8

1. *TC* 24/7/1880. **2.** Roinn Bhéaloideas Éireann, COB, LS 402, lch 54. **3.** *KS* 12/1/1882. **4.** *KS* 14/2/1882. **5.** *KS* 2/8/1882. **6.** *KS* 18/4/1882. **7.** *KS* 20/1/1882. **8.** *KS* 21/7/1882.

9

1. *PP* 1893-94 75. **2.** *KS* 22/9/1885. **3.** *KS* 18/9/1885. **4.** *KS* 1/6/1886. **5.** *KS* 23/12/1883. **6.** *KS* 20/5/1884. **7.** *KS* 28/4/1885. **8.** *KS* 2/10/1885. **9.** *KS* 22/12/1885.

10

1. *KS* 10/12/1886. **2.** *Listowel Intelligence* in *KS* 15/1/1886. **3.** *KS* 26/2/1886. **4.** *KS* 2/4/1886. **5.** *KS* 12/5/1886. **6.** *KEP* 26/5/1886. **7.** *KS* 13/8/1886. **8.** *KS* 23/11/1886. **9.** *KS* 6/8/1886.

11

Féach: L. Geary, *The Plan of Campaign* (Corcaigh).
1. Cartlann Roinn Bhéaloideas Éireann COB. **2.** *Pall Mall Gazette*. **3.** *KEP* 30/4/1877. **4.** *KS* 7/6/1887. **5.** *KEP* 3/9/1887. **6.** *KEP* 31/8/1887. **7.** *The Manchester Guardian* 2/11/1887 luaite in *KEP* 16/11/1887. **8.** *The United Irishman* in *KS* 3/2/1888. Féach *KS* 8/2/1888. **9.** *KS* 3/2/1888, 3/11/1888.

12

1. *KS* 3/2/1888. **2.** *KEP* 8/11/1884. **3.** *KEP* 21/6/1887. **4.** *KS* 25/9/1889. **5.** *KS* 25/9/1890. **6.** Féach *supra* lch 158. **7.** *KS* 16/9/1891. **8.** *KS* 29/9/1891. **9.** *KS* 18/7/1893. **10.** *KS* 17/11/1894. **11.** *KS* 4/9/1895. **12.** *KS* 7/5/1898. **13.** *KS* 28/5/1898. **14.** *KS* 3/4/1897. **15.** *KS* 27/7/1898. **16.** *KS* 29/8/1898. **17.** *KS* 17/11/1900. **18.** *KS* 13/2/1909 or 3.

13

I nuachtáin na linne tá cuntais mhaithe ar iarrachtaí daoine agus iad ag iarraidh a gcuid talún a cheannach; don chuntas seo féach *KS* 11/11/1901, 2/5/1903, 16/5/1903, 7/11/1903, 12/12/1903, 20/1/1904, 27/2/1904, 9/3/1904, 19/3/1904, 13/4/1904, 11/3/1905, 8/4/1905, 17/11/1909.

Tá na téarmaí faoinar cheannaigh daoine a gcuid talún tugtha sna PPs, e.g. do Chnoc an Fhómhair PP 1909 73 lgh 320-333; 1911.16 lgh 313-320; 1913-15 lgh 564-566; 1901.61 lch 723; 1902.84 lgh 1071; 1906. 100 lch 752; 1914-1916.52 lch 727; 1912-13.49 lch 581; 1900. 100 lch 752; 1911.66 lgh 155-162; 1913.52 lch 119.